省级精品课程教材

经管华信 创新系列·管理学

生产与运作管理

（第2版）

Production and Operation Management

Second Edition

◆高光锐　任俊义　主编

電子工業出版社
Publishing House of Electronics Industry
北京·BEIJING

内 容 简 介

本书作者在总结多年教学经验的基础上，特别是依据工商管理专业和相关专业的本科教学实践，针对制造业生产与运作管理人才培养的需求，对生产与运作管理的重点内容进行了系统提炼，形成了本书的框架体系和主要内容：生产运作管理基本概念；生产运作战略；产品开发、工艺设计和技术选择；生产和服务设施的选址；生产和服务设施的布置；工作设计与工作测量；年度生产计划；期量标准；企业资源计划与实践；制造业生产作业控制；服务业作业控制；流水生产设计与控制；库存管理；网络计划及项目计划管理；设备维护管理与可靠性；质量管理概论；统计质量控制；先进生产方式。书中首次应用二维码，读者可通过扫描二维码观看相关视频资料。同时，本书配套电子课件等教学资源，读者可通过华信教育资源网免费注册下载。

本书以工商管理专业师生为主要读者对象，也可供高等院校管理科学与工程、市场营销等其他相关专业的师生选用，同时可以作为企业管理人员的自学参考用书。

图书在版编目（CIP）数据

生产与运作管理/高光锐，任俊义主编. —2 版. —北京：电子工业出版社，2014.8
（华信经管创新系列）
ISBN 978-7-121-24155-0

Ⅰ. ①生… Ⅱ. ①高… ②任… Ⅲ. ①生产管理-高等学校-教材 Ⅳ. ①F273

中国版本图书馆 CIP 数据核字（2014）第 194451 号

策划编辑：王志宇
责任编辑：王志宇
印　　刷：北京虎彩文化传播有限公司
装　　订：北京虎彩文化传播有限公司
出版发行：电子工业出版社
　　　　　北京市海淀区万寿路 173 信箱　邮编　100036
开　　本：787×1 092　1/16　印张：21.25　　字数：544 千字
版　　次：2011 年 3 月第 1 版
　　　　　2014 年 8 月第 2 版
印　　次：2021 年 7 月第 5 次印刷
定　　价：42.50 元

凡所购买电子工业出版社图书有缺损问题，请向购买书店调换。若书店售缺，请与本社发行部联系，联系及邮购电话：（010）88254888，88258888。

质量投诉请发邮件至 zlts@phei.com.cn，盗版侵权举报请发邮件至 dbqq@phei.com.cn。

本书咨询联系方式：（010）88254523，wangzy@ phei.com.cn。

前言
PREFACE

制造业发展促使人类社会进入工业文明，伴随漫长的制造业发展，企业管理知识和水平也在不断提高，各种管理职能不断分化，其中，生产与运作管理曾经是一个古老的、一直在生产领域中居统治地位的职能。因为人们日常消费的各种商品，都是通过成千上万的工厂制造出来的，成为我们赖以生存的基础，良好的生产与运作管理是商品可用性的根本保证。由于大规模工业品的生产使工业社会的商品比农业和手工业社会更加丰富，也衍生了各种各样的商贸和服务业，使我们今天的生活更加丰富多彩。

随着经济全球化的发展和市场需求的深刻变化，以及信息技术的广泛应用，特别是今天互联网的普及，制造业出现了分化和转移，企业制造流程出现了各种各样的分解和组合。产品生产过程也不再局限于一家工厂、一座城市，而常常通过各种组织形式分散于世界各地；生产与运作管理方法和手段也日益丰富，出现了准时生产、敏捷制造、供应链管理、计算机集成制造等先进的生产系统和生产管理模式。伴随激烈的国际化竞争，产品的市场寿命越来越短，市场对产品的要求越来越高，不仅有数量、质量、价格要求，还有品种款式、交货期、服务、环保与安全等要求。由于产品生产分工的细化和先进制造设备工具的采用，单个环节生产与运作管理出现简单化趋势，仿佛有了先进设备，产品的质量就有了保证，管理不再重要，但事实并非如此。反观整个产品生产过程，我们会发现生产与运作管理更加复杂化、精益化，稍有不慎将造成重大损失，甚至使企业破产。因此，生产与运作管理的职能不仅不能削弱，反而应该高度重视和加强。

我国是制造大国，但不是制造强国。应当看到我国企业出口量快速递增，呈现良好的态势，但是产品的档次和利润却不尽如人意，多数集中在中低端产品，处于微利经营。主要原因是生产与运作管理跟不上、废品率高、质量差、资源消耗大、生产效率低下，不可避免地造成成本高、利润低。我国企业的生产与运作管理不仅在方法上、手段上与国外先进企业有很大差距，而且在观念上也落后于发达国家企业。依靠库存调节生产，靠检验来保证产品质量，靠加大批量来提高设备利用率，靠加班加点来满足产品交货期要求，总之，企业生产还没有摆脱这些传统的管理方法。这些都说明我们离制造强国的路还很遥远，不是一朝一夕就能实现的。无论是产品由低端到高端的不断升级换代，还是产品质量的提高，都离不开先进的生产与运作管理，离不开优秀的管理人才。只有加强先进生产质量知识的研究和传播，加强生产与运作管理人才的培养教育，不断充实企业管理人才队伍，才能缩短与发达国家的差距，完成由制造大国到制造强国的蜕变。我们作为教育工作者深感肩负的责任重大，也为自己能为这一伟大进程尽一份力量而感到自豪。

在本书的编写过程中,我们从生产与运作管理的核心思想入手,理顺了以下几方面的关系:既注意生产与运作管理知识结构的完整性,又突出生产与运作管理内容的重点;既突出传统经典理论,又有机地结合生产与运作管理的现代理论,彰显时代特征;既注意生产与运作管理的定性描述,更注意生产与运作管理的定量计算。在阐明主要概念和理论的基础上,结合制造业实际,特别是机械制造业和电子制造业的实际,提供了若干案例和图示。并且,对重要理论方法提供了完整的例题,每章章前都提出了本章引导、重难点和学习目标,章后设置了练习思考题,使教师课堂讲授或学员自学更加方便。书中首次应用二维码,读者可通过扫描二维码观看相关视频资料。同时,本书配套电子课件等教学资源,读者可通过华信教育资源网(http://www.hxedu.com.cn)免费注册下载。

本书是山东省省级精品课"生产与质量管理"的配套教材,在编写过程中,几位老师分工协作,共同完成。其中第1、2、15章由林立杰执笔,第3~6、8章由华吉鹏执笔,第7、9、13章由李振杰执笔,第10~12、14章由任俊义执笔,第16~18章由王倩执笔,高光锐提出全书的写作框架并进行最终的审订。在编写过程中,我们参考了大量的相关书籍及资料,在此对这些作者表示感谢!本书的写作与出版得到了烟台大学经济与工商管理学院领导和教师的大力支持,也得到了电子工业出版社的高度重视和帮助,特别是王志宇编辑为我们提供的专业建议和细心指点,在此一并表示感谢!

本书以工商管理专业师生为主要读者对象,也可供高等院校管理科学与工程、市场营销等其他相关专业的师生选用,同时可以作为企业管理人员的自学参考用书。

由于我们研究水平和实践经验有限,书中难免有谬误之处,恳请读者不吝赐教。咨询、意见和建议可反馈至本书责任编辑邮箱:wangzy@phei.com.cn。

编著者

目　录
CONTENTS

第1篇　概　　述

第2篇　生产运作的准备

第3篇　生产运作计划与作业计划

第4篇　生产运作控制

第5篇　生产运作的维护和改进

第1篇

概述

第 1 章

生产运作管理基本概念

【本章导引】

本章主要讲述了生产运作管理的含义、目标、内容、作用、发展历程、生产运作的分类、生产类型、生产过程的组织，以及生产运作管理与其他职能管理的关系。通过本章的学习，读者将对企业组织所具有的运作管理职能有深刻的理解。

【本章重难点】

生产与运作管理的概念及发展历程；生产与运作管理的内容；生产类型的划分；生产过程的组织。

【本章学习目标】

1. 理解生产与运作管理的基本概念：含义、目标、内容、地位和作用；
2. 理解制造生产与服务运作的区别；
3. 理解生产运作与其他职能管理的关系；
4. 了解生产运作管理的发展历程；
5. 理解从管理的角度划分生产运作的类型；
6. 掌握生产类型的不同划分方式及其各自的含义；
7. 理解不同生产运作类型的特征；
8. 理解组织生产过程的原则和基本要求，掌握生产过程的时间组织。

竞争是市场经济的本质特征，生产运作管理是企业创造竞争优势的主要源泉。实践已经证明，企业真正持久的竞争优势不是策划出来的，而是通过生产运作过程打造出来的。

1.1　生产与运作管理概述

1.1.1　生产与运作管理的含义

生产与运作管理是指对企业提供产品或服务的系统进行设计、运行、评价和改进的各种管理活动的总称。生产与运作管理的研究对象是生产与运作系统。生产与运作系统的设计包括产品或服务的选择和设计、运作设施的地点选择、运作设施的布置、服务交付的系统设计和工作设计。生产与运作系统的运行，主要是指在现行的运作系统中如何适应市场的变化，按用户的需求生产合格产品和提供满意服务。生产与运作系统的运行主要涉及生产计划、组织与控制3个方面。人们把有形产品和无形产品的生产和提供都看成一种“投入－变换－产出”的过程，使上述的变换过程得以实现的手段就是生产与运作系统。生产系统运转程序如图1-1所示。

把输入资源按照社会需要转化为有用输出，实现价值增值的过程就是运作活动的过程。它的构成与变换过程中的物质转化过程和管理过程相对应，也包括一个物质系统和一个管理系统。物质系统是一个实体系统，主要由各种设施、机械、运输工具、仓库、信息传递媒介等组成。管理系统主要是指生产与运作系统的计划和控制系统，以及物质系统的设计、配置等问题，其中的主要内容是信息的收集、传递、控制和反馈。表1-1列出了不同行业、不同社会组织中“投入－变换－产出”的典型系统。其中，产出是企业对社会做出的贡献，也是它赖以生存的基础；投入则由产出决定，生产什么样的产品决定了需要什么样的资源和其他投入要素。一个企业的产品或服务的特色与竞争力，是在转化过程中形成的。因此，转化过程的有效性是影响企业竞争力的关键因素之一。

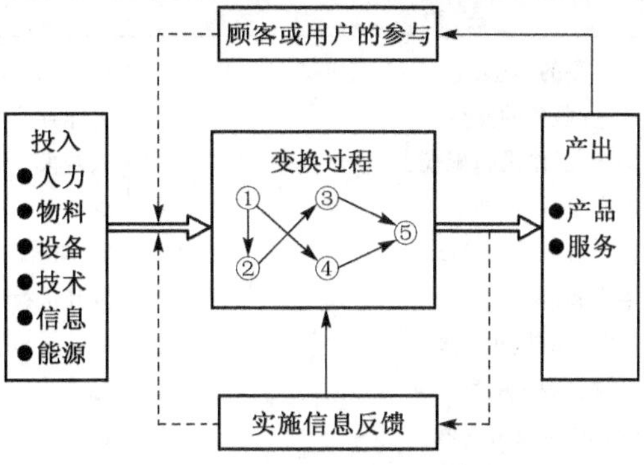

图1-1　生产系统运转程序

从生产系统运转程序可以看出生产运作特征主要有以下几点：

① 能够满足人们某种需要，即有一定的使用价值；

② 需要投入一定的资源，经过一定的变换过程才能实现；

③ 在变换过程中需要投入一定的劳动，实现价值增值。

表1-1　“投入-变换-产出”的典型系统

系　统	主要投入资源	变　换	产　出
汽车制造厂	钢材、零部件、设备、工具	制造、装配汽车	汽车
学校	学生、教师、教材、教室	传授知识、技能	受过教育的人才
医院	病人、医生、护士、药品、医疗设备	治疗、护理	康复的人
商场	顾客、售货员、商品、库房、货架	吸引顾客、推销产品	顾客的满意度
餐厅	顾客、服务员、食品、厨师	提供精美食物	顾客的满意度

1.1.2　制造生产与服务运作的区别

生产与运作的实质是一种生产活动。人们最初开始的是对生产制造过程的研究，主要研究有形产品生产制造过程的组织、计划和控制，被称为“生产管理学”(Production Management)。随着经济的发展、技术的进步，以及社会工业化、信息化的进展，社会构造越来越复杂，社会分工越来越细，原来附属于生产过程的一些业务、服务过程相继分离并独立出来，形成了专门的商业、金融、房地产等服务业。此外，人们对教育、医疗、保险、娱乐等方面的要求也在不断提高，相关行业也在不断扩大。因此，对这些提供无形产品的运作过程进行管理和研究的必要性也就显现出来。过去，西方国家的学者把有形产品的生产称为“Production”(生产)，而将提供服务的生产称为“Operations”(运作)，而近年来已经把提供有形产品的生产和提供无形产品的生产统称为“Operations”，都看成为社会创造财富的过程。

尽管有形产品的制造过程和无形产品的服务过程都可以看成一个“投入－变换－产出”的过程，但这两种不同的转换过程以及它们的产出结果有很多区别，制造业与服务业的区别见表1-2。

表1-2 制造业与服务业的区别

特　性	制　造　业	服　务　业
输出品的形态	有形的产品	无形的服务
产品/服务的储藏	可库存	无法储藏
生产/运作设施规模	大规模	小规模
生产/运作场地数	少	多
生产资源的密集度	资本密集	劳动密集
生产和消费	分开进行	同时进行
与顾客的接触频度	少	多
受顾客的影响度	低	高
顾客要求反应时间	长	短
质量/效率的测量	容易	难

制造业与服务业的区别主要表现在以下5个方面。

1. 产品物质形态不同

制造企业生产的产品是有形的，可以被储藏、运输，以满足未来的或其他地区的需求，因此，在有形产品的生产中，企业可以利用库存和改变生产量来调节与适应需求的波动。而服务企业生产提供的产品是无形的，是不能预先生产出来的，也无法用库存来调节顾客的随机性需求。

2. 顾客参与程度不同

制造企业生产过程基本上不需要顾客参与；而服务企业生产则不同，顾客需要在运作过程中接受服务，有时顾客本身就是运作活动的一个组成部分。

3. 对顾客需求的响应时间不同

制造企业所提供的产品可以有数天、数周甚至数月的交货周期；而对于许多服务企业来说，必须在顾客到达的几分钟内做出响应。由于顾客是随机到达的，这就使得短时间内的需求有很大的不确定性。因此，服务企业要想保持需求和能力的一致性，难度是很大的。从这个意义上来讲，制造企业和服务企业在制定其运作能力计划及进行人员和设施安排时，必须采用不同的方法。

4. 运作场所的集中性和规模不同

制造企业的生产设施可远离顾客，从而可服务于地区、全国甚至国际市场，比服务业组织更集中，设施规模更大，自动化程度更高，资本投资更多，对流通、运输设施的依赖性也更强。而对服务企业来说，服务不能被运输到异地，其服务质量的提高有赖于与最终市场的接近与分散程度。设施必须靠近其顾客群，从而使一个设施只能服务于有限的区域范围，这导致了服务业的运作系统在选址、布局等方面有不同的要求。

5. 在质量标准及度量方面不同

由于制造企业所提供的产品是有形的，所以其产出的质量易于度量。而对于服务企业来说，大多数产出是不可触的，无法准确地衡量服务质量，顾客的个人偏好也影响对质量的评价。因此，对质量的客观度量有较大难度。

1.1.3 生产与运作管理的目标

生产与运作管理的目标是高效、低耗、灵活、清洁、准时地生产合格产品或提供满意服务。高效是对时间而言，指能够迅速地满足用户的需要，在当前激烈的市场竞争条件下，谁的订货提前期短，谁就更可能争取到用户；低耗是指生产同样数量和质量的产品，人力、物力和财力的消耗最少，低耗才能低成本，低成本才有低价格，低价格才能争取到用户；灵活是指能很快地适应市场的变化，生产不同的品种和开发新品种，或者提供不同的服务和开发新的服务；清洁是指对环境没有污染；准时是指在用户要求的时间，按用户需要的数量，提供用户需要的产品和服务。

1.1.4 生产与运作管理的内容

1. 生产与运作战略的制定

生产与运作战略决定产出什么，如何组合各种不同的产出品种，为此需要投入什么，如何优化配置所需要投入的资源要素，如何设计生产组织方式，如何确立竞争优势等。其目的是为产品生产及时提供全套的、能取得令人满意的技术经济效果的技术文件，并尽量缩短开发周期，降低开发费用。

2. 生产与运作系统（设计）的构建管理

生产与运作系统（设计）的构建管理包括设施选择、生产规模与技术层次决策、设施建设、设备选择与购置、生产与运作系统总平面布置、车间及工作地布置等。其目的是为了以最快的速度、最少的投资建立起最适宜企业的生产系统主体框架。

3. 生产与运作系统的运行管理

生产与运作系统的运行管理是对生产与运作系统的正常运行进行计划、组织和控制。其目的是按技术文件和市场需求，充分利用企业资源条件，实现高效、优质、安全、低成本生产，最大限度地满足市场销售和企业赢利的要求。生产与运作系统的运行管理包括三方面内容：计划编制，如编制生产计划和生产作业计划；计划组织，如组织制造资源，保证计划的实施；计划控制，如以计划为标准，控制实际生产进度和库存。

4. 生产与运作系统的维护与改进

生产与运作系统只有通过正确的维护和不断的改进，才能适应市场的变化。生产与运作系统的维护与改进包括设备管理与可靠性、生产现场和生产组织方式的改进。生产与运作系统运行的计划、组织和控制，最终都要落实到生产现场。因此，要加强生产现场的协调与组织，使生产现场做到安全、文明生产。生产现场管理是生产与运作管理的基础和落脚点，加强生产现场管理，可以消除无效劳动和浪费，排除不适应生产活动的异常现象和不合理现象，使生产与运作过程的各要素更加协调，不断提高劳动生产率和经济效益。

综上所述，生产与运作管理内容如图 1-2 所示。

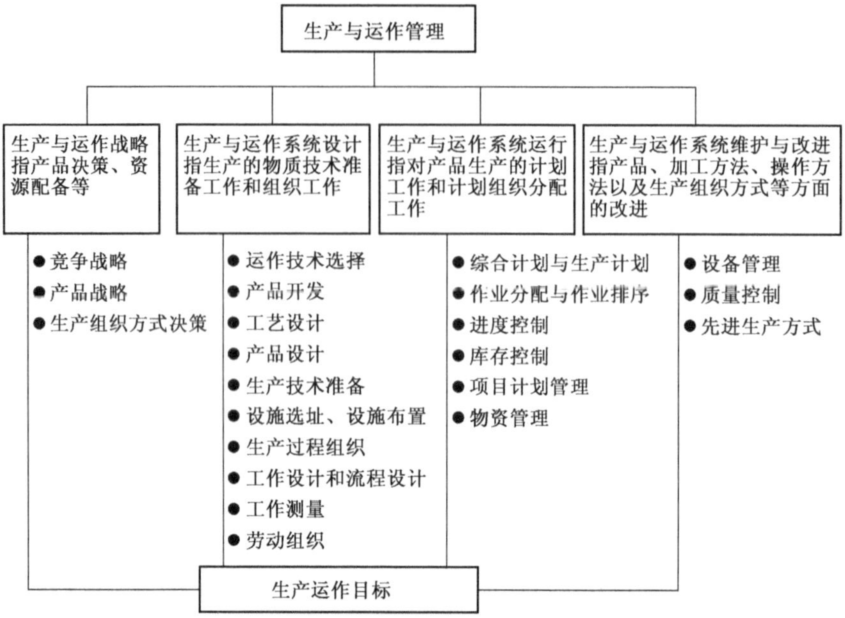

图 1-2　生产与运作管理内容

1.1.5　生产运作管理与其他职能管理的关系

生产运作管理与其他职能管理的关系归纳如下。

1. 生产运作是企业管理三大基本职能之一

企业管理有三大基本职能：生产运作、理财和营销。生产运作就是创造社会所需要的产品和服务，把运作活动组织好，对提高企业的经济效益有很大作用。理财就是为企业筹措资金并合理地运用资金，只要流入的资金多于流出的资金，企业的财富就会不断增加。营销就是要发现与发掘顾客的需求，让顾客了解企业的产品和服务，并将这些产品和服务送到顾客手中。无论是制造型企业还是服务型企业，生产与运作活动是企业的基本活动之一，生产与运作管理是企业管理的一项基本职能。

2. 生产运作管理与市场营销的关系

生产运作管理与市场营销处在同一管理层次上，各自相对独立，又有着十分紧密的协作关系。生产与运作管理为营销部门提供满足市场消费、适销对路的产品和服务，搞好生产与运作管理对开展营销管理工作、提高产品的市场占有率和增强企业活力有着重要的意义。所以说，生产与运作管理对市场营销起保障作用，同时市场营销为生产提供市场信息，是生产与运作管理的产品价值实现的保证。

3. 生产运作管理与财务管理的关系

生产运作管理与财务管理也处在同一管理层次上，彼此之间既独立又有着联系。企业的生产与运作活动是伴随着资金运动同时进行的。财务管理是以资金运动为对象，利用价值形式进行的综合性管理工作。企业为进行生产与运作活动通过借贷、筹集等方式获得资金，先以货币资金形式存在于企业，当企业采购生产所需的原材料、燃料等实物后，货币资金转化为储备资金；在生产过程中，储备资金又转化为生产资金；当转化过程结束后，原材料加工成为成品，生产资金转化为成品资金；产品在市场销售后，其价值得以实现，成品资金转化为货币资金。

在上述资金运动过程中，资金流动与实物流动是交织在一起的，资金流动对实物流动起着核算、监督和控制的作用。从财务管理的角度看，企业财务管理系统既要为生产与运作活动所需的物资及技术改造、设备更新等提供足够的资金，又要控制生产与运作中所需的费用，加快资金周转，提高资金利用效率。

从生产的角度来看，生产与运作管理所追求的高效率、高质量、低成本和交货期，又可以在各方面降低消耗、节约资金，提高资金利用效率，增加企业经济效益。

4. 生产运作管理与企业管理系统的关系

企业管理的目的是要在充分发挥市场营销、生产与运作及财务管理职能作用的基础上，实现企业系统的整体优化，创造最佳经济效益。在企业管理系统中，三大职能互相影响、互相制约。如果企业营销体系不健全，营销政策不完整，销售渠道不畅，即使企业拥有竞争力很强的产品，也难以将产品销售出去，更谈不上取得市场地位，获得竞争优势。如果企业生产与运作系统设计不合理，产品质量不能保证，这样的产品就是有再完善的营销体系也很难将产品销售出去。假如企业上述两项都不错，但财务管理系统较弱，资金筹措和资金运作能力很低，企业最终也会因为没有足够的资金支持和资金使用效率低，而不能在市场竞争中把企业做大做强。因此，对于企业这样一个完整的有机系统，提高企业管理水平必须以系统的观点，从系统的角度全面提高企业各职能的管理水平。

1.1.6 生产运作管理的地位和作用

1. 生产运作管理的地位

生产运作管理是对企业生产活动的管理，主要是解决企业内部的人、财、物等各种资源的最佳结合问题。生产运作管理是把企业的经营目标，通过产品的制造过程而转化成为现实。然而，在市场经济条件下，在科学技术，尤其是生产制造技术飞速发展的今天，现代生产与运作管理同传统生产与运作管理相比，无论从内容还是管理方式上，都得到了充实、发展与完善，形成了新的特点。

生产与运作管理在企业管理中的地位，首先表现为生产与运作管理是企业管理的一部分。从企业管理系统分层来看，生产与运作管理处于经营决策(领导层：上层)之下的管理层(中层)，它们之间是决策和执行的关系，生产与运作管理在企业管理中起保证作用，处于执行的地位。其次，生产与运作管理活动是企业管理一切活动的基础。对生产活动管理不好，企业就很难按品种、质量、数量、期限和价格向社会提供产品，满足用户要求，增强企业自身的竞争力。在这种情况下，企业就无法实现其经营目标。所以，在市场经济条件下的企业，在重视经营管理的同时，决不能放松生产与运作管理。相反，应更重视它，使经济效益的提高建立在可靠的基础之上。

2. 生产运作管理的作用

(1) 生产运作是企业价值链的主要环节

从人类社会经济发展的角度来看，物质产品的生产制造是除了天然合成（如粮食生产）之外，人类能动地创造财富时最主要的活动。工业生产制造直接决定着人们的衣食住行方式，也直接影响着农业、矿业等社会其他产业技术装备的能力。今天，随着生产规模的不断扩大、产品和生产技术的日益复杂、市场交换活动的日益活跃，一系列连接生产活动的中间媒介活动变得越来越重要。因此，与工业生产密切相关的金融业、保险业、对外贸易业、房地产业、仓储运输业、技术服务业、信息业等服务行业，在现代社会生活中所占的比重越来越大，在人类创造财富的整个过程中起着越来越重要的作用，是人类创造财富的必要环节。而作为构成社会基本单位的企业，其生产与运作活动是人类最主要的生产活动，也是企业创造价值、服务社会和获取利润的主要环节。

(2) 生产运作管理是企业市场链的主要活动

企业生产经营包括五大活动：财务、技术、生产、营销和人力资源管理。这五大活动是有机联系的一个循环往复的过程，如图 1-3 所示。企业为了实现自己的经营目的，首先要制定一个经营方针，决定经营什么、生产什么；其次需要准备资金，即进行财务活动；然后需要研制和设计产品以及工艺，即进行技术活动；设计完成后，需要购买物料和加工制造，即进行生产活动；产品生产出来以后，需要通过销售使价值得以实现，即进行营销活动；销售以后得到的收入进行分配，其中一部分作为下一轮的生产资金，又一个循环开始。而能使这一切运转的，是人——企业的人力资源管理活动。

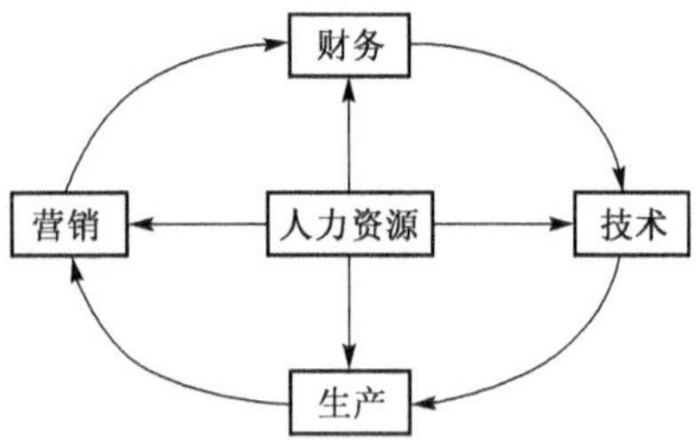

图 1-3　企业生产经营的活动过程

企业为了达到自己的经营目的，以上五大活动缺一不可。例如，没有资金，生产活动就无法开始，也就谈不上创造价值。又如，生产出来的有价值的产品，如果销售不出去，价值也就无从实现。而其中生产活动（包括技术活动在内）的重要意义在于它是真正的价值创造过程，是产生企业利润的源泉。

(3) 生产运作管理是构成企业核心竞争力的关键内容

在市场竞争条件下，企业竞争到底靠什么，不同的企业有各自不同的战略和成功经验。归纳起来，最终都体现在企业所提供的产品上，体现在产品的质量、价格和适时性上。哪个企业的产品质量好、价格低，又能及时推出，就能在竞争中取胜。一个企业也许面临许多问题，如体制问题、资金问题、设备问题、技术问题、生产问题、销售问题、人员管理问题，以及企业和政府、银行、股东的关系问题，任何一个方面的问题，都有可能影响整个企业的正常生产和经营。但消费者和用户只关心企业所提供的产品对他们的效用。因此，企业之间的竞争实际上是企业产品之间的竞争，而企业产品的竞争力，在很大程度上取决于企业生产与运作管理的绩效，即如何保证质量、降低成本和把握时间。

从这个意义上来说，生产运作管理是企业竞争力的真正源泉。在市场需求日益多样化、顾客要求越来越高的情况下，如何适时、适量地提供高质量、低价格的产品，是现代企业经营管理领域中最富有挑战性的内容之一。20世纪80年代，美国工商企业界的高层管理者们曾经把兴趣更多地放在资本运营、营销手段的开发上等，而对集中了企业绝大部分财力、设备、人力资源的生产系统缺乏应有的重视，结果导致整个生产活动与市场竞争的要求相距越来越远。而后起的日本企业，则正是靠它们卓有成效的生产与运作管理技术和方法，使其产品风靡全球，不断提高其全球竞争力。尤其日美汽车工业之间的竞争和成败是这方面的一个最好的例子。今天，绝大多数企业已经意识到了生产与运作管理对企业竞争力的重要意义，开始重新审视生产与运作管理在整个企业经营管理中的地位和作用，大力通过信息技术的应用等手段来加强生产与运作管理。今天的中国企业实际上也面临类似的问题，西方国家的经验教训值得我们借鉴。

1.1.7 生产运作管理的发展历程

1. 生产运作管理的产生

在工厂制度下，由于大量生产需要集中大量的人员，劳动分工作为一个具有普遍意义的方法发展起来，协作的方法是有效的。亚当·斯密观察到这个现象，并在1776年撰写的《国富论》中揭示出劳动分工的3个基本优点：重复完成单项作业能使技能或熟练程度得到发展；节约了由于工作变换而损失的时间；人们在一定范围内努力使作业专门化会促进机器工具的发明。《国富论》是生产经济学发展中的一个里程碑，生产与运作管理这门学科，从完全叙述的阶段，发展到了具有一门应用科学特征的阶段。

在亚当·斯密之后，英国人查尔斯·巴贝奇扩大了斯密的观察范围，1832年他撰写了《论机器和制造业的经济》，书中提出了许多关于生产组织和经济学方面带有启发性的观点。巴贝奇同意亚当·斯密关于劳动分工的三方面优点，但是他注意到亚当·斯密忽略了一个重要的优点。例如，巴贝奇引用了那个时候制针业的调查结果，专业化分工导致制针业有7个基本操作工序：拉线→直线→削尖→切断顶部→做尖→镀锡或镀白→包装。巴贝奇注意到这些不同工序工资等级不同，便指出，如果工厂按照每个人完成全部工序的操作来重新组织的话，就要对这些人按全部工序要求的最难的或者最好的技巧来支付工资。实行劳动分工就可以按每种技巧恰好所需要的数量来雇佣劳动力。所以，除了亚当·斯密提出的生产率方面的优点以外，巴贝奇还认识到对技巧定出界限作为支付报酬依据的原则。在亚当·斯密和查尔斯·巴贝奇考察之后的年代里，劳动分工继续发展，并且在20世纪前半叶发展更快了。科学管理之父弗雷德里克·W·泰勒为生产与运作管理的发展做出了巨大的贡献，泰勒认为，科学的方法能够而且也应当应用于解决各种管理中的难题，完成工作所用的方法应当通过科学的调查研究，由企业的管理部门来决定。他列举出管理部门的4条新的职责，概述如下：

① 研究一个人工作的各个组成部分，以替代传统的凭经验的做法；

② 用对员工进行科学的选拔、培训和提高，代替允许员工选择自己的工作和尽他自己的能力来锻炼自己的传统做法；

③ 在员工和管理部门之间发展诚信合作的精神，以保证工作在科学的设计程序下进行；

④ 在员工和管理部门之间按几乎是均等的份额进行工作分工，各自承担最合适的工作，以代替过去员工负担绝大部分工作和责任的状况。

这4条职责使人们对管理组织有了许多的考虑，几乎完全是现代组织实践的基本组成部分，并在工程方法与劳动测量领域中得到了发展。在很长的一段时间里，泰勒的基本观点很少变化，他所设想的本来意义上的生产管理科学发展极为缓慢。造成发展缓慢的原因有很多，如还没有可以运用的、合适的知识与工具，而且必须纠正泰勒以后一段时期内的滥用情况。多年来，人们试图打破这种僵局，用单一的数字代表人们的产量或单个人-机系统化产量来解决一项作业获多少产量，可见这个方法不适用于这种情况。在泰勒以后的时期中，困扰着人们的另一个重大困难是大规模生产的复杂性出现了，任何问题的所有可变因素似乎完全是相互依存的。今天，由于对统计和概率论的普遍认识并日益应用于生产，以及计算机的运用，与以往相比，现在的生产系统模型更加接近于现实了。

2. 生产运作管理的发展

生产运作管理的发展分为 4 个阶段：19 世纪末以前的早期管理思想阶段；19 世纪末到 20 世纪 30 年代，以泰勒科学管理和法约尔一般管理思想为代表的古典管理思想阶段；20 世纪 30 ~ 40 年代中期，以梅奥的人际关系理论和巴纳德的组织理论为代表的中期管理思想阶段；20 世纪 40 年代中期以后，以一系列管理学派（管理科学派、行为科学派、系统管理学派等）为代表的现代管理思想阶段。其中一个重大的发展就是引用了线性规划，计算机的发展使大规模线性规划问题的解决成为可能。计算机技术推动了生产与运作管理的发展，如生产方式的变更、自动化的实现。19 世纪以来运作管理发展演进的重大事件见表 1-3。

表 1-3　19 世纪以来运作管理发展演进的重大事件

年　份	概念和方法	发　源　地
1917	科学管理原理、标准时间研究和工作研究	美国
1931	工业心理学	美国
1927 - 1933	流水装配线	美国
1934	作业计划图（甘特图）	美国
1940	库存控制中的经济批量模型	美国
1947	抽样检验和统计图技术在质量控制中的应用	美国
1950 - 1960	霍桑试验、人际关系学说	美国
	工作抽样分析	英国
	处理复杂系统问题的多种训练小组方法	英国
1970	线性规划中的单纯形解法	美国
1980	运筹学快速发展，如模拟技术、排队论、决策论、计算机技术	美国和欧洲
1990	车间计划、库存控制、工厂布置、预测和项目管理、MRP 和 MRP Ⅱ 等	美国和欧洲
	JIT、TQC、工厂自动化（CIM、FMS、CAD、CAM、机器人等）	美国、日本和欧洲
	TQM 普及化，各国推行 ISO9000、流程再造（BPR）、企业资源计划（ERP），并行工程（CE）、敏捷制造（AM）、精益生产（LP）、电子商务、因特网、供应链管理	美国、日本和欧洲
21 世纪	大量定制（MC）、拆卸线（Disassembly Line）、面向循环的设计（DFR）、面向拆卸的设计（DFD）、环境因素的影响	美国、日本和欧洲

1.2　生产运作的分类

可以从不同角度对生产运作进行分类。如果从管理的角度，可以将生产运作分成两大类：制造性生产和服务性运作。

1.2.1 制造性生产

制造性生产是通过物理和(或)化学作用将有形输入转化为有形输出的过程。例如，通过锯、切削加工、装配、焊接、弯曲、裂解、合成等物理或化学过程，将有形原材料转化为有形产品的过程，属于制造性生产。通过制造性生产能够产生自然界原来没有的物品。

根据不同的划分角度，制造性生产可分为不同的类型。

1. 按照工艺过程的特点分类

按照工艺过程的特点，可以把制造性生产分成两种：连续性生产与离散性生产。

连续性生产是指物料均匀、连续地按一定工艺顺序运动，在运动中不断改变形态和性能，最后形成产品的生产，连续性生产又称为流程式生产，如化工(塑料、药品、肥皂、肥料等)、炼油、冶金、食品、造纸等。

离散性生产是指物料离散地按一定工艺顺序运动，在运动中不断改变形态和性能，最后形成产品的生产，例如轧钢和汽车制造。轧钢是由一种原材料(钢锭)轧制成多种产品(板材、型材、管材)，汽车制造是由多种零件组装成一种产品。像汽车制造这样的离散性生产又称为加工装配式生产。机床、汽车、柴油机、锅炉、船舶、家具、电子设备、计算机、服装等产品的制造，都属于加工装配式生产。在加工装配式生产过程中，产品是由离散的零部件装配而成的。这种特点使得构成产品的零部件可以在不同地区，甚至不同国家制造。加工装配式生产的组织十分复杂，是生产管理研究的重点。

流程式生产与加工装配式生产在产品市场特征、生产设备、原材料等方面有着不同的特点，它们的比较见表1-4。

表1-4 流程式生产与加工装配式生产的比较

特征	流程式生产	加工装配式生产
用户数量	较少	较多
产品品种数	较少	较多
产品差别	有较多标准产品	有较多用户要求的产品
营销特点	依靠产品的价格和可获性	依靠产品的特征
资本/劳力/材料密度	资本密集	劳动力、材料密集
自动化程度	较高	较低
设备布置的性质	流水式生产	批量或流水生产
设备布置的柔性	较低	较高
生产能力	可明确规定	模糊的
扩充生产能力的周期	较长	较短
对设备可靠性要求	高	较低
维修的性质	停产检修	多数为局部修理
原材料品种数	较少	较多
能源消耗	较高	较低
在制品库存	较低	较高
副产品	较多	较少

由于流程式生产与加工装配式生产的特点不同，导致生产管理的特点也不同。对流程式生产来说，生产设施地理位置集中，生产过程自动化程度高，只要设备体系运行正常，工艺参数得到控制，就能正常生产合格产品，生产过程中的协作与协调任务也少些；但由于高温、高压、易燃、易爆的特点，对生产系统可靠性和安全性的要求很高。相反，加工装配式生产的生

产设施地理位置分散，零件加工和产品装配可以在不同地区甚至在不同国家进行。由于零件种类繁多，加工工艺多样化，又涉及多种多样的加工单位、工人和设备，导致生产过程中协作关系十分复杂，计划、组织、协调任务相当繁重，生产管理大大复杂化。因此，生产管理研究的重点一直放在加工装配式生产上。

2. 按照企业组织生产的特点分类

按照企业组织生产的特点，可以把制造性生产分为备货型生产(Make-to-Stock，MTS)与订货型生产(Make-to-Order，MTO)两种。

备货型生产也称存货型生产或按库存生产，是在对市场需求量进行预测的基础上，按已有的标准产品或产品系列有计划地进行生产，生产的直接目的是补充成品库存，通过维持一定量成品库存来满足用户的需要。为防止库存积压和脱销，生产管理的重点是抓供、产、销之间的衔接，按"量"组织生产过程各环节之间的平衡，保证全面完成计划任务。这种生产方式的顾客定制程度很低，通常是标准化、大批量地进行轮番生产，其生产效率比较高。例如，轴承、紧固件、小型电动机等产品的通用性强，标准化程度高，有广泛的用户，通常采用备货型生产。备货型生产的优点是能够及时满足顾客共性化的需求，有利于企业编制计划并按计划组织生产活动；缺点是顾客只能在制造商提供的有限的产品品种当中做出选择，在不确定因素日益增加的情况下，往往造成库存积压和产品短缺并存。MTS 的产品通常要经过分渠道销售。

与备货型生产相反，订货型生产是以顾客的订单为依据，按用户的特定的要求进行生产。生产的产品品种、型号规格和花色完全符合顾客的要求，产品一旦生产出来，就可以直接发送给顾客，不必维持成品库存，也不必经过分渠道销售。订货型生产又称按订单制造(Build-to-Order，BTO)。不过两者有细微的区别，MTO 强调零件由本企业加工制造，BTO 则倾向于多数零件从外部采购。无论是本企业加工的，还是外部采购的，都由本企业组装成产品。按订单制造，用户可能对产品提出各种各样的要求，经过协商和谈判，以协议或合同的形式确认对产品性能、质量、数量和交货期的要求，然后组织设计和制造。例如，锅炉、船舶等大型产品的生产，属于订货型生产，这些产品的专用性强，而且有特定的用户。

备货型生产和订货型生产是两种典型的组织生产的方式，它们有各自的优点和缺点。一般而言，备货型生产的产品标准化程度高，生产效率高，用户订货提前期短，但库存水平高，且难以满足顾客个性化的需求；订货型生产的产品标准化程度低，生产效率低，用户订货提前期长，但库存水平低，对顾客的个性化满足程度高。

为了兼顾顾客的个性化要求、订货提前期、生产过程的效率以及库存水平，可以将备货型生产和订货型生产组合成各种不同的生产方式，这种组合的关键是确定备货生产与订货生产的分离点，简称"备货订货分离点"(Customer Order Decoupling Point，CODP)。在 CODP 的上游是备货型生产，是由预测和计划驱动的；在 CODP 的下游是订货型生产，是由订单驱动的。

对于加工装配式生产，可以划分为研究与开发、产品设计、原材料采购、零部件加工、产品装配等几个典型的生产阶段。将 CODP 设定在不同的生产阶段之间，就构成了不同的组织生产的方式，如图 1-4所示。

当 CODP 在装配与发运之间时，说明装配及其上游的所有生产阶段都是备货型生产，产品已经制造出来，顾客只能在其中选购，通过发运得到所需产品，所以也称按订单销售(Sale-to-Order,STO)。当 CODP 在加工和装配之间时，零部件加工及其上游生产阶段都是备货型生产，零部件已经制造出来或采购到货，按照顾客的要求装配成不同的产品，即按订单装配(Assemble-to-Order，ATO）。当 CODP 在原材料采购与零部件加工之间时，说明原材料采购及其上游生产阶段都是备货型生产，顾客可以对零件加工及其下游生产阶段提出特定要求，这就是按订单加工（Fabrication-to-Order，FTO）。当 CODP 在设计与采购之间时，说明产品已经按照预测设计完成，顾客可以对采购及其下游生产阶段提出特定要求，这就是按订单采购（Purchase-to-Order，PTO）。当 CODP 在设计阶段之前时，说明设计及其下游生产阶段都是按照顾客的特定要求进行的，这就是按订单设计（Engineer-to-Order，ETO）。当 CODP 在研发阶段之前时，说明研发及其下游生产阶段都是按照顾客的特定要求进行的，这就是按订单研发（Develop-to-Order，DTO）。例如，要制造"火星探测车"，就需要按照 DTO 方式进行。

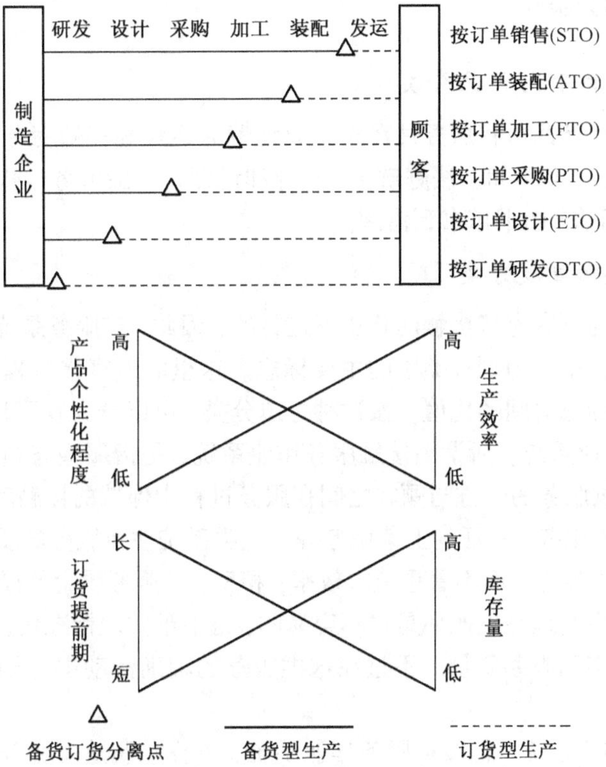

图 1-4　备货型生产与订货型生产的结合

BTO 是一种值得推广的生产组织方式。由于当代技术变革的加快、市场竞争的日益激烈、消费者消费理念的成熟和个性化要求的增强，过去基本上作为标准化产品的汽车、计算机等比较复杂的产品，近年来也开始按订单制造。例如戴尔（Dell）公司、一汽奥迪公司实行 BTO 方式取得了成功。ATO、FTO、PTO 生产必须以产品设计模块化、零部件通用化、标准化为前提。随着 CODP 的左移（往上游生产阶段移动），产品的个性化程度越来越高，生产效率越来越低，订货提前期越来越长，但库存水平越来越低；随着 CODP 的右移（往下游生产阶段移动），产品的个性化程度越来越低，生产效率越来越高，订货提前期越来越短，但库存水平越来越高。DTO 和 STO 是两个极端，DTO 生产的产品个性化程度最高，库存水平最低，但生产效率最低，订货提前期最长；STO 生产的产品个性化程度最低，库存水平最高，但生产效率最高，订货提前期最短。

服务业也有不同的组织运作的例子。例如，餐馆按菜单点菜，每种菜的原料和半成品是事先准备好的，只需要炒菜（组装），这就是 ATO；如果顾客不仅要点菜，而且有特定的制作要求（如手工还是机器加工)，这就是FTO；如果不仅要点菜，而且对原材料有特定的要求(如对鱼或鸡的“点杀”)，这就是PTO；为特定的顾客设计与众不同的宴席，这就是ETO；按特定要求研制一种新菜，这就是DTO。

1.2.2 服务性运作

服务性运作又称为非制造性(Non-manufacturing)生产运作，它的基本特征是提供劳务，而不制造有形产品。但不制造有形产品不等于不提供有形产品。

1. 服务性运作的分类

(1)按照是否提供有形产品分类

按照是否提供有形产品可将服务性运作分成纯劳务运作和一般劳务运作两种。纯劳务运作不提供任何有形产品，如咨询、法庭辩护、指导和讲课。一般劳务运作则提供有形产品，如批发、零售、邮政、运输、图书馆书刊借阅。

(2)按与顾客接触程度分类

服务活动总是在与顾客直接接触的状态下进行的，因此，在服务系统分类中，将服务创造过程中与顾客接触的程度作为划分类别的主要标志。这里的顾客接触程度是指顾客在系统中的时间与服务所耗费的总时间的比值。按这种标志分类，可以分为以下几种基本类型。

① 高接触服务作业系统。所谓高接触服务作业系统，是指那些与顾客直接打交道或直接交往的服务作业，提供服务的一方与顾客之间在服务过程中保持的接触度很高，如旅馆的接待服务、保险公司的个人服务、餐厅的上菜服务等。此类系统注重服务的质量和适应性，即根据具体顾客的需要来提供服务，而不着重追求效率；相反，其服务质量的提高往往与增加服务时间相关。在这类系统中要提高生产率是很不容易的，也很难实现标准化，只有通过对员工的激励和培训来提高生产率和服务质量。不过在这类服务的辅助活动中，大幅度地提高生产率还是有可能的。

② 低接触服务作业系统。低接触服务作业系统，也称准制造型服务作业，是指在服务过程中顾客与服务方的接触程度比较低或者不与顾客直接打交道的一种服务作业类型，如服务企业的行政管理、会计师事务处理、存货管理、银行中的支票处理业务等。由于顾客参与系统服务过程的成分少，大部分工作可以借助机器和技术方法完成，因此，此类系统较注重生产率的提高和成本的降低，也可应用统计质量管理方法来控制服务质量。它也可以采用生产管理中的作业计划方法来合理安排作业活动，以改善系统的性能。

③ 混合型服务作业系统。所谓混合型服务作业系统，是指性质和内容介于高接触系统和低接触系统之间的各种服务作业，如银行的出纳作业、火车站的服务作业等。混合型服务作业兼有上述两种类型服务作业的特点。

2. 服务性运作的特征

服务业以提供劳务为特征，但服务业也从事一些制造性生产，只不过制造性生产处于从属地位，例如饭馆，它需要制作各种菜肴。

由于服务业的兴起，提高服务运作的效率日益引起人们的重视。然而，服务性生产的管理与制造性生产的管理有很大不同，不能把制造性生产的管理方法简单地搬到服务业中。与制造性生产相比，服务性生产有以下几个特点。

(1) 服务是无形的产出，而且在产出的同时被消耗掉

例如，消防队的服务只有在火灾发生时才产生并被使用。因而，对服务的质量和数量很难给予客观衡量，通常只能凭人们的主观判定，即按顾客满意度而定。

(2) 服务无法保存留待后用

顾客在需求服务时必须当即得到服务，因此，服务无法保存起来留给以后使用，如理发。即使某些服务企业提供的产品包括有形产品，如快餐店，但由于顾客需要的是新鲜食品，故也不能保持长期的库存。相反，服务企业常常能通过顾客的排队队列而储存顾客，服务企业管理顾客等候的队列就像制造企业管理库存一样重要。

(3) 服务一般是劳动密集型的，服务中生产者与消费者之间普遍存在着直接的联系

例如，医院中患者的护理主要依靠护士、医生和其他医护人员的工作。因此，管理应特别注意人的行为方面，如激励管理。而产品生产则不同，生产者与消费者之间不发生直接接触。这样，人成为服务生产的驱动力，对人的管理成为服务系统管理的关键。服务过程管理必须经常把注意力集中在提高员工的技能上，包括提高他们的人际交往能力。

(4) 顾客在获得服务的同时，他本人往往会亲自参与生产过程

例如，快餐店的顾客在订好餐单后，需要自己将食品带到餐桌上甚至自己收拾餐桌。

(5) 服务的生产通常要求高度的用户化

无论是医生、律师、理发师，还是快餐店的侍者，都必须按顾客的个性需要向他们提供服务。

(6) 对服务的需求短期内即可发生

表现为需求的频繁波动，如快餐店在午餐与晚餐时间用餐的顾客出现高峰，其他时间顾客很少。这时欲提高资源利用效率，必须能根据需求变化很快地调节生产能力。

(7) 服务不能取得规模经济的效应

服务不可能被远距离运输，因而服务性的生产系统通常只能满足本地市场，不能取得规模经济的效应。

1.3 生产类型

生产类型是生产结构类型的简称，是产品的品种、产量和生产的专业化程度在企业生产系统技术、组织、经济效果等方面的综合表现。不同的生产类型所对应的生产系统结构及其运行机制是不同的，相应的生产系统运行管理方法也不相同。

科学的生产管理要按生产过程运行的客观规律办事。企业在组织生产过程时，必须根据自身的特点来进行，才能做到合理性和有效性。工艺性质不同的企业，其生产过程及生产过程组织的形式和方法各不相同，各个企业应根据自己的特点，从实际出发，建立相应的生产管理体制。这样，就有必要对企业进行生产类型的划分，以把握各种生产运作类型的特点和规律，这是进行生产管理的基本前提。

1.3.1 生产类型划分

1. 按生产工艺过程特点划分

按生产工艺过程特点可分为连续性生产方式和离散性生产方式，见 1.2 节所述。

2. 按生产计划的来源划分

按生产计划的来源可分为存货型生产方式和订货型生产方式，见 1.2 节所述。

3. 按生产方法划分

（1）合成型

合成型指将不同的成分(零件)合成或装配成一种产品，即加工装配性质的生产，如机械制造厂、纺织厂等。

（2）分解型

分解型指原材料经加工处理后分解成多种产品，即化工性质的生产，如炼油厂、焦化厂等。

（3）调解型

调解型指通过改变加工对象的形状或性能而制成产品的生产，如钢铁厂、橡胶厂等。

（4）提取型

提取型指从地下、海洋中提取产品的生产，如煤矿、油田等。

一个企业的生产过程可能采用多种生产方式，上述几种生产类型可以同时并存。例如机械制造企业属于合成型，但兼有调解型，如铸锻、热处理、电镀等。

4. 按产品或服务的专业化程度划分

产品或服务的专业化程度可以通过产品或服务的品种数多少、同一品种的产量大小或生产的重复程度来衡量。产品或服务的品种数越多，每一品种的产量越少，生产的重复性越低，则产品或服务的专业化程度就越低；反之，产品或服务的专业化程度越高。

产品或服务的标准化程度及产量影响企业组织生产的方式。一个极端的类型是单一的、大型的产品，如宇宙飞船的研制或建造一座摩天大楼。另一个极端的类型是不间断的过程，如石油提炼。介于这二者之间的有 3 种：大量生产、单件生产和成批生产。

（1）大量生产

大量生产品种单一，产量大，生产重复程度高。汽车、个人计算机的生产是大量生产的典型例子。

（2）单件生产

单件生产与大量生产相对立，是另一个极端。单件生产品种繁多，每种仅生产一台，生产的重复程度低。汽车公司冲模厂制造汽车冲模、定做的家具、特殊用途的机器和汽车修理等都是典型的单件生产。

(3) 成批生产

成批生产介于大量生产与单件生产之间，即品种不单一，每种都有一定的批量，生产运作有一定的重复性，如颜料和食品的生产。目前，单纯的大量生产和单纯的单件生产都比较少，一般都是成批生产运作。由于成批生产的范围很广，通常将它划分成"大批生产运作"、"中批生产运作"和"小批生产运作"3 种。

由于大批生产与大量生产的特点相近，所以，习惯上合称"大量大批生产"。同样，小批生产的特点与单件生产相近，习惯上合称"单件小批生产"。有的企业，生产的产品品种繁多，批量大小的差别也很大，习惯上，称之为"多品种中小批量生产"。"大量大批生产"、"单件小批生产"和"多品种中小批量生产"的说法比较符合企业的实际情况。生产运作类型的划分如图 1-5 所示。

对于服务运作，也可以按照服务专业化程度划分，如医生看病，可以看成单件小批生产运作，因为每个病人的病情不同，处置方法也不同；而学生体检，每个学生的体检内容都一致，可以看成大量大批生产运作。中小学教育，可以看成大量大批生产运作，因为课程、课本相同，教学大纲也相同。大学本科生的教育可看成中批生产运作，因为专业不同，课程设置不同，但每个专业都有一定批量。硕士研究生只能是小批生产运作，而博士研究生则是单件生产运作。

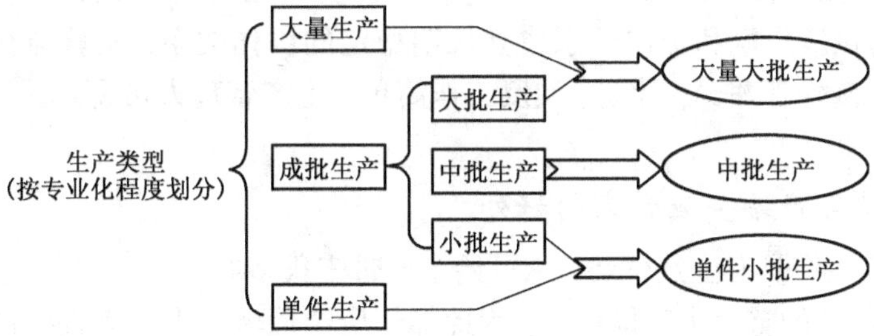

图 1-5　生产运作类型的划分

制造业和服务业的不同生产运作类型举例见表 1-5。

表 1-5　制造业和服务业的不同生产运作类型举例

生产运作类型	制　造　业	服　务　业
单件小批生产运作	模具、电站锅炉、大型船舶、长江大桥、三峡工程	研究项目、计算机软件、博士生培养、咨询报告、包机服务、保健、理发、特快专递邮件、出租车服务、零售
中批生产运作	颜料、食品、服装、音像制品	大学生培养
大量大批生产运作	汽车、轴承、紧固件、电视机、洗衣机、电冰箱、灯泡	公共交通、快餐服务、普通邮件、批发、体检、中小学生培养

1.3.2　不同生产运作类型的特征

不同生产运作类型对设计、工艺、生产组织和生产管理的影响是不同的，因而导致生产效率上的巨大差别。一般来讲，大量大批生产运作容易实现高效率、低成本与高质量，单件小批生产运作则难以实现。

1. 大量大批生产运作类型的特征

(1) 大量大批生产运作类型的优势

大量大批生产运作的品种数少、产量大、生产的重复程度高，这一基本特点使它具有以下几个方面的优势。

① 设计方面。由于可以采用经过多次制造和使用检验的标准图纸生产，不仅大大减少了设计工作量(重复生产时，图纸只要进行小的修改)，节省了设计阶段所需的时间，而且保证了设计质量，也节省了设计人员。

② 工艺方面。由于设计图纸变化小，产品结构相对稳定，可以编制标准制造工艺，标准工艺经过反复生产验证，其质量可不断提高。由于减少甚至消除了重复编制工艺的工作，不仅大大减少了工艺编制的工作量，缩短了工艺准备周期，而且节省了工艺人员。由于产量大、生产重复程度高，可设计专用、高效的工艺装备，便于且宜于精确制定材料消耗定额，减少原材料消耗。

③ 生产组织方面。可进行精细分工，工作专业化程度高，工人操作简化，可推行标准操作方法，提高工作效率。宜于购置专用高效设备，采用流水线、自动线等高效的组织生产形式。

④ 生产管理方面。便于且宜于制定准确的工时定额。由于产品品种及产量稳定，原材料、毛坯变化小，易与供应厂家和协作厂家建立长期稳定的协作关系，质量与交货期容易得到保证。例行管理多，例外管理少，计划、调度工作简单，生产管理人员易熟悉产品和工艺，易掌握生产进度。

(2) 大量大批生产给企业带来的好处

由于大量大批生产具有上述优势，它可给企业带来很多好处。

① 从设计到出产的整个生产周期短，因此加快资金周转。大量大批生产一般是备货型生产，生产周期短使得用户的订货期短，从而加快了整个社会的生产速度。

② 用人少，机械化、自动化水平高，产出率高，劳动生产率高。

③ 人力、物力消耗少，成本低。

④ 产品质量高而稳定。

大量大批生产基于美国福特汽车公司的创始人亨利・福特的“单一产品原理”。按“单一产品原理”，从产品、机器设备到工人操作都实行标准化，建立固定节拍流水生产线，实现高效率与低成本，使汽车进入平民家庭。大量生产改变了美国人的生活方式，福特因此而成为“汽车大王”。

2. 单件小批生产类型的特征

(1) 单件小批生产的特点

单件小批生产类型具有完全不同的特点。单件小批生产品种繁多，每一品种生产的数量甚少，生产的重复程度低，这一基本特征带来了一系列的问题。

① 设计方面。每生产一种新产品都必须重新设计、绘制新图或做较大修改，因此，设计工作量大，设计周期长，需要的设计人员多；因图纸得不到制造过程和使用过程的检验，设计质量也不易提高。

② 工艺方面。必须为每种新设计的产品编制工艺，要设计、制造新的工艺装备；编制工艺的周期长；由于生产的重复程度低，材料消耗定额也不易或不宜准确制定；工艺质量不易提高，需要的工艺人员多。

③ 生产组织方面。只能进行粗略分工，工作的专业化程度不高；工人要完成多种较复杂的操作，需要较长时间培训；多品种生产只适于使用通用设备，效率低，工作转换时间长；一般只能采用按功能布置(机群式布置)，零件运输路线长。

④ 生产管理方面。只能粗略制定工时定额；原材料、毛坯种类变化大，不易建立长期稳定的协作关系，质量与交货期不易保证；计划、调度工作复杂，例行管理少，例外管理多，需要管理人员多。

(2)单件小批生产的缺点

由于以上特点，使单件小批生产具有很多缺点。

① 产品制造周期长，资金周转慢，用户订货提前期长。

② 用人多，生产效率低，劳动生产率低。

③ 成本高。

④ 产品质量不易保证。

中批生产类型的特点介于大量大批生产与单件小批生产之间。

不同类型的服务运作也有类似于制造型生产不同生产类型的特点。

由于大量大批生产运作具有优势，而单件小批生产运作具有劣势，从企业内部组织生产的角度看，单一品种大量生产最有效。然而，“单一产品原理”的应用有一个先决条件，即所选定的单一产品必须是市场上在较长时间内大量需要的产品。离开了市场需要谈效率，只能得到相反的效果。效率越高，生产越多，销售不出去则浪费越大。标准件是长期大量需要的产品，应该采用大量生产方式，若采用单件小批生产方式去生产，不仅价高质劣，而且满足不了市场需要。因此，如果看准了市场需求，就没有必要搞低效率的多品种生产。然而，如果不是市场长期大量需要的产品，而采用了大量生产方式，将会冒很大的风险。福特汽车公司曾因生产T型车一个车种而兴旺，但也正因为长达19年生产T型车而陷入困境。因为居民消费水平的提高，使曾经畅销一时的朴素、坚固、价廉的T型车逐渐不受欢迎了。可见，大量大批生产类型的致命弱点是难以适应市场变化。相反，单件小批生产类型却具有灵活、多变的优点。然而，它的低效率又是其根本缺陷，如何提高单件小批生产类型的效率已成为当今生产管理理论界和实业界所关注的问题。

1.3.3 提高多品种小批量生产运作效率的途径

随着科学技术的飞速发展和居民消费水平的提高，当今社会已进入多样化时代。产品多样化给制造与管理带来了一系列的问题，它将导致零件种类和装配工作复杂性的迅速增加，并引起设计工作、工艺工作、工装设计与制作、设备种类、毛坯和原材料种类、协作任务、库存量、采购活动、管理工作以及人员的大量增加。其结果是固定成本、变动成本上升，质量和生产率下降，利润减少乃至亏损。因此，谁能提高多品种小批量生产的效率，谁就会在竞争中占优势。

提高多品种小批量生产效率的途径有两条：减少零件变化与提高生产系统的柔性。

产品多样化的动因来自市场，企业只能去适应它，而不能改变它。对加工装配式生产，如何变产品的多品种为零件的少品种，是适应市场变化的主动办法。被动办法是提高生产系统的柔性。生产系统的柔性就是处理加工对象变化的能力。能加工零件的种数越多，而且加工不同零件的转换时间越短，生产系统的柔性就越高。尽管提高生产系统的柔性是一种被动方法，但也是不可缺少的方法。因为无论采取什么办法，零件的变化总是存在的。

1. 减少零件变化

要减少零件的变化，可以通过 3 种途径：推行三化(产品系列化、零部件标准化、通用化)、推行成组技术和推行变化减少方法(Variety Reduction Program，VRP)。

(1)推行产品系列化及零部件标准化、通用化

推行产品系列化可以减少产品的品种数，用户的多种要求可以通过产品系列得到满足。例如，人脚的尺寸是一个连续的量，但生产厂家却不能制造无限多不同尺码的鞋，只能生产一个尺码系列的鞋。顾客选用最接近其脚大小的鞋，便可满足使用要求。产品系列化导致品种数减少，从而导致零件数减少。

零部件标准化、通用化可以直接减少零件的变化。标准化、通用化的零件可供不同的设计者选用。选用的结果，使零件变化减少，标准、通用的零件大量增加，从而可以组织大量生产，降低成本，提高质量。选用标准零件、通用零件多的产品，一般来说，其制造质量好，成本低。

(2)推行成组技术

推行成组技术，并不能直接减少零件的变化。成组技术是一种利用零件相似性来组织多品种小批量生产的方法。从设计属性和制造属性考虑，很多不同零件具有相似性。将相似零件归并成零件族，就可以采用相同或相近的方法处理，从而减少重复工作，节省时间，提高效率，改进工作质量和产品质量。可见，成组技术并不是用来减少零件变化的，而是从现有的零件出发，发掘其相似性。但是，在运用零件分类编码系统设计零件时，可以减少零件的变化，设计者只要花几分钟时间对他所构思的零件进行编码，然后按编码去检索已有的设计。如果已有相近的设计，则不必重新设计新零件，从而减少零件的种类，这样不仅减少了设计工作量，而且促进了设计标准化。

(3)推行变化减少方法(VRP)

VRP 是一种崭新的面向市场多样化需求的制造工程思想和方法。VRP 从分析产生产品“变化性”的根源入手，本着“以不变应万变”的思想，变产品的多品种为零件、工艺的少品种；创造性地将产品成本分为“功能成本”、“变化成本”和“控制成本”，通过寻求 3 种成本间的平衡来达到控制产品成本、生产多样化产品的目的。它运用统计方法，区分产品中固定不变部分与变动部分，使变动部分尽可能减少；它研究各种组合技术，如基本部分加附加部分，公共模块的组合方式以及各种基本模块的组合方式，以简化设计。

2. 提高生产系统的柔性

一般地说，系统柔性(System Flexibility)是指系统处理外界变化的能力。生产系统柔性包括两方面的含义：一是能适应不同的产品或零件的加工要求，从这个意义上讲，能加工的产品(零件)种类越多，则柔性越好；二是转换时间，加工不同零件之间的转换时间越短，则柔性越好。

要提高生产系统的柔性，可以采用两种办法：硬办法和软办法。硬办法是提高机床的柔性，软办法是采用成组技术。

(1)提高机床的柔性

为了提高机床的柔性，自20世纪50年代起，人们一直在研究数字控制机床(Computer Numerical Control Machine Tools)，简称数控机床(NC)。数控机床是一种装有程序控制系统的自动化机床。该控制系统能够逻辑地处理具有控制编码或其他符号指令规定的程序，并将其译码，从而使机床动作并加工零件。通过改变指令程序来适应不同工件的加工，比改变机床和工艺装备来适应不同工件的加工，要容易得多。因此，数控机床具有柔性。

柔性制造系统(Flexible Manufacturing System，FMS)是20世纪70年代初出现的。FMS是在成组技术的基础上，以多台(种)数控机床或数组柔性制造单元为核心，通过自动化物流系统将其连接，统一由主控计算机和相关软件进行控制和管理，组成多品种变批量和混流方式生产的自动化制造系统。FMS是为了弥补自动生产线和数控机床两者的不足而产生的。自动生产线生产率很高，但缺乏柔性，它适于大量大批生产类型。单台数控机床具有很高的柔性，但它的生产率很低，利用率一般也低于50%，它适于多品种小批量生产类型。对于中等批量生产，两者都不太合适。FMS正是为适应中等批量生产而出现的。

(2)采用成组技术

成组技术(Group Technology，GT)所研究的问题是如何改善多品种小批量生产的组织管理，以获得如同大批量生产那样好的经济效果。成组技术的基本原则是根据零件的结构形状特点、工艺过程和加工方法的相似性，打破多品种界限，对所有产品零件进行系统的分组，将类似的零件合并、汇集成一组，再针对不同零件的特点组织相应的机床形成不同的加工单元，对其进行加工，经过这样的重新组合可以使不同零件在同一机床上用同一个夹具和同一组刀具，稍加调整就能加工，从而变小批量生产为大批量生产，提高生产效率。

成组技术是计算机辅助制造的基础，是柔性制造系统的基础，不推行GT，FMS的利用率也不会高；采用GT，可使FMS的利用率提高80%以上。

1.4 生产过程的组织

产品的生产过程是指从原材料投入到成品出产的全过程，通常包括工艺过程、检验过程、运输过程、等待停歇过程和自然过程。

工艺过程是生产过程的最基本部分。对于机械制造工艺过程，一般可划分为毛坯制造、零件加工和产品装配3个阶段。每一阶段又可划分为若干工序。工序是工艺过程最基本的组成单位。对机械加工来讲，工序是工人在一个工作地利用一次装卡所完成的加工作业。从生产管理角度，可以把零件从到达一个工作地(机床)到离开该工作地(机床)工人所从事的加工作业称为一道工序。

检验和运输过程也是必不可少的，但应该尽可能缩短。等待停歇过程如属于制度规定，则是合理的；若由于组织管理不善造成，则应该消除。自然过程，如冷却、干燥、发酵、时效，是技术上要求的，是不可免除的。

1.4.1 组织生产过程的原则

为了提高效率，现代化大生产必须遵循分工原则，实行专业化生产。通常专业化分工的原则有两个：生产工艺专业化原则与产品对象专业化原则。

1. 生产工艺专业化原则(工艺原则)

按照不同的生产工艺特征来分别建立不同的生产单位，这种分工原则称为生产工艺专业化原则。在按生产工艺专业化原则建立的生产单位里，集中了相同类型的机床设备和相同工种的工人，可以对不同种类的工件，从事相同工艺方法的加工。这样构成诸如铸造厂、锻造厂、热处理厂、铸造车间、锻造车间、机械加工车间、热处理车间、车工工段、铣刨工段等生产单位。对于人的组织，按照工艺专业化原则建立的是职能部门，如计划处、财务处、设备处等。

(1)按照工艺专业化原则建立生产单位的优点

① 对产品品种变化的适应能力强，不论产品如何变化，只要加工工艺的范围不变，都有相应的加工单位对其加工，保证了产品全部加工的需要。

② 工人完成工艺相同的加工任务，操作容易熟练，可以缩短操作时间。

③ 相同的机器设备放在一起，工艺及设备管理较方便，例如将铸造设备、锻造设备、机械加工设备分别安装在不同的车间，比将它们混合安装在一起管理起来要方便得多。

④ 生产系统的可靠性较高，某台机器出现故障或者某个工人缺勤，相同的机器或相同技能的工人可以顶替，生产单位不会因为个别原因而不能生产。

(2)按照工艺专业化原则建立生产单位的缺点

① 工件在加工过程中要经过不同的加工车间或工段，转运次数多，运输线长。

② 不同加工单位之间协作关系复杂，协调任务重。

③ 由于任务经常变化，只能使用通用机床和通用工艺装备，通用设备的生产效率低。

④ 运输路线长和等待加工时间长，造成在制品数量大，生产周期长。

2. 产品对象专业化原则(对象原则)

按不同的加工对象(产品、零件)分别建立不同的生产单位，这种分工原则称为产品对象专业化原则。在按对象专业化原则建立的生产单位里，配备了为加工某种产品(零件)所需的全套设备、工艺装备和各有关工种的工人，使该产品(零件)的全部(或大部分)工艺过程能在该生产单位内完成。这样构成诸如汽车制造厂、发动机分厂(车间)、电动机车间、齿轮工段、曲轴工段等生产单位。

(1)按对象专业化原则建立生产单位的优点

① 可减少运输距离，缩短运输路线。

② 协作关系简单，简化了生产管理。

③ 由于对象固定，可使用专用高效设备和工艺设备。

④ 在制品少，生产周期短。

(2)按对象专业化原则建立生产单位的缺点

① 按照特定的产品对象建立的生产单位，对品种变化的适应性差。

② 不同的设备构成生产系统，一台设备出故障，没有替代设备，生产单位的可靠性较差。

③ 不同的设备安置在同一地点，造成工艺及设备管理较复杂。

通过对工艺专业化和对象专业化形式的分析、比较和优缺点的介绍，两种形式各有利弊，见表1-6。因此，对于不同的企业，生产不同的产品，以及产品自身特点、生产数量的多少，应有针对性地选择专业化形式。

表1-6　工艺专业化与对象专业化的对比

序　号	比较项目	工艺专业化	对象专业化
1	品种变换适应性	强	差
2	生产能力利用	好	较差
3	加工和运输路线	长	短
4	中间仓库面积	大	小
5	生产周期	长	短
6	在制品占用量	多	少
7	运输与保管费	多	少
8	流动资金占用和周转速度	占用多、周转慢	占用少、周转快
9	产品成本	高	低
10	产品质量	不稳定、难保证	稳定、易保证
11	生产管理	复杂	简单
12	适用范围	单件小批	大批大量或成批
13	经济效益	差	好

在实际生产过程的组织中，一般综合运用以上两个原则，以取两者的优点。应用形式有两种：

① 在对象专业化原则的基础上采用工艺原则，如锅炉厂的铸造车间、锻造车间；

② 在工艺专业化原则的基础上采用对象原则，如铸造厂的箱体造型工段、床身造型工段等。

1.4.2　组织生产过程的基本要求

组织生产过程是企业内部的工作，它必须与外界需求相适应。合理组织生产过程的基本要求，是要使生产过程保持连续性、平行性、比例性、均衡性(节奏性)与准时性。这些要求是现代化大生产所决定的，只有按这些要求去做，才能取得好的经济效益。

1. 生产过程的连续性

生产过程的连续性是指物料处于不停的运动之中，且流程尽可能短，它包括空间上的连续性与时间上的连续性。时间上的连续性是指物料在生产过程的各个环节的运动，自始至终处于连续状态，没有或很少有不必要的停顿与等待现象。空间上的连续性要求生产过程各个环节在空间布置上合理紧凑，使物料的流程尽可能短，没有迂回往返现象。提高生产过程的连续性，可以缩短产品的生产周期，降低在制品库存，加快资金的流转，提高资金利用率。

为了保证生产过程的连续性，首先需要合理布置企业的各个生产单位，使物料流程合理；其次，要组织好生产的各个环节，包括投料、运输、检验、工具准备、机器维修等，使物料不发生停歇。

2. 生产过程的平行性

生产过程的平行性是指物料在生产过程中实行平行交叉作业。加工装配式生产使实现生产过程的平行性成为可能。平行作业是指相同的零件同时在数台相同的机床上加工；交叉作业是指一批零件在上道工序还未加工完时，将已完成的部分零件转到下道工序加工。显然，平行交叉作业可以大大缩短产品的生产周期。

3. 生产过程的比例性

生产过程的比例性是指生产过程各环节的生产能力要保持适合产品制造的比例关系。它是生产顺利进行的重要条件，如果比例性遭到破坏，则生产过程必将出现"瓶颈"。瓶颈制约了整个生产系统的产出，造成非瓶颈资源的能力浪费和物料阻塞，也破坏了生产过程的连续性。

4. 生产过程的均衡性(节奏性)

生产过程的均衡性是指产品从投料到完工能按计划均衡地进行，能够在相等的时间间隔内完成大体相等的工作量。节奏性与均衡性的含义基本相同，只不过它的时间间隔取得较小。均衡性一般取月、旬、日，节奏性则以小时、分、秒计。节奏性一般用于大量大批生产。

生产不均衡会造成忙闲不均，既浪费资源，又不能保证质量，还容易引起设备和人身事故。保持生产过程的均衡性，主要靠加强组织管理。它涉及毛坯和原材料供应、设备管理、生产作业计划与控制，乃至对职工的考核办法。

5. 生产过程的准时性

生产过程的准时性是指生产过程的各阶段、各工序都按后续阶段和工序的需要生产，即在需要的时候，按需要的数量，生产所需要的零部件。准时性将企业与用户紧密联系起来。企业所做的一切都是为了让用户满意，用户需要什么样的产品，企业就生产什么样的产品；需要多少，就生产多少；何时需要，就何时提供。要做到让用户满意，企业的生产过程必须做到准时。只有各道工序都准时生产，才能准时地向用户提供所需数量的产品。准时性是市场经济对生产过程提出的要求。从市场角度来审视连续性、平行性、比例性与均衡性，可以看出它们都有一定的局限性。不与市场需求挂钩，追求连续性、平行性与均衡性是毫无意义的。在市场多变的情况下，比例性也只是一种永远达不到的理想状态，"瓶颈"出现永远是正常现象。

1.4.3 生产过程的时间组织

生产工序在时间上的组织方式，就是筹划零件在各道工序间的移动方式。合理地组织生产过程，最大限度地提高生产过程的连续性和节奏性，以便提高劳动生产率和设备利用率，缩短生产周期，增加产量，加速资金周转，降低成本，更好地实现企业的经营目标。

工序在时间上的组织方式，不同行业、不同企业的表现形式是不同的。在加工装配性企业里，由于零件多种多样，工艺方法、工艺路线和技术装备千差万别，因而零件在各道工序间的移动方式是比较复杂的。一批零件在工序间存在着 3 种典型的移动方式，即顺序移动、平行移动和平行顺序移动。

例 1.1 某零件的加工批量为 4 件，需要经过 4 道工序的加工，各工序的时间为 $t_1=10$ 分钟，$t_2=5$分钟，$t_3=15$ 分钟，$t_4=10$ 分钟。此处为了突出 3 种移动方式的差异，在计算加工周期时均未计入工序间的运输、检验等时间。

1. 顺序移动方式

一批零件在上道工序全部加工完毕后才整批地转移到下道工序继续加工，这就是顺序移动方式。由于零件在工序间是整批转移的，所以每一零件各道工序的加工是不连续的，零件在每道工序上会出现成批等待的情况。顺序移动方式如图 1-6 所示。

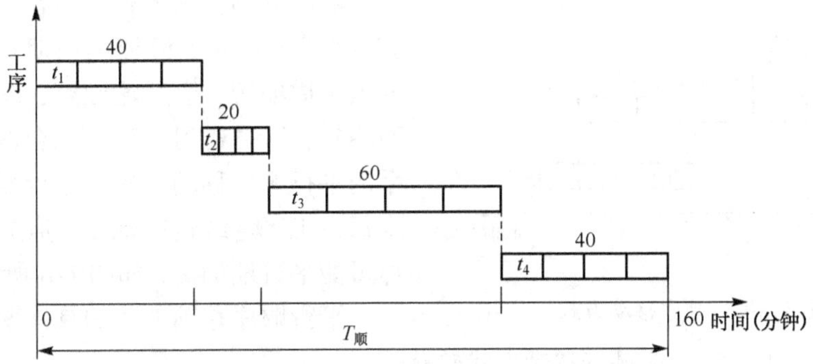

图 1-6　顺序移动方式

采用顺序移动方式，一批零件的加工周期为

$$T_{顺}=n\sum_{i=1}^{m}t_i$$

式中：n 为零件加工批量；t_i 为第 i 道工序的单件工序时间($i=1,2,\cdots$)；m 为零件加工的工序数。

将例 1.1 中的数据代入公式，则该批零件按照顺序移动方式完成加工的周期为

$$T_{顺}=n\sum_{i=1}^{m}t_i=4\times(10+5+15+10)=160\ (分钟)$$

顺序移动方式的优点是组织工作比较简单，设备没有停工时间；缺点是在制品在工序间有等待加工和运输时间，生产周期长，流动资金周转慢，经济效果差。一般适用于批量较少、工序时间较短的成批在制品生产。

2. 平行移动方式

每个零件在前道工序加工完毕后，立即转移到后道工序去继续加工，形成前后工序交叉作业，整批零件在各工序上进行平行作业，这就是平行移动方式。它的加工周期在这 3 种移动方式中最短。但当各工序的生产率不等时，设备在加工零件时中间可能有短暂的停歇，降低了设备的利用率。平行移动方式如图 1-7 所示。

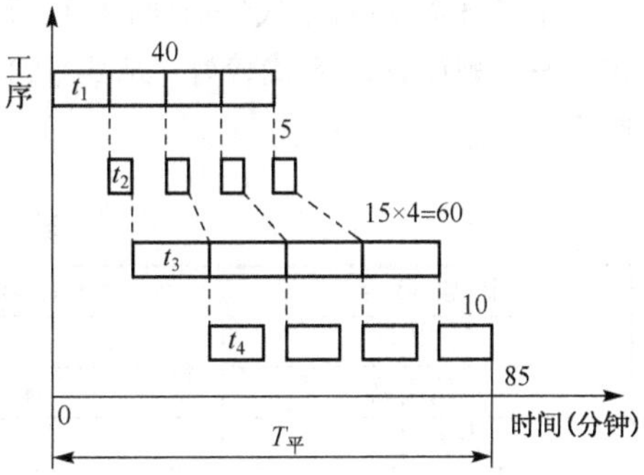

图 1-7　平行移动方式

采用平行移动方式，一批零件的加工周期为

$$T_{平}=\sum_{i=1}^{m}t_i+(n-1)t_L$$

式中：t_L为最长的单件工序时间；其余符号同前。将例 1.1 中单件工序时间代入，可求得按照平行移动方式完成该批零件的周期为

$$T_{平} = (10+5+15+10) + (4-1) \times 15 = 85(分钟)$$

平行移动方式的优点是生产周期短，由于在制品移动快，流动资金占用也就减少；缺点是当下道工序的加工时间小于上道工序的加工时间时，有停工待料现象，但这种停工时间不好利用，还有运输工作量因相对频繁而加大。

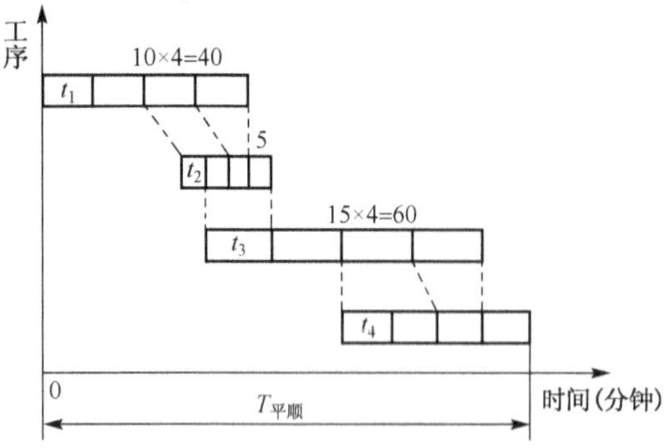

图 1-8　平行顺序移动方式

3. 平行顺序移动方式

顺序移动方式零件运输次数少，设备利用充分，管理简单，但加工周期长；平行移动方式加工周期短，但运输频繁，设备空闲时间多而零碎，不便利用。为了综合两者的优点，可采用平行顺序移动方式。平行顺序移动方式要求每道工序连续进行加工，但又要求各道工序尽可能平行地加工，如图 1-8 所示。

平行顺序移动方式的具体做法如下：

① 当 $t_i < t_{i+1}$时，零件按平行移动方式转移；

② 当 $t_i \geqslant t_{i+1}$时，以第 i 道工序最后一个零件的完工时间为基准，往前推移$(n-1) \times t_{i+1}$作为零件在第$(i+1)$道工序的开始加工时间。

采用平行顺序移动方式，一批零件的加工周期为

$$T_{平顺} = n\sum_{i=1}^{m} t_i - (n-1)\sum_{j=1}^{m-1} \min(t_j, t_{j+1})$$

将例 1.1 数值代入，则该批零件按照平行顺序移动方式完成加工的周期为

$$T_{平顺} = 4 \times (10+5+15+10) - (4-1) \times (5+5+10) = 100(分钟)$$

采用这种移动方式，当前道工序加工时间小于或等于后道工序加工时间时，按平行移动的方式移送；当前道工序加工时间大于后道工序加工时间时，后道工序开始加工第一件在制品的时间，比前道工序加工完第一件制品的时间要往后移。后移时间的长短，以保证该工序能够连续加工该批制品为原则。这样，既可以防止出现下道工序时开时停的现象，又可以把工作地的间歇时间集中起来加以利用，使设备和工人都有较充足的负荷，但组织工作比较复杂。

上述 3 种移动方式各有优缺点，它们之间的比较见表 1-7。从加工周期来看，平行移动方式、平行顺序移动方式较好；从组织工作来看，顺序移动方式较简单。企业必须根据具体情况选用。

表 1-7　3 种移动方式的比较

比较项目	平行移动	平行顺序移动	顺序移动
生产周期	短	中	长
运输次数	多	中	少
设备利用	差	好	好
组织管理	中	复杂	简单

在实际生产中这 3 种移动方式都在应用，它们各有自己的适用条件，选用时一般需要考虑零

件的大小、零件加工时间的长短、批量的大小，以及生产单位专业化的形式。一般来讲，零件大的宜平行移动，零件小的则顺序移动或平行顺序移动。选择零件移动方式要考虑的因素见表1-8。

表1-8 选择零件移动方式要考虑的因素

移动方式	零件尺寸	加工时间	批量大小	专业化形式
平行移动方式	大	长	大	对象专业化
平行顺序移动方式	小	长	大	对象专业化
顺序移动方式	小	短	小	工艺专业化

总之，工序在时间上的组织方式的采用受多种因素的影响，在设计时，应从企业的特点出发，采用其中一种甚至几种，以达到合理组织生产过程的目的。

练习思考题

1. 如何理解生产与运作管理的目标？
2. 生产与运作管理的作用和意义是什么？
3. 如何划分企业的生产类型？
4. 单件生产、成批生产、大量生产的特点是什么？
5. 如何对服务性运作进行分类？
6. 组织生产过程的原则是什么？
7. 零件在工序间的典型移动方式有几种？各有怎样的特点？在实际生产中如何选择移动方式？
8. 根据下列资料计算一批零件按顺序、平行顺序、平行三种移动方式的加工时间，并画图。

批量：$n=3$ 件，工序单件时间定额，$t_1=4$ 分钟，$t_2=2$ 分钟，$t_3=1$ 分钟，$t_4=5$ 分钟，$t_5=2$ 分钟，$t_6=3$ 分钟。

9. 已知一批零件有11个，以平行顺序移动方式加工，加工工艺定为8道工序，单件时间定额如下：

$t_1=4$ 分钟，$t_2=8$ 分钟，$t_3=5$ 分钟，$t_4=3$ 分钟，$t_5=9$ 分钟，$t_6=2$ 分钟，$t_7=8$ 分钟，$t_8=6$ 分钟。

求出制造一批零件的总加工时间，并分析在下列条件之一情况下制造一批零件加工时间的变化。

把第四道工序和第六道工序加工时间各减少一分钟；

把第三道工序和第六道工序合并为第三道工序(假定是可行的)；

把任何一道大的工序减少1分钟。

10. 推出一般性的三个公式：

(1)在平行顺序移动方式下，当第一道工序加工时间比第二道工序加工时间长时求出一批零件在相邻两道工序上开始加工时间的间隔；

(2)求从第一个零件在第一道工序上加工完毕起到全部零件在第二道工序上开始加工之间的时间间隔；

(3)计算为了保证第二道工序不间断，在第一道工序上应做出的零件数量，已知条件为：零件数 $n=7$，工序单件时间为：$t_1=10$ 分钟，$t_2=5$ 分钟。

第 2 章

生产运作战略

【本章导引】

本章通过分析现代企业的生存与发展环境，阐述了企业战略及其制定的过程，探讨了生产运作战略的内容。通过本章的学习，读者将很好地理解企业战略和生产运作战略的含义，并对二者的关系有深刻的理解。

【本章重难点】

企业战略管理过程；生产与运作战略的含义、特点与内容；生产与运作战略的基本类型。

【本章学习目标】

1. 了解现代企业的生存与发展环境；
2. 理解生产运作管理的新特点；
3. 理解战略、战略管理、生产与运作战略的含义；
4. 掌握企业战略管理过程；
5. 理解生产运作战略的特点及基本内容；
6. 理解并掌握生产运作系统的设计。

“三年发展靠机遇，十年发展靠战略”，一个组织的战略对该组织具有深远的影响。战略对组织的竞争力影响极大，若是非营利组织，战略将在很大程度上影响其意图的实现。企业战略是企业为求得生存和发展，在较长时期内生产经营活动的发展方向和关系全局问题的重大谋划。生产运作战略是在企业战略指导下制定的职能性战略，它是企业总体战略成功的保证。

2.1　现代企业的生存与发展环境

100 多年以来，企业所处的生存环境经历了一个巨大的变化过程。20 世纪初，现代企业处于起步阶段，生产规模、生产技术尚未达到一定程度，产品处于一种供不应求的状态，当时工业企业的最大特点，是靠单一品种（或少品种）的大批量生产来降低成本的。这种大量生产、大量消费的模式使世界经济迅速发展，使一大批西方国家步入了工业社会。第二次世界大战以后，整个世界处于从战争创伤中恢复的阶段，各种物品仍然供不应求，企业仍然在大量生产、大量消费的模式中欣欣向荣地发展。但是从 20 世纪 70 年代初开始，随着科学技术的不断发展、经济的全球化和买方市场的逐步形成，特别是顾客的个性化要求，让现代企业处于既充满机遇、又富于挑战的复杂的竞争环境，给企业的生产及其管理带来了重大影响。而21世纪的今天，世界已形成了一个统一的全球市场，其直接的后果是使企业处在更为瞬息万变、竞争更为激烈的生存与发展环境中。

2.1.1 现代企业所处环境特点

总的来说，现代企业面临的环境有如下几个方面的情况。

1. 信息技术高速发展

信息革命把现代企业带向信息时代。在这个时代，信息成了企业的“血液”。企业把自己同市场紧密地联系在一起，靠的就是信息、信息系统与信息网络这类“纽带”。

信息革命为现代企业创造了全新范式。范式(Paradigms)通常指人们公认的惯例，出于习惯而被多数人所接受的基本假设，它是现实的、不容置疑的规则性陈述，但它又是可变的，会因科技、经济、社会、文化等环境的根本性改变而改变。例如，在工业社会，企业多半采用批量化生产的旧范式，福特式流水线是大规模生产的典型；但是到了信息社会，企业开始采用定制化生产的新范式，戴尔计算机公司被认为是大规模定制生产的典范。

信息革命是当今社会发展的趋势。今天信息技术正以人们无法想象的速度向前发展，信息技术也正在向企业生产与运营领域注入和融合，促进了制造技术和各种先进生产模式的发展，如集成制造技术、并行工程、精益生产、敏捷制造等，无不以信息技术作为支撑。

2. 个性化买方市场形成

随着社会经济的发展及人们生活水平的提高，人们的消费观念和消费形态都在发生重大的转变，从以往比较理性的消费转向感性消费。人们已不再满足于产品的功能和价格等因素，而更关注产品的品牌、服务，特别是体现个人感受特性的个性化服务，这种转变带动了产品市场从卖方市场向买方市场的转变，形成了以消费需求为导向的市场机制，主要体现在以下几个方面。

(1) 需求多样化、个性化

当今的用户已不满足于从市场上买到标准化生产的产品，他们希望得到按照自己要求定制的产品或服务，并且产品价格要像大批量生产的那样低廉。这些变化导致产品生产方式革命性的变化。传统的标准化生产方式是“一对多”的关系，即企业开发出一种产品，然后组织规模化大批量生产，用一种标准产品满足不同消费者的需求。然而，这种模式现在已不能使企业继续获得效益。现代的企业必须具有根据每一个顾客的特别要求定制产品或服务的能力，即所谓的“一对一”(One-to-One)的定制化服务。

(2) 响应速度要求越来越高

竞争的主要因素从成本因素、质量因素转变为时间因素。这里所说的时间因素主要指交货期和响应周期。用户不但要求厂家要按期交货，而且要求的交货期越来越短。企业要有很强的产品开发能力，不仅指产品品种，更重要的是指产品上市时间，即尽可能提高对客户需求的响应速度。例如，在20世纪90年代初期，日本汽车制造商平均两年可向市场推出一款新车型，而同期的美国汽车制造商推出相同档次的车型却要5~7年。可以想象，当时美国的汽车制造商在市场竞争中的被动状态。对于现在的厂家来说，市场机会稍纵即逝，留给企业思考和决策的时间极为有限。因此，缩短产品的开发、生产周期，在尽可能短的时间内满足用户要求，已成为当今所有管理者最为关注的问题之一。

3. 产品更新换代加快，研发难度加大

首先，由于个性化买方市场的形成，促使企业必须不断开发新产品，以满足顾客不断变化的需求。其次，科学技术的飞速发展和市场竞争的日益加剧，从技术上确保产品以前所未有的规模和速度进行更新换代，从而大大缩短了产品的寿命周期。据统计，当今美国机械产品每20年全部更新一轮(而20世纪40年代前是每70年完成一轮更新)，电子产品和航天产品每10年更新一轮，而计算机产品几乎每隔两年就有一次重大的技术更新。最后，企业之间竞争的日益加剧，意味着企业必须依靠不断地推出新产品才能开拓新市场，以确保竞争优势。

虽然越来越多的企业认识到开发新产品的重要意义，也不惜工本予以大量投入，但效果并不明显。其原因之一就是产品研制开发的难度越来越大，特别是那些大型且结构复杂、技术含量高的产品，其在研制开发中一般都需要各种先进的设计技术、制造技术和管理技术，不仅涉及的学科多，而且大都是多学科交叉的产物。这样，如何能以最少的代价，快速而成功地开发出新产品，是企业面临的新问题。例如，我国是世界上最大的电子产品加工国，但却没有太多自主知识产权的核心产品，往往受制于国外的大型企业集团。

4. 经济全球化对现代企业生产与运作的影响

在当今社会里，全球化的浪潮正以惊天动地的速度和力度，向人类社会的一切领域挺进，无论是深度还是广度都是前所未有的。许多国家的产业，包括工业、金融、投资、运输、通信、科技等，都在全球范围内打破了国家和地区的界限而融为一体。一般来看，经济的全球化主要表现在如下几个方面。

(1) 商品全球化

经济全球化是从商品流通领域开始的，商品全球化在经济生活中一直占据主导地位。商品全球化越发展，表明世界越开放，各国之间的经济交流越频繁，贸易量将大为提高，各国之间在生产和消费上的依赖程度也将不断加深。

(2) 资本全球化

资本全球化是经济全球化进程的重要步骤，也是必然趋势。国际间直接投资的迅速增长和跨国公司的蓬勃发展，使国际间资本流动规模巨大，而且国际资本的形式也日益多样化。

(3) 生产全球化

由于跨国企业的蓬勃发展，世界已成为跨国企业的“王国”。而跨国企业的发展，又促进了生产的全球化。各国在生产经营过程中，相互渗透，互通有无，把以往一个国家内部范围的分工和协作关系，发展成为一系列国家之间的国际分工和协作关系，出现了大量的全球工厂，越来越多的产品成为“全球产品”。例如，福特汽车公司的Festiva汽车就是由美国人设计，在日本的马自达生产发动机，由韩国的制造厂生产其他零部件和装配，最后再在全球销售。

(4) 技术全球化

发达国家在输出资本的同时也输出了技术，包括管理技术，技术的输出加速了世界经济的发展。当然技术的输出大部分是有偿的。

2.1.2 生产运作管理新特点

与日益激烈的环境发展相适应，现代企业的运作管理也出现了新特点和新发展方向。面对环境变化，企业为了生存、发展，必须考虑新的运营方式，并适时地对原有的运作系统进行调整、改造和升级。这也给企业的运营管理带来了一系列新问题，使得现代运营管理的概念及内容与传统的生产管理存在很大不同。运营管理的目的是通过构造一个高效率、适应能力强的运行系统，为企业制造有竞争力的产品，所以它的发展也是以此为目的。

现代企业运作管理新特点及其发展方向可归结为以下9点。

1. "全球运营"成为现代企业的一个重要主题

随着全球经济朝一体化方向的发展，企业的制造活动将从集中式转变为分布式，大企业面对的工厂选址问题将不再是一个单一的工厂选址问题，而成为一个由不同的零部件厂、装配厂及市场构成的制造网络选址的问题。越来越多的企业将在全球范围内进行工厂选址和资源优化配置。

2. 信息技术成为生产运作系统控制和运作管理的重要手段

随着信息技术的飞速发展，一系列的管理模式和管理方法上的变革已成为生产运作管理的重要研究内容。计算机已经并将继续对企业产生较大的影响，先进制造技术(AMT)的应用使企业的生产运作方式发生了真正的革命，其应用涉及产品设计、产品特性、加工技术、信息处理、通信等各个方面。

3. 现代生产运作管理的涵盖范围扩大化

现代生产运作突破了传统制造业的生产过程和生产系统控制，扩大到了非制造业的运作过程和运作系统的设计上。现代生产运作管理不局限于生产过程的计划、组织与控制，而是包括生产运作战略的制定、生产运作系统设计、生产运作系统的运行等多个层次的内容，把运营战略、新产品开发、产品设计、采购供应、生产制造、产品配送直至售后服务看成一个完整的"价值链"，对其进行综合管理。

4. 跨企业的供应链管理

供应链管理成为企业生产运作管理中的一个重要方面，供应链由原材料零部件供应商、生产商、批发经销商、零售商、运输商等一系列企业所组成。在传统的企业管理中，一条"链"上的各个企业只把对方视为买卖关系、交易对手，各自只关注自己企业内部的运作和管理。而现代企业则开始致力于整个供应链上物流、信息流和资金流的合理化和优化，与供应链上的多个企业结成联盟，把整条"链"看成一个集成组织，通过"链"上各个企业之间的合作与分工，应对日趋激烈的市场竞争。

5. "柔性"成为企业生存与发展的决定因素

只有适时、适量地向市场提供顾客所需的合格产品和满意服务，才能在激烈的市场竞争中居于主动地位。增强对产品需求量、产品本身及交货时间变化的适应能力，即增强企业的"柔性"，已经成为企业的主要竞争战略。企业的柔性包括物的柔性和人的柔性，即生产系统的柔性和组织管理系统的柔性两个方面，任何一方面缺乏柔性都会导致企业的整体柔性降低。

6. 注重流程管理

运作系统的生产率高低，在相当程度上取决于生产运作管理的有效性，因此，生产运作管理对企业获得竞争优势有非常重要的作用。流程管理在产业化发展中紧密连接技术变化及规则，并出现各种新的管理哲学和实践，从规模生产到柔性生产、全面质量管理(TQM)，从科学管理到雇员创新、准时生产(JIT)和再造工程(RE)、基于时间竞争(TBC)等新的管理理念。

7. 多品种小批量混合生产方式

随着市场需求日益多样化、多变化，多品种小批量混合生产方式成为主流形势。靠增大批量降低成本不再适用于生产方式的这种转变，生产管理面临着多品种小批量与降低成本之间相悖的新挑战。要求从生产系统的柔性生产设备和计划与控制系统、工作组织方式和人的技能多样化两大方面去挖掘新的方法。

8. 精益生产成为企业生产运作管理追求的目标

精益生产意为使用比大量生产系统少的资源生产出同样多的产品。这一生产方式产生于20世纪90年代，其基本原理是不断改进、消除对资源的浪费，协力工作、沟通。精益生产系统利用高技术的工人和富于柔性的设备，集中了大量生产(高产量、低成本)和手工艺生产(品种多和柔性)的优点，其产品质量要优于大量生产的产品。因此，精益生产方式受到越来越多的企业的推崇。组织结构扁平化、管理层减少也顺应组织变革的时代要求。

9. 环境保护日益受到重视，企业具有最直接的责任

企业有必要在产品设计和运作过程中考虑如何保护环境，在资源获取和利用上尽量节约自然资源、合理使用资源，并考虑各种资源的再生利用问题。国际标准化组织通过对企业取得ISO14000的认证作为企业走向国际市场的要求。企业注重减少废弃物，使用毒性较小的化学制品，以及设计出使顾客更容易再处理和再利用的产品和部件。

总之，企业为应对复杂多变、竞争激烈的市场环境，必须通过各种有效途径努力提高自身的竞争能力，获取竞争优势。首先，为应对全球经济一体化带来的机遇和挑战，企业必须开展对员工的培训，提高员工技术技能，提倡终身学习，构建学习型组织。其次，组织结构合理，业务流程畅顺，生产有序，管理有效，充分利用各种可供利用的资源，减少浪费，以较小的投入获得理想的产出。再次，在企业内部构建一个较公平的竞争平台、分配制度，以及有一套完善的激励、制约机制。最后，一定要以人为本，企业关爱员工，员工忠诚于企业，多方面、多角度地为企业制造有竞争力的产品，构造一个高效率、适应能力强的运行系统。

2.2 企业战略和战略管理

2.2.1 企业战略和战略管理的含义

企业战略是企业为求得生存和发展，在预测和把握环境变化的基础上做出的有关企业发展方向和经营结构变革的远景规划，其目的不在于维持企业的现状，而是要创造企业的未来。

战略管理是指企业确定其使命，根据组织外部环境和内部条件设定企业的战略目标，为保证目标的正确落实和实现进行谋划，并依靠企业内部能力将这种谋划和决策付诸实施，以及在实施过程中进行控制的一个动态管理过程。

指导企业全部活动的是企业战略，全部管理活动的重点是制定战略和实施战略。而制定战略和实施战略的关键都在于对企业外部环境的变化进行分析，对企业的内部条件和素质进行审核，并以此为前提确定企业的战略目标，使三者之间达成动态平衡。战略管理的任务，就在于通过战略制定、战略实施和日常管理，在保持这种动态平衡的条件下，实现企业的战略目标。战略管理具有两个特点：一是战略管理不仅涉及战略的制定和规划，而且也包含将制定出的战略付诸实施的管理，因此是一个全过程的管理；二是战略管理不是静态的、一次性的管理，而是一种循环的、往复性的动态管理过程。它是根据外部环境的变化、企业内部条件的改变，以及战略执行结果的反馈信息等，重复进行新一轮战略管理的过程，是不间断的管理。

一个企业的战略可划分为 3 个层次：公司战略、经营战略和职能战略，如图 2-1 所示。

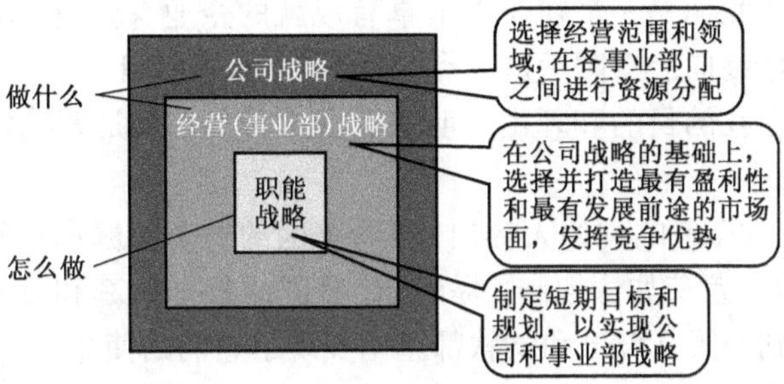

图 2-1　企业战略结构图

2.2.2　企业战略管理过程

企业战略管理过程包括确定企业使命、战略分析、战略选择及评价和战略实施及控制 4 个阶段，各阶段包括的具体内容如图 2-2 所示。

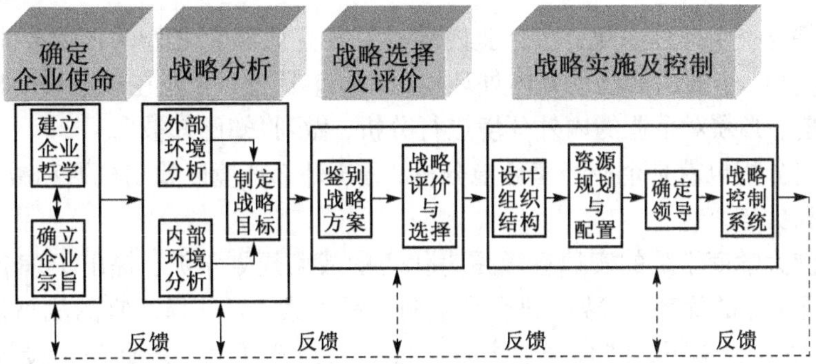

图 2-2　企业战略管理过程

1. 确定企业使命

企业在制定战略之前，必须先确定企业使命。所谓企业使命是指企业在社会经济发展中所应担当的角色和责任，是指企业的根本性质和存在的理由，说明企业的经营领域、经营思想，为企业目标的确立与战略的制定提供依据。

企业使命应该包含以下含义。

(1) 企业使命实际上就是企业存在的原因或者理由，也就是说，是企业生存的目的定位

不论这种原因或者理由是“提供某种产品或者服务”，还是“满足某种需要”或者“承担某个不可或缺的责任”，如果一个企业连自己都找不到合理的存在原因，可以说这个企业“已经没有存在的必要了”。

(2) 企业使命是企业生产经营的哲学定位，也就是经营观念

企业确定的使命为企业确立了经营的基本指导思想、原则、方向、经营哲学等，它不是企业具体的战略目标，但影响经营者的决策和思维。

(3) 企业使命是企业生产经营的形象定位

它反映了企业试图为自己树立的形象，如“我们是一个愿意承担责任的企业”、“我们是一个健康成长的企业”、“我们是一个在技术上卓有成就的企业”等，在明确的形象定位指导下，企业的经营活动就会始终向公众昭示这一点，而不会“朝三暮四”。

企业使命是企业存在的目的和理由。明确企业的使命，就是要确定企业实现远景目标必须承担的责任或义务。

20 世纪 20 年代，AT&T 的创始人提出“要让美国的每个家庭和每间办公室都安上电话”。20 世纪 80 年代，比尔·盖茨如法炮制，提出“让美国的每个家庭和每间办公室桌上都有一台 PC(个人计算机)”。到今天 AT&T 和微软都基本实现了它们的使命。

使命足以影响一个企业的成败。彼得·德鲁克基金会主席、著名领导力大师弗兰西斯女士认为：一个强有力的组织必须要靠使命驱动。企业的使命不仅回答企业是做什么的，更重要的是为什么做，是企业终极意义的目标。崇高、明确、富有感召力的使命不仅为企业指明了方向，而且使企业的每一位成员明确了工作的真正意义，激发出内心深处的动机。试想“让世界更加欢乐”的使命令多少迪士尼的员工对企业、对顾客、对社会倾注更多的热情和心血。

2. 战略分析

每个企业都是一个开放系统，在企业内部以及在企业和它之外的环境要素之间都发生着物质和信息的交换，企业的活动受到内外环境的影响。因此，企业在制定战略目标和达成这些目标的战略之前，必须对企业的内外环境进行分析，做到“知己知彼”。

企业的战略分析也就是企业经营环境分析，分析外部环境以找出机遇和威胁，分析内部环境以找出优势和劣势。

以美国哈佛大学商学院的安德鲁教授为代表的战略规划学派，提出了著名的 SWOT 分析方法，全面分析企业的优势、劣势、机会和威胁 4 种因素，以选择适宜的战略加以实施，并强调在不确定的环境因素下，结合企业方针、目标和经营活动，认真分析设计，以形成竞争优势。

SWOT 分析是指分析企业的优势(Strength)、劣势(Weakness)、机会(Opportunity)和威胁(Threat)。SWOT 分析是对企业内外部条件各方面内容进行综合和概括进而分析企业的优劣势、面临的机会和威胁的一种方法。其中，优劣势分析主要着眼于企业自身的实力及其与竞争对手的比较，而机会和威胁分析将注意力放在外部环境的变化及对企业的可能影响上。SWOT 分析框架如图 2-3所示。

	优势(Strength) 列出企业所有优势因素	劣势(Weakness) 列出企业所有劣势因素
机会(Opportunity) 列出企业所有机会因素	SO战略 列出发挥优势、利用机会的企业战略	WO战略 列出利用机会、克服劣势的企业战略
威胁(Threat) 列出企业所有威胁因素	ST战略 列出利用优势、回避威胁的企业战略	WT战略 列出减少劣势、回避威胁的企业战略

图 2-3 SWOT 分析框架

通过 SWOT 分析，在明确了企业的优劣势及机会与威胁的条件下，就可确定企业的发展战略，进而确定各业务单位或事业部的战略，然后制定生产运作战略等职能战略。

企业经营环境分析的系统模型如图 2-4 所示。

现代企业的生产经营活动日益受到外部环境的作用和影响。企业要进行战略管理，首先必须全面、客观地分析和掌握外部环境的变化，以此为基础和出发点制定企业的战略目标和实现战略目标的战略。企业战略目标的制定及战略的选择不但要客观地分析企业的外部环境(知彼)，而且要对企业内部的资源、能力及核心能力加以正确的估计(知己)。企业内部环境是企业能够加以控制的因素，是企业经营的基础，是制定战略的出发点、依据和条件，是竞争取胜的根本。

企业环境的构成要素如图 2-5 所示。

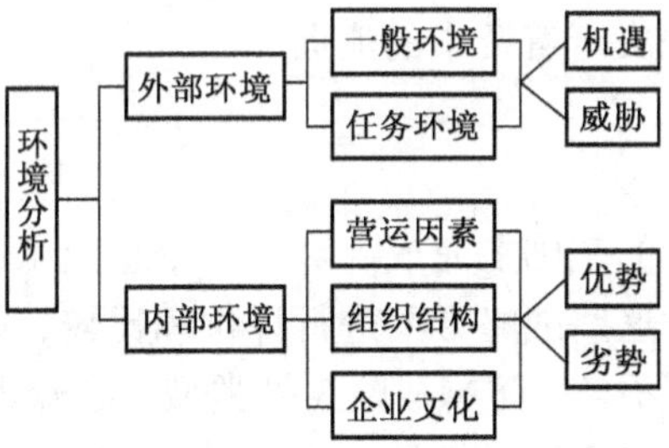

图 2-4 企业经营环境分析的系统模型

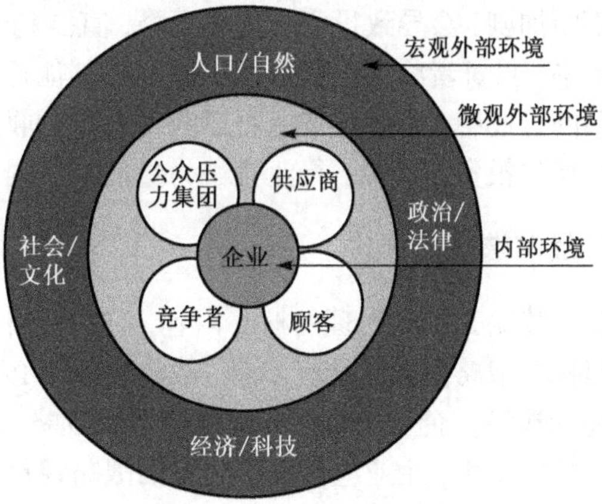

图 2-5 企业环境的构成要素

宏观外部环境又称一般环境，是指影响一切行业和企业的各种宏观力量。对宏观环境因素做分析，不同行业和企业根据自身特点和经营需要，分析的具体内容会有差异，但一般都应对政治(Political)、经济(Economic)、技术(Technological)和社会(Social)这四大类影响企业的主要外部环境因素进行分析。简单而言，称之为 PEST 分析法。主要分析要素如图 2-6 所示。

微观外部环境又称具体环境，具体环境分析主要是产业竞争性分析，分析本行业中的企业竞争格局以及本行业和其他行业的关系。

美国哈佛大学的著名战略学家、研究企业竞争战略理论的专家迈克尔·波特教授，为企业分析竞争局面提供了一条清晰的思路。按照波特教授的观点，一个行业中的竞争，不只限于在原有竞争对手之间进行，而是存在着 5 种基本的竞争力量，即新加入者的威胁、现有企业的竞争、替代品的威胁、供应商的讨价还价能力和买方的讨价还价能力，这 5 种竞争力量之间相互影响、相互制约，形成了行业中的竞争结构，如图 2-7 所示。通过行业竞争结构的分析，可以了解本企业在行业中所处的竞争地位、所具有的竞争优势/劣势等，以便企业制定出战胜各种竞争力量的基本对策。产业竞争性分析的基点是确定广义的 5 种竞争力量的来源及强弱，这些力量决定了产业中竞争的性质和该产业中所具有的潜在利润。

政治/法律(Political/Law) ● 垄断法律，环境保护法，税法，对外贸易规定，劳动法，政府稳定性	经济(Economic) ● 经济周期，GNP趋势，利率，货币供给，通货膨胀，失业率，可支配收入，能源适用性，成本
社会文化(Social and Cultural) ● 人口统计，收入分配，社会稳定，生活方式的变化，对工作和休闲的态度，教育水平，消费	技术(Technological) ● 政府对研究的投入，政府和行业对技术的重视，新技术的发明和进展，技术传播速度，折旧和报废速度

图 2-6　PEST 分析法主要分析要素

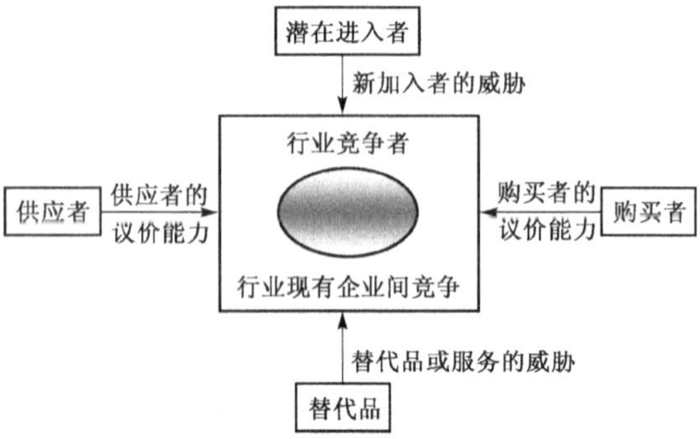

图 2-7　竞争五力图

这 5 种基本竞争力量的状况及其综合强度，决定了行业的竞争激烈程度，从而决定着行业最终的获利潜力。在竞争激烈的行业中，不会有一家企业能获得惊人的收益。随着行业中竞争的不断加剧，会导致投资收益率下降，直至趋于最低的收益率水平。若投资收益率长期处于较低水平，投资者将会把资本抽出投入到其他行业，直至现有企业停止经营。反之，在竞争相对缓和的行业中，各企业普遍可以获得较高的收益，这会刺激资本流入该行业，行业内现有企业也会增加投资。所以，行业竞争力量的综合强度也决定着资本的流向。

3. 战略选择及评价

制定战略是战略管理的核心内容，它在战略分析的基础上完成。对于一个企业来说，达成战略目标的战略方案可能有多个，战略决策者必须对这些战略方案进行评价和比较，从中选择最合适的战略。企业战略主要有稳定发展战略、发展战略、防御战略 3 种类型。在众多可供选择的战略类型中，企业应借助于一定的战略评价和选择方法选择最适合自己的战略，主要的战略评价方法有增长率-市场占有率矩阵法、行业吸引力-竞争能力分析法、生命周期法、产品-市场演化矩阵法、PIMS 分析、汤姆森和斯特克兰方法等。具体方法在战略管理课程中有详细介绍，在此不再赘述。

4. 战略实施及控制

设计适当的组织结构与控制系统，并有效地分配资源，使组织确定的战略能够实现。

战略控制是指企业战略管理者和一些参与战略实施的管理者，依据战略既定目标和行动方案，对战略的实施状况进行全面评价、发现偏差并进行纠正的活动，其目的在于使企业战略的实际实施效果尽量符合预期目标。

2.3 生产运作战略

2.3.1 生产运作战略的基本概念

1. 生产运作战略的含义

生产运作战略是指在企业战略的总体框架下，决定如何通过生产运作活动来达到企业的整体经营目标。它根据对企业各种资源要素和内部/外部环境的分析，对与运作管理及运作系统有关的基本问题进行分析与判断，确定总的指导思想及一系列决策原则。

生产运作战略在整个企业战略中处于职能战略层，在企业的经营活动中处于承上启下的地位，承上是指生产运作战略是对企业总体战略、竞争战略的具体化，启下是指生产运作战略作为生产运作系统的总体战略，推动系统贯彻执行具体的实施计划，并将发生的情况反馈到战略决策过程中。

2. 生产运作战略的特点

生产运作战略在整个企业战略体系中所处的地位，决定了它在企业经营中的特殊位置，形成了自身的一些基本特征。

(1) 从属性

生产运作战略虽然属于战略范畴，但它是从属于企业战略的，是企业战略的一个重要组成部分，必须服从企业战略的总体要求，更多地从生产运作角度来保证企业总体战略目标的实现。

(2) 贡献性

强调对企业竞争优势的贡献，通过对产品和服务目标的明细化，使企业生产运作系统功能具有优先级而保证竞争优势的突出，为企业竞争提供了坚实的产品基础和后援保证。

(3) 协调性

生产运作战略要和企业总体战略、竞争战略保持高度协调。生产运作战略要与企业其他职能部门的战略相协调，一方面生产运作战略不能脱离其他职能战略而自我实现，另一方面它又是其他职能战略实现的必要保证。生产运作系统内部的各要素之间也要协调一致，使生产运作系统的结构形式和运行机制相匹配。

(4) 可操作性

强调战略既是一种计划思想，又便于贯彻实施，因此它注重各个决策之间的目标分解、传递和转化过程，以形成各级人员的共识和参与，同时注重各项决策的内涵及其相互一致性，以保证决策的实施明确、可行。

(5) 风险性

生产运作战略的制定是面向未来的活动，要对未来几年的企业外部环境及企业内部条件变化做出预测，由于未来环境及企业条件变化的不确定性，战略的制定及实施具有一定的风险性。

3. 生产运作战略的基本类型

决定制造企业竞争力的五大要素是品种、质量、价格、时间和服务。然而，这五大要素在不同时期对竞争力的作用是不同的，不同时期决定竞争力的关键因素也是不同的。

基于不同因素的竞争对生产运作管理有直接的影响，根据竞争要素侧重点不同，企业生产运作战略可分为以下 3 种类型。

(1) 基于成本的战略

基于成本的战略是指通过发挥生产系统的规模经济优势，以及实行设计和生产的标准化，使产品成本大大低于竞争对手的成本，获取价格竞争优势，并形成一定的市场进入障碍。

在工业化初期，人们消费水平较低，竞争主要依靠价格。产品只要便宜、可用，就有市场。要使价格便宜，必须降低成本。与此相适应，大量生产成为主流生产方式，市场竞争的重点是“成本”。对应市场竞争情况，企业生产运作战略的要点可归纳为：①产品集中；②扩大生产规模；③大批量生产；④降低生产成本。

(2) 基于质量的战略

基于质量的战略是指企业把质量因素作为竞争优势的来源，即依靠顾客感知到的产品或服务的相对质量的领先地位，赢得高市场占有率和稳定的利润。

在 20 世纪七八十年代，随着技术的进步、经济的发展、工业化水平的提高，市场需求逐渐呈饱和趋势，由卖方市场转变为买方市场，人们的消费水平也日益提高，此时质量和服务就成为影响竞争力的关键。质量高、服务好的产品就拥有更多的顾客。日本企业大力开展全面质量管理(TQM)运动，提高服务水平，使不少企业获得巨大成功。市场竞争的重点是“品种”、“质量”和“服务”。这时企业的生产运作战略要点调整为：①发展多品种生产；②保持稳定的产品质量；③在保证产品基准质量的同时，及时交货、加强服务以使顾客满意；④增强新产品开发能力。

(3) 基于时间的战略

基于时间的战略是指企业把时间转化为一种关键的竞争优势来源，通过缩短产品开发周期和制造周期来提高对市场需求的反应速度。

20 世纪 90 年代以来，随着世界范围内统一市场的形成，世界市场对产品需求呈饱和趋势的出现，以及科学技术的迅速发展，企业所处的市场环境发生了深刻的变化，人们的消费方式和消费观念也发生了深刻的变化，使企业竞争也更为激烈，市场竞争的重点是“速度”、“环保”。这时企业的生产运作战略要点主要集中在：①缩短新产品开发周期，快速上市；②加速物流周转，快速交货；③提高系统的应变能力；④发展绿色制造，满足环保要求。

可见，企业竞争和经营环境的变化，促使竞争模式从依靠产品价格向依靠质量、服务转移，最终转移到基于时间的竞争。

2.3.2 生产运作战略的基本内容

生产运作战略主要包括 3 个方面的内容：生产运作总体策略，产品或服务的选择、开发与设计策略，以及生产运作系统的设计策略。

1. 生产运作总体策略

生产运作总体策略包括 5 种常用的生产运作策略。

(1) 自制或购买

自制或购买是首先要决定的问题。如果决定制造某种产品或由本企业提供某种服务，则需要建造相应的设施，采购所需要的设备，配备相应的工人、技术人员和管理人员。自制或购买决策有不同的层次。如果在产品级决策，则影响到企业的性质。产品自制，则需要建一个制造厂；产品外购，则需要设立一个经销公司。如果只在产品装配阶段自制，则只需要建造一个总装配厂，然后寻找零部件供应厂家。由于社会分工大大提高了效率，一般在做自制或购买决策时，不可能全部产品和零部件都自制。无论是零部件自制还是外购，并不影响产品的销售收入，只要考虑两个方案的成本，哪一个方案的成本低则选择哪一个方案。

(2) 低成本和大批量

早期福特汽车公司就是采用这种策略。在零售业，沃尔玛(Wal-Mart)和凯马特(K-Mart)公司也采用这种策略。采用这种策略需要选择标准化的产品或服务，而不是顾客化的产品和服务。这种策略往往需要高的投资来购买专用高效设备，如同福特汽车公司当年建造T型车生产线一样。需要注意的是，这种策略应该用于需求量很大的产品或服务。只要市场需求量大，采用低成本和大批量的策略就可以战胜竞争对手，取得成功，尤其在居民消费水平还不高的国家或地区。

(3) 多品种和小批量

对于顾客化的产品，只能采取多品种和小批量生产策略。当今世界消费多样化、个性化，企业只有采用这种策略才能立于不败之地。但是多品种、小批量生产的效率难以提高，对大众化的产品不应该采取这种策略。否则，遇到采用低成本和大批量策略的企业，就无法去竞争。

(4) 高质量

质量问题日益重要。无论是采取低成本、大批量策略还是多品种、小批量策略，都必须保证质量。在当今世界，价廉质劣的产品是没有销路的。

(5) 混合策略

将上述几种策略综合运用，实现多品种、低成本、高质量，可以取得竞争优势。现在人们提出的“顾客化大量生产”，或称“大量定制生产”，既可以满足用户多种多样的需求，又具有大量生产的高效率，是一种新的生产方式。

2. 产品或服务的选择、开发与设计策略

企业进行生产运作，先要确定向市场提供的产品或服务，这就是产品或服务选择或决策问题。产品或服务确定之后，就要对产品或服务进行设计，确定其功能、型号、规格和结构；接着，要对如何制造产品或提供服务的工艺进行选择，对工艺过程进行设计。

1) 产品或服务的选择

提供何种产品或服务，最初来自各种设想。在对各种设想进行论证的基础上，确定本企业要提供的产品或服务，这是一个十分重要而又困难的决策。产品或服务的选择可以决定一个企业的兴衰。一种好的产品或服务可以使一个小企业发展成一个国际著名的大公司；相反，一种不合市场需要的产品或服务也可以使一个大企业亏损甚至倒闭。这已被无数事实所证明。产品决策可能在工厂建成之前进行，也可能在工厂建成之后进行。要开办一个企业，首先要确定生产什么产品。在企业投产之后，也要根据市场需求的变化，确定开发什么样的新产品。

产品本质上是一种需求满足物。产品是通过它的功能来满足用户某种需求的，而一定的功能是通过一定的产品结构来实现的。满足用户需求，可能有不同的功能组合。不同的功能组合，由不同的产品来实现。因此，可能有多种产品满足用户大体相同的需求，这就提出了产品选择问题。例如，同是为了进行信息处理，是生产普通台式计算机还是生产笔记本电脑？同是为了货物运输，是生产轻型车还是生产重型车？必须做出选择。

产品选择需要考虑以下因素。

(1) 市场需求的不确定性

人的基本需求无非是衣、食、住、行、保健、学习、娱乐等方面，可以说变化不大。但满足需求的程度上的差别却是巨大的。简陋的茅屋可以居住，配有现代化设备的高级住宅也可以供人居住。显然，这两者对居住需求的满足程度的差别是很大的。人们对需求满足程度的追求又是无止境的，因而对产品功能的追求无止境。随着科学技术进步速度的加快和竞争的激化，人们"喜新厌旧"的程度也日益加强。这就造成市场需求不确定性增加。由于一夜之间某企业推出全新的产品，使原来畅销的产品一落千丈。现实情况是，很多企业不注意走创新之路。例如，当电风扇销路好时，大家都上电风扇；洗衣机走俏时，大家都上洗衣机；农用车好赚钱时，又纷纷上农用车。结果，或者由于市场容量有限，或者由于产品质量低劣，造成产品大量积压，企业因此而亏损。所以，企业在选择产品时，要考虑不确定性，要考虑今后几年内产品是否有销路。

(2) 外部需求与内部能力之间的关系

在外部需求与内部能力之间的关系上，首先要看外部需求。市场不需要的产品，企业有再强的技术能力和生产能力，也不应该生产。同时，也要看到，对于市场上需求量大的产品，若与企业的能力差别较大，企业也不应该生产。企业在进行产品决策时，要考虑自己的技术能力和生产能力。一般地讲，在有足够需求的前提下，确定生产一个新产品取决于两个因素。一是企业的主要任务。与企业的主要任务差别大的产品，不应生产。汽车制造厂的主要任务是生产汽车，决不能因为彩色电视机走俏就去生产彩色电视机。因为汽车制造厂的人员、设备、技术都是为生产汽车配备的，要生产彩色电视机，等于放弃现有的资源不用，能力上完全没有优势可言，是无法与专业生产厂家竞争的。当然，主要任务也会随环境变化而改变。如果石油枯竭，现在生产的汽车都将被淘汰，汽车制造厂可能就要生产电动汽车或者太阳能汽车。二是企业的优势与特长。与同类企业比较，本企业的特长决定了生产什么样的产品。选择没有优势的产品，是不明智的。一旦人家参加竞争，本企业就会败下阵来。

(3) 原材料、外购件的供应

一个企业选择了某种产品，要制造该产品必然涉及原材料和外购件的供应。若没有合适的供应商，或者供应商的生产能力或技术能力不足，这种产品也不能选择。美国洛克希德(Lockheed)"三星"飞机用的发动机是英国罗尔斯–洛依斯(Rolls-Royce)公司供应的，后来洛尔斯–洛依斯公司破产，使得洛克希德公司也濒于破产，最后不得不由美国政府担保。

(4) 企业内部各部门工作目标上的差别

通常，企业内部划分为多个职能部门，各个职能部门由于工作目标不同，在产品选择上会发生分歧。如果不能解决这些分歧，产品决策也难以进行。生产部门追求高效率、低成本、高质量和生产的均衡性，希望品种数少一些，产品的相似程度高一些，即使有变化，也要使改动起来不费事。销售部门追求市场占有率、对市场需求的响应速度和按用户要求提供产品，希望扩大产品系列，不断改进老产品和开发新产品。财务部门追求最大的利润，要求加快资金流动，减少不能直接产生利润的费用，减少企业的风险。一般来说，希望只销售立即能得到利润的产品、销售利润大的产品、不制造不赚钱的产品。由于职能部门工作目标上的差异，往往造成产品决策的困难。销售部门要求创新、发展，愿冒风险，要求保持广而全的多种产品的生产线；财务部门往往守住目前成功的产品，以扩大销售；生产部门由于追求低成本和简化的管理而要求尽可能生产少的品种，而各部门矛盾的解决，只有通过最高管理层协调。

2）产品或服务的开发与设计策略

按发展方向的不同，产品或服务的开发与设计策略可分为3类。

（1）做跟随者还是领导者

企业在设计产品或服务时是做新技术的领导者还是跟随者，是两种不同的策略。做领导者就需要不断创新，需要在研究与开发方面做出大量投入，因而风险大。但做领导者可以使企业领导新潮流，拥有独到的技术，在竞争中始终处于领先地位。英特尔公司就采用做领导者的策略。做跟随者只需要仿制别人的新产品，花费少、风险小，但得到的不一定是先进的技术。如果跟随者善于将别人的技术和产品拿过来进行改进，则有可能后来居上。这里还有一个是采用最先进的技术还是采用适用技术的问题。最先进的技术一旦拥有，优势在手。但采用先进技术的费用高、风险大。适用技术不一定是最先进的技术，但它是符合企业当前发展的、经过使用检验的技术。采用适用技术花费少，风险也小。

（2）自主开发还是联合开发

同自制或购买决策一样，产品开发和设计也可以自己做或请外单位做。一般地，涉及独到技术必须自己开发。

（3）花钱买技术或专利

利用大学和研究所的成果来节约研究与开发的费用不失为一种聪明的办法。巴特尔（Battle）研究所曾为施乐（Xerox）公司开发复印机产品，强生（Johnson）公司曾利用宾州大学的专门技术开发治疗粉刺和皱纹的Retin-A产品，利用哥伦比亚大学的专门技术开发一种治癌药品。企业购买大学或研究所的生产许可证、专利权和设计，不仅少冒风险，而且节约了开发和设计的时间。

3. 生产运作系统的设计策略

生产运作系统的设计对生产运作系统的运行有先天性的影响，它是企业战略决策的一个重要内容，也是实施企业战略的重要步骤。生产运作系统的设计有4方面的策略，即选址、设施布置、岗位设计、工作考核和报酬，见表2-1。

表2-1　生产运作系统的设计

选　址	设施布置	岗位设计	工作考核和报酬
● 按长期预测确定所需能力 ● 评估市场因素，有形和无形的成本因素 ● 确定是建造或购买新设施，还是扩充现有设施 ● 选择具体的地区、社区和地点	● 选择物料传送办法和配套服务 ● 选择布置方案 ● 评估建设费用	● 按照经济和技术的可行性确定岗位 ● 确定何时使用机器及人力 ● 处理人机交互 ● 激励员工 ● 开发、改进工作方法	● 工作考核 ● 设置标准 ● 选择和实施报酬方案

(1) 选址

生产服务设施建在什么地点的问题，对企业的运行效率和效果都有先天性的影响。在当年"要准备打仗"的思想指导下，一些工厂进了山沟或山洞，造成今天生产成本高、难管理、难发展的局面。大学、餐馆、商店也都有选址问题。有的大学就是因为过去迁址造成今天难以发展的局面。

在工厂建成运行之后，有时也需要扩大生产能力。采取扩充现有设施的办法比较经济易行，但往往受到空间的限制。另一种办法就是购买或租赁厂房或服务设施，但不一定能够满足要求。还有一种办法是另找地方建造新设施。这种办法选择的余地较大，但需要大量资金。设施还有一个集中还是分散安放的问题。

(2) 设施布置

设施布置对生产运作的效率有很大影响。设施布置不当，会造成运输路程长、运输路线迂回曲折，不仅浪费了人力、物力资源，而且延长了生产周期。

不同生产类型的设施布置形式不同。对大量大批生产，一般采用流水线布置。对多品种小批量生产，一般采用按功能布置(Layout by Process)，即将完成相同功能的机器设备布置在一起。功能布置有较高的柔性，但物料运送的路线长。第3种是固定位置布置(Fixed Position Layout)。按照固定位置布置，将原材料、零部件和人员集中到一个特定的地点，被加工的工件不动，机器设备和工具按加工需要配置，使用过的设备和工具随时拿走。飞机制造就采用固定位置布置，大型电站锅炉的安装也采用固定位置布置。采用固定位置布置的原因很简单：工件太大，不能移动。外科手术也是固定位置布置，病人(工件)在动手术时是不能移动的。第4种布置是按生产单元布置。把不同的设备集中到一起，进行有限范围内的产品生产。在生产单元中，机器设备不动，工件的移动也很有限。除了生产设备布置以外，设施布置还包括物料传送方法和其他服务性设施的选择和配置。对于服务业，确定设施布置时，要考虑生产过程的组织方式。是准制造式(Quasi Manufacturing)、顾客参与式(Customer-as-Participant)，还是顾客作为产品式(Customer-as-Product)？不同的运作方式的设施布置不一样。麦当劳(McDonald's)采用的是准制造式，在全世界都取得了成功，它为顾客提供的服务是标准化的，与顾客的接触也很少，有形的物品超过了无形的服务。

(3) 岗位设计

岗位设计是制定与每个员工工作有关的活动的正规和非正规的说明，包括岗位的结构和与同事、与顾客之间的联系。岗位设计有不同的指导思想和方案。一种是进行细致分工，使每个员工只完成最简单的操作。这样可以提高工作效率，从而提高生产系统的产出。福特最早的流水生产线上的岗位就是这样设计的。这种方式使工作单调乏味，遭到工人的反对。另一种是进行粗略分工，每个员工都从事不同的操作，使工作丰富化。这样可以提高员工的工作兴趣，但在一定程度上牺牲了效率。

在岗位设计上要正确处理人机分工。现在，完全用手工进行工作的情况很少。一般都使用机器(包括计算机)来完成既定的任务。因此，在岗位设计时要正确处理人机分工。人是最灵活而富有创造性的，适用完成非例行的工作；机器比人更持久、更准确地完成程序化的工作，但没有人的能动性。如果让人做机器能做的事，不仅浪费了宝贵的人力资源，而且是不人道的。岗位设计要使机器和工作环境适合人的能力和需要，而不是相反。道理很简单：人不能重新设计来适应机器，机器可以重新设计来适应人。

(4) 工作考核和报酬

对员工的工作业绩要进行考核，并将考核结果与报酬挂钩。这样才能激励员工努力工作，不断改进工作方法，发挥创造性，提高工作效率。报酬涉及工资和薪水的数量和发放办法。通常有两种计酬的办法：计时付薪和按贡献付薪。计时付薪就是按小时、天或月付薪，适用于难以量化的工作。按贡献付薪包括计件和承包等办法，适用于能够量化的工作。报酬系统的选择和设计对于发挥最重要的资源的潜力有十分重要的影响。

练习思考题

1. 现代企业所处环境有哪些新变化？相应的生产运作管理具有哪些新特点？
2. 如何理解生产与运作战略的含义及其在战略体系中的地位？
3. 生产运作战略的特点有哪些？
4. 生产运作战略总体策略包括哪些内容？
5. 产品或服务的选择需要考虑哪些因素？
6. 在产品或服务的开发与设计方面有哪些策略？
7. 生产运作系统设计有哪些重要决策？

第2篇

生产运作的准备

第 3 章

产品开发、工艺设计和技术选择

【本章导引】

本章主要阐述产品开发与企业 R&D(研究和开发)概念和策略;R&D 与产品开发组织管理;生产流程的设计与选择;加快研发速度的并行工程;计算机技术在产品设计中的运用。

【本章重难点】

企业 R&D 管理和生产流程的设计与选择。

【本章学习目标】

1. 了解新产品分类、各类特点,两种新产品动力模式各自的优缺点,如何选择 R&D 的方式,企业 R&D 组织机构设置的模式,并行工程在新产品开发中的作用,计算机技术在产品设计中的常用工具和作用;

2. 掌握新产品生命周期规律和影响因素,新产品设计的程序和内容,设计工作中系列化、标准化、通用化的区别和联系,生产工艺管理的内容,生产流程设计要考虑的因素。

新产品的开发和设计能不断地创造出带来高额利润的产品,使企业保持长期的竞争优势。早在 1980 年,美国的《研究与管理》杂志就报道了大多数企业销售额和利润的 30% ~40% 来自最近 5 年推出的新产品。随着市场竞争的加剧,需求变化日益频繁,产品生命周期日益缩短,而新产品开发费用却居高不下,成功率低,风险越来越大。产品的开发设计将决定企业经营的基本特征,是企业经营计划的出发点。产品开发又与工艺研究息息相关,先进的工艺技术不仅能保证产品质量,降低成本,还可以提高产品设计的档次。因此对于企业来说,产品的开发和工艺的开发管理是相辅相成、缺一不可的。同时,无论产品开发还是工艺开发都离不开采用先进的科学技术,因此如何获取和掌握先进的科学技术,就成为企业科技工作的首要环节。通过 R&D 可以抢占先机,使产品和工艺开发有的放矢,缩短研发周期,使企业的整个经营战略更加清晰有效。

3.1 产品开发与企业 R&D

3.1.1 新产品开发与企业 R&D 的概念

从不同角度,可以对新产品的概念做出不同的描述。一般来说,新产品应在产品的性能、材料、技术性能等方面具有先进性和独创性，或者优于老产品。所谓先进性，是指由于采用新技术、新材料产生的先进性，或者对已有的技术进行综合产生的先进性。所谓独创性，一般是指由于采用了新技术、新材料或引进技术所产生的全新的产品，或者在某一市场范围内属于全新产品。企业 R&D(Research and Development)是指科学技术的研究与开发，它不同于产品开发，是一项基础工作，包括基础研究、应用研究和技术开发。基础研究进行的是探索新的规律、创建基础性的知识工作。应用研究是将基础理论研究中开发的新知识、新理论应用于具体领域。技术开发是将应用研究的成果经过设计、试验而发展成为新产品、新系统和新工程的科研活动。

3.1.2 新产品分类

1. 全新产品

全新产品即产品的工作原理、产品结构、所使用材料和生产工艺等方面具有独创性，这些方面与老产品截然不同。全新产品是科学技术上的新发明在生产上的新应用。

2. 改进产品

对现有产品改进性能，提高质量；或者进行规格型号的扩展、款式花色的翻新而产生出新品种。

3. 换代产品

换代产品主要指在原有产品的基础上，部分地采用新技术、新材料、新元件以适应新用途、满足新需要的产品。例如从普通电熨斗到自动调温电熨斗，又到无线电熨斗。

以上3种新产品中，以换代产品和改进产品在市场上居多，也是企业日常新产品开发的重点。而全新产品开发投资大、风险高、周期长，一般企业不宜选择。当然无论哪类新产品开发，企业都要进行市场需求调查、设计制造可行性分析、投资收益分析等。

新产品的发展方向可以有以下几个方面。

(1) 多功能化

扩大同一产品的功能和使用范围。例如，具有照相功能和上网功能的手机、多功能计算器。在扩大产品功能的同时，还应注意提高产品的效率和精度。

(2) 复合化

把功能上相互有关联的不同单体产品发展为复合产品。例如由刀、锯、剪等组合的瑞士军刀，集打字、计算、储存、印刷为一体的便携式文字处理机等。

(3) 小型化、轻便化

缩小产品的体积，减轻其重量使之便于操作、携带、运输及安装。这样还可以节省材料，降低成本。例如海尔小神童洗衣机、上网笔记本电脑等。

(4) 简单化

改革产品结构，减少产品的零部件，使产品的操作性能更好，更容易操作。同时也能降低产品的成本，提高生产效率，增加产品可靠性。使用新技术、新材料是结构简化的重要方法。

例如用集成电路代替晶体管。将产品的零部件标准化、系列化、通用化也是简化产品的一个重要途径。

(5)智能化

把一般人需要经过学习培训才能掌握的知识转化为产品本身具有的功能，使产品的使用操作“傻瓜化”。这样可以减少操作难度和技能，保证使用效果，从而可以扩大这些产品的客户群。微波炉、“傻瓜相机”都是很典型的例子。

(6)艺术化、品位化

随着人们生活水平和文化素养的提高，对产品艺术化、品位化的要求日益提高，追求时尚化、个性化成为趋势。不仅像汽车、电视、家具等这些要求具有观赏功能的产品，就连洗衣机、热水瓶、垃圾桶等普通日常用品，具有良好的观赏功能也成为顾客的重要选项。因此企业必须从产品的造型、色彩、质感、包装等方面下工夫，使产品的款式新颖，风格独特，体现特殊的艺术品位。

对于服务业来说，人们越来越要求社会能提供多样化的服务，开发新的服务项目，以满足自身的物质和精神的消费需求。我国正在从以物质消费为主的消费结构向以精神消费为主的消费结构转变，这就给服务业创造了发展机遇，企业应抓住机遇提供更多的、新的精神食粮和文化产品。

3.1.3 新产品开发动力模式

新产品开发动力模式有技术驱动型和市场驱动型。所谓技术驱动型，就是指从最初的科学探索出发开发新产品。例如，盘尼西林就是首先在进行结核菌的培养过程中发现，进而开发成产品的。与此相对应，市场驱动型是从市场需求出发进行新产品的开发，即首先通过市场调查来了解需要具有什么样技术内容的新产品，然后对其进行生产技术、价格、性能等方面特性的研究，进而再通过该产品商品化后的销售预测来决定是否开发。

技术驱动型的产品也被称为产品导向型(Production Oriented)产品，以技术→生产→市场的模式出现，即“将研究成果推向市场”。全新产品一般属于这一类，如个人计算机、数码照相机等。但是，即使是技术驱动型产品，在制定产品的技术指标、型号、规格的时候，也必须认真分析市场，分析竞争对手，制定出包括生产到销售的完整事业计划。

市场驱动型的产品也被称为市场导向型(Sale Oriented)产品，以市场→研究与开发→生产→市场的模式出现，即“把市场需求带入研究”。20世纪20年代出现的福特汽车公司的T型车可以说是典型的市场导向型产品，而今发展迅速的等离子彩色电视机等家用电器产品，也是典型的市场导向型产品，多数更新换代产品一般属于这一类。

用技术驱动型的产品战略具有领先优势。因为其率先开拓了广阔的市场，占有技术的垄断利益。日本索尼公司就采用技术驱动型而取得成功，索尼公司从美国西屋电器公司购得晶体管技术后，在人们不了解晶体管为何物、有何用途的时候就率先开发出了晶体管收音机和电视机，开创了世界范围内的大市场。正如索尼公司创始人之一盛田昭夫所说：“我们的政策并不是先调查消费者喜欢什么产品，然后去开发什么，而是用新产品去引导他们的消费需求。”市场导向型产品开发也有其后发优势，通过市场细分，目标明确，风险更小，也能取得成功。采用技术驱动型的产品开发模式，如果技术、经济实力跟不上，即使产品开发成功，也不能持久占领市场，取得经营效益。美国的齐思公司是收音机、电视机、调频立体声广播系统等产品的开发者。在20世纪六七十年代它一直是这些产品的制造商，但到了20世纪70年代末却不得不退出整个广播电视行业。这是因为后来日本企业能够生产出比齐思公司品种更多、质量更好、价格更便宜的产品以适应各种家庭不同层次的需求。因此新产品开发的两种动力模式，并无优劣之分。从现代经济和发展趋势来看，新产品的开发主流从技术驱动型转变为市场导向型，特别是发展中国家和中小企业更应重视。

3.1.4 新产品的生命周期

产品在市场上作为商品有其生命周期。这一周期是指某一产品在一定的市场范围，从试制完成投放市场，直到逐步被淘汰出市场的整个过程所经历的时间。如图3-1所示，产品生命周期一般可分为5个阶段：新产品投入期，成长期、成熟期、饱和期、衰退期。

分析研究产品的生命周期与新产品开发有密切关系。为了使企业经营不至于大起大落，具有可持续性，企业只有在确定各种产品的生命周期及其分别所处的周期位置后，才能正确地制定新产品的开发计划和策略。不同产品的生命周期的长短有很大不同。例如有些产品的生命周期很长，长达几年或十几年，一般大型机电产品、工业材料等如此。而另外一些产品，如消费类电子产品、时装等，生命周期却很短。

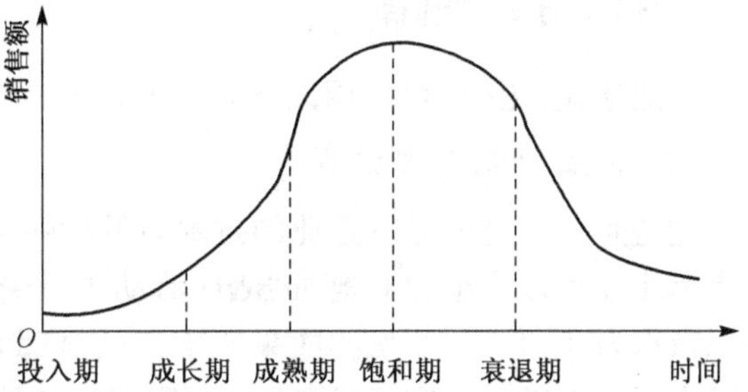

图3-1 产品生命周期

随着科学技术的发展、市场需求的日益多样化以及竞争的加剧，产品的生命周期呈现普遍缩短的趋势。这就要求新产品的开发周期也必须相应缩短，但是，与产品生命周期的缩短相反，由于技术日益复杂，开发新产品特别是全新的产品所需要的时间反而增加了。如何使新产品开发周期缩短，如何确定下一代新产品开始开发的时机等就成为企业管理的重要课题。一方面要求加强企业的R&D管理，另一方面要求企业从经营战略整体出发制定长期的新产品开发计划，同时准确掌握竞争对手的新产品进度情况。

3.2 R&D与产品开发组织

3.2.1 企业的R&D战略

1. 战略目标的设定

企业的R&D战略方针由企业的经营目标决定。在选择和决定企业的经营目标时，应把握企业在现有的技术与市场中的地位，分清优势、劣势和机会，充分掌握企业拥有的资源特性，确定切实可行的经营目标。这样才能正确选择R&D战略和方向，提高R&D的效率和成功率。

通常企业的经营策略有两种：一种是领先策略，另一种是跟随策略。领先策略就是依靠技术领先，抢先占领市场以求获取创业利润。采用这种经营战略要取得成功，企业就需要有雄厚的财力、强大的技术研究与开发能力，同时还应具备为开拓市场而进行广告宣传的能力，以及灵活的市场营销能力。与此相适应的 R&D 战略必须拥有优秀的 R&D 人才，能够及时掌握市场的需求动向和潜在需求，积极进行有目标的基础研究，积累知识技术，并能发明创造出独特的新产品。为了降低新产品的风险，就要采取合适的 R&D 方式，如独立还是合作等。

跟随战略是通过追随、模仿市场刚刚出现的新产品，后发制人，并抢占细分市场的战略。采取这种战略的企业要取得成功，首先需要拥有能够迅速及时地掌握其他企业 R&D 成果的情报网络系统，并能够在新产品上市后，迅速准确地分析出使用者对此产品的评价，决定采用产品或市场差异化，果断做出正确决策。与这种经营战略相适应的 R&D 战略，应该以不断提高通用技术为研究重点，R&D 的组织形式要富有弹性，要把更多的资源投放到进行生产工艺研究、加工设备研究，以及建立强大的销售网络上去。

2. R&D 方式的选择

一般来说，R&D 可采用以下几种方式。

(1) 独立研究开发方式

这是企业完全依靠本企业的技术力量就能实现所制定的目标时采取的方式。这种方式的优点是企业可以完全独立地对 R&D 活动进行管理，避免了大量的协调工作，而且保密性强，可以获取自主研究与开发的成果所带来的全部利益。缺点是新产品的开发周期会比较长，需要独自承担全部的研究开发费用，还需要独自承担 R&D 投资的全部风险。

(2) 共同研究开发方式

这是利用本企业和其他企业或公共研究机关各自不同的研究基础，共同或合作进行 R&D。适合于仅依靠本企业的力量有困难，只有依靠合作者的技术专长才有可能完成研究的企业。这种方式的好处是可以缩短产品技术的开发时间，以尽快抢占市场，同时在取得开发成果之外，还可取得其他经营利益，如合作营业，建立承包关系，销售网共享。共同研究一般有 4 种形态：供应链上下游的企业纵向合作，同行业企业的水平合作，产、学、研的共同合作，以及在政府指导下的多方共同合作。采取这种 R&D 方式主要考虑如何适当调整各个企业、部门投入的资源比例，以及需要承担的责任，如何分配今后可能获得的利润等问题。

(3) 委托研究开发方式

这种方式是部分或全部借助外部的技术力量进行 R&D 的方式。很多中小企业自身没有足够的研究开发能力，但是却对市场需求变化有着敏锐的洞察能力，并能对新产品做出基本构想，通过借助外部的研究开发力量完成构想的研究验证等。大企业也可以利用其他企业的专长，只是将某些实验或部分子课题委托给别人去做，这样可以提高效率，缩短研究周期。委托 R&D 方式对委托和被委托者来说是双赢的，委托者仅提供研发经费，就可以借助外部的科研资源取得 R&D 成果。而对被委托者来说，可以补充自己 R&D 资金不足，获得市场信息，提高自身的 R&D 能力，提升企业形象，扩大技术情报来源等。对委托企业来说，缺点是技术容易泄密，成果权属常常难以界定，这也是管理的重点。委托方式包括国内政府与企业、企业与企业、企业与大学和研究机构之间的委托。

3.2.2 企业 R&D 管理

当今 R&D 的主流已从过去的偶然性的发明创造，转变为有计划的 R&D 管理活动。特别是现代工业企业中，为了保持竞争优势，实现企业的可持续发展，R&D 作为企业经营活动的基本环节，必须有计划、有组织地进行，生产一代、储备一代、研发一代、构思一代，使新产品能够适时取代老产品而进入市场，以保持企业竞争优势和市场占有率。因此，为了有效地进行研究与开发，不仅需要技术上的创造力，对 R&D 从时间、预算、组织等多方面进行科学管理也已成为必不可少的一环。R&D 管理的重要性已日益为大家所认识。但是，由于 R&D 活动本身所具有的创造性和不确定性的特点，比起企业的生产管理以及其他管理，R&D 管理显得更为复杂和困难，加之企业目标、范围、方式不同，R&D 管理更具有独特性。

下面将进一步对 R&D 中的研究费用管理、研究组织管理、研究人员的管理进行介绍。

1. 研究费用管理

R&D 费用的管理是对 R&D 活动以货币或价值为依据所进行的一种间接管理。一方面要从总量和定性上管理，从趋势上看，世界 500 强企业 R&D 研究经费占销售收入的比重逐年上升，一般在 5% ~10% 之间；我国 500 强企业一般在 1.38% 以下，而且不同行业也有较大差异，因此企业要加强管理，分析原因，保证科研经费投入和所在行业相吻合。

另一方面要注意投资效益和效率，加强过程管理，贯穿于事前管理、中间管理、事后管理三个阶段。在研究与开发过程中，必须监控所支出的研究费用是否被有效利用了，在 R&D 结束后，还要根据耗费的研究费用，分析研究成果的经济性。R&D 费用的管理是研究与开发过程中必不可少的一环。

(1)研究费用的计划与控制

研究费用一般由材料费用、人力费用、设备费用及流动费用构成。在制定研究费用计划时，首先是研究规模的决定，这就要考虑企业目标的可行性和必要性，还要了解竞争对手的策略。根据研究目标、进度和相关研究成果的进展等，制定适当的研究费用计划。

其次是研究费用如何分配，包括新产品开发、产品改良、新设备和新工艺开发、质量改进、成本降低等不同项目的分配，也包括基础研究、应用研究、开发研究等不同类型 R&D 活动的分配。尽量充分利用政府的基础研究成果和科研资助减少风险，避免损失；选择适当的合作方式减少费用，缩短时间。科研项目具有很大的不确定性，要在研究过程中跟踪监控进展情况，不断预测评价，调整对某些项目的费用支持，增加或减少部分课题投资等。

(2)研究费用的效益和效率分析

企业研究费用的效益和效率，可以用企业的利润来评价，但必须用“长期利润”来评价。必须从企业的长远利益着眼，去选择研究项目和分配经费，这样才能保证企业不断地得到发展。因此现代企业 R&D 的进行通常需要花费较长时间，研究结果转变为企业的实际效益也需要一定时间，所以不要目光短浅，急功近利，必须以长远的目光来看待 R&D 的成果。有关研究表明，R&D 研究经费占销售收入的比重越高，企业年产值构成中新产品产值的份额即新产品产值率越高。一个企业如在一段时间内维持极低的新产品产值率，说明其生命力已接近枯竭，企业即将遭到淘汰。因此可以用新产品产值率来评价研究费用的效益和科研工作效率。

2. R&D 的组织管理

传统的 R&D 主要依据研究者个人的能力与天分。但在科技迅速发展的今天，研究规模不断扩大，产品越来越复杂，技术越来越密集，多学科的交叉与渗透是普遍现象，仅仅凭借个人的才能已经无法适应时代的发展。依靠集体共同的努力，由各个领域的专家共同组成“聚合式的天才”就成为当代科技发展和企业 R&D 活动的主要方式。这就是 R&D 的组织化，使研究组织的结构与企业资源和 R&D 的目标相协调，提高 R&D 效率。

企业 R&D 组织机构的设置取决于企业规模和管理体制。企业 R&D 的组织机构大致有以下几种类型：

① 企业的 R&D 都设置在一个机构，即所谓的中央研究机构；

② 不设中央研究机构，各事业部或工厂设立各自的研究机构；

③ 同时设有中央研究机构和各事业部或工厂的研究机构，彼此互相独立；

④ 从地理位置上讲与中央研究机构同设在一地，从组织上讲则属于各事业部或工厂的研究机构，即“研究集中、组织分散”的机构；

⑤ 与④相反，从组织上属于中央研究机构的分支机构，但都分散在各个事业部或工厂，即“研究分散、组织集中”。

上述这几种企业 R&D 组织的类型实际上可归结为两种基本形式：集中型和分散型。从不同行业的企业来看，冶金、食品、医药、化学等部门的企业，大多采用集中型组织，而机械等工业部门的企业大多采用以事业部或工厂研究机构为主的分散型组织。如果从企业规模来看，中小企业大多采用集中型组织，而大型企业一般采用分散型组织为主。大企业特别是实行多样化经营的大企业，除了各事业部或工厂拥有研究机构外，还有进行新产品、新技术开发及基础研究的中央研究所、基础研究所及综合研究所等。但是，大型的研究项目，时间紧，任务重，事关企业全局，如汽车产品的更新换代、生产线改造等，需要从不同部门抽调优秀的人才，同时需要设置完全独立的集权的研究机构来进行开发，通常即采用项目式组织方式。

还有一些中小企业，不设置常设的研究组织机构。通常以课题组的方式来组织和开展 R&D 活动，即所谓课题责任制。课题组成员来自各个职能部门，一旦课题的目的达到，成员还返回各自的职能部门。这种组织适合于对重点研究任务进行集中的工作。在课题日趋复杂、课题组数目不断增大的情况下，可以考虑设立管理指导全盘工作的产品负责人，由产品负责人统管各个课题组长，即所谓的产品责任制。课题责任制及产品责任制组织与企业原有的职能组织相互交叉，就形成了通常所说的矩阵组织形式，用矩阵组织形式来组织 R&D 是很有效的。

3. 研究人员的管理

在 R&D 管理中，对研究人员的管理是一项重要的管理内容。由于科学研究与生产不同，不是靠时间和体力能完成的，个人的聪明才智、工作热情和创造精神以及良好的工作环境是管理工作的重点。

一是创造良好的环境和学习机会。这是提高 R&D 效率的重要因素。研究环境包括研究预算和后援服务两项内容。其中后援服务包括提供实验设备、研究器材等后勤服务，以及分析测定、技术情报、市场情报等信息服务，开放实验室和资料室等。鼓励支持研究人员与外界交流，允许研究人员用一部分时间去大学讲学和进行学术交流；由于新知识层出不穷，知识老化的速度越来越快，要保证研究人员的创造力，就有必要对他们进行有组织的教育与训练，支持研究人员去大学研究生院进一步深造。

二是正确评价研究人员的能力和业绩。只有正确评价研究人员的能力和业绩才能做到知人善用。从事基础研究、应用研究和开发研究所需要的是具有不同能力的研究人员。例如从事基础研究的人员需要具备很高的专业知识水平和严密的逻辑思维能力；从事应用研究的人员则需要具有丰富的想象力，能够进行创造性思考，还应具有一定的经济头脑。

三是保持人员的流动性。研究人员的人事管理与企业的一般人事管理有相似之处，也有不同之处。主要不同之处在于，为了使研究机构保持活力，必须使研究机构的人员保持经常的流动，使研究人员年轻化。在研究人员的人事管理上应不失时机地选拔和吸收年轻有为的研究人员，使企业的研究机构永远保持创造与开发活力。

3.2.3 新产品的开发步骤

无论是全新产品的开发，还是改良产品、换代产品的开发，都需要经过一定的阶段和程序。一般来说，新产品的开发可以分以下 5 个阶段。

1. 构思、计划阶段

在这一阶段首先提出新产品的构想方案，它应该包括对新产品的原理、构造、材料、工艺过程，以及新产品的性能指标、功能、用途等多方面的设想。然后对构思方案进行分析、评价和筛选，最后确定方案，制订开发计划。

2. 先行开发阶段

在这一阶段，对不确定的关键技术进行研究和试制，进一步确认和修改技术构思，形成比较完善的方案。

3. 设计开发阶段

进行样机或样品设计、试制或实验，确定产品性能和基本规格参数。在这一阶段，往往还要进行中小批量生产，检验生产工艺的可行性，进行市场需求确认等。

4. 生产准备阶段

在这一阶段对第 3 阶段进行评价，如果决定投产，则开始进行生产准备，进行工艺设计、工装设计和技术文件准备等，必要时还要进行批量试生产和市场试销。

5. 生产阶段

进入这一阶段实际上就意味着开发结束。

3.2.4 新产品的设计

1. 新产品设计的重要性

新产品设计的重要性主要体现在 3 个方面。

(1) 设计阶段是控制产品性能的关键

当新产品交到消费者手中时，能否在预定的使用环境中发挥预定的功能即产品的可靠性，主要取决于设计阶段。在新产品开发的设计阶段，设计人员应该实现预先决定的有关产品的性能、机能、结构等目标值，还要有可靠性、可维修性等指标。

(2)设计阶段是控制产品成本的关键

设计出的产品即使在性能、机能等方面充分实现了预定构思，如果在使用材料、制造方法上考虑不周，产品的制造成本就会很高，一般产品83%的成本是由这一阶段决定的，控制成本必须从设计开始。

(3)设计阶段是控制产品质量的关键

消灭不良产品是质量管理的主要目标之一，如果设计阶段稍有不慎或错误，其结果在其后的工序中累积下去，到产品完成时，产品质量可能严重不良。因此，设计阶段对控制产品的质量也有重要意义。必须从设计阶段起就树立产品质量观念，避免任何影响产品质量的因素掺杂进设计中去。

欧洲空中客车公司的"协和号"飞机就是由于设计时没有有效控制飞机飞行时的噪声和高油耗，投产后无法被市场接受而退出市场的。日本丰田公司正是由于油门踏板设计不当，导致车辆刹车失灵，不得不大批召回产品，从而引发了"丰田安全危机"。

在新产品的设计中，历来有主要侧重于产品的纯技术方面，而不注重与市场和消费者有关的经济性方面的倾向。此外，设计活动作为一种需要高度知识的活动，设计部门往往设置在与现场部门分离的环境中，其结果是容易导致对现场条件考虑不周，出现闭门造车的现象。因此在产品设计管理中，上述问题应予以足够重视。

2. 新产品设计的程序和内容

新产品的设计工作必须按先后顺序，分阶段地进行。设计的程序一般分为3个阶段，即总体设计、技术设计和工作图设计，称为"三段设计"，它从总体布局、零件结构，到工作图纸完成，逐步加以具体化，前一阶段是后一阶段的基础。三段设计是新产品设计应遵守的程序，它对提高产品的设计质量，顺利发展新产品有很好的作用。

(1)总体设计

这一阶段的主要任务是对新产品进行选型，确定最佳的设计方案，合理选择新产品的类型、结构和决定原则；确定产品的性能、用途、技术要求及基本结构，基本的质量标准，以及可靠性、维修性等指标；确定产品的概略成本目标等，作为后阶段设计的依据。这一阶段的关键是做好市场调查研究和技术情报收集分析。通过对该产品市场调查，确认是否有发展前景，并掌握市场对产品性能、结构、外观、可靠性、可维修性的要求；通过技术情报收集与分析，了解国内外同类产品已经达到的水平及今后的发展趋势，确认本企业产品目前存在的差距，进行借鉴和创新。

(2)技术设计

技术设计是设计、工艺和供应工作的结合。技术设计的任务是根据批准的设计任务书，确定新产品的具体结构、技术条件、技术经济指标和零件结构、尺寸、部件结构、尺寸配合关系等。除此之外还要绘制产品总图、部件装配图、传动系统图、电气系统图、液压系统图、冷却系统图等；提出设计计算说明书，包括结构强度、刚度计算和经济分析；确定详细的技术经济指标、制造过程、验收条件和产品试制程序；提出特殊外购件、协作件及特殊材料明细表；采用新结构、新技术、新材料试验鉴定报告等。

(3)工作图设计

工作图设计是产品设计的最后阶段，其任务是设计和绘制施工所需要的全套文件和使用的技术文件。主要包括绘制图纸(零件图、部件图、总装图、包装图及安装图)；提供零件、通用件、标准件、外购件、材料名称和规格、备品等明细表；给出产品制造、验收和交货技术条件，产品使用维护说明书，以及产品证明书。

这一阶段工作的关键是通过加强标准化审查和工艺性审查，使设计的经济性得以提高。通过标准化审查尽量提高产品系列化、部件通用化和零件标准化程度，使图纸和技术条件完全符合国家标准和要求，提高图纸质量。通过工艺性审查，尽量提高设计的公益性，使产品更加符合本企业的生产技术条件，更加便于制造，降低成本。

自行设计的新产品一般都要按上述3个阶段进行，对于特别复杂的产品或重要产品，还要初步设计；特别简单的新产品和具有充分可靠资料的一般新产品的技术设计工作和工作图的设计可合并进行；测绘和采用外来较成熟的产品图纸，可不经过技术设计阶段，但应经过必要的核算，在弄清楚原设计意图之前，不要随便修改设计。

3. 设计工作中系列化、标准化、通用化管理

产品设计系列化和零件标准化、通用化是国家一项重要技术经济政策，对节约设计力量，缩短设计周期，减轻设计工作量，扩大产品结构继承性，提高可维修性等方面起着重要作用。所以在产品设计的各个阶段中，必须认真贯彻“三化”，严格执行国家标准和部门标准。

(1) 系列化

系列化是标准化的高级形式。它通过对同一类产品发展规律的分析研究，经过全面的技术经济比较，对产品的主要技术参数、型号、尺寸、基本结构等做出合理的安排与计划，建立系列型谱，以减少产品品种，简化设计，适应各类需求，同时可以有效协调同类产品与配套产品间的关系，如汽车发动机排气量有 1.6 L、1.8 L、2.0 L 等系列，我国镀锌水管的系列有 DN15、DN20、DN25 等。企业必须按照产品系列化的要求进行设计，对没有系列型谱的要逐步形成系列型谱，对于已有系列型谱的应严格按照系列型谱进行设计，保证新产品按系列发展。这样企业既能根据市场的动向和消费者的特殊需要进行扩展，又能保持企业生产组织的稳定。

(2) 标准化

标准化的范围很广，在我国，根据标准适应领域和有效范围，可把标准分成3组：国家标准(代号“GB”)、专业标准(代号“ZB”)和企业标准(代号“Q”为分子，分母表示企业或地区)。国际上一般通用的如国际标准化组织(ISO)和国际电工委员会(IEC)标准也包括在国家标准内。

标准化对设计工作来说，主要指产品标准和零部件标准。产品标准是为某一类产品或某一种产品的形式、尺寸、主要参数、质量指标、检验方法，以及包装、储存、运输、使用、维修等方面制定的标准。零件标准是对于通用程度高或需要量大的零件规定的标准。

对于有国家标准或专业标准的产品或零件要严格按照标准生产，企业为了提高产品的质量、提高信誉等，可以制定高于国家标准和专业标准的标准，或者采用国际更先进标准，实行差异化竞争，但不可低于国家标准和专业标准；对于没有标准的新产品，企业也要制定企业标准，便于质量管理，争取成为专业标准，巩固竞争地位，这也是成功企业的重要标志。“三流企业卖产品，二流企业卖品牌，一流企业卖标准”。

对于在一个企业内或公司内通用化程度高、需要量大的零件，企业可以规定出标准，这就是企业标准件，或称“厂标件”。工厂的标准件一般参照国家标准，参考其他产品的零件特别

是基本型号产品的零件，根据零件的使用频率和产品发展的需要，归并简化而成。

零件实现了标准化，规格尺寸统一了，就扩大了同类零件的批量，才可能实行专业化和采用先进的自动化技术、流水线和自动化生产线。因此在设计工作中必须抓好零件标准化工作。

(3) 通用化

通用化是指在同类型不同规格，或者不同类型的产品和装备中，用途相同、结构相似的零件，经过统一以后，可以彼此互换的标准形式。显然，通用化要以互换性为前提，互换性有两个含义，即尺寸互换性和功能互换性。功能互换性问题在设计中非常重要。例如所设计的柴油机，既可用于拖拉机，又可用于汽车、装运机、推土机、挖掘机等。产品的通用性越强，销路就越广，生产的机动性越大，对市场的适应性就越强。

通用化和专用化是一对矛盾，如果一味追求通用化和兼容，必然增加某些功能的冗余，增加成本，因此设计时要加强对产品市场前景预测，对专用和通用策略进行经济性评估。

3.2.5 生产工艺管理

工艺设计是指按产品设计要求，安排或规划从原材料加工成产品所需要的一系列加工过程、工时消耗、工艺装备需求等说明。企业的生产工艺与产品设计有着密切的联系，先进合理的工艺和装备可以促进产品设计改进，同时对产品的生产可行性、提高产品质量、降低生产成本也有重要影响。例如，有了贴片焊接工艺和设备就可以改变电子产业相关产品的设计，如集成电路和电子元器件管脚设计结构、印制电路板的设计尺寸和设计要求，可以缩小手机等消费类电子产品的厚度、体积等；当然与这些产品生产质量、自动化程度、成本也都密切相关。因此生产工艺管理是企业技术管理和生产准备非常重要的一环。

要做好工艺管理，必须做好以下几个方面的工作。

1. 产品图纸的工艺分析和审查

工艺分析和审查的目的是为了提高产品的工艺性，具体包括：产品结构是否符合产品的生产特点；产品结构标准化程度；零件的几何形状、尺寸公差、配合要求、表面粗糙度及技术要求是否合理；选用材料是否经济；产品是否便于制造和装配；产品是否适合用本企业现有的生产设备和生产条件加工；企业是否具备产品测试条件等。

2. 制定工艺方案

在工艺方案中，要明确产品制造过程中会存在哪些主要问题，确定关键零部件、关键工序及加工方法，确定工艺路线和工艺装备的原则和工艺系数。例如规定生产时应达到的质量要求、设备利用率、劳动量、制造成本等技术经济指标，列出需要的专用设备、工艺装备、专用车间厂房等。

3. 编制工艺规程

工艺规程是指导工人技术操作的最主要的工艺文件，它是安排生产作业计划、生产调度、质量控制、原材料控制、原材料和工具供应、劳动组织的依据。编制工艺规程包括：产品和零件制造方法和制造顺序的确定、设备的选择、切削规范的选择、工艺装备的确定、设备调整方法的选择、产品装配与零件加工的技术条件确定、产品调试规程、工时定额、材料消耗定额等。

4. 工艺装备的设计与制造

工艺装备是为实现工艺过程所需要的工具、夹具、卡具、量具、模具等的总称。工艺装备的设计与制造对贯彻工艺规程、保证加工质量、提高效率具有重要作用。工艺装备的设计制造与生产批量密切相关，对于单件小批量生产尽可能利用万能设备或数控加工中心加工，或者外协加工，尽可能少制作工艺装备；对于一般批量生产的产品尽可能采用普通专机组成的生产线生产；对于大批量生产的产品可以考虑采用自动流水线。

3.3 生产流程的设计与选择

3.3.1 按生产流程的特性进行设计

根据生产类型的不同，生产流程有 3 种基本类型：按产品导向原则进行的生产流程、按工艺导向原则进行的生产流程和按项目或模块方式进行的生产流程。

1. 按产品导向原则进行的生产流程

按产品导向原则进行的生产流程就是以产品或提供的服务为对象，按照生产产品或提供服务的生产要求，组织相应的生产设备或设施，使生产单元里配备了加工某种产品(零件)所需要的全套设备、工艺装备和有关工种的工人，使该产品或(零件)的全部(或大部分)工艺过程能在该生产单位内完成。例如离散型制造企业的汽车装配线、电视机装配线都是按产品导向原则组织的。部件生产单元如发动机分厂、底盘分厂，零件生产单元如曲轴工段、连杆工段等也是如此。连续流程型企业的生产一般都是按产品组织的生产流程，如食品、炼油、化工等，这些液态或粉末的原材料在生产过程中单向无间断地流动。按产品导向原则组织生产流程又叫对象专业化形式。这种形式适用于大批量生产类型。

2. 按工艺导向原则进行的生产流程

按工艺导向原则进行的生产流程就是根据不同的生产工艺特征来分别建立不同的生产单位，这种分工原则也叫工艺专业化原则。因为每个生产单元只完成相同或相似工艺内容的加工任务，因此在按工艺专业化原则建立的生产单元里，集中了相同类型的设备和相同工种的工人，如工厂中的铸造厂、锻造厂、电镀厂、热处理厂、电装厂，车间中的钣金车间、铸造车间、锻造车间、电镀车间、焊接车间，工段中的铸造工段、锻造工段、车工段、铣工段，以及电子厂的贴片焊接工段。这种形式适合多品种小批量或单件生产类型。

3. 按项目或模块方式进行的生产流程

对于有些任务，如拍摄一部电影、组织一场音乐会，或者生产一件产品、盖一座大楼等，每一项任务都没有重复，所有的工序或作业环节都按一定秩序依次进行，有些工序可以并行作业，有些工序又必须顺序作业，同时工序数目也不同，有多有少。在机械制造业通常采用对象专业化和工艺专业化相结合的组织形式即模块生产或重复生产，这种方式主要利用成组技术，将具有相似特性的零件归并为一组，形成零件族，一个零件族可以在同一机器上使用相同或相似的工具和工序来完成，相应的加工设备和工艺路线形成一个模块或制造单元。如由铣床、滚齿机、车床组成一个生产单元，生产各种带不同键槽和不带键槽的齿轮。

3.3.2 按经营战略、产品和服务需求性质及接触顾客程度设计

影响生产系统生产流程设计的因素很多，其中最主要的是产品和服务的构成特征。因为生产系统就是为生产产品或提供服务而存在的，离开了用户对产品的需求，生产系统也就失去了存在的意义，而用户的要求无非是品种款式、质量、数量、价格、交货期、服务、环保与安全7项。但是不同企业对同一产品的要求往往有很大差异。有的注重服务，有的注重价格，有的强调交货期，也有的要求批量大等。没有一个企业可以满足所有要求，或者说7项指标都是优秀的。

1. 生产流程的设计与选择应支持企业经营战略

在现实的经济生活中，尤其在竞争激烈的市场条件下，企业为了争夺市场，常常采用市场细分的市场战略，也就是在分析市场需求特性和竞争对手优势的基础上，制定自己企业的特色。7项指标中，有些超过用户期望，有些达到市场基准水平，具有独特的优先顺序。例如按用户提出的期限快速交货，也就是比竞争对手交货期短；产品价格更低；品种规格更丰富；产品配置更灵活等。侧重点不同，生产系统设计就不同，因为生产系统是实现竞争策略的根本手段。

生产战略也是影响生产流程设计的重要因素。如自制–外购决策(包)，从成本、质量、生产周期、生产能力和生产技术等几个方面综合考虑，企业通常要考虑构成产品所有零件的自制与外购问题。本企业的生产流程主要受自制件的影响。企业自己加工的零件种类越多，批量越大，对生产系统的能力与规模要求就越高。不仅企业的投资额高，而且生产准备周期长。因此，企业为了提高生产系统的响应能力，要决定自制和外包的业务范围。如果协作条件允许，可只抓关键的零件生产和整机的装配，而将大部分的零件外包出去，充分利用其他企业的生产能力。这样一来既可降低本企业的生产投资，又可以缩短产品的设计、开发与生产周期。

2. 产品和服务的需求性质

生产系统要有足够的能力满足用户的要求。首先要了解产品和服务的特点。从需求的数量、品种、季节波动性等方面考虑对生产系统能力的影响，从而决定选择哪种生产类型的生产流程。因此，生产流程设计首先要考虑产品和服务的特点。

(1) 产品具有通用性

以产品的使用性能作为分类标志，任何一个生产过程所生产的产品都可以分为通用产品和专用产品两类。专用产品是根据用户的特殊要求专门设计和生产的产品。它的特点是产品的适用范围小，社会需求量小，一般是一次性生产一台或一小批。例如卫星、火箭、专用生产线等都是根据特定任务而设计生产的。企业要与客户签订订货合同，还要交付预付款或订金，通常称这一类为订货生产类型。通用产品是按标准设计生产的产品，一般适用面广，社会需求量大，生产厂可以通过市场需求预测，根据自己的生产能力和销售能力来制订生产计划，如果容易保管，可以保存一定库存来应付市场的波动，通常称它为备货生产类型，如工业基础原材料和标准件。

（2）产品和服务可保存性

有些产品特别是电力、热力，时间是最重要的指标，无法保管。服务业也是，时间有效性要求高。有些产品可以存放，但是成本极高，随时间延长快速贬值，如某些食品饮料，因此这些产品和服务不能用备货方式。生产系统必须提高生产能力，保持适当生产能力的冗余，来应付市场的波动，冗余多少是生产系统设计的关键，通常要根据历史数据和季节以及经济周期来预测。

（3）产品市场需求量

按市场需求量大小可以分为大量、批量、单件小批。大量生产类型的特点是生产的品种少，每一品种的产量大，生产过程稳定不断地重复进行。一般这类产品在一定时期内具有大且相对稳定的社会需求量，如电冰箱、电视机等家用电器，还有牙膏、牙刷等日用消费品，以及钢材、塑料、轴承等工业原材料和标准件，因此这类产品可以采用对象专业化组织形式，使用专用设备，流水线生产。单件小批生产类型的特点是产品对象基本上是一次性需求的专用品，一般不重复生产，产品需求不断变化品种规格，如重型机器制造、船舶制造、工业专用生产线等，这类产品可以采用工艺专业化组织形式，生产系统设计必须采用通用设备，只能备货某些通用零件和部件。批量生产类型生产的对象是通用产品，生产具有一定重复性，但品种较多，单个品种数量有限，不能维持常年连续生产，只能轮番生产。因此生产系统设计方案中不能全部采用专业设备，可以建立对象生产单元，采用模块化生产方式，也可以采用柔性好的生产设备。

（4）产品和服务搬运难易程度

有些产品体积庞大，难以搬运甚至固定不动，如船舶、飞机、桥梁和高速公路的构建。这类产品投资大，制造时间长，要求在规定时间和预算费用内完成，应采用项目组织方式生产。

3. 按接触顾客的程度

绝大多数的服务企业和某些制造企业，顾客是生产流程的一部分。因此，顾客对生产的参与程度也影响着生产流程的设计。例如，理发店、卫生所、裁缝铺的运营，顾客是生产流程的一部分，企业提供的服务就发生在顾客身上。这种情况下，顾客就成了生产流程设计的中心，营业场所和设备布置都要把方便顾客放在第一位。而另外一些服务企业，如银行、快餐店等，顾客参与程度低，企业的服务是标准化的，生产流程的设计则应追求标准、简捷、高效。

3.3.3 生产流程的选择决策

在选择生产单位形式时，影响最大的是品种数量的多少和每一品种产量的大小。图3-2 中给出了品种-产量变化与生产单位形式的关系。一般而言，随着图中的 *A* 点到 *D* 点的变化，单位产品成本和产品品种柔性都不断增加。在 *A* 点，对应的是单一品种的大量生产，在这种情况下，采用高效率自动化专用设备组成的流水线是最佳方案，它的生产效率最高、成本最低，但柔性最差。随着品种的增加及产量的下降（*B* 点），采用对象专业化形式的成批生产比较适宜，品种可以在有限范围内变化，系统有一定的柔性，尽管操作上难度较大。另外一个极端是 *D* 点，它对应的是单件生产情况，采用工艺专业化形式比较合适。*C* 点表示多品种小批量生产，采用成组生产单元和工艺专业化混合形式比较好。

前面已经提到产品生命周期，任何产品在市场上都有生命周期。产品刚开始设计和开发时，处于引入阶段，刚开始接单，只有支出，无利润可言。但产品到了成长期，产品订单快速增长，生产能力也应该快速扩充适应营销业务需要。经过一段时间产品打开了市场，进入成熟期，销量达到高峰，因此生产能力应进一步扩大，实行规模化生产，追求大量生产，获得高额利润。最后产品进入衰退期，利润和销量下降，生产能力需求大大降低。因此生产流程选择要考虑生命周期需要，具有一定的柔性。产品不可能停留在某个生命周期，生产过程按哪个阶段设计和变革时机应该认真分析，如果选择成熟后期扩大产能，则投资大，届时产品步入衰退期，销量急剧下降，生产能力就过剩；如果按引入期和成长期设计生产系统，如选择单件、小批量生产类型就会丧失商机，因此生产系统要具有柔性，生产设施厂房要具有继承性，能够从一个周期阶段过渡到下一个阶段。即使多产品交叉进行生产，也有生产设施兼容和合理的生产能力设计问题。例如设计两个生产单元，一个从事单件小批生产，一个从事批量和大量生产等。

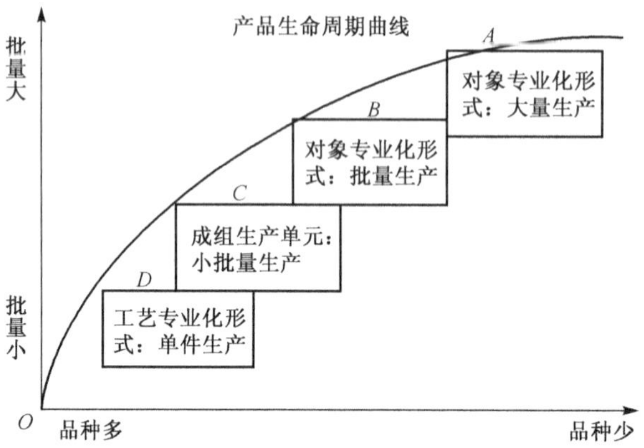

图 3-2　品种-产量变化与生产单位形式的关系

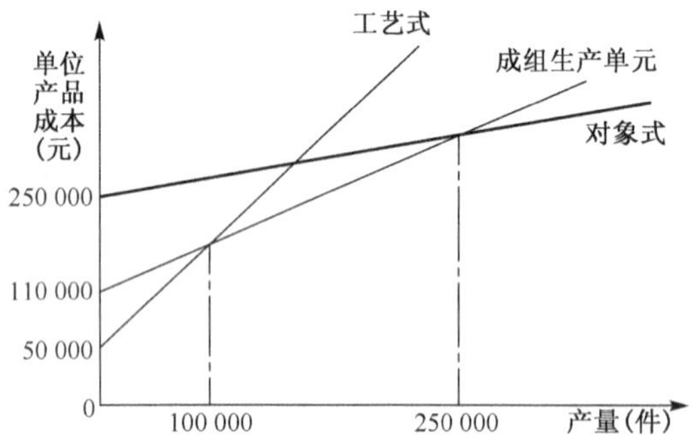

图 3-3　不同生产过程方案的成本变化

图 3-2 给出的是一种定性分析的示意图，根据这一概念确定出生产流程方案后，还应从经济上做进一步分析，如图 3-3 所示。每一种形式的生产单位投资、运行费用不同，使单位产品生产成本最低是生产方式选择的重要根据。

图 3-3 中的纵轴表示单位产品成本，横轴表示产量。产量等于零时的费用是固定的，通常指生产系统的初始投资。从图 3-3 中可以看出，对象专业化形式生产过程的方案的固定成本最高，这是因为对象专业化形式生产系统一般采用较为昂贵的自动化加工设备和自动化物料搬运设备。由于对象专业化形式的生产效率很高，单位时间出产量很大，劳动时间消耗少，因此单位产品的变动成本相对最低(成本曲线变化最平缓)。以图 3-3 中的数字为例，生产同一种产品的对象式系统投资额为 25 万元，成组生产单元为 11 万元，工艺式为 5 万元。当产量在 100 000 件以下时，选择工艺专业化形式生产系统成本最低。当产量为 100 000 ~ 250 000 件时，成组生产单元方式成本最低。当产量在 250 000 件以上时，对象专业化形式生产系统成本最低。

3.4 串行与并行工程

时间竞争已经成为当代市场竞争的焦点，如何缩短产品从设计到上市的时间，是企业占领制高点，获得超额利润的锐器。有些产品生命周期越来越短，如消费类电子产品，有的只有半年，成长期也就三个月。如果不缩短产品研发和生产周期是无法适应市场需求的，特别是采用跟随策略的企业，就难以生存，产品还未上市，市场就淘汰了，夭折在“摇篮”中，连研发投资都无法收回。因此要使产品尽快上市占领市场，必须缩短研发时间、生产制造时间。采用并行工程是通行的方法。

3.4.1 串行的产品设计方法

多年来，企业的产品开发一直采用串行的方法，即从需求分析、产品结构设计、工艺设计一直到加工制造和装配是一步一步在各个部门之间顺序进行的。产品开发的工作流程是：首先由熟悉顾客需求的市场人员提出产品构想，再由产品设计人员完成产品的精确定义，之后交给制造工程师确定工艺工程计划，确定产品的总费用和生产周期，质量控制人员做出相应的质量保证计划。

串行的产品开发过程是以部门为基础的组织结构。产品设计人员在设计过程中难以考虑到顾客的需求、制造工程、质量控制等约束因素，易造成设计和制造脱节。所设计的产品制造性、可装配性较差，使产品的开发过程变成了设计、加工、试验、修改的多重循环，从而造成设计改动大，反复次数多，产品开发周期长，产品成本高。过去产品市场竞争性不强，产品市场寿命较长，问题还不明显。

3.4.2 并行的产品设计方法

并行工程是对产品及相关过程，包括制造过程和支持过程，进行并行、一体化设计的一种系统化方法。这种方法力图使产品开发者从一开始就考虑到产品全生命周期从概念形成到产品报废的所有因素，包括工艺性要求、质量管理要求、生产性要求、可维修性要求、环保要求，以及成本、进度和用户需求，以减少产品早期设计阶段的盲目性，提高后期工作的效率和质量，追求全部产出过程优化。这就要使产品设计过程中各项活动并行交叉进行，需要与产品生命周期有关的不同领域技术人员的全面参与和协同工作，实现生命周期中所有因素在设计阶段的集成，实现技术、资源、过程在设计中的集成。由于各部门的工作同步进行，各种相关的生产制造问题和用户的不满意问题，在项目研发准备阶段便能得到及时沟通和解决。这些目标的实现，第一可以采用现代网络信息技术，使相关信息能在一个平台交流，在产品开发过程中信息是随着活动的进行而随时进行发布和反馈的，消灭传统的产品开发过程中，不同部门间的沟通障碍；第二产品的开发过程是需要涉及所有职能部门的活动，通过建立跨职能的产品开发小组，能够打破部门间的壁垒，降低产品开发过程中各个职能部门间的协调难度。第三在条件允许的情况下，可以将生产提前进行，例如汽车外形模具的设计制造，就不一定要等全部汽车工作图评审通过再设计采购，总体设计完成，模具就可以开始设计制造，只是留下余量以便尺寸调整就行了。

3.5 计算机技术在产品设计中的运用

除了采用并行工程方法外，缩短研发制造周期的另一个有效途径就是在企业管理中积极采用计算机技术。先进的设计制造管理技术的使用可以提高企业各个系统的效率和柔性，如在产品、工艺设计环节，大力推广计算机辅助设计(CAD)、计算机辅助制造(CAM)、计算机辅助过程设计(CAPP)，以及各系统集成。目前以计算机网络为基础的各种支撑技术在产品设计中的作用日趋重要。信息化是当今技术发展的显著特征。

3.5.1 用于工程设计的软件系统

在工程设计领域，CAD、CAM、CAPP、CAE 的应用使产品设计的手段发生了巨大变化。它们提高了设计效率，缩短了产品设计周期。采用 CAD 便于建立产品数据库，消除重复设计，减少设计工作量，还可以将产品设计和制造直接连在一起，实现 CAD/CAPP 的集成。借助于计算辅助设计技术，增大了产品获得最佳性能和设计一次成功的可能性。

1. CAD

CAD 系统利用计算机的运算快速、准确、存储量大和逻辑判断功能，与显示和自动绘图等输出设备相结合，在人工交互作用下进行产品设计。早期的 CAD 只是用计算机代替图板，可以提高图纸的标准化程度，便于更改、消除重复，也就是“甩掉图板”。今天的 CAD 已从简单的绘图工具发展成更高级的建模系统，可实现曲面、实体建模、参数化设计、约束管理及相关系统设计功能。传统的手工绘图设计模式用二维三视图的方式表达三维物体，对于复杂曲面如马鞍面型、橄榄球型等很难表达，更不能模拟空间机构运动和进行产品装配等检查工作。新一代三维 CAD 系统不仅能完成上述功能，而且可以使设计工作变成可视化，如对象外表、形状、结构特点，对象移动、旋转等。这可以提高设计效率，缩短设计周期，而且消除了产品设计中存在的很多缺陷，避免了产品装配时才发现设计不合理等现象；可以对重要零部件进行有限元分析和优化设计(CAE)；可以进行工艺规范生成(CAPP)；可以进行数控加工(CAM)；可以进行快速成型，直接生成二维工程图纸；可以进行产品数据共享与集成。这是二维图设计所无法实现的。因此，传统产品的研发方式不再适应企业对产品时间、质量、成本的要求。

随着新一代有实体造型的支持系统的开发，为 CAD/CAM 系统提供了完备、多层次的产品信息。这些信息能在无人干预的条件下，为设计、分析、制造系统所接受，且能在各个应用子系统间自动变换，使 CAD/CAM 集成，由此产生了特征技术。特征技术是人工智能应用于实体模型的结果，它表达的产品信息完备且含有丰富的语义信息，为 CAD/CAM 集成提供了有力保障。

2. CAM

CAM 系统即计算机辅助制造系统，早期是利用计算机程序来控制机床制造过程，从而提高制造效率、精度，增加机床系统柔性。根据设计信息编制加工程序，再输入到机床控制系统中。现在 CAM 系统与 CAD 和 CAE 等子系统底层一级集成开发。CAD 子系统提供强大的复杂产品造型与设计功能，生成的产品数字化定义模型为 CAM 子系统提供完备的数据服务。由于系统建立在实体模型表示上，采用交互指点、定制形成切削方案和工艺规划。CAM 子系统直接在产品数字化模型上进行 NC 轨迹计算，利用强大的后置处理模块生成 NC 指令。此外，还可以支持若干曲面造型的专用系统。这类系统提供主要面向复杂曲面形体的曲面(或曲面实体)造型和编辑，以及更为强大的 NC 刀位轨迹计算、编辑、验证和后置处理功能。专用 NC 系统对数控机床的适应能力较强，提供更多的加工工艺制定方法，该类系统依靠较为完备的曲面建模，仍采用交互方式在模型上快速生成多种加工形式的刀位轨迹，但目前相对薄弱的造型功能制约了 CAM 系统广泛应用。CAM 系统可以用于中小企业或专用设备的制造业。

3. CAPP

与初期 CAD 系统发展相似，CAPP 的目标首先是开发替代工艺人员的自动化系统，而不是辅助系统，即强调工艺设计的自动化和智能化。但由于工艺设计领域的个性化、复杂性，工艺设计理论多是一些指导性原则、经验和技巧，因此让计算机完全代替工艺人员进行工艺设计的愿望是美好的，但研究和实践证明非常困难，能够充分得到应用的至多是一些针对特定行业、特定企业甚至是特定零件的专用 CAPP 系统，还没有能够真正规模推广应用的 CAPP 系统。

在总结以往经验教训的基础上，CAPP 工具化的思想应运而生。与 CAD/PDM/ERP 系统的信息集成，以及具有良好的开放性与集成性，是工具化 CAPP 系统研究和推广应用的主要目标，CAPP 专家系统将成为未来发展的目标。

借助于工具化的 CAPP 系统，上千家企业实现了工艺设计效率的提升，促进了工艺标准化建设，实现了与企业其他系统 CAD/PDM/ERP 等的集成，有力地促进了企业信息化的建设。

4. CAE

CAE 是一种迅速发展的信息技术，是实现重大工程和工业产品的计算分析、模拟仿真优化设计工程软件，是支持工程科学家进行创新研究和工程师进行创新设计的最重要的工具和手段。

CAE 主要指用计算机对工程和产品的功能、性能与安全可靠性进行计算、优化设计，对未来的工作状态和运行行为进行模拟仿真，及早发现设计缺陷，改进和优化设计方案，证实未来工程或产品的可用性与可靠性。现在 CAE 逐渐发展，已经包括工程和制造业信息化的所有方面。

3.5.2 用于工程管理的软件系统

1. PDM 系统

PDM 系统将所有与产品有关的信息和过程集成在一起进行管理。它研究的对象是产品，其主要功能有以下 5 个。

(1) 文档和文件夹的管理和控制

文档的管理功能包括：在一定的授权权限下，文档增加、删除、修改；文档的版本管理及控制；文档间相互关系的管理；查询文档在哪里被使用；文档的工作流处理。文件夹的管理功能包括：文件夹的建立、删除、更改；文件夹的审批、发放等。这些功能主要用来收集、储存和交付各种 CAD 图纸文件、光栅文件、字符文件及相应工作流程。

(2)产品结构管理

产品的结构管理，主要功能包括：生成产品结构树；生成特定的产品构型；浏览产品的结构信息及各种关联信息；输出 BOM(物料清单)表；BOM 表的更改及版本管理。其中，BOM 表中的每种材料包含属性控制，如设计属性、加工属性、相关文件、发放历史等。

(3)工程更改的管理

工程更改的过程及管理相当复杂，一个简单的设计更改可能会涉及许多其他部门的工作。其主要功能包括：建立更改单；审查和查找一个工程更改影响哪些部门；提出工程更改的原因；确定工程更改的有效性(时间、批、架次号)；收集与工程更改有关的资料，并进行审批、发放；对更改的版本进行有效管理。

(4)工作流程涉及管理

工作流程涉及管理主要定义设计步骤，以及在处理过程中定义相关步骤的规则，批准每一步骤的规定。支持技术人员的工作分配，包括发放步骤的开发和管理、行政跟踪和批准管理、更改过程和消息的发放等。

(5)与 CAD/CAPP/CAE 等的集成

每个 PDM 系统可以以 IGES/VDA/STEP 等标准格式与 CAD/CAPP 等系统集成。

2. PLM 产品全生命周期管理

PLM 是近几年发展起来的新兴技术，同时也是与产品创新有关的一系列技术的总称。根据业界权威的定义，PLM 是一种应用于在单一地点的企业内部、分布在多个地点的企业内部，以及在产品研发领域具有协作关系的企业之间的，支持产品生命周期的信息的创建、管理、分发和应用的一系列应用解决方案，它能够集成与产品相关的人力资源、流程、应用系统和信息。PLM 包括以下方面的内容：基础技术和标准(如 XML、可视化、协同和企业应用集成)；信息创建和分析的工具(如机械 CAD、电气 CAD/CAM、CAE、计算机辅助软件工程 CASE、信息发布工具等)；核心功能(如数据仓库、文档和内容管理、工作流和任务管理等)；应用功能(如配置管理)；面向业务和行业的解决方案和咨询服务。

在 PLM 产生之前，PDM 主要是针对产品研发周期的产品数据信息进行管理。而在 PLM 理念得以延伸，成为 CPDM，即给予协同的 PDM，可以实现研发部门、企业各相关部门甚至企业间对产品数据的协同；CPDM 包含的功能，不仅针对研发过程的产品数据进行管理，同时也包括产品数据在生产、营销、采购、服务、维修部门的应用。也就是说，PLM 软件的核心是 CPDM，它的功能是 PDM 软件的扩展和延伸。

练习思考题

1. 简述新产品分哪几类，各类特点是什么？
2. 简述新产品动力模式有哪几种，各自的优缺点是什么？
3. 简述新产品生命周期分哪几个阶段？新产品的生命周期受哪些因素影响？
4. 如何选择 R&D 的方式？
5. 企业 R&D 组织机构设置的模式和优缺点。
6. 简述新产品的开发步骤。

7. 新产品设计的重要性体现在哪些方面?
8. 简述新产品设计的程序和内容。
9. 简述设计工作中系列化、标准化、通用化的区别和联系。
10. 简述生产工艺管理的内容。
11. 生产流程设计要考虑的因素有哪些?
12. 什么是并行工程，新产品开发采用并行工程有何优点?
13. 计算机技术在产品设计中有哪些软件工具? 各自起到什么作用?

第 4 章

生产和服务设施的选址

【本章导引】

本章主要阐述了生产与服务设施选址的重要性和难度；考虑因素；选址的步骤和选址的评价方法。

【本章重难点】

选址要考虑的因素和选址的评价方法。

【本章学习目标】

1. 了解生产与服务设施选址在企业运营中的重要性和难度，考虑因素，选址的步骤；
2. 掌握选址的评价方法——分级加权法。

4.1 选址的重要性

选址决策在企业运营管理中具有十分重要的地位。一个产品从原材料制成零件，组装成部件到产品总装，再经过分销、零售，最后到达消费者手中，要经过不同企业的劳动，要克服地域和时间的限制，如何确定厂址就是优化这个系统的重要内容。它不仅影响本企业的业务流程，而且牵涉整个供应链系统，选址的含义早已扩展到合作伙伴那里。

选址是一项巨大的永久的投资，一旦工厂或商店已经建成，如发现地址选择错误，则为时已晚，难以补救。专用厂房出售是很困难的事；将厂房移动是不可能的；将设备搬迁而异地重建，则耗资巨大；如果继续维持下去，投资大，成本高，职工队伍不稳定，企业将永远处于不利地位，一旦发生市场冲击，很可能就要倒闭。因此可以说，地址不当，将“铸就大错”，也就决定了企业失败的命运。

对于制造企业来说，其地理布局决定着某些直接成本的高低，如原材料和产品的运输成本、劳动力及其他辅助设施的成本等。对于服务业来说，选址的问题直接影响着供需关系和便捷程度等服务质量。此外选址的问题还影响着员工的生活质量、情绪、相互关系及公共关系等。因此，企业在进行选址时，不仅要考虑成本，还要考虑政治因素、社会因素和自然因素等。

4.2 影响选址的因素和选址的一般步骤

4.2.1 影响选址的因素

影响厂址选择的因素很多，需要考虑的主要因素有以下几个方面。

1. 劳动力资源的供应条件

不同地区劳动力的工资水平和受教育程度是不同的，是否容易获得企业所需要的合格劳动力，是选址时要考虑的重要问题。某些地区，由于受传统产业的影响，能够比较容易地找到富有本地区技术特色的，并符合某些特定要求的熟练工人。当前全球化生产的动力之一就是企业转移到劳动力成本更低的地区而获得成本优势。

2. 原料、燃料、动力的供应条件

出于供应方便、及时性和采购成本方面的考虑，对于原材料、燃料消耗量大，依赖性强的企业必须认真考虑此项。如火电站希望靠近煤炭基地，建立坑口电站；大型钢厂则希望靠近铁矿山；电解铝厂用电量大，希望选在电力资源充足、电费便宜的水电站附近。

3. 产品销售条件

工厂应尽可能靠近产品的目标市场，以便产品能迅速投放市场并可节省运输费用，还便于及时掌握市场动态，从而能更好地适应顾客的需求。例如，新疆联合收割机厂把它的成品总装厂由新疆迁到山东、江苏等地以后，避免了庞大的联合收割机从新疆到华东、华中地区的长途运输过程，节约了大量人力和运费，其中仅轮胎和发动机往返费用一项就使每台收割机节约8 000元。

4. 自然资源条件

这里自然资源条件包括土地的价格、水资源的供应潜力和水质情况、当地的气候条件等。对于某些用水量大的企业，如造纸、制糖、化工等，必须优先考虑该地区的水资源供应的情况。水质不好对于酿酒的质量有重大影响，所以酿酒厂必然关心工厂所在地的水质情况。气候条件包括温度、湿度、气压、风向等。气候因素与产品制造、库存和工人的工作条件直接相关。许多产品不适合在非常潮湿或寒冷的气候条件下生产，所以气候条件也是选址时必须考虑的重要因素之一。

5. 交通运输条件

对于运输量大和运输成本高的企业，应根据原材料和产成品的体积、质量、形态等特点，先确定合适的运输方式，再考虑厂址应靠近铁路、河流、码头，还是安排在主干公路上。

6. 法律、法规和政策条件

不同国家和地区有不同的法律、法规和政策，这是当今跨国公司在全球范围内选址时应考虑的重要因素。特别是一些国家为吸引外资，对外国企业来本国设厂给予许多优惠的待遇，如在我国的经济特区、工业园区和高新科技园区内设厂就有很多优惠。

7. 当地社会的生产协作条件

在工业发达地区建厂，企业容易获得良好的生产协作条件。对于加工装配型机械制造业和电子产品制造业，需要由其他企业提供大量的零配件和元器件，因此，对工厂所在地社会生产协作条件有很高的要求。

8. 科技依托条件

对于一些技术密集的企业，尤其是高新技术企业，应选择在科技文化发达的地区建立企业基地。例如，许多跨国软件公司都把中国总部设在北京，其中一个决定性因素就是北京有较多知名的大学和科研机构，具有最佳的软件技术依托条件，有利于企业充分利用人力资源，并且跨国公司还可以与这些大学和科研机构合作开发产品。

4.2.2 确定具体位置时的考虑因素

当工厂设置在哪个地区选定以后，在确定工厂的具体地理位置时，应考虑以下一些因素。

1. 厂区的地形、地貌和地质、水文条件

这些将直接影响建厂施工的土方量和地基的工作量及费用。

2. 周围环境

所选厂区的位置，能否方便地利用城市原有的各种公用设施，为职工提供良好的生活环境也十分重要，例如住房条件、生活必需品供应、子女上学、娱乐设备、交通条件、医疗设施等。否则若要一个企业独立承担建设企业职工的生活区，不仅投资大，而且建设周期长，必然事倍功半。对于一些高科技企业来说，还希望选择靠近科技力量雄厚的大学、科研机构集中的地区建厂，以便获得良好的科技依托。

3. 厂区的可扩展性

在市场需求多变、科学技术迅猛发展的今天，企业未来的发展存在许多不确定性。因此在建厂时，要考虑企业今后的发展，在厂区空间内适当留有余地。另外，有些企业由于受资金的限制，不能一次建设到位，需要分期建设，因此在选择厂区时，也要做好总体规划，以便有计划地分步实施。

如上所述，在进行“选区”和“定址”的工作时，要考虑的因素很多，而且这些影响因素有时是相互矛盾的，往往会顾此失彼。因此，必须综合建厂时的具体要求和地区的实际情况，在上述诸多因素中分清主次，根据建厂的主要矛盾，选择其中最重要的几项因素，对候选方案进行评价，然后做出决定。一项全球范围内对许多制造业的调查表明，一般认为以下因素是进行建厂时必须认真考虑的。

① 与目标市场的接近程度。

② 劳动资源供应条件。

③ 厂区周围的社会环境、职工的工作环境。

④ 与供应商和主要生产资源的接近程度。
⑤ 与本企业有关的其他部门和相关设备协作关系的方便性。

除此之外，在我国，能源供应与通信等基础设备情况，也是必须考虑的重要因素之一。

4.2.3 选址的一般步骤

工厂厂址的选择通常分两个层次进行。首先是选大区，即选定若干个地域，对这些地域进行分析评价。在大区选定后，其次进行的是选址，就是在已定大区内具体选定工厂的地理位置。厂址选择是一项比较复杂的系统工程，需要有关部门和各种专业人员协同进行。具体来说，厂址选择的工作一般可分为 3 个阶段。

1. 准备阶段

本阶段的任务包括：首先确定选址总目标，并制定建厂规划；再根据企业的产品方案、生产规模，以及企业的职工人数、生产部门和车间构成等因素，来确定厂区的建筑面积和总面积；根据生产工艺和对外协作方案，计算进货和出货运输量，以此为根据设计出厂区的运输线路；提出地质和水文条件的具体要求；分析"三废"的性质，确定排放标准，并制定处理的方案等。

2. 现场勘察阶段

由设计单位和企业单位组成选址勘察小组，对所选址进行现场勘察和调查，收集所需的各种资料，并将调查结果整理成初步方案，报当地城建和环保部门审查，并听取他们的意见。最后将所勘察的厂址方案整理成厂址方案汇总比较表，以便进行评选。

3. 评选和确定方案阶段

对候选的厂址方案，从企业经济效益和社会效益、近期效益和长远效益出发，进行全面的综合评价，从中选择出一个最佳方案。

4.3 选址的评价方法

影响厂址选择的因素很多，其中有些因素可以定量计算，如物流系统的运输成本和运量等，有些因素则只能做定性分析。因此厂址选择的评价方法需要采用定性与定量相结合的方法。对于定性分析的因素，一般可以采用主观打分的方法把它定量化后，转为采用定量分析方法——分级加权法进行处理。

4.3.1 分级加权法的步骤

① 对有关因素一一列出清单，并对各因素确定其权重。
② 对每一因素确定评价标尺，然后对每个候选厂址按规定的评价标尺打分。
③ 把打分与权重相乘，并求出每个厂址各项因素得分的乘积总和。
④ 选择分数最高的那个候选厂址为中选方案。

4.3.2 分级加权法

由于具体的操作方法不同，分级加权法又可细分为下述 4 种方法。

方法一：所有因素给以同样的权重，然后按各因素的评价标尺给每一个候选厂址打分。例如，假定有 20 个因素，有 5 个候选厂址，规定评价标尺用 0 ~ 10 分表示，那么就可以对每个厂址的每个因素打分。每个候选厂址的总分为各个因素的分数之和。然后，对这 5 个厂址各自的总分进行比较，选择总分最高者。

方法二：所有因素给以同样的权重，建立一个所有因素的共同的主观评价标尺。例如，可建立很差、尚可、中、良、优 5 级，按 5 级对每一因素规定 5 个相应分数，同一等级最高(低)分数可以相同也可不同，这是该方法与方法一的区别之一。然后对各因素评级，计算比较每一候选厂址各因素的得分总和，选择最高者。

方法三：对每一因素规定不同的权重，各个因素都用共同的评价标尺来进行每一候选方案的定级，如评价标尺为由低到高，系数为 4、3、2、1 四级，将每一因素评定的等级乘以规定的权重，即是各候选厂址的每一因素等级分，将所有因素的等级分加起来就是该厂址方案的等级总得分数。

方法四：对每一个因素规定不同的权重，然后按各因素规定评价标尺，如用 0 ~ 100 分表示(与方法三不同的是用分数标尺，而不是等级)。给每一个候选厂址打分，将每一因素得分乘以规定的权重，即得各候选厂址的每一因素得分，将所有因素的得分加起来就是该厂址方案的总分数。选取得分最高的候选方案。

对于一些非定量的因素，分级加权法是一种很有效的方法；对于一些可量化因素，也可采用该方法，但最好结合定量分析方法进行评选。

下面用实例来说明分级加权法的运用。

例 4.1 用方法二评选各方案，厂址方案等级分值表见表 4-1。

表 4-1 厂址方案等级分值表

考虑因素	等级与分值			
	1 级(优秀)	2 级(良好)	3 级(中等)	4 级(较差)
投资费用	40	30	20	10
交通运输	40	30	20	10
能源供应	40	30	20	10
劳动力供应	30	22	15	8
水资源供应	30	22	15	8
生产协作	20	15	10	5
可扩展性	20	15	10	5
三废处理	20	15	10	5
汇总分值	240	179	120	61

今有甲、乙、丙 3 个候选方案，经专家组评定后各方案的得分情况见表 4-2。

表 4-2 候选厂址方案得分表(方法二)

考虑因素	甲方案		乙方案		丙方案	
	等级	得分	等级	得分	等级	得分
投资费用	1	40	2	30	3	20
交通运输	3	20	1	40	2	30
能源供应	1	40	3	20	2	30

续表

考虑因素	甲方案		乙方案		丙方案	
	等级	得分	等级	得分	等级	得分
劳动力供应	2	22	4	8	3	15
水资源供应	2	22	3	15	1	30
生产协作	3	10	2	15	1	20
可扩展性	1	20	3	10	4	8
三废处理	2	15	3	10	1	20
汇总分值		189		148		173

从表4-2各方案的得分情况看，甲方案得分最高，可以确定为中选方案。

例4.2 采用方法三来评价各方案，假定有4个候选厂址(A、B、C、D)，影响因素有10个。

① 规定权重。

可选择一个影响最小的因素规定其权数(本例为"扩展的余地")，其他因素的权数可通过与此因素进行比较而定。权数的确定可以由有经验的专业人员共同研究后决定。

② 规定等级评价标尺，并为各个因素定级。

权衡各种因素对候选厂址的影响，按其影响程度划分几个等级(本例分为4级)，并相应地规定各等级的系数为4、3、2、1。例如对"劳动条件"这一因素，C厂址最佳，其系数为4；次之为B，其系数为3；再次之为A，其系数为2；最差为D，系数为1。

③ 确定了权数和等级系数后，将两者相乘就可以计算出某一因素下各候选厂址的等级得分(本例的计算见表4-3，如在"劳动条件"这一因素下，厂址C的得分为$7\times4=28$，其余类推)。

④ 汇总得分，确定厂址。

将每一个厂址在各个因素下的所有得分加起来，其中得分最高者就是所要选择的最佳厂址(本例厂址C得分为122，最高，故选定厂址C)。

表4-3 分级加权法(方法三)

影响因素	权数	候选厂址							
		A		B		C		D	
劳动条件	7	2	14	3	21	4	28	1	7
地理条件	5	4	20	2	10	2	10	1	5
气候条件	6	3	18	4	24	3	18	2	12
资源供应条件	4	4	16	4	16	2	8	4	16
基础设施	3	1	3	1	3	3	9	4	12
产品销售条件	2	4	8	2	4	3	6	4	8
生活条件	6	1	6	1	6	2	12	4	24
环境保护条件	5	2	10	3	15	4	20	1	5
政治文化条件	3	3	9	3	9	3	9	3	9
扩展的余地	1	4	4	4	4	2	2	1	1
总计			108		112		122		99

除了用上述方法对候选的厂址方案进行评选外，还可以采用线性规划法、层次分析法、负荷距离法、选址度量法等。

练习思考题

1. 厂址选择的影响因素有哪些？
2. 简述厂址选择的工作程序。
3. 简述厂址选择的分级加权法。

第 5 章

生产和服务设施的布置

【本章导引】

本章主要阐述了制约和影响企业厂区布局的因素；厂区平面布置目标要求；生产和服务设施的布置包括厂区布置、车间布置，以及办公室和仓库等布置的经典模式；厂区布置和车间布置定量分析方法。

【本章重难点】

生产和服务设施的布置包括厂区布置、车间布置，以及办公室和仓库等布置的模式的选择和定量分析方法。

【本章学习目标】

1. 了解生产与服务设施选址在企业运营中的重要性、考虑因素，车间布置的从十字象限法；
2. 掌握生产和服务设施的布置包括厂区布置、车间布置模式的选择要求；
3. 掌握厂房布置的相关图法和车间布置的从至表法。

生产和服务设施的布置包括厂区布置、车间布置，以及办公室和仓库等的布置。

厂区布置就是在已选定的厂区内，对工厂的生产厂房和各种建筑，如基本生产车间、辅助生产车间、行政办公大楼、科技大楼、公共设施、仓库、车库、油库等进行规划和布置，使之构成一个符合生产经营要求的有机整体。厂区布局是在厂址选定、生产单位确定之后进行的一项重要的生产过程的组织工作。它是根据已选定的厂址地貌，对组成企业的各个部分确定其平面或空间的位置，并相应地根据物料流程，确定运输方式和运输路线。

厂区布局是一项复杂而庞大的系统工程。厂区布局合理与否对企业内的生产经营活动有十分重要的影响，它影响企业的生产经营成本、职工的工作环境、物资运输流程及企业的应变能力等。有关统计资料表明，在制造业中，总经营费用的20% ~50%是物资的搬运费用，而优良的厂区平面布置可使这一费用至少减少10% ~30%。因此，有关专家认为，厂区布局是生产领域最重要的工作之一，也是影响生产效率的决定性因素。

5.1 布置决策

5.1.1 影响生产和服务设施布置决策的因素

制约和影响企业厂区布局的因素很多，主要包括：

① 企业的生产类型，如是流程型还是离散型，大量生产、批量生产还是单件生产等；

② 企业生产的产品种类、产品结构特征和质量要求；

③ 厂区地形、地貌和地质条件，以及厂区的施工条件；

④ 企业规模和生产单位的数量和构成，一般规模越大，生产单位越多，分工越细，专业化程度越高，而小企业可将许多流程合并在一个单元；

⑤ 企业的外部环境条件，如当地的基础设施条件，以及是否靠近公路、铁路、码头等；

⑥ 安全和环境保护要求，如企业"三废"的排放和烟尘、噪声等周围环境的影响；

⑦ 企业的远景发展；

⑧ 企业进行扩建和技术改造，厂区布局需要考虑与原有布局相配套。

5.1.2 厂区平面布置目标要求

企业生产单位的构成因行业的不同差异很大，每个企业都有自身的特点，但普遍有下列要求。

1. 建筑物和各种设备的配置满足企业生产过程的要求

因为生产过程物料投入到产出是按照一定流程进行的，因此厂区的平面布置方案应以生产流程为中心，保持厂区内各要素之间的协调和配合。例如，完成相关工序的生产单元应尽可能靠近，并且一个车间的出口应与在工序上与其有着密切联系的另一车间的入口为邻等。

2. 必须符合安全、防火和环境保护的要求

因为一个企业有多个生产单元，每个单元对环境的影响不同，消防和安全要求不一样。为了便于管理，应将企业的厂区划分为多个不同的功能区，如生产加工区、动力区、行政区、生活区等。把功能相近或对防火等条件要求相同或相近的单位集中布置在同一区域。

3. 降低厂区内物流成本，保证通行安全

厂区布置时必须围绕生产过程合理组织各种物资的厂内运输。尽量缩短运输距离，避免交叉往复运输。应避免物流运输的主干道与员工上下班的出入通道交叉，保证人员安全。

4. 节约用地和费用

在符合安全、卫生、防火要求的条件下，尽量把厂房建筑物和各种设施布置得紧凑些，这样既节省用地，又缩短了场内各种管道和线路的长度，减少投资和日后运行的维护费。

5. 厂区要环境优美

厂区的布局要符合环保要求，并要搞好绿化美化。如厂区增加一定的园林风景、艺术造型、墙壁绘画等，为职工创造一个良好的工作环境和生活环境，使职工心情舒畅和士气旺盛，提高工作积极性。

6. 厂区布局要考虑企业的远景发展

在厂区布局时要根据企业的长远发展规划，在现有的厂区面积上为企业今后可能有的发展预先留有必要的空间，尽可能便于调整。特别是分期建设更应注意为后期建设提供方便。

7. 充分利用外部环境提供的便利条件

在进行厂区布局时应充分考虑环境因素给予的各种便利条件，并尽可能予以利用，如厂外的电力设施、水暖等公共设施、公路、河道，以及城市的居民区、商业区等。生产过程的流向和运输系统的配置，应与厂外提供的运输条件协调、衔接，以保证物资输入和产品输出的顺畅与方便。

8. 厂区布置要与周围环境相协调

在厂区布置时，应使厂区的环境、建筑群的布置样式与周围的社区环境相协调，尤其在历史名城或风景区附近。

5.2 厂区典型布置形式

5.2.1 工艺专业化形式

工艺专业化形式是将完全相同的设备布置在一个单位，来完成相同的工艺内容的不同产品的加工，如制造企业中的机械加工车间、锻造车间、车工车间、锻工车间、喷漆车间、电镀车间、热处理车间等。在工艺专业化布置形式中，各个产品加工路线有的相同，有的不同，由于加工对象运输路线较长，生产单元应尽可能按加工路线排列，避免交叉往复。工艺专业化形式布置如图 5-1 所示。

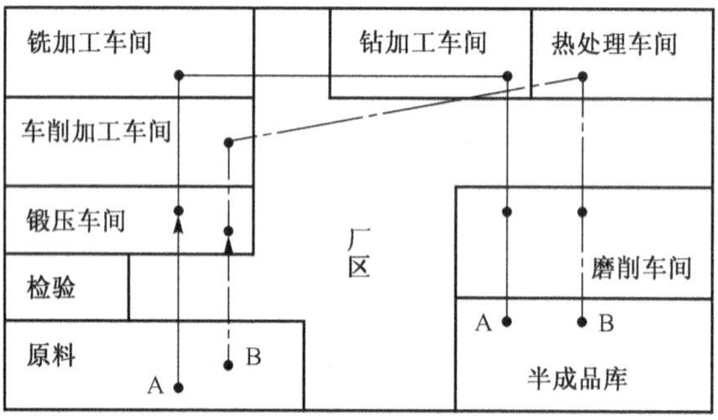

图 5-1　工艺专业化形式布置

5.2.2 对象专业化形式

采用对象专业化形式的工厂，在生产单位中集中了完成同一产品生产所需设备、工艺装备和工人，可以完成相同产品零部件的全部和大部分加工任务。如汽车制造厂的发动机车间、曲轴车间、齿轮工段等。对象专业化形式布置如图 5-2 所示。

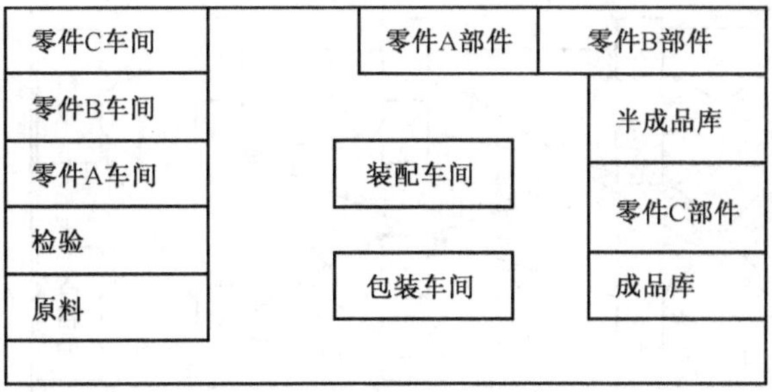

图 5-2 对象专业化形式布置

5.3 车间布置和库房布置

5.3.1 固定式布置

固定式布置是指加工对象位置固定，生产工人和设备都随加工产品所在的某一位置而转移，如内燃机车的装配、造船装配等，这种布置形式适用于大型产品的装配过程。由于某些产品体积庞大，不容易转移，所以可保持产品不动，将工作地按生产产品的要求来布置，如大型飞机、船舶、重型机床等。对于这样的项目，一旦基本结构确定下来，其他一切功能都围绕着产品而固定下来，如机器、操作员、装配工具等。固定式布置示意图如图 5-3 所示。

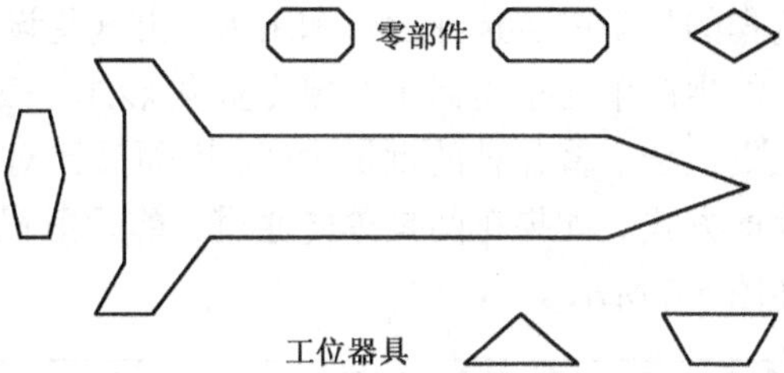

图 5-3 固定式布置示意图

5.3.2 按产品布置

按产品布置就是按对象专业化原则布置有关机器和设施，如图 5-4 所示。最常见的如流水生产线或产品装配线。根据厂房位置和面积，流水线不仅可以布置成如图 5-4 所示的一字形，还可以是之字形、U 形、L 形、C 形等。

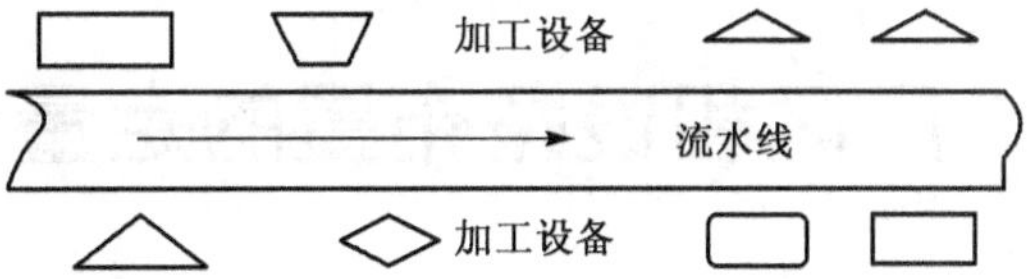

图 5-4 按产品布置示意图

5.3.3 按工艺过程布置

按工艺过程布置，即工艺专业化布置，就是按照工艺专业化原则将同类机器集中在一起，完成相同的工艺加工任务，如图 5-5 所示。

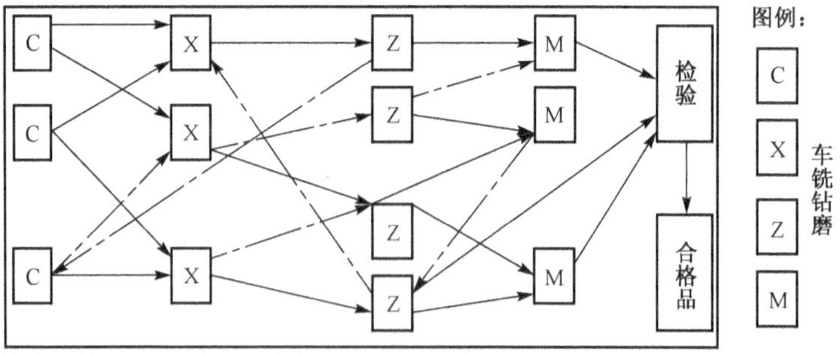

图 5-5　按工艺过程布置示意图

5.3.4　按成组生产单元布置

按工艺专业化布置生产和服务设施，带来的问题是很明显的。由于零件加工顺序和工序数不一定相同，容易造成被加工对象的生产单元之间交叉往返运输，不仅引起费用上升，而且延长了生产周期。

人们经过研究，通过实践创造了成组生产单元的形式。其基本原理是，首先根据一定的标准将结构和工艺相似的零件组成一个零件组，确定出零件组的典型工艺流程，再根据典型工艺流程的加工内容选择设备和工人，由这些设备和工人组成一个生产单元，如图 5-6 所示。所组成的生产单元很类似于对象专业化形式，因而也具有对象专业化形式的优点。但成组生产单元更适合于多品种的批量生产，因而又比对象专业化形式具有更高的柔性，适合小批量多品种生产方式。如果车间是单向通道，单元里设备可以布置成开口对着通道方向的 U 形或 C 形，如图 5-7所示。

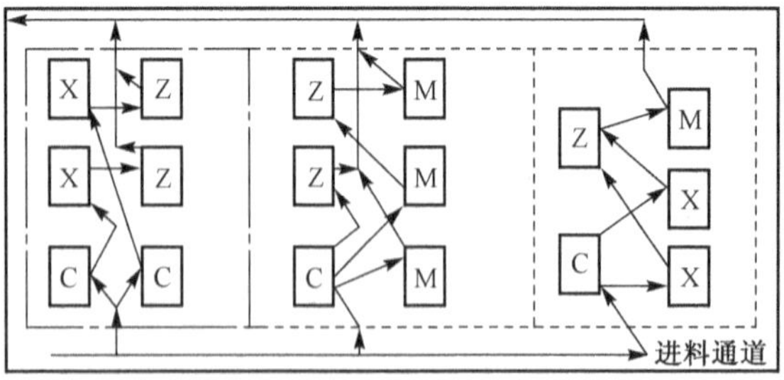

图 5-6　按成组生产单元布置示意图

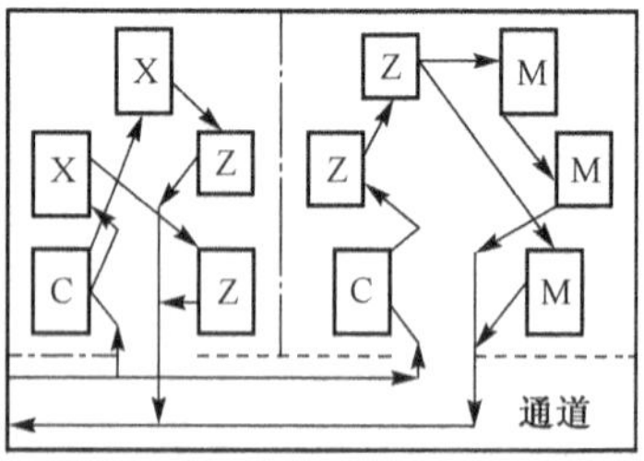

图 5-7　按 U 形或 C 形成组生产单元布置示意图

5.4　厂区和设备布置的定量分析

5.4.1　厂区总平面布置的作业相关图法

工厂的总平面布置可以采用多种方法进行，下面介绍一种常用的方法——生产活动相关图法。生产活动相关图法是用图表的方法先判断各单元在生产经营活动中的相互关系，根据彼此关系的密切程度进行布置，寻求最佳的布局方案。此方法通常用 6 个等级来区分各组成单位相关关系的密切程度，并用一组数字来表示关系密切的原因，见表 5-1 和表 5-2。

<table>
<caption>表 5-1　关系密切程度分类表</caption>
<tr><th>代　　号</th><th>关系密切程度</th><th>评 定 分 值</th></tr>
<tr><td>A</td><td>非常密切</td><td>6</td></tr>
<tr><td>E</td><td>很密切</td><td>5</td></tr>
<tr><td>I</td><td>密切</td><td>4</td></tr>
<tr><td>O</td><td>一般</td><td>3</td></tr>
<tr><td>U</td><td>不密切</td><td>2</td></tr>
<tr><td>X</td><td>无关紧要，不必考虑</td><td>1</td></tr>
</table>

<table>
<caption>表 5-2　关系密切程度的原因分类表</caption>
<tr><th>代　　号</th><th>关系密切程度的原因</th></tr>
<tr><td>1</td><td>便于物资运输</td></tr>
<tr><td>2</td><td>便于信息沟通和信息传递</td></tr>
<tr><td>3</td><td>便于工作联系</td></tr>
<tr><td>4</td><td>便于管理</td></tr>
<tr><td>5</td><td>便于利用环境</td></tr>
<tr><td>6</td><td>便于人员流动</td></tr>
</table>

下面以一个例子来说明这种方法的应用。

例 5.1　有一个小型企业由 8 个部门组成，各部门在生产经营活动中的相关关系如图 5-8 所示。

图 5-8 左边部分列出了该企业的 8 个组成部门，右边有许多菱形小方块，每一小方块都表示两个部门之间的联系关系。虚线上面的英文字母按表 5-1 给出的含义，表示两个部门的紧密程度。根据图 5-8 编制关系密切程度及积分统计表(见表 5-3)。由表 5-3 可知，机械加工车间得分最高，布局时应首先确定它的位置。毛坯车间、装配车间、中间零件库与机械加工车间都是 A 级关系，所以应围绕机械加工车间进行布置，并尽量靠近。成品库和中间零件库与装配车间是 A 级和 E 级关系，应把它们布置在一起。原料库与毛坯车间是 A 级关系，两者应相邻。办公室和餐厅可稍远离车间，不放在生产区。根据以上要求可大体确定各单位的相对位置，如图 5-9 所示。

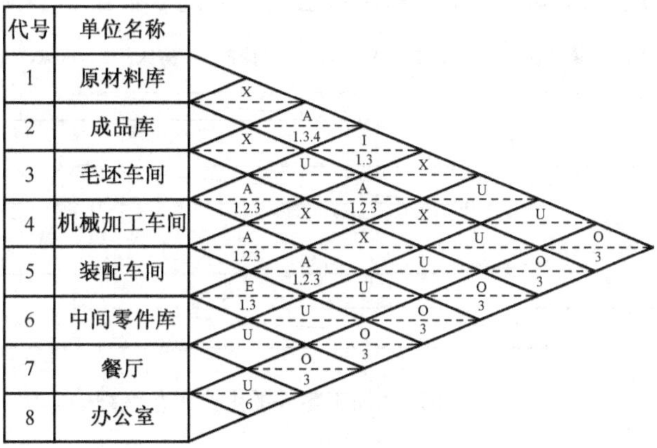

图 5-8　某小型企业各部门生产活动相关图

<table>
<caption>表 5-3　关系密切程度及积分统计表</caption>
<tr><th colspan="2">1 原材料库</th><th colspan="2">2 成品库</th><th colspan="2">3 毛坯车间</th><th colspan="2">4 机械加工车间</th><th colspan="2">5 装配车间</th><th colspan="2">6 中间零件库</th><th colspan="2">7 餐厅</th><th colspan="2">8 办公室</th></tr>
<tr><th>关系</th><th>积分</th><th>关系</th><th>积分</th><th>关系</th><th>积分</th><th>关系</th><th>积分</th><th>关系</th><th>积分</th><th>关系</th><th>积分</th><th>关系</th><th>积分</th><th>关系</th><th>积分</th></tr>
<tr><td>A.3</td><td>6</td><td>A.5</td><td>6</td><td>A.1.4</td><td>12</td><td>A.3.5.6</td><td>18</td><td>A.3.4</td><td>12</td><td>A.4</td><td>6</td><td rowspan="5">U.1.2.3.3.5.6.8</td><td rowspan="5">14</td><td rowspan="3">O.1.2.3.4.5.6</td><td rowspan="3">18</td></tr>
<tr><td>I.4</td><td>4</td><td>O.8</td><td>3</td><td>O.8</td><td>3</td><td>I.1</td><td>4</td><td>I.6</td><td>5</td><td>E.5</td><td>5</td></tr>
<tr><td>O.8</td><td>3</td><td>U.4.7</td><td>4</td><td>U.7</td><td>2</td><td>O.8</td><td>3</td><td>O.8</td><td>3</td><td>O.8</td><td>3</td></tr>
<tr><td>U.6.7</td><td>4</td><td rowspan="2">X.1.3.6</td><td rowspan="2">3</td><td rowspan="2">X.2.5.6</td><td rowspan="2">3</td><td rowspan="2">U.2.7</td><td rowspan="2">4</td><td>U.7</td><td>2</td><td>U.1.7</td><td>4</td><td rowspan="2">U.7</td><td rowspan="2">2</td></tr>
<tr><td>X.2.5</td><td>2</td><td>X.1.2</td><td>2</td><td>X.2.3</td><td>2</td></tr>
<tr><td>合计</td><td>19</td><td>合计</td><td>16</td><td>合计</td><td>20</td><td>合计</td><td>29</td><td>合计</td><td>24</td><td>合计</td><td>20</td><td>合计</td><td>14</td><td>合计</td><td>20</td></tr>
</table>

根据图 5-9 各单位的相对位置，再按各单位的面积和厂区出入口对运输路线的要求，按一定比例，可画出工厂的平面布置草图，如图 5-10 所示。

毛坯车间	机械加工车间	装配车间	成品库
原材料库	中间零件库	餐厅	办公室

图 5-9　平面布置图初始方案

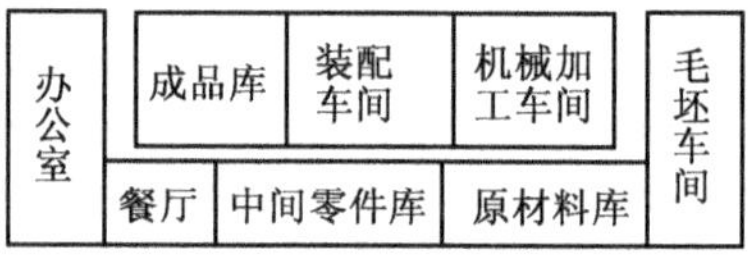

图 5-10　平面布置草图

5.4.2　车间设备布置的方法

1. 从至表法

从至表法是一种常用的生产和服务设施布置方法。利用从至表列出不同部门、机器或设施之间的相对位置，以对角线元素为基准计算各个工作点之间的相对距离，从而找出整个单位或生产单元物料总运量最小的布置方案。这种方法比较适合多品种、小批量生产的情况。其基本步骤如下：选择典型零件，确定典型零件的工艺路线，确定所用机床。应用从至表法并不能一次求得最佳的布置方案，需要通过多次试验比较，才能找到较优的方案。

下面通过一个例子来介绍应用从至表法的生产线布置方法。

例 5.2　某生产线加工 4 种零件。零件的生产工艺流程如图 5-11 所示。

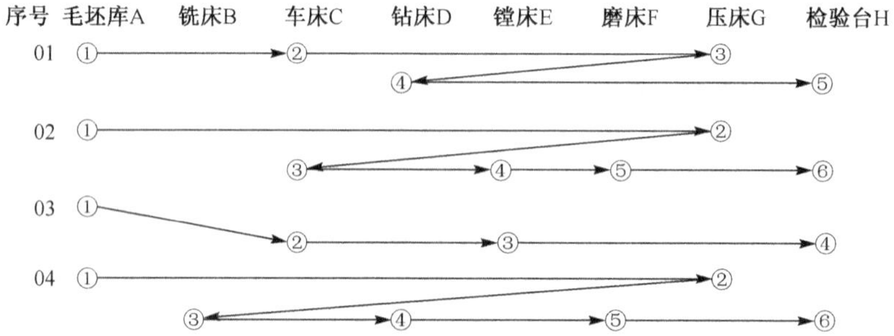

图 5-11　生产线加工零件的生产工艺流程

所谓“从至表”是指从一个设备到另外一个设备的搬运次数的统计表。表上“列”中的设备为零件的出发工作地，“行”中的设备为零件到达的工作地。今假设生产序号相邻两工作地之间的距离均相等，均为一个长度单位，表内每个格中的数字表示从一个设备到另一个设备的运输次数。格子离对角线的距离越近，表示搬运的距离越短；反之，离对角线越远，表示两设备的距离越远。在对角线上方的格子中的运输次数，表示其运输的方向顺着生产的物流方向。在对角线下面的，则表示其运输方向与生产线的物流方向相反。因而调换设备的位置，使运输次数大的格子靠近对角线，并使对角线下面有数字的格子置换到对角线上面去，以使生产线上的运输量下降和减少逆向运输。本例表 5-4的初始方案从至表经过多次调整，得到表 5-5 的最终方案从至表。

设备位置调整后形成表 5-5 的方案，与初始方案相比，在加工对象和生产工艺不变的条件下，零件的运输距离减少了 16 个长度单位。零件运输距离计算表见表 5-6。

表 5-4　初始方案从至表

代　号	A	B	C	D	E	F	G	H	合　计
A			2				2		4
B				1					1
C					2		1		3
D						1		1	2
E						1		1	2
F								2	2
G		1	1	1					3
H									0
合计	0	1	3	2	2	2	3	4	17

表 5-5　最终方案从至表

代　号	A	C	E	F	H	G	D	B	合　计
A		2				2			4
C			2			1			3
E				1	1				2
F					2				2
H									0
G		1					1	1	3
D				1	1				2
B							1		1
合计	0	3	2	2	4	3	2	1	17

表 5-6　零件运输距离计算表

方　　案	零件顺向运输距离 （对角线上部的运输距离）	零件逆向运输距离 （对角线下部的运输距离）
初始方案	1×1=1 2×(2+1+2+1+2)=16 3×1=3 4×(1+1)=8 6×2=12 小计　　40 零件运输的总距离 40+12=52	3×1=3 4×1=4 5×1=5 小计　　12
最终方案	1×(2+2+1+2+1)=8 2×(1+1)=4 4×1=4 5×2=10 小计　　26 零件运输的总距离 26+10=36	1×1=1 2×1=2 3×1=3 4×1=4 小计　　10
最终方案比初始方案减少运输距离 52－36=16		

通过从至表可以在表上操作，调整设备在生产线中的位置，以求减少零件的运输距离。每次设备调整，运输距离是否得到改进，需要画出新的从至表进行计算后才能得知。由于每次调整都是探索性的，不能保证每次调整一定能改进，因此制表和计算的工作量很大。

2. 十字形分析法

十字形分析法适用范围较广，也是常用的生产和服务设施布置的方法。

现仍以表5-4的例子为对象，试图通过调整某个设备的位置，以减少生产线的运输工作量。如果将生产线的设备排列顺序由表5-5的A→C→E→F→H→G→D→B改为A→C→E→G→F→H→D→B，即把G设备调整到E和F之间，本法的计算步骤如下：取原方案的从至表，针对拟调整位置的设备G在表上画一个十字形，如图5-12所示。G由生产线的第六号位置(按生产线顺流方向计)调到第四号位置，把原从至表分为4个区域，即G所在的行与列，形成一个十字形；G所在位置(调动前)后面的设备，在本例中是D与B，形成D.B方块；G调动后所在位置前面的设备，在本例中是A、C、E，形成A.C.E方块；G调动前后它所跨越的设备区，在本例中指F和H的行与列，形成另一宽带十字形区，如图5-12所示。

调整设备的位置，引起运输量变化的有以下几种情况。

(1)G十字形区

由于将G的位置调整到E与F之间，G与生产线上其他设备之间的距离都发生改变。因此G十字形区中的数据所反映的运输量均需要重新计算。

① G至A.C.E和A.C.E至G之间的距离均缩短了2个单位。

② G至F和F至G之间的距离均缩短了1个单位。

③ G至H和H至G之间的距离均增加了1个单位。

④ G至D.B和D.B至G之间的距离均增加了2个单位。

代号	A	C	E	F	H	G	D	B	合计
A		2				2			4
C			2			1			3
E				1	1				2
F					2				2
H									0
G			1				1	1	3
D				1	1				2
B							1		1
合计	0	3	2	2	4	3	2	1	17

图5-12　G设备的十字形图

因此可计算如下：

A→G为2，C→G为1，E→G为0　　$(2+1+0)\times(-2)=-6$

G→A为0，G→C为0，G→E为1　　$(0+1+0)\times(-2)=-2$

F→G为0，G→F为0　　$(0+0)\times(-1)=0$

G→H为0，H→G为0　　$(0+0)\times(-1)=0$

G→B为1，G→D为1　　$(1+1)\times2=4$

D→G为0，B→G为0　　$(0+0)\times2=0$

合计可减少运输量 $|4-6-2|=4$ 个单位。

(2)A.C.E方块和D.B方块

对照G设备调整后的从至表图，如图5-13所示，可以看到A.C.E方块内部的运输距离没有改变，D.B方块内部的运输距离没有改变。A.C.E方块和D.B方块之间的运输距离也没有改变。所以A.C.E方块和D.B方块之间的运输距离，不必重新计算。

(3)F.H十字形区

A.C.E和F.H之间的距离增加了1个单位，D.B到F.H之间的距离减少了1个单位。因此其间的运输量需要重新计算如下：

A→F为0，A→H为0，C→F为0，C→H为0，E→F为1，E→H为1

$(0+0+0+0+1+1)\times1=2$

F到A.C.E、H到A.C.E的运输量均为0

F到D.B、H到D.B的运输量均为0

F→D 为 0，F→B 为 0，H→D 为 0，H→B 为 0

(0 +0 +0 +0) ×(-1) =0

D→F 为 1，D→H 为 1，B→F 为 0，B→H 为 0

(1 +1 +0 +0) ×(-1) = -2

所以 F. H 十字形区其他运输量的增减，合计为 2 +(-2) =0；G 的位置调换到 E 与 F 之间后，总的运输量将减少 4 +0 +0 =4 个单位。

根据图 5-13 进行运输量计算，得到总运输量为 32。与调整前 A→C→E→F→H→G→D→B 设备排列方案的运输量 36 相比，正好减少了 4 个单位。由此验证了十字形分析法的计算是正确的。

通过十字形分析法的计算，说明把 G 的位置调整到 E 和 F 之间的方案是可取的。同时也说明已经改进的 A→C→E→F→H→G→D→B 的设备排列方案，尚可进一步改进。通过一次次调整试探，一步步改进，可以得到一个较优的方案，如本例中的 A→C→E→G→F→H→D→B 方案。但该方案是否是最优方案，若不做全排列，是无法证明的。而要做全排列，如本例有 8 台设备，将有 8！=40 320 个方案，因此靠手工来计算求解是困难的。采用从至表法，再应用十字形分析法是生产线设备布局优化的有效方法。

	A	C	E	G	F	H	D	B
A		2		2				
C			2	1				
E					1	1		
G		1					1	1
F						2		
H								
D					1	1		
B							1	

图 5-13　G 设备调整后的从至表图

5.5　非制造业的设施布置

5.5.1　仓库布置

一般情况下，企业都有不同类型的仓库，存储不同种类的物资。生产或服务过程中经常有物资的运进运出，工作量大。如果仓库布置不合理，也会影响生产成本。仓库类似于制造业的工厂，因为物品也需要在不同地点之间移动。因此，仓库布置也可以有多种不同的方案。下面举一个简单例子说明。

例 5.3　假设有一个家电用品仓库，共有 14 个货区，分别储存 7 种家电。仓库有一个出入口，进出仓库的货物都要经过此口，如图 5-14 所示。该仓库的存储信息见表 5-7。应该如何布置不同物品的货区，使总搬运量最小？

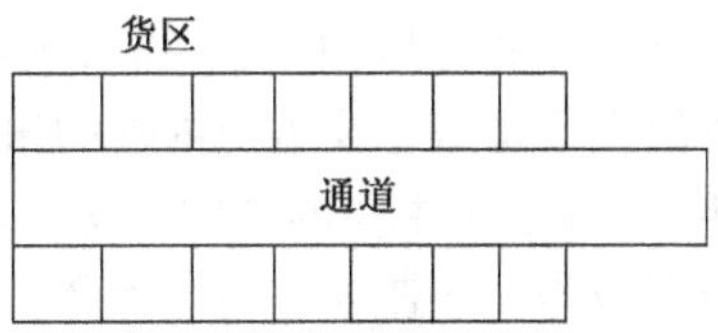

图 5-14　仓库平面示意图

这实际上是一个典型的仓库布置问题。显而易见，这个问题关键是寻找一种布置方案，使得总搬运量最小。这个目标函数与一般设施布置的目标函数是一致的。实际上，这种仓库布置的情况比制造业工厂的生产单元的布置更简单，因为全部搬运都发生在出入口和货区之间，而不存在各个货区之间的搬运。

这种仓库布置进一步区分为两种情况。第一种情况是各种物品所需货区面积相同。在这种情况下，只需要把搬运次数最多的物品区布置在靠近出入口之处，即可得到最小的总负荷数。第二种情况是各种物品所需要货区面积不同。需要首先计算某种物品的搬运次数与所需货区数量之比，取该比值最大者靠近出入口，依次往下排列，如在本例中，各种物品的该比值从大到小的排列顺序为(括号中为比值数)：3(360)，1(280)，5(200)，6(150)，4(125)，2(80)，7(50)。图5-15是根据这种排列所做出的布置方案。

表5-7　家电用品仓库的存储信息

存储物品	搬运次数(每周)	所需货区(个)
1—电烤箱	280	1
2—空调	160	2
3　微波炉	360	1
4—音响	375	3
5—电视	800	4
6—收音机	150	1
7—其他	100	2

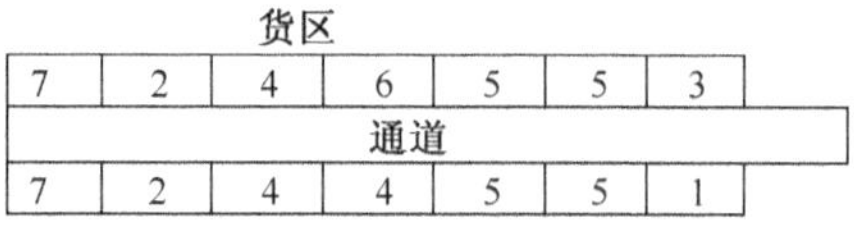

图5-15　布置方案

上面是以总负荷数最小为目标的一种简单易行的仓库货区的布置方法。在实际中，根据情况的不同，仓库布置可以有多种方案和多种考虑目标。例如，不同物品的需求经常是季节性的。因此，在上例中，也许在元旦、春节期间应把电视、音响等放在靠近出入口处，而在春、夏季将空调放在靠近出入口处。又如，空间利用的不同方法也会带来不同的仓库布置要求。在同一面积内，高架立体仓库可存储的物品要多得多。由于搬运设备、存储记录方式等的不同，也会带来布置方法上的不同。再如，新技术的引入会带来考虑更多有效方案的可能性：计算机仓储信息管理系统可使拣运人员迅速知道每一物品的准确仓储位置，并为拣运人员设计一套汇集不同物品于同一货车上的最佳拣出行走路线；自动分拣运输线可使仓储人员分区工作，而不必跑遍整个仓库，等等。总之，根据目标的不同、所使用技术的不同以及仓储设施本身的特点，仓库的布置方法有多种。

5.5.2　办公室布置

办公室布置对于办公室工作效率的提高、"白领"人员劳动生产率的提高和改善都有重要作用。今天，办公室工作人员在整个就业人员中所占的比重越来越大，因此，办公室布置的问题就显得越发重要。

办公室与生产制造系统相比，有许多根本不同点。首先，生产制造系统加工处理的对象主要是有形的物品，因此，物料搬运是进行设施布置的一个主要考虑因素。而办公室工作处理的对象主要是信息及组织内外的来访者，因此，信息的传递和交流方便与否，来访者办事是否方便、快捷，是主要的考虑因素。其次，在生产制造系统中，产出速度往往取决于设备的速度，或者说与设备速度有相当大的关系。而在办公室，工作效率的高低往往取决于人的速度，而办公室布置又会对人的工作速度产生极大影响。再次，在生产制造系统中，产品的加工特性往往在很大程度上决定了设施布置的基本类型，生产管理人员一般只在基本类型选择的基础上进行设施布置。而在办公室布置中，同一类工作任务可选用的办公室布置有很多，包括房间的分割方式、每人工作空间的分割方式、办公家具的选择和布置形式等。最后，在办公室的情况下，组织结构、各个部门的配置方式、部门之间的相互关系和相对位置的要求对办公室布置有更重要的影响作用，在办公室布置中要予以更多的考虑。但在办公室布置中，也有一些考虑原则与生产制造系统是相同的。例如，按照工作流程和能力平衡的要求划分工作中心和个人工作站，使办公室布置保持一定的柔性，以便于未来的调整和发展等。

办公室布置的主要考虑因素有两个。第一个因素是信息传递与交流的迅速、方便。其中信息的传递与交流既包括书面文件、电子信息的传递，也包括人与人之间的信息传递和交流。对于需要跨多个部门才能完成的工作，部门之间的相对地理位置也是一个重要问题。

办公室布置中要考虑的第二个主要因素是办公人员的劳动效率。当办公人员主要由高智力、高工资的专业技术人员构成时，劳动生产率的提高就具有更重要的意义，而办公室布置会在很大程度上影响办公人员的劳动效率。但也必须根据工作性质的不同、工作目标的不同来考虑什么样的布置更有利于生产效率的提高。例如，在银行营业部、贸易公司、快餐公司的办公总部等情况下，开放式的大办公室布置使人们感到交流方便，促进工作效率的提高；而在一个出版社，这种开放式的办公室布置可能会使编辑们感到无端的干扰，无法专心致志地工作。

尽管办公室布置根据行业的不同、工作方式的不同有多种，但仍然存在几种模式。一种是传统的封闭式办公室，办公楼被分割成多个小房间，伴之一堵堵墙、一个个门和长长的走廊。显然，这种布置可以保持工作人员足够的独立性，但却不利于人与人之间的信息交流和传递，使人与人之间产生疏远感，也不利于上下级之间的沟通。而且，这种布置几乎没有调整和改变布局的余地。另一种模式是近 20 年来发展起来的开放式办公室布置，在一间很大的办公室内，可同时容纳一个或几个部门的十几个人、几十个人甚至上百人共同工作。这种布置方式不仅方便了同事之间的交流，也方便了部门领导与一般员工的交流，在某种程度上消除了等级隔阂。但这种方式的弊端是，有时会相互干扰，职员之间容易闲聊。因此，后来进一步发展起来的一种方式是带有半截屏风的组合办公模块。这种布置方式既利用了开放办公室布置的优点，又在某种程度上有很大的柔性，可以随时根据情况的变化重新调整和布置。有人曾估计过，采用这种形式的办公室布置，建筑费用比传统的封闭式办公室节省 40%，改变布置费用也降低很多。

实际上，在很多组织中，封闭式布置和开放式布置都是结合使用的。20 世纪 80 年代，在西方发达国家又出现了一种称为“活动中心”的新型办公室布置。每一个活动中心，有会议室、讨论间、电视电话、接待处、打印复印、资料室等进行完整工作所需的各种设备。楼内有若干个这样的活动中心，每一项相对独立的工作集中在这样一个活动中心进行，工作人员根据工作任务的不同在不同的活动中心之间移动，但每人仍保留一个小小的传统办公室。显而易见，这是一种比较特殊的布置形式，较适合于项目型的工作。

20 世纪 90 年代以来，随着信息技术的迅猛发展，一种更加新型的办公形式——“远程”办公正在从根本上冲击着传统的办公室布置方式。所谓“远程”办公，是指利用信息网络技术，将处于不同地点的人们联系在一起，共同完成工作。例如，人们可以坐在家里办公，也可以在出差地的另一个城市或飞机、火车上办公等。可以想象，当信息技术进一步普及，其使用成本进一步降低以后，办公室的工作方式和办公室布置等，均会发生很大变化。

练习思考题

1. 厂区平面布置有哪些要求？
2. 厂区布置有哪些典型形式？
3. 车间布置有哪些典型形式？
4. 如何使用相关图法进行厂区布置的定量分析？
5. 如何使用从至表法和十字形分析法进行车间布置的定量分析？
6. 以总负荷数最小为目标的仓库布置是如何计算的？

第 6 章

工作设计与工作测量

【本章导引】

本章主要阐述了工作设计的相关理论和方法；工作测量的概念，工作测量的方法；介绍了人–机工程的主要思想，如何改善环境设计提高工作效率等。

【本章重难点】

工作设计的社会技术理论；工时定额的时间构成；各种工作测量方法的选择和实施。

【本章学习目标】

1. 了解工作设计的社会技术理论，工作设计的行为理论，人–机工程的主要思想，工作环境研究设计的基本理论；

2. 掌握工作测量的概念，工时消耗分类和工时定额构成，工作测量的方法——工作日写实、测时法、瞬间观测法的选择和应用。

本章介绍工作设计、工作测量等与岗位设计和作业组织有关的内容。对涉及岗位决策、岗位设计中的行为因素、岗位设计中的物理因素等内容进行了详细的讨论。介绍了工作设计、工作标准的制定和作业测定的方法，讨论如何通过工作的多样化、丰富化、扩大化和工作轮换等措施满足操作者的心理需求，如何保持和提高操作者对工作的热情，进而提高生产效率等有关问题。最后还从人–机–环境系统关系出发，介绍了工作环境设计等内容。从温度、空气流通、照明、色彩、噪声对劳动者的心理和生理影响出发，简单讨论了在工作环境设计中应注意的问题。读者可先扫描本页上方二维码，观看一段动作研究的录像。

6.1 引　　言

6.1.1 生产效率的影响因素

从企业内部环境来说，影响企业生产效率的因素有两个：技术因素和操作者行为因素。技术因素主要指企业生产产品或提供服务所需的生产技术和装备的技术水平，如新设备、新工艺、新材料的采用可以大大提高生产效率。行为因素是指操作者的心理需求和感情变化对生产效率的影响。要提高生产效率，一方面要提高操作者的技能等技术因素，另一方面要关注影响人的心理活动、情绪等。

而影响人的情绪的因素很多，如工作地布置、照明强度、通风、温度、劳动场所的色彩等环境方面因素，也有心理情感等社会因素。但随着社会经济的发展，人们在解决了基本生存问题之后，心理上的需求成为最重要的因素。单调乏味的流水生产逐渐为工人所厌倦，泰勒式经过精确设计的动作并没有给企业带来所期望的高效率。因此，现代生产与运作管理中非常强调工作的多样化、丰富化和扩大化，通过工作轮换保持操作者的兴趣和对工作的热情。经过不断实践和理论探索，在生产与运作管理系统中逐渐形成了工作设计和工作测量学说，在考虑生产系统设计的同时考虑技术和社会两个方面的因素，争取为操作者提供一个理想的劳动场所。

6.1.2 工作设计与工作测量

生产管理的关键任务之一就是对员工的工作设计。所谓工作，是指一个工人承担的任务或活动的总称。工作设计则是确定具体的任务和责任、工作环境，以及完成任务以实现生产管理的目标的方法。工作测量，在工业工程中又称时间研究，是各种时间测定技术的总称，用以制定各项工作或作业的时间标准，确定劳动定额，并通过某种研究方法评价工作时间利用情况和工作人员的工作效率。简而言之，工作测量就是在一定的标准条件下，确定人们作业活动所需要的时间，并制定出时间标准或定额的一种科学管理方法。

通过工作设计与工作测量明确了岗位标准，可以科学选拔、考核、使用人才；制定人事招聘和培训等计划，建立工作定额和报酬制度；预测生产能力需求和生产成本等。为企业管理活动提供基础信息。

20 世纪初，科学管理运动的创始人、美国工程师和管理学家泰勒首创了时间研究和动作研究。尽管今天科学技术发生了很大变化，但科学管理的思想和基本测量方法仍然是基础。

6.2 工作设计

工作设计为有效组织生产劳动的过程，确定一个组织的个人或小组的工作内容，实现工作的协调和确保任务完成。它的目标是建立一个工作结构，来满足组织及其技术的需要，满足工作者个人的心理需求。工作设计的内容包括：①明确生产任务的作业流程；②通过分工确定工作内容；③明确每个操作者的责任；④以组织形式规定分工后的协调，保证任务的完成。由此可见，经过工作设计后，每个岗位的任职资格和每个岗位的工作规范也就确定了。

工作设计要考虑以下几个因素：环境因素，包括人力供应和社会期望；组织因素，包括专业化、工作流和工作习惯；行为因素，包括多样性、整体性、重要性、自主性和反馈度。

6.2.1 工作设计的社会技术理论

工作设计的社会技术理论是由英格兰的特瑞斯及其研究小组首先提出来的。这种理论认为，在工作设计中应该把技术因素与人的行为、心理因素结合起来考虑，如图 6-1 所示。任何一个生产运作系统都包括两个子系统：技术系统和社会系统。如果只强调一个而忽略另一个，就有可能导致整个系统的效率低下，因此应该把生产运作系统看成一个社会技术系统。其中包括生产设备、生产工艺及物流组织与控制方法，反映了这个系统的技术性。而员工是一

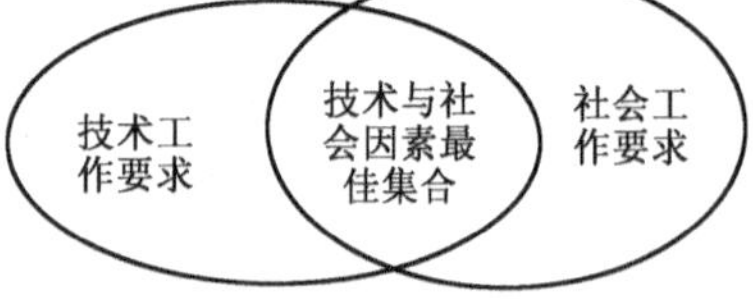

图 6-1 社会技术理论

种特殊的投入要素，因此，生产运作系统还应该具有社会性。员工与这些因素结合好坏不仅决定着系统的经济效益，还决定着员工对工作的满意程度，而后者，对于现代人来说是十分重要的一个问题。因此，在工作设计中，不仅要关注个人工作任务的完成方式，而且要关注整个工作系统的工作方式。往往工作小组的工作方式应该比个人的工作方式更重要。

图 6-1 中左侧的圆代表从技术的角度设计的所有可行工作方案的集合，右侧的圆代表从社会因素（心理学和社会学）的角度设计的所有工作方案的集合。交叉部分代表满足社会和技术要求的工作设计。该理论认为，最佳的社会技术设计应该在这个交叉的部分。

社会技术理论的价值在于它同时强调技术因素与社会变化对工作设计的影响。这与早期工业工程师们过度强调技术性因素对生产效率的影响有很大不同。早期的工业工程师将工人看成机器的一部分。而社会技术理论除了考虑技术因素外，还将人的行为因素考虑进来，例如把工人的调动工作、缺勤、厌倦等技术选择联系起来。

6.2.2 工作设计的行为理论

行为理论的主要内容之一是研究人的工作动机。人的工作动机对人如何进行工作以及工作结果有很大的影响。因此这一理论对工作设计有重要指导价值。人们的工作动机有多种，经济需要、社会需要以及特殊的个人需要。因此，在工作设计中，必须考虑到人的这些物质和精神需求。例如，长期从事流水线生产的岗位，由于专业化程度高、重复性强使人产生单调感，缺少人际交流，就会导致人对于工作变得淡漠，从而影响到工作效果，甚至影响人的身心健康。

1. 工作扩大化

工作扩大化是指工作的横向扩大，即增加每个人工作任务的种类，从而使他们能够完成一项完整工作（如一个产品或提供给顾客的一项服务）的大部分程序，这样他们可以看到他们的工作对顾客的意义，从而提高工作的积极性。进一步，如果顾客对这个产品或这项服务表示满意并加以称赞，还会使该员工得到一种成功的喜悦感和满足感。工作扩大化通常需要员工有较多的综合技艺，这对于提高员工钻研业务的积极性，使其从中获得一种精神上的满足也有极大的帮助。

2. 工作职务轮换

工作职务轮换是指允许员工定期轮换所做的工作，这种定期可以是小时、天、日或月。这种方法可以给员工提供更丰富、更多样化的工作内容。当不同工作任务的单调性和乏味性不同时，采用这种定期轮换方式很有效。采用这种方式需要员工掌握多种技能，可以通过“在岗培训”来实现。这种方法不仅使员工满意，还可以达到其他效果，如增加了工作任务分配的灵活性，缺勤的工人很容易顶替，瓶颈环节很容易增加人力等；能减少工作冲突和协调难度，由于员工互相交换工作岗位，可以体会到每一岗位工作的难易，这样比较容易使员工理解他人的不易之处，互相体谅，结果使整个生产系统协调更容易。

3. 工作丰富化

1959 年，赫茨勃格和他的助手发表了一项著名的研究成果，指出内在的工作因素（如成就感、责任感、工作本身）是潜在的满意因素，而外在的工作因素（如监督、工资、工作条件）是潜在的不满足因素。也就是说，不满足感的对立面不是满足，满足感的对立面不是不满足。根据这个原理，改进外在的因素如增加工资可能降低不满足感，但不会产生满足感。而唯一能使工人感到满足的是工作本身的内在因素。赫茨勃格将对工作的满足感与激励联系起来，提出了强化内在因素使工作丰富化的观点，这不仅可提高职工的满足感，而且可以提高生产效率。

工作丰富化是指工作的纵向扩大，即给予职工更多的责任，更多参与决策和管理的机会。例如，一个生产第一线的工人，让他负责若干台机器的操作，检查产品，决定机器保养计划等，以增强他的责任心。工作丰富化可以给人带来成就感和得到认可的满足感。当他们通过学习，使丰富化的工作内容被掌握之后，他们会获得成就感；当自己的工作成果——产品或服务得到顾客肯定时，他们就获得了满足感；当多台设备操作、保养，相关工作安排需要自己制订计划时，他们的责任感就会增强。

4. 团队工作方式

团队工作方式是指由数人和所需设备、工具等集中在一起，组成一个小组，共同负责并完成一项工作。在小组内，每个成员的工作任务、工作方法以及产出速度等都可以自行决定。在有些情况下，小组成员的收入与小组的产出还要挂钩。其基本思想是全员参与，从而调动每个人的积极性和创造性，提高组织对市场的应变能力，提高每个成员的责任心，使工作效率、质量、成本等综合结果、效果尽可能好。团队工作方式与泰勒制工作方式的比较见表6-1。

表6-1　团队工作方式与泰勒制工作方式的比较

泰勒制工作方式	团队工作方式
工作简单化，分工精细化	面向任务，员工要具有丰富知识和多技能
众多从属性，工作被动，服从指挥	小组自主决定工作方式、方法，上级不过问
工作联系广泛，如前后工序、上下级等	主要工作联系在团队内部
管理层次多，从属关系复杂	管理层次少，自主性强

根据不同情况，团队可以采取不同的形式，常见的有以下几种。

（1）解决问题式团队

解决问题式团队实际上是一种非正式组织，它由若干名自愿的、来自不同部门的成员组成。成员每周有一次或几次碰头，研究和解决工作中遇到的一些问题，如质量问题、生产效率提高问题、操作方法问题、设备和工具的小改问题（使工具、设备使用起来方便）等，然后提出具体的建议，提交给管理决策部门。这种团队的最大特点是他们只提出建议和方案，但并没有权力决定是否实施。这种团队在20世纪70年代首先被日本企业广泛采用，并获得了极大成功。日本的QC小组就是这种团队的最典型的例子。这种方法对于提高企业的产品质量、改善生产系统、提高生产效率起了极大的作用。同时，对于提高工作人员的积极性、改善职工与经营者之间的关系也起了很大作用。这种思想和方法首先被应用在他们的美国合资企业中，效果明显。因此美国企业也开始效仿，进而又扩展到其他的国家企业中，并且在管理理论中也开始对这种方式加以研究和总结。

这种方式有很多优点，但也有其局限性。因为它只能建议，不能决策，又是一种非正式组织。所以，如果这样的团队所提出的建议和方案被采纳的比例很低，这种团队就会自生自灭。

（2）特定目标团队

特定目标团队是为了解决某个具体问题，达到一个具体目标而建立的。例如，一个新产品开发，一项新技术的引进和评价，一项合资并购，一次产品展销等。在这种团队中，其成员既有普通职工，又有与问题相关的经营管理人员。团队中的经营管理人员拥有决策权，也可以直接向最高决策层报告。因此他们的工作结果、建议或方案可以得到实施。但与职能分工不同，团队既要拟订方案，又要负责实施，高层不仅负责提供各种资源和协调任务，还要审核团队分工、计划等。这种团队不是一个常设组织，而通常只是为了一项一次性的工作，类似于一个项目组。这种团队的特点是容易使一般职工与经营管理层沟通，使一般员工的意见直接反映到决策中。

(3) 自我管理团队

这种方式是具有完整意义的团队工作方式。在自我管理团队中，由数人组成一个小组，共同完成一项相对完整的工作，小组成员自己决定任务的分配方式和任务轮换，自己承担管理责任，如制定工作计划、采购计划，决定工作方法等；同时自我管理团队是一种正式永久组织，是一种新的组织形式，代表企业内部组织的发展方向。这两点是自我管理团队与上述两种方式的显著区别。第一种方式无权决策和实施方案；第二种方式主要为了完成一些一次性的工作，类似于项目组。自我管理团队具有以下明显特征。

① 员工授权，即把决策的权力和责任层层下放，直至每一个员工。以目标为导向，而不是以作业任务为导向，在保证目标和费用预算的前提下，工作进度计划、人员雇佣计划等均由团队成员自主决策，与此同时，相应的责任也由他们承担。与以往由各层次的管理人员来决定任务分配方式、工作计划，员工只是被动执行计划完全不同。自我管理团队能够发挥每一个团队成员的主动性和积极性。

② 组织重构。这种组织重构实际上是将权力交给每一个职工的必然结果。采取这种工作方式后，原先的班组长、工段长、部门负责人(可以是主任、部门经理)等中间管理层几乎就没有必要存在了。他们的角色由团队成员自行担当，因此整个企业组织的层次变少，变得“扁平”，加强了基层组织在生产经营中的作用，有效地应对市场需求变化。

③ 目标导向。由于每一个团队要完成一项完整的任务，因此员工参与任务的全过程。每个员工都与团队目标捆绑在一起，各种资源支配和管理活动都在组织内部进行，有利于员工间的沟通和协调，缩短完成任务所需要的时间。

6.3 工作测量

工作测量就是通过时间研究制定各种作业或动作的标准时间，确定工时定额，并应用工作抽样等方法来评价现行工作时间的利用情况及工作效率。它是科学管理的基础工作。

6.3.1 工时消耗分类和工时定额

1. 工时消耗的分类

生产过程中工作人员所消耗的一切时间，从管理的角度都可以把它分为定额时间与非定额时间两大部分。要想提高劳动生产率，就应减少工时消耗，其中首先应减少非定额时间的消耗，而定额时间部分，则通过工作研究、工艺改进和管理改善等方法逐步降低。但是在一定的技术组织条件下，定额时间是存在极限的，不能无限压缩，这是科学制定工时定额的客观依据。工时消耗的分类如图6-2所示。

图 6-2 中的作业时间是指制造产品或完成作业的时间，其中基本时间是直接用于加工产品的作业时间，如车削、锻造、装配等；辅助时间是为完成基本工作所进行的辅助性工作所花费的时间，如装卸工件、开机停机、测量工件等。准备与结束时间是指在加工一批工件或进行一项作业之前的技术组织准备和完工时的结束工作所消耗的时间。如操作前生产线、工模具的调整，熟悉图纸和工作要求，加工完成后将工件交付检验等。在照管工作地时间中分组织性和技术性两种，组织性照管时间是指整理工具和设备、清扫工作地等所消耗时间；技术性照管时间是指磨刀、去除设备上的小毛病等所用时间。休息与生理需要时间是指工作人员在班内进行必要的休息，如喝水、抽烟、上厕所、工间操等所用时间。

非生产工作时间是指工作人员在工作班内从事与其本职工作不相干的工作所花费的时间，如开会、废品返修所花时间。工人造成的停工损失时间是指迟到、早退、办理私事和由于工人的过失引起的设备事故、质量事故所造成的时间损失。非工人造成的停工损失时间是指企业管理不善或生产技术上出问题等原因造成的时间损失，如停电、停气或停工和延误时间。

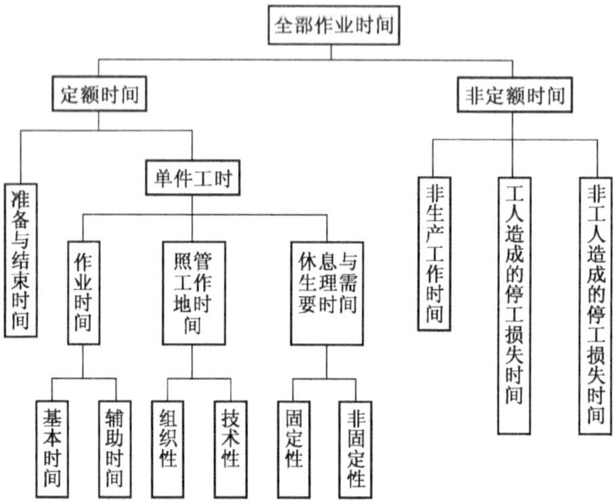

图 6-2　工时消耗的分类

2. 劳动定额的时间构成

劳动定额是指在一定的生产技术条件下，在充分利用设备、工具、技术和合理组织劳动生产的基础上，由经过培训的工人按照标准的工作方法，以正常水平去完成某项工作（某项产品）所需的必要的时间消耗。

单位产品工时定额 = 作业时间 + 照管工作地时间 + 休息与生理需要时间 + 准备与结束时间/每批产品的数量

劳动定额的构成因生产类型的不同而不同。在大量生产条件下，由于产量巨大，“准备与结束时间/每批产品的数量”是非常小的，可以忽略不计。而在单件生产情况下，每批数量为 1 个，“准备与结束时间/每批产品的数量”一项就是“准备与结束时间”。

所以劳动定额既与工人的经验水平、工作熟练程度有关，又与所用的设备、工具和工艺技术有关，还与生产批量有关。因此劳动定额制定以后，不应该是固定不变的，伴随着这些因素的变更，应进行调整和修订。同一件产品在不同的企业常有不同的定额水平。同一件产品在同一企业的不同时期，其工时定额也是发生变化的。但是工时定额是计算劳动力需要量、计算生产能力、编制生产计划、制定产品成本计划、制定计件工资与奖金标准的基础资料和重要依据，因此又不易频繁修改，定额要保持适当的稳定。通常在生产稳定、品种单一、大量生产类型的情况下，修改期为一年。其他可以半年修订一次。工艺、设备、批量发生重大变化应不定期修订。

劳动定额可以用单件工时(加工一件产品或一个零件所需要的工时)表示，也可用产量定额(每班或小时的产量)表示，两者互为倒数关系。

6.3.2 作业测量

作业测量是对完成一项工作所需要时间的测定，它是各种时间测定的技术的总称，是工作研究的重要内容，主要用于制定工作时间标准和制定劳动定额。只有通过对实际工作的作业时间进行统计分析，找出其中的规律后，才能建立科学的工作标准。作业测量常用的技术有工作日写实、测时、瞬间观测法等。

1. 工作日写实

工作日写实是对一个轮班内的工时利用情况，按照时间消耗的顺序，进行实地观察、记录和分析的一种方法。

1) 工作日写实的作用

① 了解工人在工作班内工时实际利用情况，找出工时损失的原因，以便在组织上和技术上拟定消除工时浪费的具体措施。

② 工作日写实的资料经过整理、分析、研究后，可为制定工作地照管时间、休息时间和准备与结束时间提供依据。

③ 研究先进工人的工时利用方法，总结推广先进经验，帮助工人改善工时利用情况，进一步提高工时利用率。

2) 工作日写实的种类

① 个人工作日写实是对一个工人在工作地上所消耗的全部工时进行观察和记录。这是工作日写实的基本方法。

② 成组工作日写实是对一个工作组的工人所消耗的全部工时进行观察和记录，它分为同工种和异工种两类。同工种工作日写实是按一定的时间间隔，观察和记录同工种工人的活动，以便取得同工种工时消耗资料进行比较。异工种工作日写实是对不同工种工人的工时消耗进行观察和记录，取得不同工种工人的工时消耗资料，这种写实主要是为了改善劳动组织，确定组织定员和分工协作。

③ 自我工作日写实是指工人在工作中，对自己消耗工时如实记录，这是通过工人自己对工作损失及原因的分析研究，消除工时浪费的一种重要方法。

3) 工作日写实的基本程序

(1) 写实前的准备工作

准备工作的目的是为了保证写实顺利进行和取得符合要求的资料。

① 选择写实对象。若是为了改进和利用工时情况，应分别选择先进、后进和一般的工人为对象，通过对比分析，总结经验；若是为了劳动组织的改进，则应选择关键和薄弱环节的工人为对象；若是为了制定时间定额标准，则应选择一般和先进的工人为对象。

② 向被写实对象讲清楚写实的目的，以便取得支持和配合。

③ 写实人员事先了解写实对象有关情况，如工人的技术等级、工龄、平均定额等。

④ 将操作过程进行分解，根据各类工时消耗分类情况，细分成若干便于测量的活动，确定代号以便记录和整理。

(2) 实地观察记录

写实人员应把工人从上班时间开始到下班时间结束，每个活动的起止时间记录在个人工作日写实观察表内，见表6-2。

① 编号一般在观察过程中填写，不要事先填写，以免发生偶然事项时无处填写。

② 起止时间，由于写实观察是连续进行的，一个活动的时间终点，同时又是下一个活动的时间起点，故只要填写每个活动的时间终点。

③ 并行时间是这个活动与另一个活动同时进行的时间。

④ 产量记录一个工作日内，各段基本作业时间内完成的产品数量。

⑤ 时间代号是按工时分类规定的代号，每次记录所用代号要统一，以便于归类统计。

表6-2 个人工作日写实观察表

车间：第三车间　　　　工段：轴加工　　　　记录表编号：1123

观测日期	××年×月×日	工人姓名	王海生
观测开始时间	8:00	工号	323
观测结束时间	17:00	工种	车工
共观测时间	8小时	工人等级	五级工
观测人	李忠诚	工龄	16年

设备		工作		工作地组织	
机床种类	车床	零件编号	231	材料工具供应情况	正常
财产编号	345	工序名称	车轴	刀具研磨	工人自己
型号	CA6240A	工作等级	5级	机床维护	工人自己
主要尺寸	630×210	夹具	万能夹具	机床修理	修理工
一般情况	良好	刀具	高速钢	工作指示	不经常

活动编号	活动	起止时间	延续时间(分)	与第几号时间并行	产量	时间代号
1	开始时间	8:00				
2	看图时间	8:07	7.0			11
3	布置工具	8:08.3	1.3			41
4	去取车刀	8:13.6	5.3			71
5	磨车刀	8:19.7	6.1			52
6	安装零件	8:20.7	1.0			31
7	操纵机床	8:21.6	0.9			31
8	第一次机动车削	8:33.8	12.2			21
…	…	…	…	…	…	…
110	第三次车削	16:38.8	9.1			21
111	清洁机床	16:42.9	4.1			42
112	机床加油	16:44.8	1.9			43
113	交出完工零件	16:48.5	3.7			17
114	交还工作图	16:51.8	3.3			14
115	收拾工具	16:52.6	0.8			41
116	洗手	16:55.3	2.7			61
117	停止工作	17:00	4.7			61

(3) 整理与分析写实资料

写实观察结束后，要对写实资料进行整理、分析和研究。主要工作是计算各项活动的延续时间，即本项活动的起止时间与前一项活动起止时间之差。分析研究工时利用情况及存在的问题。拟定改善工时利用措施，设计新的工时消耗的标准和工时利用方案，以提高作业时间的比重。为了保证工作日写实所取得的资料的准确性，可进行三次求其平均值，作为研究工时利用的依据。

2. 测时

测时是以工序为对象，按操作顺序实现观察和测量工时消耗的一种方法。

测时与写实不同，写实是观察记录工作日的工时消耗，分析研究整个工作日的工时利用情况。测时则着重测量工序中的作业时间，分析和研究工序中各组成部分的时间消耗情况。

1) 测时的目的

① 分析研究先进生产者的操作方法，总结和推广先进工人的操作经验，帮助广大工人达到甚至突破定额。

② 设计合理的操作程序，制定合理的工序结构。

③ 为制定工序时间定额或定额标准提供资料。

④ 设计流水线，消除时间差，组织均衡生产。

2) 测时的方法

① 全工序测时法，即对一道工序的各个操作进行顺序连续测定，记录每一操作的时间消耗。只需要记录一个操作的结束时间，并通过计算，得出每一操作的作业时间。

② 单项活动测时法，即对一道工序中的某项操作进行观测，记录每一操作的时间消耗。

3) 测时的步骤

测时的步骤和写实一样，也分三步。

(1) 测时前的准备工作

① 正确选择测时对象。选择测时对象要按照测时目的而定。若是为了总结先进工人操作经验，应选择先进工人为对象。若是为了制定时间定额，应选择技术水平先进和一般的工人为对象进行观测和记录。

② 对被测对象讲清测时的目的和意义，以取得其协助和配合。

③ 对劳动对象及其有关设备、工具、材料、工艺、工作环境、劳动条件和工作地的生产技术组织状况进行详细调查、了解，为研究问题提供依据。

④ 划分工序，将工序分为若干工步。工步划分的粗细应根据测时的目的而定。若是为了总结经验，改进操作，应分得细点；若是为了求得工序作业时间，应分得粗点。

⑤ 确定定时点。在操作之间需要有一个明显的标志，这个标志称为定时点。定时点确定的原则是确定每项操作内容的完整与合理。被测时的相邻操作之间一定要有明显易于观察的一点，如音响、光线等，能使测时人员感觉器官有准确的反应。

⑥ 观测次数。由于工人在作业过程中操作速度有快有慢，所以观测次数不应只有一次，而应多次。对于大量生产类型，要求所得的资料精确，观察次数多些。作业时间长的，观测次数少些。操作稳定性差的，如手工操作，观测次数多些。

⑦ 准备测时用的工具和表格。除秒表外，还可以用摄像机、时间记录仪等，测时观察表见表 6-3。

表 6-3　测时观察表

车间	机械加工车间	姓名	张怀恩	工种	车工	等级	五级	零件图号	1234	名称	套筒
观察者	王春来	观察时间	9:00 ~ 11:57	加工要求	符合图纸要求	材料	45#	加工草图			
设备名称	车床	规格	CA6140A	性能	650 × 210	工序号	2				

序号	工序划分	定时点	时间	观测次数								合计	平均延续时间	影响因素	稳定系数
				1	2	3	4	5	6	7	8				
1	取零件套在心轴上	手离零件	终止	0.10	1.51	2.87	4.26	5.67	6.93	8.52	10.07	0.92	0.115	重 0.5 kg，移动 0.8 m	1.56
			延续	0.10	0.11	0.12	0.11	0.14	0.09	0.14	0.11				
2	装上垫圈拧紧螺母	手离扳手	终止	0.35	1.78	3.10	4.50	5.90	7.35	8.75	10.35	1.73	0.247	拧紧螺母长 10 mm	1.22
			延续	0.25	0.27	0.23	0.24	0.23	–	0.23	0.28				
3	开动机床	主轴转动	终止	0.37	1.80	3.12	4.51	5.92	7.37	8.77	10.37	0.14	0.02	摩擦离合器手柄	1.00
			延续	0.02	0.02	0.02	–	0.02	0.02	0.02	0.02				
4	移动刀架准备车削	刀触零件	终止	0.42	1.84	3.17	4.55	5.95	7.41	8.82	10.41	0.34	0.043	转速 447 rpm, 60 mm	1.66
			延续	0.05	0.04	0.05	0.04	0.03	0.04	0.05	0.04				
5	车削	切削终止	终止	0.87	2.26	3,61	5.00	6.39	7.83	9.27	10.86	3.52	0.440	去刀量0.31 mm, 吃刀深3 mm	1.07
			延续	0.45	0.42	0.44	0.45	0.44	0.42	0.45	0.45				
6	停止进给退刀	手离手柄	终止	0.94	2.32	3.66	5.06	6.46	7.87	9.32	10.91	0.45	0.056		1.75
			延续	0.07	0.06	0.05	0.06	0.07	0.04	0.05	0.05				
7	停车退出刀架	手离摇把	终止	1.07	2.44	3.82	5.19	6.56	7.99	9.44	11.05	1.02	0.128	纵向移动 100 mm	1.60
			延续	0.13	0.12	0.16	0.13	0.10	0.12	0.12	0.14				
8	松开螺母取下垫圈	手离扳手	终止	1.35	2.71	4.18	5.47	6.78	8.27	9.89	11.51	1.59	0.265	退出长度 100 mm	1.27
			延续	0.28	0.27	0.26	0.28	0.22	0.28	–	–				
9	取下零件放好	手离零件	终止	1.40	2.75	4.15	5.33	6.84	8.38	9.96	11.57	0.38	0.054	距离 0.8 m	1.75
			延续	0.05	0.04	0.04	0.06	0.06	–	0.07	0.06				
10	合计												1.368		

(2) 实地观察与测时记录

准备工作完成后，测时人员必须按照事先规定的定时点和观测次数，把操作记录下来，填入表格。

① 序号是按操作(或动作)的顺序号填写的。

② 操作名称是按事先规定好的操作顺序填写的有关操作，应在测时前填好。

③ 定时点是前后相邻两个操作的分界点，应事先确定，并填好。

④ 延续时间是指后一项操作终止的时间减去前一项操作终止的时间。

⑤ 总时数，是指根据每个操作的测时，求得延续时间的合计数。

⑥ 平均延续时间是指根据每个操作的几次测时求得的延续时间的平均数。

⑦ 稳定系数是指在每个操作测时所取得的数列中最大值和最小值之比，公式如下：

$$稳定系数 = \frac{测时数列中的最大值}{测时数列中的最小值}$$

稳定系数是检验所取得资料的质量标准，该系数愈趋近1，说明某一操作测时所取得数列波动愈小，即求出的延续时间平均可靠。稳定系数大于1.25，则说明计算出的操作平均延续时间波动过大，应重新加以测定。

在观测记录时应注意以下几点：

① 个别明显不合理的而又不能说明原因的数字，可以忽略不计，以免影响平均值的准确性；

② 观察人员要严格遵守规定的定时点，并在观察前熟记，以免影响测时的准确性；

③ 观察工人是否遵守机器设备的工作速度、操作的顺序。观测记录最好在工人工作稳定后再进行。

(3) 整理和分析测时资料

① 计算每一操作的平均延续时间。

$$平均延续时间 = 相同操作几次测时延续时间之和/相同操作的测时次数$$

② 计算稳定系数。

$$稳定系数 = 测时数列中的最大值/测时数列中的最小值$$

③ 计算每个操作的标准时间。

$$操作的标准时间 = 按实际测定时间的平均值 \times 评定系数$$

评定系数是实际操作速度和正常操作速度之比。设正常作业速度的系数为1，低于正常速度则为小于1，高于正常速度为大于1。

④ 把全部操作的标准时间汇总，再考虑宽松时间，就是确定的时间标准。宽松时间通常按标准时间百分比给定。

以表6-3为例，如果测时人员认为被测者以115%的速度工作，生理时间占正常时间的4%，正常休息时间应占5%，非工人耽搁时间占3%，那么，标准时间计算如下：

$$标准时间 = 1.368 \times 115\% \times (1 + 4\% + 5\% + 3\%) = 1.762（分钟）$$

3. 瞬间观测法

瞬间观测法(工作抽样法)是通过对现场的操作者或机器设备进行随机的瞬间观察，调查各种作业事项的发生次数和发生率进行工时研究的一种方法。根据统计学的理论，随机抽样的样本和总体的分布状态是相同的，只要随机取样的数量足够多，样本分析所反映的情况是趋近于总体实际状况的。相对于工作日写实来说，瞬间观测是一种非连续观测法，因此具有省事、省力的优点，而且如果抽样足够的话，调查结果可靠。

(1)瞬间观测法的目的

瞬间观测法不能代替工作日写实和测时，它特别适合下列目的的调查：

① 调查工时利用和设备开动状况，拟定克服工时损失和设备停机的措施；

② 评价操作者在工作班内各类操作比例的适当性，确定合理的作业负荷；

③ 调查和制定时间定额中各类工时消耗的比例；

④ 调查和制定零件加工的作业时间或产量。

(2)瞬间观测法的步骤

① 根据观测目的，选择被观测对象。

② 向被观测单位负责人和职工讲清目的与要求。

③ 确定观测项目，按工时消耗七大类划分具体项目。在每一类中确定有什么项目，按需要而定。

④ 确定观测时刻，本着随机的原则，制定一个随机观测表来进行。

⑤ 确定观测的次数，次数的确定可利用数理统计的方法。由于大部分事物变化曲线呈正态分布，总体落点的情况是在 $\pm\sigma$ 范围内的概率为68.3%，在 $\pm2\sigma$ 范围内的概率为95.5%，在 $\pm3\sigma$ 范围内的概率为99.7%。在瞬间观测中，所取资料可靠度约为95.5%，即在瞬间观测中一般取 $\pm2\sigma$ 的偏差范围。

观测次数的计算公式如下

$$\sigma=\sqrt{\frac{p(1-p)}{n}}$$

式中：σ 为标准偏差；p 为观测某事件的发生率；n 为观测总次数。

按上述要求，在资料可靠度为95.5%时，允许的偏差范围为 $\pm2\sigma$，可得

$$E=\pm2\sigma=\pm2\sqrt{\frac{p(1-p)}{n}}$$

式中：E 为允许误差。

变换公式可得

$$n=\frac{4p(1-p)}{E^2}$$

例如，某事件发生率为0.5，允许误差 E 为 ±0.01，即控制发生的范围为 0.5 ± 0.01 或0.49~0.51之间，求观测次数 n。

$$\begin{aligned}n&=\frac{4p(1-p)}{E^2}\\&=\frac{4\times0.5\times(1-0.5)}{0.01^2}\\&=10\,000(\text{次})\end{aligned}$$

一般情况下，为了简化计算，可以根据表6-4确定次数。

表 6-4　适合不同目的的观测次数

瞬间观测目的	观 测 次 数
1. 用于调查和发现工时利用的一般问题	100～500
2. 特定的管理目的，为分析停工原因等	600
3. 特定的活动分析，如调查准备与结束或延迟时间的比例	2 000
4. 调查人和机械的开动率	4 000
5. 在精确度较高的情况下，确定标准时间	10 000 以上

⑥ 确定巡回路线。观测巡回路线可以预先确定，但起点和方向不要固定，在观测时可以将巡回路线上任意点作为出发点，瞬间观测一遍，这样更符合实际。

⑦ 准备好记录表格和记录工具。

⑧ 按上述步骤进行瞬间观测。

⑨ 整理、研究观测资料，从中发现问题，分析原因，并提出改进措施。

⑩ 确定定额标准。

6.4 人机工程

企业的生产过程是工人运用工具和机器创造物质财富的过程，是人与机器和环境发生交互作用的过程。人机工程就是研究人和机器、环境的相互作用及其合理结合，使所设计的机器和环境系统更适合人的生理和心理特点，达到在生产中具有安全、健康、舒适和高效率的学科。它主要包括两部分：一部分研究人机相结合的规律，使人机进行合理分工，人机更好地匹配，以便提高效率，满足人的生理、心理需要；另一部分研究人与环境的关系，使工作环境更舒适、更宜人，提高工作质量和生活质量。

6.4.1　人机工程设计

人机工程侧重于两方面。一是侧重于人的方面，人机工程主要在感官神经系统、人体构造与测量学等方面，对于人接受信息、进行判断、做出反应这一过程的机制、素质及极限能力进行研究，并对人体肌体特征、动作的生物力学特征等方面进行研究，形成人机工程的专门分支。二是侧重于机器的方面，人机工程主要结合人的特性探讨了机器显示、控制、空间布置、工作地设计等方面的专门问题。前一方面研究为后一方面提供理论基础。这里主要介绍与生产过程密切相关的后一方面的内容。

1. 现代人机系统的特点

① 生产的发展和技术的进步不断地减轻人在生产过程中的体力消耗，但智力劳动相应增加了。

② 机器的结构越来越复杂，操作者了解机器规律和掌握操作技术的难度相应增加了。

③ 在现代生产中，操作者直接参与自然物质的加工过程的机会减少了，人们逐步通过机器或遥控机器去加工产品。

④ 信息传递在时间上和空间上逐渐密集化，不仅可以通过人的感官现场获得，而且可以通过各种传感器，远距离收集。

⑤ 要求操作者有更高的准确性和作业速度，并受机器约束。

2. 人机系统的设计目标

根据人的特性，设计出最符合人操作的机械，如最适合手动操作、最醒目的显示器、最方便使用的控制器、最舒适的座椅、舒适的姿势和操作程序、最舒适的工作环境等；确定最有效和经济的作业方法，以及合理的节奏、标准时间，以保证整个人机系统安全可靠，除了能完成相应的工作任务外，还必须达到下列目标：

① 在人机系统中，人与机都能充分发挥各自的作用并协调的工作；

② 人机系统接收输入和输出的功能，都必须符合设计能力；

③ 人机系统应有一个完善的反馈闭环回路，使输入和输出不失真。

3. 人机任务要合理分配

在人机系统中，充分发挥人与机械各自特长，互补长短，恰当分工，以达到人机系统整体的最佳效能与总体功能，是人机系统设计的基础，称为人机功能分配。

(1) 对人机进行功能分配

主要考虑的是系统的效能、可靠性和成本。通常考虑：

① 人与机械的性能、负荷能力、潜力及局限性；

② 人进行规定操作所需要的训练时间和精力限度；

③ 对异常情况的适应性和反应能力的人机对比；

④ 人的个体情况差异的统计；

⑤ 机械代替人的效果和成本。

(2) 通常应由“机”去承担的任务

① 枯燥、单调的作业和笨重的作业，如搬运、送料等；

② 危险性较大的作业，如救火、空间技术、放射性环境及有毒作业等；

③ 粉尘作业，如各种标号水泥配料搅拌等；

④ 喷漆、涂料、电镀、焊接、铆接等作业；

⑤ 自动校正、自动检测、高精度装配、快速操作等；

⑥ 特殊目的作业，如病房服务、为盲人引路、壁行机(用于船舶焊接)、象鼻机(仿象鼻运动搬运重物)；

⑦ 可靠性、高精度和程序固定的作业。

(3) 由人去完成下列作业较为合适

① 程序设计；

② 意外事件处理；

③ 变化频繁的作业；

④ 各种“机”的修理；

⑤ 长期大量地存储信息；

⑥ 研究、决策、设计等。

4. 人机匹配设计

在复杂的人机系统中，为使人机系统总效能最优，必须使机械设备与操作者之间达到最佳匹配。人机匹配包括显示器与人的信息通道特性的匹配、控制器与人体运动特性的匹配、显示器与控制器之间的匹配。要选用最有利于发挥人的能力、提高人的操作可靠性的匹配方式来进行设计。应充分考虑到既有利于人能很好地完成任务，又能减轻人的负担和改善人的工作条件。随着人机系统现代化程度的提高，脑力劳动作业及心理紧张性作业负荷加重将成为突出的问题，在这种情况下，设计匹配不当往往会导致重大事故的发生。

6.4.2 工作环境研究设计

工作环境设计是指人操纵机器设备或利用各种工具进行劳动生产时在工作地周围的物理环境因素。它们主要包括气候状况、照明与色彩状况、噪声与振动状况三大类影响因素。

1. 气候状况的影响分析与设计

工作地和工作用房的气候状况决定于下列因素：温度、空气的湿度、空气的流动速度、气压与大气污染等。

(1) 温度对人劳动的影响

人体本身就是一个热源，需要向外散发热量。如果人体产生的热量等于向体外散发的热量，人便处于热平衡状态。此时体温约在 36.5 ℃左右，人会感到比较舒适。在高温条件下，人体吸收或产生的热量比散发的热量多，从而使体内温度上升。为了散发热量，皮肤的血管扩张，血液需要量大增，人就会心跳加速，消耗大量氧气，大脑和肌肉就会因缺氧而疲劳，使工作能力降低，增加差错。长期在高温环境下会引起机体功能紊乱，出现中暑疾病等。而在低温环境下，血管就会收缩，大量血液流向内部器官，皮肤就会发青，手脚发凉，严重时会冻伤。研究表明温度低也会分散注意力，降低工作绩效。因此工作场合需要确定一个适宜的温度(包括湿度)，这是非常重要的。但由于工作人员的体质、年龄、性别、对水土的适应、工作的难易、服装等影响，对于冷热的主观感觉也不同。因此，最佳温度不是某一固定的数值，而是指某一区域。例如美国的统计资料规定的最佳温度范围是：脑力劳动为 15.5 ~ 18.3 ℃，轻劳动为 12.7 ~ 18.3 ℃，体力劳动为 10 ~ 16.9 ℃。

我国一般企业对温/湿度控制往往多限于冬季供暖。冬季供暖的温度以距地板 1.5 m、离墙 1 m 处的温度为准，我国各种建筑物内的最佳温度范围标准见表 6-5。

(2) 空气流通对人劳动的影响

工作环境的空气流动情况也会影响劳动效率。实验表明在温度相同的情况下，保持空气新鲜的工作地要比空气静止的工作地效率高出 10%。一般认为在工作人员不多的房间中，空气流动的最佳速度约为 0.3 m/s，在拥挤的房间中约为 0.4 m/s，而当室内温度很高时，空气流动速度最好为 1 ~ 2 m/s。

表 6-5 我国各种建筑物内的最佳温度范围标准

地　点	最佳温度
学校教室	18.3 ~ 21.1 ℃
医院病房	21.1 ~ 22.2 ℃
剧院电影院	18.3 ~ 20 ℃
工厂车间	12.8 ~ 18.3 ℃
食堂	18.3 ℃
住宅	18.3 ℃

(3) 空气污染对人劳动的影响

工作环境中的空气污染源有两个。第一个来源于人。在人的呼吸过程中会排出二氧化碳，随着劳动强度的增大，二氧化碳的排放量会随之增加，成年男子在不同劳动强度下的二氧化碳呼出量见表 6-6。与此同时，劳动汗水的蒸发也会使空气污染。第二个来自生产过程(包括加工、运输、储存等）。生产过程中产生的粉尘、烟雾、气体、纤维质、蒸气都会造成对人体不同器官的刺激、损害。有些污染不仅影响效率，更严重地损害健康，甚至影响工作安全。因此保持工作场所空气清洁，至少把污染限制在许可的范围内是必要的，主要措施是降低人员密度，增加排污设施，配备必要的防护面罩。

表 6-6　不同劳动强度下成年男子的 CO_2 呼出量

能量代谢率	劳动强度	CO_2 呼出量（m^3/h）	计算用量（m^3/h）
0	睡觉	0.011	0.011
0～1	极轻劳动	0.012 9～0.023	0.022
1～2	轻劳动	0.023～0.033	0.028
2～4	中劳动	0.033～0.053 8	0.046
4～7	重劳动	0.053 8～0.084	0.069

2. 照明的影响与设计

视觉对人在工作中正确定向起着重要作用。正常人通过视觉刺激的反应大约可以得到全部信息的80%。眼睛作为接受视觉信息的器官，其功能及其效率的发挥依赖于照明条件和显示颜色特征。

（1）照明对工作人员的影响

人的视觉功能的发挥依赖于周围环境的照明水平和对比度。所谓对比度是反映观测物体与其背景的亮度差。统计分析表明，照明条件与对比度情况越好，工作中的差错率、事故率越低，而且对于效率的提高也有促进作用。

照明除了对工作人员的效率有一定的影响外，实验还表明在照明不好时人会更快地疲劳，工作效果更差。如果创造舒适的光线条件，无论从事手工劳动，还是从事要求紧张的记忆、逻辑思维的脑力劳动，都会提高工作能力。此外照明还影响工作人员的情绪状态和动机，一般认为明亮的房间是令人愉快的，因此工作人员在选择工作地点时喜欢比较明亮的地方。在供休息的房间里，多数人都喜欢较暗的地方。照明对工作人员的影响也与人的年龄有关，年龄越大，受影响也越重，因为40岁以上的中老年人，视力随着年龄增长而下降，因此比青年人需要更多的光照。

（2）工作场地和厂房的照明

工作场地必须有适宜的照明。合理的工作地照明应使工作地照明度适宜、均匀、稳定，而且无炫目感。良好的照明，不仅要明亮，还要消除黑角暗道，要避免闪光反射，并不发生过高热量。因此在进行工作地照明的组织工作时，不仅要考虑光源，还要考虑距离及分布，也要考虑操作者视网膜对光线的适应性。表6-7提供的数据可供参考。

表 6-7　不同工作的照明条件要求

工作分类	举　　例	标准照度（lx）	照度范围（lx）
超精密工作	超精密机械加工	1 000	700～1 500
精密工作	排字，汽车、飞机组装	500	300～700
普通工作	机加工、铸造、焊接	200	150～300
粗工作	木工	100	70～150
非工作	车间非工作区	50	30～70
	附属生活区及厕所	20	15～30

对工作地照明设计时，应充分考虑以下几个方面的因素：

① 工作地附近的适当亮度；

② 工作地附近的固定照明；

③ 工作地与背景之间应有适当的亮度差；

④ 避免光源或作业区域发出眩光；

⑤ 要求注意集中的地方要设置专用光源，类似舞台聚光灯，因为眼睛有趋向明亮光线的倾向，如切削加工，如果高亮度光线不设置在刃口所在的机床中部，则眼睛就会被吸引至高亮点，分散操作者的注意力。

3. 色彩对工作人员的影响

由于色彩容易创造形象和气氛，激发心理联想和想象，因此色彩能够比普通照明产生更进一步的效果。许多国家的工业卫生、环境保护专家和劳动心理学家以及医学家证明：厂房、建筑物及工作地装备的色调，对工人的劳动情绪、生产效率和作业质量有明显的影响。实践证明：色彩已不是可有可无的装饰，而是一种管理手段，可以改善劳动环境，提高生产效率。

(1) 颜色的表示法

为分辨不同颜色，人们以色调(H)、明度(V)和彩度(C)三个要素将各种各样的颜色排列起来。色调分为5种基本色调：红(R)、黄(Y)、绿(G)、蓝(B)、紫(P)，加上5种中间色调：黄红(YR)、绿黄(GY)、蓝绿(BG)、紫蓝(PB)、红紫(RP)，也叫十色环。每一个色调又分为10个等级。

明度指在一定背景下的明亮感觉，在黑白中间分成0~10级感觉上等距离的等级。

彩度指颜色的浓淡饱和程度。无彩色如黑、白、灰的彩度为0。彩度分为12~14级。当某颜色达到饱和时，变为纯色。

色彩的标定方法如下

$$\text{色调明度/彩度} = HV/C$$

例如，7.5YR8/4的颜色，就代表色调是7.5橙、明度8、彩度4。这种颜色对保护眼睛很好。

(2) 颜色对人的影响

色彩对工作人员的影响表现在两个方面：一方面是对人机体的影响，另一方面是对人心理的影响。

医学上证实，颜色光对人的技能和心理会发生作用，影响到内分泌系统、含水量的平衡、血液循环和血压。红色和红的色调会使人各种器官的机能兴奋和不稳定，而蓝色和绿色色调则会使人各种器官的机能稳定。之所以颜色对人的心理会产生影响，是因为色彩与它所属的对象和物品是紧密相连的。所以，颜色对心理的影响受制于生活中积累起来的人与物交往的经验，以及对物的态度。也就是说，色彩能够引起某种情绪或改变某种情绪。例如“明快”的颜色引起愉快感，“阴郁”的颜色可能是心情不佳的起因。一般情况下，红、橙、黄色给人以温暖的感觉，这些颜色称为暖色；青、绿、紫色给人寒冷的感觉，这些颜色称为冷色。因此朝北的房间室内温度低时，可用暖色。高温车间必须用冷色。

暖色一般起积极的兴奋的心理作用。红色系列颜色对人在生理上起增加血压及脉搏的作用，在心理上有兴奋作用，并有不安全感及紧张神经的副作用，因此一般不广泛使用。橙色系列颜色可以增加食欲，故适合于食堂。在暖色中黄色系列颜色的生理反应近于中性，所以可用于一般工作场所。以女性工作人员为主的场所，用暖色为宜。

冷色调与暗色调，由反射决定的色彩度可能影响人的情绪，如明色调会使人产生轻松、自在、舒适的感觉，暗色调会使人产生压抑和不安的感觉。色彩的选择除了上述的一般情况外，还与人的个性特点如年龄、性别、生活经验等有关，例如儿童喜欢更鲜艳的色调，如红色或黄色。成年人往往会更喜欢蓝色、绿色和红色。有统计调查得出了成人所喜爱的色调顺序为蓝、红、绿、黄、橙、紫、褐、灰、黑、白与粉色。

(3)生产环境与设备色彩调节

对于生产用房，一般不主张把房间涂成单一颜色，或者一种色调占去主要地位。因为单一颜色会使视觉疲劳，把表面涂成对比色是有效的。具体颜色还要适合于房间的用途。例如，普通生产用房应采用明快的色调，温度很高的房间最好采用冷色调，俱乐部和休息室应采用使人感到舒适的暖色调，而会客室则可采用暗色调。通常天花板要具有较大的反射值，而地与墙板的反射值应较小。表6-8列出了建议作业环境用色。

表6-8　建议作业环境用色

场　所	天花板	墙壁上部	墙壁下部
车间	7.5GY9/2	7.5GY8/2	10GY5.5/2
办公室	7.5GY9/2	7.5GY8.5/2	7.5GY7.5/2
食堂	7.5GY9/2	6YR8/3	7.5YR8/2
候诊所	N(白)9/0	6.5YR8/2	5YR6/3
走廊	77.5GY9/2	7.5GY9/2	7.5GY7.5/3

设备不论规模大小，大体上可分为主机、辅机、动力来源以及控制盘、底座和工作台等。对这些进行色彩装饰时，要考虑生产用房的环境和工作内容才能确定设备自身的色调。一般来说，设备使用中性色的绿色系列和没有刺激的灰色系列较佳。因为这种色彩能给予静感，可使工作人员眼睛不会过度疲劳。生产用房的环境色、机械色、作业时的材料色要结合在一起考虑。对于需要卫生管理的食品、饮料工厂的设备，则采用白色或近于白色为佳。对于搬运设备如推土机、手推车等尽量避免深色，而使用较明快的色彩为好。

4.噪声状况的影响与控制

人机工程对噪声的理解是对工作人员形成了干扰，使其感到不快、不安或者有伤害的一切声音信号。它主要包括城市交通噪声、工厂噪声、建筑噪声，以及商业、体育和娱乐场所的人群喧闹声等。

1)噪声的危害

首先，噪音可以危害人的健康，这种危害具有长期性，如长期在90 dB以上环境下工作，就会引起永久性听力丧失。即使噪声强度不大，当超过30 dB时，也能使人们心情烦躁，工作容易疲劳，反应迟钝，注意力不容易集中等。其次，噪声分散了职工注意力，直接影响工作效率。例如对打字员做过的实验表明，把噪声从60 dB降低到40 dB，工作效率提高了30%。对排字、速记、校对等工种进行调查发现，随着噪声级增高，错字率迅速上升。最后，高噪声掩饰危险和警报信号，容易引起工伤事故。实践证明：噪声较高的工厂，如钢铁厂等，噪声是酿成事故不可忽视的原因。

2)噪声控制

噪声干扰的过程是声源—传播途径—接受者。因此噪声控制必须从这三方面研究解决。

(1)控制噪声源

控制噪声源的主要策略是减少机器设备因振动而产生噪声。通过研究和选择低噪声的设备和改进生产加工工艺，提高机械设备精度和安装技术，使发声体不发声或降低发声强度，就可以从根本上解决噪声的污染。例如用橡胶等弹性材料将声源部分与其支撑物隔离，在机器中添加吸音材料或减少振动源的表面积等。

(2)控制噪声传播

在传播途径上阻断和屏蔽声波的传播，或者使声源传播的能量随距离衰竭，这是控制噪声、限制噪声传播的有效方法。工厂总体设计布局要合理。预计工厂建成后可能出现的厂区环境噪声情况，在总图设计时通盘予以考虑。例如，将高噪声车间、场所与噪声较低车间、生活区分开设置，拉开距离，以免互相干扰。利用天然地形，如山冈土坡、树丛草坪和已有的建筑屏障等有利条件，阻断或屏蔽一部分噪声向接受者传播。

在噪声严重的工厂、施工现场或交通道路的两旁设置足够高的围墙或屏障，可以减弱声音的传播。绿化不仅能净化空气、美化环境，而且还可以限制噪声的传播。在声源周围采取消声、隔声、吸声、隔振、阻尼等局部措施，降低噪声。

(3)接受者的防护

当其他措施不成熟或达不到预期效果时，使用防护用具进行个人防护是一种经济、有效的方法。防护用具常见的有橡胶或塑料制的耳塞、耳罩、防噪声帽等，可以降低噪声 20 ~ 30 dB。在噪声激烈的车间，也可以开辟小的隔声间，工人在其中进行仪表控制或休息。

此外，可以从劳动组织上采取轮换作业，缩短工人在噪声环境中的工作时间。

练习思考题

1. 工作设计的社会技术理论有哪些内涵?
2. 什么是工作设计的行为理论? 它在实践中有哪些方法?
3. 团队工作方式的基本思想与主要形式是什么?
4. 工时消耗如何分类?
5. 什么是劳动定额? 劳动定额的时间如何构成?
6. 什么是工作日写实和测时，如何正确使用两种方法?
7. 根据人机工程，人和机器应如何分工?
8. 简述空气、色彩、噪音等环境对工作效率的影响。

第3篇

生产运作计划与作业计划

第 7 章

年度生产计划

【本章导引】

本章主要阐述了计划的层次；指标体系；制订计划的一般步骤；滚动式计划方法；生产能力；备货型生产企业和订货型生产企业年度生产计划的制订方法。

【本章重难点】

指标体系；滚动式计划方法；MTS 企业年度生产计划的制订；MTO 企业年度生产计划的制订。

【本章学习目标】

1. 了解计划层次，指标体系，制订计划的方法和步骤；
2. 掌握 MTS 企业年度生产计划的制订，MTO 企业年度生产计划的制订。

计划是管理的首要职能。没有计划，企业内一切活动都会陷入混乱。在一个好的计划指导下，水平一般的下属，也会做出成效；在一个差的计划指导下，能力很强的下属，也会把工作弄糟。现代工业生产是社会化大生产，企业内部分工十分精细，协作非常严密，任何一部分生产活动都不能离开其他部门而单独进行。因此，需要统一的计划来指挥企业各部分的活动。企业里没有计划，好比一个交响乐队没有乐曲，是无法进行任何生产经营活动的。

本章介绍计划的层次、指标体系、制订计划的一般步骤、滚动式计划方法、生产能力，以及备货型生产企业和订货型生产企业年度生产计划的制订方法。

7.1 计划管理

按照计划来管理企业的生产经营活动，叫做计划管理。计划管理是一个过程，通常包括编制计划、执行计划、检查计划完成情况和拟定改进措施 4 个阶段。计划管理包括企业生产经营活动的各个方面，如生产、技术、劳动力、供应、销售、设备、财务、成本等。计划管理不仅仅是计划部门的工作，所有其他部门和车间都要通过 4 个阶段来实行计划管理。

7.1.1 计划的层次

企业里有各种各样的计划，这些计划是分层次的。一般可以分成战略层计划、战术层计划与作业层计划 3 个层次。战略层计划涉及产品发展方向、生产发展规模、技术发展水平、新生产设备的建造等。战术层计划确定在现有资源条件下所从事的生产经营活动应该达到的目标，如产量、品种、产值和利润。作业层计划确定日常的生产经营活动的安排。3个层次的计划各有不同的特点，见表7-1。由表7-1中可以看出，从战略层到作业层，计划期越来越短，计划的时间单位越来越细，覆盖的空间范围越来越小，计划内容越来越详细，计划中的不确定性越来越小。

表7-1 3个层次的计划有不同的特点

	战略层	战术层	作业层
计划期	长(≥5年)	中(1年)	短(月、旬、周)
计划的时间单位	粗(年)	中(月、季)	细(工作日、班次)
空间范围	企业、公司	工厂	车间、工段、班组
详细程度	高度综合	综合	详细
不确定性	高	中	低
管理层次	企业高层	企业中层	车间领导
特点	设计资源获取	资源利用	日常处理活动

7.1.2 生产计划的层次与生产计划指标体系

1. 生产计划的层次

生产计划是一种战术性计划，它以产品和零配件作为计划的对象，这些都是企业向市场所提供的东西。生产作业计划是生产作业的执行计划，是指挥企业内部生产活动的计划。对于大型加工装配式企业，生产作业计划一般分成厂级生产作业计划和车间级生产作业计划两级。厂级生产作业计划的对象为原材料、毛坯和零件。从产品结构的角度来看，也可称为零件级作业计划。车间级生产作业计划的对象为工序，故也可称为工序级生产作业计划。不同层次计划的比较见表7-2。

表7-2 不同层次计划的比较

	战略层	战术层	操作层
计划的形式及种类	生产计划大纲、产品出产计划	零部件投入/产出计划、原材料需求计划	日生产作业计划、关键机床加工计划
计划对象	产品	零部件	工序
编制计划的基础数据	产品生产周期、库存等	产品结构等	加工路线、加工时间等
计划期	1年	1月至1季	双日、周、旬
计划的时间单位	季	旬、周、日	工作日、小时
计划的空间范围	全厂	车间及有关部门	工段、班组
采用的优化方法	线性规划、运输问题算法、搜索决策法则、线性决策法则	MRP、批量算法	各种作业排序方法

2. 生产计划指标体系

生产计划的主要指标有品种、产量、质量、产值和出产期。

(1)品种指标

品种指标是企业在计划期内出产的产品品名、型号、规格和种类数，它涉及“生产什么”的决策。确定品种指标是编制生产计划的首要问题，关系到企业的生存和发展。

(2) 产量指标

产量指标是企业在计划期内出产的合格产品的数量，它涉及"生产多少"的决策，关系到企业能获得多少利润。产量可以用台、件、吨表示。对于品种、规格很多的系列产品，也可用主要技术参数计量，如拖拉机用马力,电动机用千瓦等。

(3) 质量指标

质量指标是企业在计划期内产品质量应达到的水平，常采用统计指标来衡量，如一等品率、合格品率、废品率、返修率等。

(4) 产值指标

产值指标是用货币表示的产量指标，能综合反映企业生产经营活动成果，以便不同行业比较。根据具体内容与作用不同，分为商品产值、总产值与净产值。

商品产值是企业在计划期内出产的可供销售的产品价值。商品产值的内容包括用本企业自备的原材料生产的成品和半成品的价值、外单位来料加工的产品加工价值、工业劳务的价值。只有完成商品产值指标，才能保证流动资金正常周转。

总产值是企业在计划期内完成的以货币计算的生产活动总成果的数量。总产值包括商品产值、期末期初在制品价值的差额、订货者来料加工的材料价值。总产值一般按不变价格计算。

净产值是企业在计划期内通过生产活动新创造的价值。由于扣除了部门间重复计算，它能反映计划期内为社会提供的国民收入。净产值指标算法有两种：生产法和分配法。

按生产法：净产值 = 总产值 − 所有转入产品的物化劳动价值

按分配法：净产值 = 工资总额 + 福利基金 + 税金 + 利润 + 属于国民收入初次分配的其他支出

(5) 出产期

出产期是为了保证按期交货确定的产品出产期限。正确地决定出产期很重要。因为出产期太紧，保证不了按期交货，会给用户带来损失，也给企业的信誉带来损失；出产期太松，不利于争取顾客，还会造成生产能力浪费。

对于 MTO 企业，确定交货期和产品价格是主要的决策；对于 MTS 企业，主要是确定品种和产量。

7.1.3 制订计划的一般步骤及滚动式计划

1. 制订计划的一般步骤

制订计划的一般步骤如图 7-1 所示。

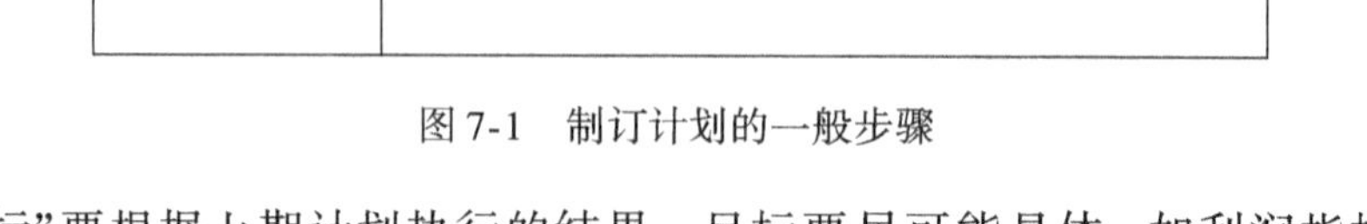

图 7-1 制订计划的一般步骤

"确定目标"要根据上期计划执行的结果。目标要尽可能具体，如利润指标、市场占有率等。

“评估当前条件”是要弄清楚现状与目标有多大差距。当前条件包括外部环境与内部条件。外部环境主要包括市场情况、原料、燃料、动力、工具等供应情况，以及协作关系情况。内部条件包括设备状况、工人状况、劳动状况、新产品研制及生产技术准备状况、各种物资库存情况及在制品占用量等。

“预测未来环境与条件”是根据国内外各种政治因素、经济因素、社会因素和技术因素综合作用的结果，预测未来，把握现状将如何变化，找出达成目标的有利和不利因素。

2. 滚动式计划的编制方法

编制滚动式计划通常将整个计划期分为几个时间段，其中第一个时间段的计划为执行计划，后几个时间段的计划为预计计划。执行计划较具体，要求按计划实施。预计计划比较粗略。每经过一个时间段，根据执行计划的实施情况以及企业内、外条件的变化，对原来的预计计划做出调整与修改，原预计计划中的第一个时间段的计划变成了执行计划。例如，2005 年编制 5 年计划，计划期从 2005 年至 2009 年，共 5 年。若将 5 年分成 5 个时间段，则 2005 年的计划为执行计划，其余 4 年的计划均为预计计划。当 2005 年的计划实施之后，又根据当时的条件编制 2006—2010 年计划，其中 2006 年的计划为执行计划，2007—2010 年的计划为预计计划。依此类推。修订计划的间隔时间称为滚动期，它通常等于执行计划的计划期，如图 7-2 所示。

滚动式计划方法有以下优点：

① 使计划的严肃性和应变性都得到保证。因执行计划与编制计划的时间接近，内、外条件不会发生很大变化，可以基本保证完成，体现了计划的严肃性；预计计划允许修改，体现了应变性。如果不采用滚动式计划方法，第一期实施的结果出现偏差，以后各期计划如不做出调整，就会流于形式。

②提高了计划的连续性。逐年滚动，自然形成新的 5 年计划。

图 7-2　滚动式计划

7.1.4　生产能力

生产能力是指企业的设施在一定时期(年、季、月)内，在先进合理的技术组织条件下所能生产一定种类产品的最大数量。对于流程式生产，生产能力是一个准确而清晰的概念。例如某化肥厂年产 30 万吨合成氨，这是设备的能力和实际运行时间决定的。对于加工装配式生产，生产能力则是一个模糊的概念。不同的产品组合，表现出的生产能力是不一样的。大量生产，品种单一，可用具体产品数表示生产能力；对于大批生产，品种数少，可用代表产品数表示生产能力；对于多品种、中小批量生产，则只能以假定产品的产量来表示生产能力。

生产能力有设计能力、查定能力和现实能力之分。设计能力是建厂或扩建后应该达到的最大年产量；查定能力是原设计能力已不能反映实际情况，重新调查核实的生产能力；现实能力为计划年度实际可达到的生产能力，是编制年度生产计划的依据。国外有人将生产能力分成固定能力和可调整能力两种，前者指固定资产所表示的能力，是生产能力的上限；后者指以劳动力数量、每天工作时间和班次所表示的能力。

1. 代表产品与假定产品

代表产品是结构与工艺有代表性，且产量与劳动量乘积最大的产品。在多品种生产企业里，产品的结构、工艺、劳动量差别很大，难以确定代表产品，这时可用假定产品。假定产品是按各种具体产品工作量比重构成的一种实际上不存在的产品。

设 t_{pj} 为假定产品在 j 机床加工的台时定额，n_i 为具体产品 i 的年计划产量，t_{ij} 为 i 产品在 j 机床加工的单位台时产品定额。设 N 为各种产品的年产量总和，则

$$t_{pj} = \sum_i \frac{n_i}{N} t_{ij}$$

例 7.1 某厂生产 A、B、C、D 四种产品，其计划产量分别是100、80、150、170 台，各产品在机加车间车床组的计划台时分别是200、250、150、50 台时，车床组共有车床20 台，两班制工作，每班工作 8 小时，设备停修率为 10%。试校核该车间的生产能力。

解 按照假定产品法

第一步：计算假定产品的台时

$$t_a = t_A \cdot \alpha_A + t_B \cdot \alpha_B + t_C \cdot \alpha_C + \cdots + t_M \cdot \alpha_M = \sum_{i=A}^{M} t_i \cdot \alpha_i$$

$$t_a = 200 \times \frac{100}{100 + 80 + 150 + 170} + 80 \times \frac{250}{500} + 150 \times \frac{150}{500} + 170 \times \frac{50}{500} = 142(\text{台})$$

第二步：各产品折合假定产品的数量

$$M_A = 100 \times \frac{200}{142} = 140.845; \quad M_B = 80 \times \frac{250}{142} = 140.845$$

$$M_C = 150 \times \frac{150}{142} = 158.45; \quad M_D = 170 \times \frac{50}{142} = 59.86$$

第三步：实际能生产的假定产品的数量

$$M_{sj} = 250 \times 8 \times 2 \times 0.9 \times 20/142 = 507.04$$

结论：生产能力略有剩余，机床负荷率

$$K_i = 500/507.04 = 0.9861 = 98.61\%$$

2. 生产能力与生产任务(负荷)的平衡

生产能力与生产任务的平衡包括3 个方面的内容：将生产任务与生产能力进行比较，按比较的结果采取措施，计算生产能力利用指标。

比较生产任务与生产能力有两种方法：用产品数和用台时数。后者用得较多。对于单品种生产企业，可用具体产品数进行比较：

设备生产能力 = 设备年有效工作小时数/单位产品台时定额

设备年有效工作小时数 = 全年工作日 × 每天工作小时数 × (1 − 设备停修率)

取最小的设备生产能力(台数)作为生产线或企业的生产能力，将其与计划年产量比较。

对于多品种生产，可用代表产品或假定产品，但计算较复杂，不如用台时数计算方便。

将某设备 j 年有效工作小时数与 j 年设备生产任务台时数比较，可知能力是否够。需要说明的是，这是一种能力与任务总量上的比较。由于需求不均匀，即使总量上平衡，某段时间内负荷仍可能超过能力。总量平衡还有一个问题是，无论作业计划安排得如何好，机床的空闲是不可避免的。因此，在实际应用时，有的企业将能力再打一个折扣，如任务量达到能力的90%，就算平衡了。

当任务、能力不平衡时，一种方法是增加能力，如加班加点。另一种方法是减少、调整任务或转包一部分任务给其他企业。

生产能力利用指标有多种，其中有代表性的是生产能力综合利用系数，它等于生产任务与生产能力之比。

7.2 MTS 企业年度生产计划的制订

备货型生产企业编制年度生产计划的核心内容是确定品种和产量，因为有了品种和产量就可以计算产值。备货型生产无交货期设置问题，因为顾客可直接从成品库提货。大批和中批生产一般是备货型生产。

7.2.1 品种与产量的确定

1. 品种的确定

对于大量大批生产，品种数很少，而且既然是大量大批生产，所生产的产品品种一定是市场需求量很大的产品。因此，没有品种选择问题。

对于多品种批量生产，则有品种选择问题。确定生产什么品种是十分重要的决策。确定品种可以采取象限法和收入利润顺序法。象限法是美国波士顿顾问中心提出的方法，该法是按"市场引力"和"企业实力"两大类因素对产品进行评价。确定对不同产品所应采取的策略，然后从整个企业考虑，确定最佳产品组合方案。这里不做详细介绍。

收入利润顺序法是将生产的多种产品按销售收入和利润排序，并将其绘在收入利润顺序图上，表 7-3 中的 8 种产品的收入和利润顺序，可绘在如图 7-3 所示的收入利润顺序图中。

表 7-3　收入利润顺序

产品代号	A	B	C	D	E	F	G	H
销售收入	1	2	3	4	5	6	7	8
利润	2	3	1	6	5	8	7	4

由图 7-3 可看出，一部分产品在对角线上方，还有一部分产品在对角线下方。销售收入高、利润也大的产品，即处于图 7-3 左下角的产品，应该生产。相反，对于销售收入低、利润也小的产品(甚至是亏损产品)，即处于图 7-3 右上角的产品，需要做进一步分析。其中很重要的因素是产品生命周期。如果是新产品，处于导入期，因顾客不了解，销售额低；同时，由于设计和工艺未定型，生产效率低，成本高，利润少，甚至亏损，就应该继续生产，并进行广告宣传，改进设计和工艺，努力降低成本。如果是老产品，处于衰退期，就不应继续生产。除了考虑产品生命周期因素以外，还可能有其他因素，如质量不好，则需要提高产品质量。

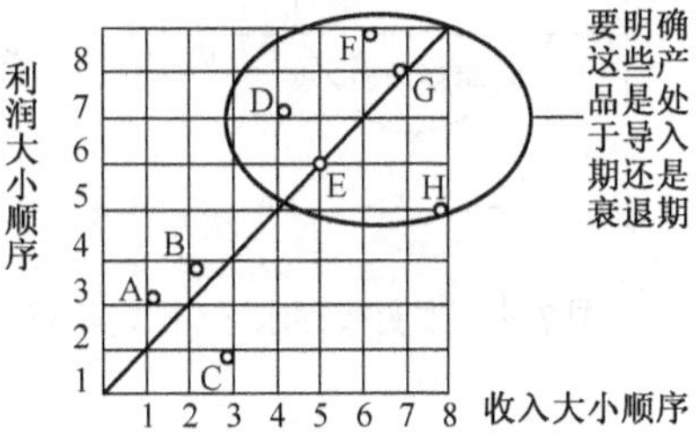

图 7-3　收入利润顺序图

一般来说，销售收入高的产品，利润也高，即产品应在对角线上。对于处于对角线上方的产品，如D和F，说明其利润比正常的低，是销价低了，还是成本高了，需要考虑。反之，处于对角线下方的产品，如C和H，利润比正常的高，可能由于成本低所致，可以考虑增加销售量，以增加销售收入。

2. 产量的确定

品种确定之后，确定每个品种的产量，可以采用线性规划方法。利用线性规划方法，可求得在一组资源约束下(生产能力、原材料、动力等)各种产品的产量，使利润最大。这里就不具体阐述了。

7.2.2 产品出产计划的编制

确定了产品品种与产量之后，再安排产品的出产时间，就得到了产品出产计划。编制产品出产计划需要解决的一个基本问题是，如何处理非均匀需求。市场需求的起伏和波动是绝对的，而企业内部组织生产又要求均衡，要解决这个矛盾，就要研究处理非均匀需求的策略。

1. 处理非均匀需求的策略

处理非均匀需求有3种纯策略：改变库存水平、改变生产率和改变工人的数量。

(1)改变库存水平(均匀策略)

改变库存水平就是通过库存来调节生产，而维持生产率和工人数量不变。如图7-4所示，当需求不足时，由于生产率不变，库存就会上升。当需求过大时，将消耗库存来满足需要，库存就会减少。这种策略可以不必按最高生产负荷配备生产能力，节约了固定资产投资，是处理非均匀需求常用的策略。成品库存的作用好比是水库，可以蓄水和供水，既防旱又防涝，保证水位正常。但是，通过改变库存水平来适应市场的波动，会产生维持库存费；同时，库存也破坏生产的准时性。对纯劳务性生产，不能采用这种策略。纯劳务性生产只能通过价格折扣等方式来转移需求，使负荷高峰比较平缓。

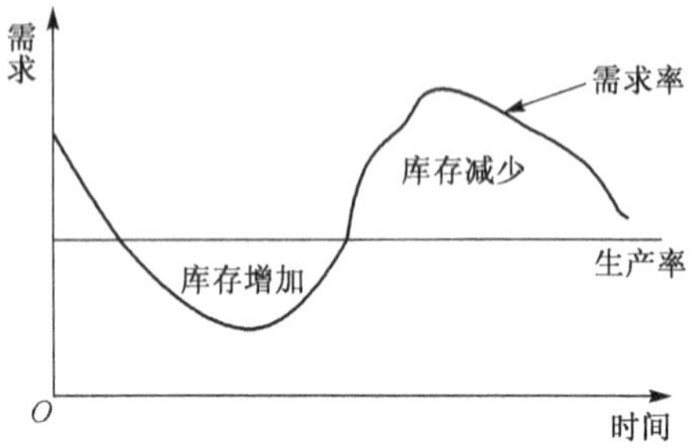

图7-4 改变库存水平(均匀策略)

(2)改变生产率(跟踪策略)

改变生产率就是要使生产率与需求率匹配。需要多少就生产多少，这是准时生产制所采用的策略，它可以消除库存，忙时加班加点，闲时把工人调到其他生产单元或做清理工作。当任务超出太多时，可以采取转包或变制造为购买的办法。这种策略引起的问题是生产不均衡，同时会多付加班费。

(3)改变工人的数量

改变工人的数量就是在需求量大时多雇工人，在需求量小时裁减工人。这种做法不一定永远可行。对技术要求高的工种一般不能采取这种策略，因为技术工人不是随时可以雇到的。另外，工人队伍不稳定会引起产品质量下降和一系列的管理问题。

以上3种纯策略可以任意组合成无数混合策略。例如，可以将改变工人的数量与改变库存水平结合起来。混合策略一般要比纯策略效果好。究竟采用什么样的策略，一般要通过反复试验法。

2. 反复试验法

反复试验法可能是在管理实践中应用最广的方法。面对复杂的管理对象，人们很难找到优化的方法来处理，于是通过直觉和经验得出一种方法。将这种方法用于实践，取得经验，发现问题，对方法做出改进，再用于实践……如此反复。虽然不一定能得到最优解，但是一定能得到可行的且令人满意的结果。在制订生产计划时，也可采用反复试验法。下面将以一个例子说明如何应用反复试验法。

例 7.2 某公司将预测的市场需求转化为生产需求见表 7-4。该产品每件需 20 小时加工，工人每天工作 8 小时。招收工人需广告费和培训费，折合雇一个工人需 300 元，裁减一个工人要付解雇费 200 元。假设生产中无废品和返工。为了应付需求波动，有 1 000 件产品作为安全库存。单位维持库存费为 6 元/(件 · 月)。设每年的需求类型相同，因此在计划年度开始时的工人数等于计划年度结束时的工人数，相应地，库存量也近似相等。现比较以下不同策略下的费用。

表 7-4 预测的需求

(1) 月份	(2) 预计月生产需求量(件)	(3) 累计需求量(件)	(4) 每月正常工作日数(天)	(5) 累计正常工作日数(天)
4	1 600	1 600	21	21
5	1 400	3 000	22	43
6	1 200	4 200	22	65
7	1 000	5 200	21	86
8	1 500	6 700	23	109
9	2 000	8 700	21	130
10	2 500	11 200	21	151
11	2 500	13 700	20	171
12	3 000	16 700	20	191
1	3 000	19 700	20	211
2	2 500	22 200	19	230
3	2 000	24 200	22	252

① 仅改变工人的数量，采取这种纯策略需要假定随时可以雇到工人，具体见表 7-5。

表 7-5 仅改变工人的数量

(1) 月份	(2) 预计月生产需求量(件)	(3) 累计需求量(件)	(4) 每月正常工作日数(天)	(5) 每人每月生产小时 8×(4)	(6) 需要工人数 (2)×20/(5)	(7) 月初增加工人数	(8) 月初裁减工人数	(9) 变更费 300×(7)或200×(8)
4	1 600	1 600	21	168	190		37	7 400
5	1 400	3 000	22	176	159		31	6 200
6	1 200	4 200	22	176	136		23	4 600
7	1 000	5 200	21	168	119		17	3 400
8	1 500	6 700	23	184	163	44		13 200
9	2 000	8 700	21	168	238	75		22 500
10	2 500	11 200	21	168	298	60		18 000
11	2 500	13 700	20	160	313	15		4 500
12	3 000	16 700	20	160	375	62		18 600
1	3 000	19 700	20	160	375			0
2	2 500	22 200	19	152	329		46	9 200
3	2 000	24 200	22	176	227		102	20 400
合计						256	256	128 000

② 仅改变库存水平，这种策略需要允许晚交货，具体见表 7-6。

表 7-6　仅改变库存水平

(1) 月份	(2) 累计生产天数	(3) 累计产量 (2)×96.4	(4) 累计需求量(件)	(5) 月末库存 (3)-(4)+1 000	(6) 维持库存费 6×(月初库存+月末库存)/2
4	21	2 024	1 600	1 424	7 272
5	43	4 145	3 000	2 145	10 707
6	65	6 266	4 200	3 066	15 633
7	86	8 290	5 200	4 090	21 468
8	109	10 508	6 700	4 808	26 694
9	130	12 532	8 700	4 832	28 920
10	151	14 556	11 200	4 356	27 564
11	171	16 484	13 700	3 784	24 420
12	191	18 412	16 700	2 712	19 488
1	211	20 340	19 700	1 640	13 056
2	230	22 172	22 200	972	7 836
3	252	24 293	24 200	1 093	6 195
合计					209 253

③ 一种混合策略，可以多种多样，此处这种策略考虑到需求的变化，在前一段时间采取相对低的均匀生产率，而在后一段时间采取相对高的均匀生产率，具体见表 7-7。

反复试验法不能保证获得最优策略，但可以不断改善所采取的策略，读者还可改变混合策略来减少总费用。

表 7-7　一种混合策略

(1) 月份	(2) 累计生产天数	(3) 生产率	(4) 累计产量	(5) 累计需求	(6) 月末库存 (4)-(5)+1 000	(7) 维持库存费	(8) 变更工人费用
4	21	80	1 680	1 600	1 080	6 240	
5	43	80	3 440	3 000	1 440	7 560	
6	65	80	5 200	4 200	2 000	10 320	
7	86	80	6 880	5 200	2 680	14 040	
8	109	80	8 720	6 700	3 020	17 100	
9	130	108.4	10 996	8 700	3 296	18 948	71×300=21 300
10	151	108.4	13 273	11 200	3 073	19 107	
11	171	108.4	15 441	13 700	2 741	17 442	
12	191	108.4	17 609	16 700	1 909	13 950	
1	211	108.4	19 777	19 700	1 077	8 958	
2	230	108.4	21 836	22 200	636	5 139	
3	252	108.4	24 221	24 200	1 021	4 971	71×200=14 200
合计						143 775	35 500

3. 不同生产类型产品出产计划的编制方法

按前面讲的处理非均匀需求的策略，可以编制产品出产计划。由于不同的生产类型有不同的特点，在编制产品出产计划的方法上也有一定差别。

(1) 大量大批生产企业

由于大量大批生产企业品种数很少，产量大，生产的重复程度高，是典型的备货型生产。

其生产的直接目标是补充成品库存。采用改变库存水平的策略较好。这样可以通过成品库将市场与生产系统隔开，使生产率均匀，保证生产的节奏性。

有 3 种方式分配各季各月的产量。

① 均匀分配方式。将全年计划产量按平均日产量分配给各月。这种方式适用于需求稳定，生产自动化程度较高的情况。

② 均匀递增分配方式。将全年计划产量按劳动生产率每季（或每月）平均增长率，分配到各月生产。这种方式适用于需求逐步增加，企业劳动生产率稳步提高的情况。

③ 抛物线递增分配方式。将全年产量按开始增长较快，以后逐渐缓慢的递增方式安排各月任务。

(2) 成批生产企业

成批生产企业由于品种较多，各种产品产量多少相差较大，不能采用大量大批生产企业的方式安排生产。具体方法如下：

① 对于订有合同的产品，要按合同规定的数量与交货期安排；

② 对于产量大、季节性需求变动小的产品，可按“细水长流”方式安排；

③ 对于产量小的产品，要权衡库存费用与生产准备费用，确定投产批量，做到经济合理；

④ 同一系列不同规格的产品，当产量较少时，尽可能安排在同一时期内生产，这样可以集中组织通用件的生产。

7.3 MTO 企业年度生产计划的制订

7.3.1 概述

单件小批生产是典型的订货型生产，其特点是按用户订单的要求，生产规格、质量、价格、交货期不同的专用产品。

单件小批生产方式与大量大批生产方式都是典型的生产方式。大量大批生产以其低成本、高效率与高质量取得的优势，使得一般中等批量生产难以与之竞争。但是，单件小批生产却以其产品的创新性与独特性在市场中牢牢地站稳了脚跟。

其原因主要有以下 3 点。

① 大量大批生产中使用的各种机械设备是专用设备，专用设备是以单件小批生产方式制造的。

② 随着技术的飞速进步和竞争的日益加剧，产品生命周期越来越短，大量研制新产品成了企业赢得竞争优势的关键。新产品即使要进行大量大批生产，但在研究与试制阶段，其结构、性能、规格还要做各种改进，只能是单件小批生产方式。

③ 单件小批生产制造的产品大多为生产资料，如大型船舶、电站锅炉、化工炼油设备、汽车厂的流水线生产设备等，它们是为新的生产活动提供的手段。

对于单件小批生产，由于订单到达具有随机性，产品往往又是一次性需求，无法事先对计划期内的生产任务做总体安排，也就不能应用线性规划进行品种和产量组合上的优化。但是，单件小批生产仍需要编制生产计划大纲。生产计划大纲可以对计划年度内企业的生产经营活动和接受订货决策进行指导。一般来讲，编制大纲时，已有部分确定的订货，企业还可根据历年的情况和市场行情，预测计划年度的任务，然后根据资源的限制进行优化。单件小批生产企业的生产计划大纲只能是指导性的，产品出产计划是按订单做出的。因此，对单件小批生产企业，接受订货决策十分重要。

当用户订单到达时，企业要做出接不接、接什么、接多少和何时交货的决策，在做出这项决策时不仅要考虑企业所能生产的产品品种，现已接受任务的工作量，生产能力与原材料、燃料、动力供应状况，交货期要求等，而且还要考虑价格是否能接受。因此，这是一项十分复杂的决策，其决策过程可用图 7-5 描述。

用户订货一般包括要订货的产品型号、规格、技术要求、数量、交货时间 D_c 和价格 P_c。在顾客心里可能还有一个最高可以接受的价格 P_{cmax} 和最迟的交货时间 D_{cmax}。超过此期限，顾客将另寻生产厂家。

对于生产企业来说，它会根据顾客所订的产品和对产品性能的特殊要求以及市场行情，运用它的报价系统（计算机和人工的）给出一个正常价格 P 和最低可接受的价格 P_{min}，也会根据现有任务情况、生产能力和生产技术推备周期、产品制造周期，通过交货期设置系统（计算机和人工的）设置一个正常条件下的交货期和赶工情况下最早的交货期 D_{min}。

在品种、数量等其他条件都满足的情况下，显然，当 $P_c > P$ 和 $D_c > D$ 时，订货一定会接受。接受的订货将列入产品出产计划；当 $P_{min} > P_{cmax}$ 或者 $D_{min} > D_{cmax}$ 时，订货一定会被拒绝。若不是这两种情况，就会出现很复杂的局面，需要双方协商解决。其结果是可能接受，也可能拒绝。较紧的交货期和较高的价格，或者较松的交货期和较低的价格，都可能成交。符合企业产品优化组合的订单可能在较低价格下成交，不符合企业产品优化组合的订单可能在较高价格下成交。从接受订货决策过程可以看出，品种、数量、价格与交货期的确定对 MTO 企业十分重要。

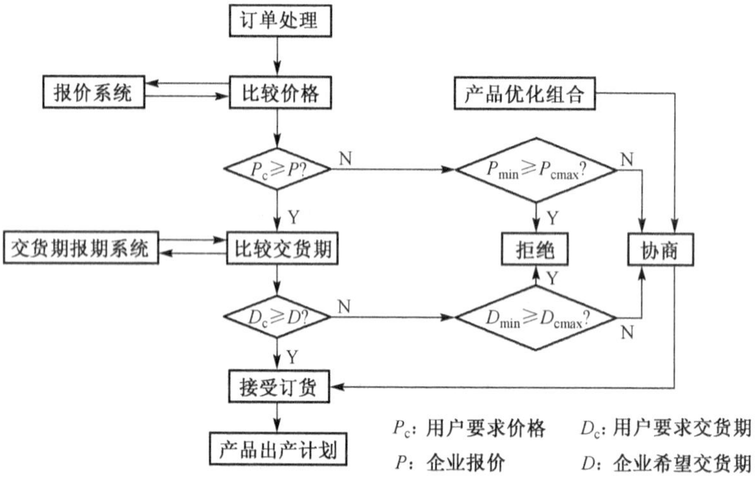

图 7-5　接受订货决策过程

7.3.2　品种、价格与交货期的确定

1. 品种的确定

对于订单的处理，除了前面讲的即时选择的方法之外，有时还可将一段时间内接到的订单累积起来再做处理，这样做的好处是可以对订单进行优选。

对于小批生产也可用线性规划方法确定生产的品种与数量。对于单件生产，无所谓产量问题，可采用0-1型整数规划来确定要接受的品种。

例7.3 已接到A、B和C三种产品订货，其加工时间和利润见表7-8，能力工时为40个时间单位，接受哪些品种最有利？

表7-8 产品的加工时间和利润

产　品	A	B	C
加工时间	12	8	25
利润	10	13	25

① 整数规划数学模型。

$$\mathrm{MAX}y = 10x_A + 13x_B + 25x_C$$

满足

$$12x_A + 8x_B + 25x_C \leqslant 40$$
$$x_A, x_B, x_C = 0 \text{ 或 } 1$$

② 启发式算法。

按照(利润/加工时间)值排序如下

A：10/12 =0.83

B：13/8 =1.63

C：25/25 =1

B > C > A

则首先选择产品B，余下能力工时为32；再选择产品C，余下能力工时为7，不足以加工产品A。

结果为选择产品B和C，获利38。

2. 价格的确定

确定价格可采用成本导向法和市场导向法。成本导向法是以产品成本作为定价的基本依据，加上适当的利润及纳税金，得出产品价格的一种定价方法。这是从生产厂家的角度出发的定价法，其优点是可以保证所发生的成本得到补偿。但是，这种方法忽视了市场竞争与供求关系的影响，在供求基本平衡的条件下比较适用。

市场导向法是按市场行情定价，然后再推算成本应控制的范围。按市场行情，主要是看具有同样或类似功能产品的价格分布情况，然后再根据本企业产品的特点，确定顾客可以接受的价格。按此价格来控制成本，使成本不超过某一限度，并尽可能小。

对于单件小批生产的机械产品，一般采用成本导向定价法。由于单件小批生产的产品的独特性，它们在市场上的可比性不是很强。因此，只要考虑少数几家竞争对手的类似产品的价格就可以了。而且，大量统计资料表明，机械产品原材料占成本比重的60% ~70%，按成本定价是比较科学的。

由于很多产品都是第一次生产，而且在用户订货阶段，只知产品的性能、容量上的指标，并无设计图纸和工艺，按原材料和人工的消耗来计算成本是不可能的。因此，往往采取类比的方法来定价，即按过去已生产的类似产品的价格，找出同一大类产品价格与性能参数、重量之间的相关关系，来确定将接受订货的产品价格。

3. 交货期的确定

出产期与交货期的确定对单件小批生产十分重要。产品出产后，经过发运，才能交到顾客手中。交货迅速而准时可以争取顾客。正确设置交货期是保证按期交货的前提条件。交货期设置过松，对顾客没有吸引力，还会增加成品库存；交货期设置过紧，超过企业的生产能力，造成误期交货，会给企业带来经济损失和信誉损失。

现将常用的交货期设置方法简单介绍如下

(1) CON (Constant)

$$d_i = r_i + k$$

式中：d_i 为产品（工件）i 的完工期限；r_i 为产品（工件）i 的到达时间或准备就绪时间；k 为固定常量，对所有产品都一样，由经验决定。

CON 法建立在所有产品从接受订货后的生产技术准备与生产制造所花的时间都是一样的假设的基础上。显然，这是一种比较粗略的处理方法。

(2) RAN (Random)

$$d_i = r_i + e_i$$

式中：e_i 为随机数，其余符号同前。

RAN 法指交货期是按顾客要求决定的，因而具有随机性。完全按照顾客要求定交货期的情况也比较少。

(3) TWK (Total Work Content)

$$d_i = r_i + kp_i$$

式中：k 为系数，由经验确定，一般取 3 ~ 8；p_i 为产品（工件）i 的总工作量，其余符号同前。

TWK 法考虑了不同产品的工作量，实际应用较多。

(4) SLK (Slack)

$$d_i = p_i + r + k$$

式中：k 为固定常量，其余符号同前。

SLK 法与 CON 法不同之处是将产品的总工作量分离出来，体现了不同产品之间的差别。

(5) NOP (Number of Operations)

$$d_i = r_i + kn_i$$

式中：n_i 为产品（工件）i 的工序数，其余符号同前。

NOP 法实际上是认为排队时间是主要的。

还有一些其他设置交货期的方法，这里就不一一介绍了。

对单件小批量生产，设置交货期不仅要考虑产品从投料到出产之间的制造周期，而且还要考虑包括设计、编制工艺、设计制造工装、准备大型铸锻件和采购供应原材料等活动所需的生产技术准备周期。然而，由于产品的独特性，生产技术准备周期和制造周期也难以估计。因此，统计方法一直是最广泛使用的方法。

7.4 小　　结

本章主要讨论年度生产计划。7.1 节论述了企业计划和生产计划的层次、不同层次计划的特点及各种职能计划之间的关系，制订计划的一般步骤和滚动式计划编制方法，讨论了生产能力、代表产品和假定产品的概念。7.2 节阐述了备货型生产企业年度生产计划的制订方法，内容主要涉及品种与产量的确定、处理非均匀需求的 3 种纯策略(仅改变库存、仅改变生产率和改变劳动力数量)、混合策略和反复试验法。7.3 节讨论订货型生产企业年度生产计划的制订方法，内容主要涉及接受订货决策及品种、价格、交货期的确定。

练习思考题

1. 简述生产计划指标体系。
2. 简述制订生产计划的一般步骤。
3. 简述滚动式计划方法的优点。
4. 简述生产能力与生产任务(负荷)平衡的内容。
5. 简述处理非均匀需求的策略。
6. 常用的交货期设置方法有哪些?

第 8 章

期 量 标 准

【本章导引】

本章主要阐述了大量生产方式下的期量标准；成批生产的期量标准。

【本章重难点】

在制品占用量定额的计算；成批生产方式下经济批量的计算和应用。

【本章学习目标】

1. 了解成批生产的以期定量法和以量定期法，生产周期的概念和计算方法；

2. 掌握大量生产方式下的连续流水线和间断流水线工作指示图表的绘制和相关参数的计算，各类在制品等额计算，大量生产的在制品定额法的应用；

3. 掌握成批生产方式下计划参数的计算，经济批量的计算和应用，各车间出产提前期和投入提前期，累计编号法的计算。

8.1 大量流水生产的期量标准

大量流水生产类型的特征是：生产的品种、数量有限，且相对稳定；每一品种的产量大，生产的重复性强；生产的专业化程度高，许多生产对象都采用固定的专用生产线；生产线的生产能力是按规定的产量要求配置的，各条生产线之间，已进行了能力平衡。所以只要生产的品种没有很大变化，生产作业计划工作就比较简单。可以事先编制好一套标准计划图表，按标准计划执行就可以了。当市场发生波动时，可以在计划期内安排多开几个班或少开几个班来调整所需的生产能力，不像多品种小批量生产，每一个计划期的产品的品种和数量都发生变化，如何使生产能力满足需求，完全要靠生产作业计划去调配生产任务和各种生产资源，以协调平衡各部分的生产能力。所以大量生产类型生产作业计划的核心内容是：根据市场预测，针对需求的波动，制定正确的计划策略；编制各生产线的计划图表；正确设置和控制在制品的数量。

期量标准是指编制生产作业计划时采用的时间和数量方面的标准数据。采用先进合理的标准，不仅可以简化计划编制的工作，而且可以提高计划编制的质量。大量流水生产作业计划常用的期量标准有：节拍、标准生产计划作业指示图表和在制品占用量定额。

8.1.1 节拍

节拍是流水生产重要的工作参数。流水线的平均节拍可按下式计算：

$$r=\frac{T_e}{N}=\frac{T_0\times\beta}{N}$$

式中：r 为流水线的平均节拍；N 为计划期制品的产量；T_e为计划期流水线的有效工作时间，$T_e=T_0\times\beta$；T_0为计划期流水线的制度工作时间；β 为工作时间有效利用系数，该系数考虑工作班内设备的调整、检修以及工人的班内休息等因素，β 一般取 0.9～0.96。

例 8.1 某流水线计划年产 A 零件 36 000 件，该流水线每天工作两班，每班 8 小时，工作时间利用系数为 0.95。试计算流水线的平均节拍。因为毛坯在铸造工艺上尚存在某些质量问题，仍有一定的废品发生，在计划上如果把废品率定为 1.2%，则此时流水线实际节拍（或称工作节拍）应是多少？

解 根据平均节拍的计算公式 $r=\frac{T_e}{N}=\frac{T_0\times\beta}{N}$，先计算制度工作时间 T_0。

$$T_0=(365-104-10)\times2\times8\times60$$
$$=240\ 960(\text{分钟})$$

式中：104 为双休日天数；10 为法定节假日天数。

$$r=(240\ 960\times0.95)/36\ 000=6.359(\text{分钟/件})$$

如果考虑废品影响，为保证全年能提供 36 000 件合格产品，则应加大毛坯的投入量，因此流水线实际加工的工件数必须为

$$N'=N/(1-\text{废品率})=36\ 000/(1-0.012)=36\ 437(\text{件/年})$$

此时流水线的工作节拍为

$$r'=240\ 960\times0.95/36\ 437=6.282(\text{分钟/件})$$

8.1.2 标准生产计划作业指示图表

在大量流水生产的条件下，车间内部的生产作业计划主要是编制各流水线的作业计划。由于流水线的生产对象是固定的，生产任务比较稳定，流水线基本上可按标准计划进行工作。车间只要根据当月产量要求，适当调整流水线的工作班次和工作时间，所以流水线生产作业计划工作的核心问题是编制好流水线的标准计划。

对于不同的流水线，其标准计划的内容和形式是不同的。

1. 连续流水线的标准计划作业指示图表

连续流水线的作业计划指示图表比较简单，除了规定休息时间外，在整个工作班时间内，流水线都在连续地进行重复生产。连续流水线开始工作后，线上各个工作地都必须保持连续工作，不允许停顿和中断。因此有必要规定统一的休息时间，避免个别工人的休息活动，影响整条流水线的正常进行。班内休息的次数和每次的时间根据流水线的工作性质决定。如图 8-1 所示是 5 种工作紧张程度不同的流水线的标准计划作业指示图表。

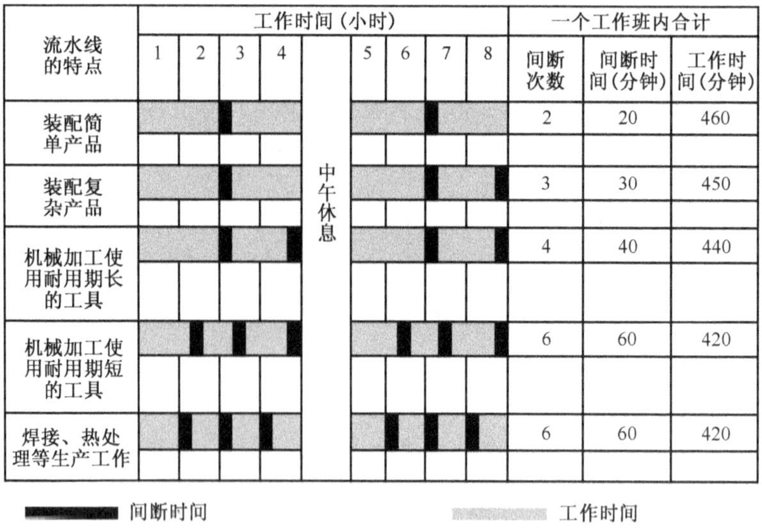

图 8-1　5 种不同流水线的标准计划作业指示图表

2. 间断流水线的标准计划作业指示图表

在编制间断流水线标准计划时，要根据主生产计划及流水线硬件设计等信息，这些条件是确定的：计划产量（日产量或班产量）；流水线每日工作班数；流水线的工作地数；生产对象的加工劳动量，即各工序工时定额；工序间制品的运输批量；流水线上可配备的生产工人人数等。

编制间断流水线的标准计划作业指示图表，需要确定以下内容：确定流水线看管期，计算看管期内各工作地的产量和负荷率，确定看管期内各工作地工作起止时间，确定各工作地工人的人数及劳动组织形式。

（1）确定流水线看管期

看管期是指工人依次到规定的工作地工作，经历一个循环所需的时间。

由于间断流水线上各工序的生产率不等，如果按连续流水线的方式组织生产，只有效率低的工序能连续工作，其他都不能连续工作，并将在每一节拍中都发生短暂停工现象。这种短暂停顿时间是无法利用的。所以设计间断流水线的目的是让生产效率高的工序连续生产一定数量后，集中停顿一段时间，这时设备停顿，工人可以到其他工作地去工作，实现多机床看管。看管期越长，流水线生产连续性、节奏性越差，线上积存的在制品越多，因而占用的生产面积和流动资金越多。但是看管期太短，工人在工作班内频繁走动，把过多精力消耗在走路上，对工人和生产都不利。所以看管期不宜太长，也不宜太短，2～4 小时为宜。

（2）计算看管期内各工作地的产量和负荷率

设流水线每日工作时间为 T_d，流水线计划日产量为 N_d，则流水线节拍 $r = T_d/N_d$。

设一个看管期产量为 N_k，看管期为 T_k，则 $N_k = T_k/r$；若某道工序只有一个工作地，这样的单工作地看管期间工作地负荷率为 η_j，单件工时定额为 t_i，则 $\eta_j = t_i/r$。

若一个工序有 m 个工作地，让 $(m-1)$ 个满负荷，剩下产量 N_m 给最后一个工作地，则最后一个工作地的负荷率 $\eta_m = t_i/r$，计算值取小数。满负荷工作地产量 $N_k = T_k/\ t_i$。最后一个工作地产量用看管期产量减去满负荷工作地产量，也可以用 $N_m = N_k \times \eta_m$ 计算。

(3)确定各工作地的工作起止时间，并组织工人进行多机床看管

工作地的产量确定后，该工作地的工作时间就相应确定了，如第 i 工序 j 工作地看管期内的产量为 N_{ij}，则 $T_{ij} = N_{ij} \times t_i$。

在计算了各工作地的工作时间 T_{ij}后，就可以安排各工作地在看管期内工作的起止时间和组织工人进行多机床看管。下面通过编制某间断流水线工作指示图表的例子来说明，如图 8-2 所示。

间断流水线名称	工作班数	每日产量	节拍	运输批量	节奏	看管周期
轴加工	2班/天	160件/天	6分/件	1件	6分/件	2小时

工序号	工序工时定额	工作地号码	工作地负荷率	工人号	工人转到工作地号	一个看管期内的工作指示图表 10	20	30	40	50	60	70	80	90	100	110	120	看管期产量
1	4	01	67%	1	04	▬	▬	▬	▬	▬	▬	▬	▬					20
2	5	02	83%	2		▬	▬	▬	▬	▬	▬	▬	▬	▬	▬			20
3	8	03	100%	3		▬	▬	▬	▬	▬	▬	▬	▬	▬	▬	▬	▬	15
		04	33%	1	01									▬	▬	▬	▬	5
4	3	05	50%	4	06	▬	▬	▬	▬	▬	▬							20
5	3	06	50%	4	05							▬	▬	▬	▬	▬	▬	20
6	5.5	07	92%	5		▬	▬	▬	▬	▬	▬	▬	▬	▬	▬	▬		20

图 8-2　某间断流水线工作指示图表

(4)计算工序间流动在制品占用量(Z_{LD})

在制品是从原材料投入到成品入库为止，处于生产过程中尚未完工的所有零件、部件、产品的总称。大量流水生产，生产不断地重复进行，生产过程十分稳定，所以生产过程各个环节的在制品也保持稳定。所以控制生产过程各个环节上的在制品数量，是大量生产的重要管理手段。为此需要制定在制品占用量定额作为控制的依据。在制品占用量定额是指在一定的技术和组织条件下，为保证流水生产有节奏正常运行所必需的在制品数量。

大量流水生产中的在制品种类如图 8-3 所示，它们的占用定额的计算方法是不同的。其中工序间流动在制品占用量可按下式计算：

$$Z_{LD} = T_{ij}\left(\frac{S_i}{t_i} - \frac{S_j}{t_j}\right)$$

式中：Z_{LD}为工序间流动在制品占用量；T_{ij}为在看管期内 i 工序和 j 工序同时工作的时间；S_i，S_j为 i 工序和 j 工序的工作地数目；t_i，t_j为 i 工序和 j 工序的工时定额。

根据间断流水线标准计划工作指示图表，可按上述公式计算该间断流水线各工序间的流动在制品占用量。例如工序 1 与工序 2 间的流动在制品占用量如下。

0～80 分钟之间：

$$Z_{12}^{1} = 80 \times \left(\frac{1}{4} - \frac{1}{5}\right) = 20 - 16 = 4$$

80～100 分钟之间：

$$Z_{12}^{2} = 20 \times \left(\frac{0}{4} - \frac{1}{5}\right) = -4$$

工序 2 与工序 3 间的流动在制品占用量如下。

0～100 分钟之间：

$$Z_{23}^{1} = 80 \times \left(\frac{1}{5} - \frac{1}{8}\right) = 16 - 10 = 6$$

$$Z_{23}^{2} = 20 \times \left(\frac{1}{5} - \frac{2}{8}\right) = 4 - 5 = -1$$

100～120 分钟之间：

$$Z_{23}^{3} = 20 \times \left(\frac{0}{5} - \frac{2}{8}\right) = -5$$

其他类似。

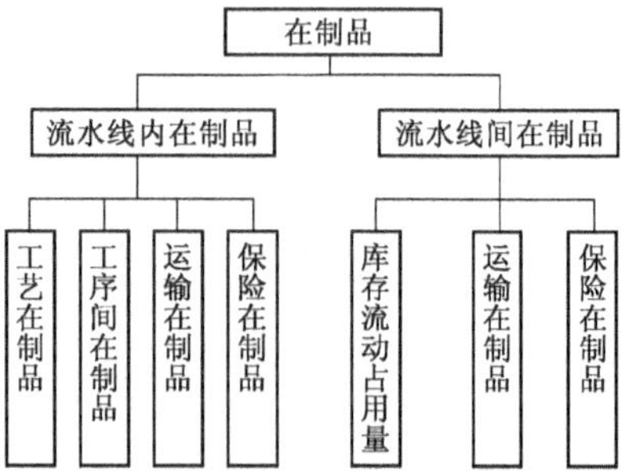

图 8-3　大量流水生产中的在制品种类

8.1.3　在制品占用量定额

生产过程中应有合理的在制品定额，以保证生产环节的正常运转和生产的连续进行，保证均衡地完成产品计划。在制品要占用资金，如果不能有效管理，资金占用量过大，就会增加资金成本，影响生产的正常进行，甚至会使企业资金链断裂。在大量生产的条件下，在制品占用可按存放地点、性质和用途进行分类。按存放地点可分为车间（生产线）之间和车间（生产线）内部储备量；按性质、用途又可分为工艺占用量、运输占用量、工序间流动占用量、保险储备量、库存占用量、车间之间运输占用量、库存保险储备量。

除了前面所述的工序间流动在制品外，还有以下几类。

1. 车间（流水线）内部在制品占用量

（1）工艺占用量 Z_1

工艺占用量是指正在流水线各道工序每个工作地上加工、装配和检验的在制品，其数量取决于流水线工序数 m、每道工序的工作地数 S 和每个工作地同时加工的零件数 g，如下式所示：

$$Z_1 = \sum_{i=1}^{m} S_i g_i$$

上式计算的工艺占用量在连续流水线中是不变的，在间断流水线中是可变的。

（2）运输占用量 Z_2

运输占用量是指正在各生产线之间运输中的在制品数量，运输占用量的多少必须保证后面车间的正常工作。在机械加工中，它指在第一道工序前尚未加工的毛坯和零件；在装配车间中，它指尚未投入装配的零件和部件。运输占用量的大小取决于运输方式、运输批量、运输间隔期、零件体积、存放地等情况。

当采用传送带连续运输时，运输占用量计算公式如下：

$$Z_2 = \frac{L}{I} \times P$$

式中：L 为运输装置长度（米）；I 为两批制品在运输线上相隔的距离（米）；P 为运输批量。

当用小车间断运输时，运输占用量的大小由昼夜产量 N 和零件发送间隔期 M（单位为天）决定，公式如下：

$$Z_2 = N \times M$$

(3) 保险储备量 Z_4

当生产中设备发生故障，产生废品或生产组织失调时，上下工序一时不能供应，会破坏生产节拍。为了使生产正常进行，设置了保险储备量。为整个流水线设置的储备量常集中在生产线的末端，其目的是为了预防产生废品和工作地发生故障而造成零件供应中断。为各工作地专门设置的储备量，是弥补某一工序实际工作效率与规定的平均节拍发生失调、产生废品或设备故障而使用的。

保险储备量取决于零件的生产周期、价值、工艺复杂性和稳定性，以及设备调整时间损失等因素。车间(流水线)内部在制品占用量公式表示如下：

$$Z_{内} = Z_1 + Z_2 + Z_{LD} + Z_4$$

2. 车间(流水线)之间在制品占用量 $Z_{库}$

车间(流水线)之间在制品占用量一般包括库存流动占用量 Z_5、车间之间运输占用量 Z_6 和库存保险储备量 Z_7。

1) 库存流动占用量 Z_5

库存流动占用量是为保证车间或生产线之间协调生产而设立的毛坯、零件数量。这种占用量是由于前后相邻生产线之间生产效率不同和车间的不同工作制度(工作班次或起止时间)而形成的在制品。前后车间或生产线之间工作越协调，这种占用量就越少。因此应尽量使前后车间同步化，形成连续流水生产，这样就可以避免这种占用量，其计算方法如下。

(1) 前后车间或生产线的班次和生产效率都不同

$$Z_5 = B_L \times (S_1 - S_2)$$

式中：B_L为生产率低的生产线每班产量；S_1为生产率低的生产线开动班次；S_2为生产率高的生产线开动班次。

例如，加工车间生产线开动两班，每班产量 100 台份，装配线开动一班，每班产量 200 台份，则库存流动占用量如下：

$$Z_5 = B_L \times (S_1 - S_2) = 100 \times (2 - 1) = 100(台)$$

库存流动占用量如图 8-4 所示。

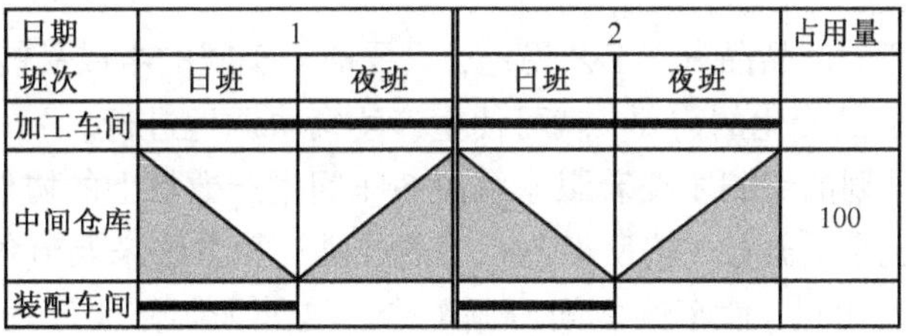

图 8-4　库存流动占用量

(2) 前后车间工作班次相同，但生产效率和起止时间不同

在这种情况下可采用工序间流动占用最大的公式来计算。

例如，前后车间工作班次和开始工作时间相同，而生产效率和结束时间不同，如图 8-5 所示，则

$$Z_{max}=\frac{400\times 1}{4}-\frac{400\times 1}{4.8}=100-83.3\approx 17(台)$$

由图 8-5 可见，加工车间工作结束到看管期末尚有 80 分钟，应明确规定加工车间在这一段时间进行设备维护和做好下一工作日的准备工作，这对保证设备精度和延长设备寿命，以及保证以后的生产顺利进行是非常有利的。如果加工车间后 80 分钟继续加工，则零件越来越多，造成积压，因此必须停下来。除非因质量和设备事故，可用这段时间进行生产，以保证装配车间完成任务。或者提高装配车间工作效率，使两个车间实现同步化，生产更多产品。

单位名称	每班任务（台）	每台定额（分）	看管期（时）	工作时间（分）	看管期在制品占用量变化图 60 120 180 240 300 360 420 480	占用量（台）
加工车间	100	4	8	400	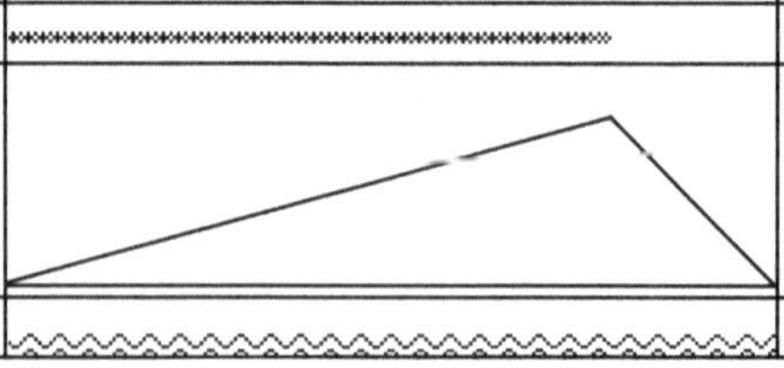	
装配车间	100	4.8	8	480		

图 8-5　库存流动占用量

2）车间之间运输占用量 Z_6

车间之间运输占用量的作用和计算方法与生产线内部运输占用量 Z_2 相同。

3）库存保险储备量 Z_7

库存保险储备量是因车间（生产线）生产速度增加，不能按时提供在产品，为保证车间（或生产线）正常进行工作而设置的在制品。计算公式如下：

$$Z_7=\frac{U_c}{r}$$

式中：U_c 为供应车间（生产线）在前后间隔期中零件迟延的时间；r 为流水线的节拍。

车间或生产线之间的在制品占用量为 $Z_{库}=Z_5+Z_6+Z_7$。

8.1.4　在制品定额法

在大量生产条件下，产品品种、工艺稳定，只要前一车间的半成品能够保证后一车间的需要和车间之间库存半成品变化的需要，就可使生产均衡协调地进行。

由此可见，作业计划的编制主要着眼于解决各车间生产数量上的协调问题，运用预先制定的在制品定额，从装配车间开始，按反工艺顺序的连锁计算方法来调节各车间的生产任务，调整各车间的投入量和产出量，使车间之间协调配合。这种编制作业计划的方法就叫在制品定额法。

采用在制品定额法，各车间投入和产出计算公式如下：

某车间产出量 = 后车间投入量 + 该车间半成品外售量 +
（车间之间仓库半成品定额 − 期初预计半成品结存量）

某车间投入量 = 本车间产出量 + 本车间可能发生的废品及损耗数 +
（本车间在制品定额 − 本车间期初在制品结存量）

表 8-1 是用在制品定额法编制车间生产作业计划的示例。

车间任务安排好后，就可编制月度生产进度计划，再把计划任务按日分配，具体安排每日的生产量。

表 8-1　用在制品定额法编制车间生产作业计划的示例

		产品名称	时间继电器		
		产品产量(件)	1 000		
		零件名称	触头	吸铁	弹簧
		零件编号	A－01	A－02	A－03
		单位产品用量(只)	4	1	2
装配车间	1	产出量	4 000	1 000	2 000
	2	废品及消耗	—	—	—
	3	在制品定额	500	100	200
	4	期初预计在制品结存量	350	60	50
	5	投入量(1＋2＋3－4)	4 150	1 040	2 150
零件库	6	半成品外销量	200	—	100
	7	半成品定额	600	80	100
	8	期初预计结存量	710	100	100
加工车间	9	出产量(5＋6＋7－8)	4 240	1 020	2 250
	10	废品及消耗	140	10	20
	11	在制品定额	450	180	100
	12	期初预计在制品结存量	340	60	150
	13	投入量(9＋10＋11－12)	4 490	1 150	2 220
毛坯库	14	半成品外销量	610	50	50
	15	半成品定额	1 000	200	50
	16	期初预计结存量	1 000	300	30
毛坯车间	17	出产量(13＋14＋15－16)	5 100	1 100	2 270
	18	废品及消耗	—	80	30
	19	在制品定额	250	40	100
	20	期初预计在制品结存量	150	30	100
	21	投入量(17＋18＋19－20)	5 200	1 190	2 300

8.2　成批生产的期量标准

8.2.1　批量和间隔期

成批生产是指工业企业(车间、工段、班组、工作地)在一定时期重复轮流制造多种产品的一种生产类型。根据其批量、每个工作地完成零件工序数目以及各种零件重复生产的程度，成批生产可分为大批、中批、小批生产。凡是产品品种不多，每批数量较多，出产相当稳定，接近于大量生产的为大批生产。产品品种很多，每批数量很少，虽然重复但非常不稳定，接近于单件小批生产的为小批生产。介于两者之间的为中批生产。

批量是花费一次准备结束时间投入生产的同种工件的数量。准备结束时间是指生产开始前熟悉图纸，领取工卡量具，调整设备工装、试车，安装调整冲模、锻模，准备沙箱型板，将工件交付检验等所花的时间。

生产间隔期是相邻两批同种工件投入(或产出)的时间间隔。在周期性重复生产的条件下，批量与生产间隔期有如下关系：

$$Q = R \times T$$

式中：Q 为生产批量；T 为生产间隔期；R 为工件的平均日需要量。

$$R = N/T_{年}$$

式中：N 为年产量；$T_{年}$为年工作日数。

当平均每天产出量不变时，批量与生产间隔期成正比。

确定批量和生产间隔期的方法，大致可分为两类：以期定量法和以量定期法。

1. 以期定量法

1）以期定量法介绍

以期定量法就是先确定生产间隔期，然后再确定与之相适应的批量。各类零件的生产间隔期是根据其复杂程度、工艺特点、价值等因素分类来确定的，再根据生产间隔期和生产任务确定各类零件的批量。在生产任务有变化时，生产间隔期不变，只调整批量即可。

为了管理上的方便，标准生产间隔期通常取周或旬工作天数的倍比数，如 1 天、2 天、4 天、8 天（旬）、24 天（月）、2 个月、季、半年或 1 天、3 天（周）、12 天（半月）、24 天（月）、2 个月、季、半年。采用标准生产间隔期后，相应的生产批量就与需求量呈倍比关系，给管理工作带来方便。例如，某工件的年需求量为 7 200 件，标准生产间隔期见表 8-2。

表 8-2　标准生产间隔期

标准生产间隔期	1 天	2 天	4 天	8 天	24 天	2 个月	1 季	半年	全年
生产批量（件）	25	50	100	200	600	1 200	1 800	3 600	7 200
标准生产间隔期	1 天	3 天	6 天	12 天	24 天	2 个月	1 季	半年	全年
生产批量（件）	25	75	150	300	600	1 200	1 800	3 600	7 200

2）以期定量法的应用

为了便于生产，一种产品的各种零件生产间隔期种数不宜太多。在实际运用时，可根据零件种类、复杂程度和划分零件组的多少来确定。一般来说，管理水平中等的企业可以分 3 种，管理水平较高的企业也可以控制在 6 种以上。

零件的生产间隔期是建立在零件分组的基础上的，对零件具体分组时应掌握下列原则：按零件外形尺寸和重量大小分组；按零件结构形式和工艺过程分组，即零件结构形式和工艺过程相同的划分为一组；按零件工序多少和劳动量大小分组。

根据上述标志进行分组时，重点应放在按劳动量大小，即按生产周期长短来划分，同一零件组内应尽量选择周期大体相同的零件。零件分组还要考虑零件的生产类型和生产组织形式，一般应将大量大批和中批、小批零件分开。此外，还应考虑车间设备的负荷情况，因为同一零件组内零件种数过多，总劳动量过大，会影响其他零件组的当月完成任务；如同一零件组内零件种数过少，劳动量过小，也会给管理带来困难。总之，零件分组以劳动量大小为重点，对大型零件可分细些，对小型零件可分粗些，以便合理利用生产资金和提高经济效益。

2. 以量定期法

以量定期法就是先确定批量，然后使生产间隔期与之相适应。具体方法是根据提高技术经济效益的要求来确定一个最初批量，然后根据计算确定生产间隔期，并修正最初批量，最后使两者相互配合，求得一个最佳数值。

1)最小批量法

最小批量法就是从充分利用设备这一因素来考虑，计算出最小批量。它要求最小批量能保证设备调整时间损失与一批制品加工时间之比不超过给定的允许值。最小批量的计算公式如下：

$$n = \frac{t_{调}}{t_{序} \times K_{调}}$$

式中：$K_{调}$为设备调整时间损失系数；$t_{调}$为设备调整时间；$t_{序}$为工序单件时间。

$K_{调}$由企业根据实际情况确定，如设备负荷的紧张程度、工件的价值、工件的生产类型等。表8-3列出了一般情况下$K_{调}$的参考值。

表8-3　$K_{调}$的参考值

工件价值 \ 生产类型	大　批	中　批	小　批
低	0.02	0.03	0.05
中	0.03	0.05	0.08
高	0.05	0.08	0.1～0.15

公式是按单工序计算的。一个零件有多少道工序，则按使用关键设备的那道工序计算，最小批量法适用于对关键设备和贵重设备的批量决策。

2)经济批量法

经济批量是批量控制的重要内容，应根据生产准备成本与保管成本构成的总成本最低廉，或者设备调整费用构成的总成本最低求取经济批量。经济批量法也可以称为最佳生产批量法。设

Q——每批生产量(件)；

A——全年生产数量(件)；

P——每次生产准备成本(元/次)；

C——单位产品年保管成本率；

R——单位产品生产成本(元/件)。

$$全年生产准备成本 = 全年生产准备次数 \times 每次生产准备成本 = \frac{A}{Q} \cdot P = \frac{AP}{Q}$$

$$全年保管成本 = 平均存货成本 \times 单位产品年保管成本率 = \left(\frac{AR}{A/Q} \times \frac{1}{2}\right) \times C = \frac{ARC}{2A/Q} = \frac{RCQ}{2}$$

其总成本为

$$\mathrm{TC} = \frac{AP}{Q} + \frac{RCQ}{2}$$

就Q微分得

$$\frac{\mathrm{dTC}}{\mathrm{d}Q} = \frac{\mathrm{d}}{\mathrm{d}Q}\left(\frac{AP}{Q}\right) + \frac{\mathrm{d}}{\mathrm{d}Q}\left(\frac{RCQ}{2}\right) = -\frac{AP}{Q^2} + \frac{RC}{2}$$

设$\frac{\mathrm{dTC}}{\mathrm{d}Q} = 0$，即$-\frac{AP}{Q^2} + \frac{RC}{2} = 0$，移项整理得

$$\frac{AP}{Q^2}=\frac{RC}{2}$$

$$Q^2=\frac{2AP}{RC}$$

$$Q=\sqrt{\frac{2AP}{RC}}$$

若某产品，全年生产数量为10 000件，每次生产准备成本为25元/次，单位产品年保管成本率为12.5%，则

$$Q=\sqrt{\frac{2\times10\ 000\times25}{1\times0.125}}=2\ 000(\text{件/批})$$

根据最佳每批生产量还可以求得每次生产供用天数为73天/批和生产金额2 000元/批。

3)经济批量法的应用

由于产品零件数量非常多，复杂程度和价值差异较大，不可能每个零件都按经济批量生产，此外生产中有许多约束和实际需求，使实际生产不能按经济批量生产。在应用经济批量法时通常按下列步骤和相应折中处理。

(1)确定各种零件计划期需要量

(2)进行零件分类

零件应按价格进行ABC分类。表8-4是长春第一汽车厂附件厂制定经济批量时对214种零件进行ABC分类的结果。

表8-4 长春第一汽车厂附件厂零件分类结果

类 别	品 种 数	品种比例(%)	余额比例(%)
A	6	2.8	49.1
B	39	18.1	30.6
A+B	45	20.9	79.7
C	169	79.1	20.3
合计	214	100	100

从结果分类看到只要严格控制20%的零件批量，就能对在制品80%实行有效管理。

(3)计算批量

当采用经济批量法时，A类零件应计算每一种零件的批量。B类零件应计算其大部分零件的批量。C类零件只选几种代表零件计算批量即可，否则计算工作量巨大。

(4)修正批量

对计算得到的批量，要根据生产技术组织的具体情况进行修正。

① 由于按公式计算的经济批量一般会有小数，不利于组织生产。因此应调整批量，使批量与日产量呈倍数比关系，并在主要工序上不少于半个班产量。也可以与“以期定量法”相结合，例如表8-2中，年产量$N=7\ 200$件，如果按公式计算得经济批量为506.46件。按标准间隔期有月批量600件、半月批量300件两档，应选靠近506.46件的标准批量，即$Q=600$件。

② 批量大小应与工具(模具)寿命相适应，一般应呈倍数关系。

③ 批量大小应与生产面积、设备容量相适应；当经济批量小于设备容量时，一般应以设备容量为准。

④ 毛坯加工批量应大于零件加工批量，零件加工批量应大于产品装配批量，最好呈整数倍关系。

⑤ 经过修正后，得到标准的批量，再根据标准批量确定生产间隔期。

8.2.2 生产周期

生产周期是指从原材料投入生产的时候起到制成品最后完工的时候为止期间经历的全部日历时间。机械产品的生产周期通常包含产品中零件的毛坯制造、零件机械加工、总装配等各工艺阶段经历的时间，以及工艺阶段之间经历的时间之和。

生产周期是编制生产作业计划、确定产品及其零件在各工艺阶段投入和产出日期的主要依据，是成批生产作业计划的一项重要期量标准。在离散制造业中，生产周期按零件工序、零件加工过程和产品分别进行计算。

1. 零件生产周期

零件的生产周期，一方面取决于各道工序的生产周期，另一方面取决于零件在工序间的移动方式。

(1) 零件工序生产周期

零件工序生产周期是一批零件在一道工序上的制造时间，公式如下：

$$T_{\mathrm{OP}} = \frac{Qt}{SF_{\mathrm{e}}K_t} + T$$

式中：T_{OP}为工序生产周期（单位为分钟）；t 为单件工序时间（单位为分钟）；Q 为一批零件的数量（单位为件）；S 为同时完成该工序的工作地数；F_{e}为有效工作时间总额（单位为分钟）；K_t 为工时定额完成系数；T 为准备结束时间（单位为分钟）。

(2) 零件的生产周期

$$T_{\mathrm{O}} = \sum_{i=1}^{m} T_{\mathrm{OP}i}\lambda + (m-1)t_{\mathrm{d}}$$

式中：T_{O}为一批零件生产周期（单位为分钟）；m 为工序数目；t_{d}为零件在工序之间移动的平均间断时间（单位为分钟）；λ 为平行系数。零件在工序间的移动方式有平行移动、顺序移动、平行顺序移动 3 种，通常引入平行系数 λ 折算，完全顺序移动 λ 为 1.0，平行移动 λ 为 0.6，其他 λ 在 0.6～1.0 之间。

2. 装配周期

复杂的机电产品常由多个部件组成，所以装配周期常分为部件装配周期和总装配周期两个阶段。大型产品总装的工序多、周期长，各部件可按总装配的工艺顺序陆续投入。因此从部件装配到总装配整个周期的长度，最好通过绘制产品装配周期图表或网络图来确定。

3. 产品生产周期的确定

产品生产周期就是零件生产周期、部件装配周期、总装配周期和各工艺阶段的缓冲期（保险期）之和。确定成批生产产品的生产周期比较复杂，不但要考虑每批产品零件在各个工艺阶段的移动方式，以及各种零件在多个车间的成套周期，还要考虑与其他产品平行交叉作业等因素。产品生产周期用公式计算比较复杂，而且又常常和实际脱节，在实际工作中，企业通常采用类似装配周期图的方法，根据各个工艺阶段的平行衔接关系，绘制产品的生产周期图表或网络图来确定。

8.2.3 提前期

提前期是指产品在各车间投入或产出的日期较成品产出日期所应提前的天数。提前期的计算对生产过程各个阶段的及时投入和适时产出，以保证装配的需要非常重要。产品装配产出日期是计算提前期的起点，而生产周期和生产间隔期是计算提前期的依据。正确规定提前期可以保证各个工艺阶段有序地进行。所以在作业计划工作中，要制定提前期的标准数据。

提前期的确定方法有两种：一种是直接根据产品的生产周期图来确定，另一种是根据公式计算。

1. 若各工艺阶段的生产间隔期相等

某车间出产提前期 = 后车间投入提前期 + 保险期

某车间投入提前期 = 本车间产出提前期 + 本车间生产周期

各工艺阶段投入提前期和出产提前期如图 8-6 所示。

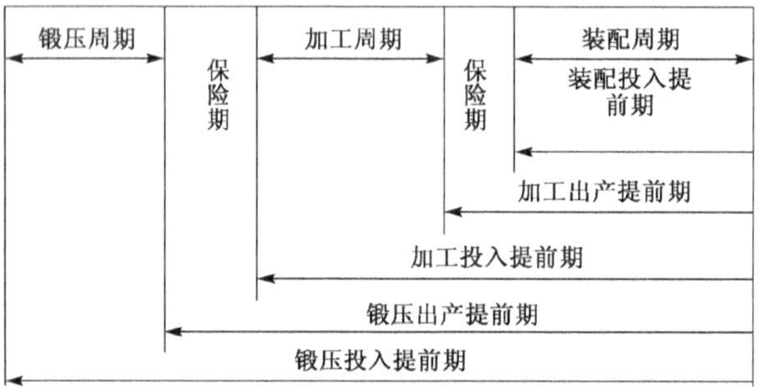

图 8-6 各工艺阶段投入提前期和出产提前期

2. 若各工艺阶段的生产间隔期不相等，但呈倍数关系

某车间出产提前期 = 后车间投入提前期 + 保险期 +（本车间生产间隔期 − 后车间生产间隔期）

某车间投入提前期的计算公式同前。

各工艺阶段生产间隔期不相等时，投入提前期和出产提前期如图 8-7 所示。

例 8.2 装配生产间隔期为 10 天，生产周期为 30 天；机械加工生产间隔期为 30 天，生产周期为 50 天；毛坯生产间隔期为 60 天，生产周期为 20 天，保险期均为 5 天。求出各阶段的出产、投入提前期。

解 计算式要逆工艺顺序计算，则按照上述公式计算如下：

装配车间投入提前期 = 装配车间生产周期 = 30（天）

机械加工车间出产提前期 = 装配车间投入提前期 + 保险期 +（机械加工车间生产间隔期 − 装配车间生产间隔期）

$= 30 + 5 + (30 - 10) = 55$（天）

机械加工车间投入提前期 = 机械加工车间产出提前期 + 机械加工车间生产周期

$= 55 + 50 = 105$（天）

毛坯车间出产提前期 = 机械加工车间投入提前期 + 保险期

+ (毛坯车间生产间隔期 - 机械加工车间生产间隔期)

= 105 + 5 + (60 - 30) = 140(天)

毛坯车间投入提前期 = 毛坯车间出产提前期 + 毛坯车间生产周期

= 140 + 20 = 160(天)

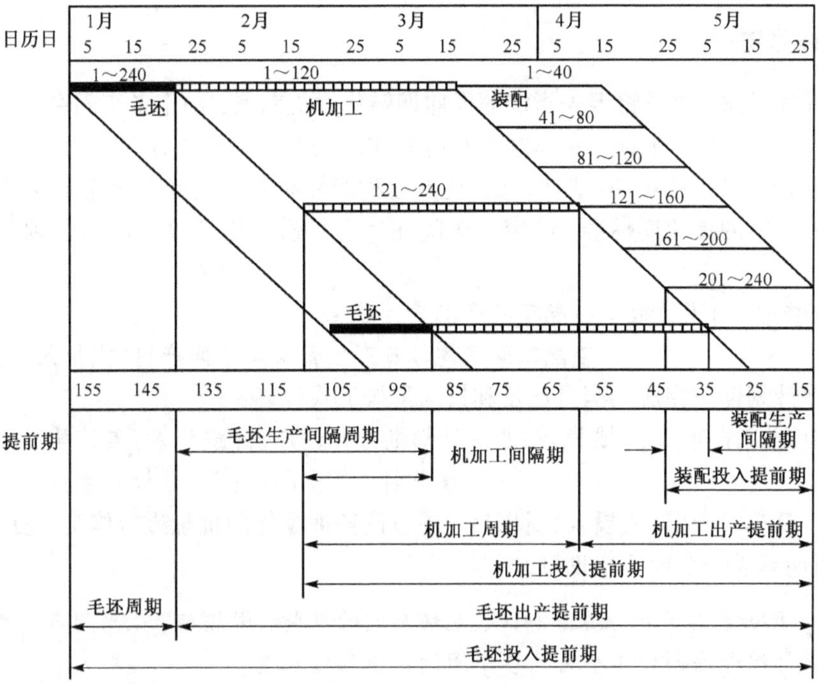

图 8-7 各工艺阶段生产间隔期不相等时的投入提前期和出产提前期

提前期使用日历天数来表示对一批零件在投入和产出时间上的规定。有了提前期就可以确定一批零件投入、产出的标准天数，是车间编制短期计划的依据。在实际工作中要计算每一零件的提前期是有困难的，只能计算劳动量最大的零件的提前期。对劳动量较小的零件，可以按加工时间划分组别，然后按组别来确定提前期。在划分零件的组别时应当特别注意零件送交装配车间要保证各个零件或部件成套的供应。

8.2.4 成批生产的在制品定额

成批生产方式中作业计划期量标准的要求是非常严格的，生产提前期体现各个车间在生产期限配合方面的关系，而在制品定额则体现各个车间在生产数量配合方面的关系。

车间在制品的占用量是由成批投入但未完工产出而形成的，它们整批地停留在车间内，到底有几批与生产周期和生产间隔期有关，有时多有时少，甚至没有。通常只能计算车间在制品平均占用量。

$$车间在制品平均占用量 = 一批零件生产周期 \times 平均每日需要量$$

$$平均每日需要量 = \frac{批量}{生产间隔期}$$

8.2.5　累计编号法

在多品种成批轮流生产条件下，各个月份生产的品种数量不稳定，以致在制品数量也不稳定。没有一个稳定的在制品数量，就无法采用大量生产所用的在制品定额法。这时，就要采用适合成批生产特点和要求的累计编号法。

1. 累计编号法

所谓累计编号法，就是将事先指定的提前期转化为提前量，确定各车间在计划月份应该达到的投入和产出累计数，来计划各车间当月应完成的投入数和产出数。

这里的累计数是指从年初(或从开始)生产这种产品时起开始计算的连续数字。

按照预先指定的提前期标准，确定各车间在计划月份产出和投入应该达到的累计数。计算公式如下：

各车间产出(或投入)累计数 = 装配车间产出累计数 +
装配车间平均每日产出量 × 本车间产出(或投入)提前期

各车间在计划期应完成的当月产量和投入量按下式计算：

计划期车间产出(或投入)量 = 计划期末计划产出(或投入)累计号数 -
报告期已产出(或投入)累计号数

按上式计算车间产出(或投入)量以后，还应按各种零件的批量进行修正，使车间产出(或投入)的数量能凑满一个或几个批量。

例 8.3　已知机械厂的装配、加工、毛坯车间的批量、间隔期、生产周期、保险期见表 8-5。用累计编号法列出 4 个月的各车间的产出和投入量。

解　首先根据表 8-5 和 8.2.3 节的投入和产出提前期公式，计算出各车间的投入、产出提前期见表 8-6。

表 8-5　生产期量标准表

车　间	批　量	间　隔　期	生产周期	保　险　期
装配	20	10	10	-
加工	40	20	30	10
毛坯	80	40	20	10

表 8-6　各车间的投入、产出提前期

车　间	提前期	
	投　入	产　出
装配	10	0
加工	60	30
毛坯	110	90

再算出装配车间平均每日需要量，平均每日需要量 $= \dfrac{\text{批量}}{\text{生产间隔期}} = 20/10 = 2$(件)。根据累计编号计算公式求出各车间 1 ~4 月的投入、产出量见表 8-7。由于计算出的各车间投入、产出量是批量的整数倍，所以不需要修正，如果计算的数量不是批量的倍数，应修正成批量的倍数。

2. 累计编号法的特点

①在装配车间平均日产量不变的情况下，各车间的产量依本车间提前期而定。提前期越长，产出(或投入)的累计号数越大。由于累计号数是仅根据前期计算的，因此各车间可以同时进行计算，这样可以大大加速计划的编制过程。

表 8-7　各车间 1～4 月的投入和产出量

		1月			2月			3月			4月		
		上	中	下	上	中	下	上	中	下	上	中	下
装配	产出	20	40	60	80	100	120	140	160	180	200	220	240
	投入	40	60	80	100	120	140	160	180	200	220	240	260
加工	产出	80		120		160		200		240		280	
	投入		160		200		240		280		320		360
毛坯	产出			240				320				400	
	投入	240				320				400			

②由于生产任务是用累计号数表示的，所以不必预计期初的在制品数量，也不必在计划期初根据报告期的实际完成情况修正计划。当报告期计划执行不好时，未完成的部分就自然转入计划期的任务中，因为计划期应产出的号数是固定的。这样就可以大大简化计划的编制工作，并可保证生产任务的完成。

③由于同一台产品所有零件都属于一个号数，所以只要每个环节都生产到规定的号数，就能可靠地保证零件的成套性。这可防止产品结束时，零件不成套和投料过多的现象。

此法适用于成批生产。有些条件较好的小批生产以及不稳定的大量生产，也可以使用此法。

8.3　单件小批生产期量标准

单件小批生产的特点是品种多，每种产品的生产数量少，且品种不稳定，根据用户要求，按订单组织生产，各个订单产品在结构和工艺上差别较大，同一产品基本不重复生产。因此生产作业就是保证产品按用户要求按期交货，且要保证产品生产时各车间各工序负荷平衡，进度合理，成本适度。

1. 生产周期图表

单件小批生产企业生产的随机性、特殊性、一次性，使得生产作业计划愈加复杂。但人们从生产实践中也总结出一些办法，最常用的就是根据生产周期图表这个期量标准进行控制。

如图 8-8 所示为一个典型的单件小批生产周期图表，它也是用甘特图表示各零部件的投入出产日期，以及总装的投入出产日期。从图中可以直接找出各个车间班组的投入出产提前期、生产周期，在组织生产时，各个车间就可以用此来进行作业计划的控制。

在作业计划的具体执行控制中，要注意物流的衔接，关注瓶颈的处理，生产能力的平衡，同时还要辅以排序的方法，使加工时间优化，生产成本降低。

从图 8-8 中可以看出，首先必须确定各个零部件的生产周期，从而可以确定整个产品的生产周期，并从中推出各个环节的投入/出产提前期。

而为了得到零部件的生产周期，必须掌握各个工序的加工时间，这个时间可以从以前的记录或实测中获得。对于一个长期从事单件小批生产的企业，原始记录非常重要，在接到一个新产品的生产任务时，就可以有据可查，作出可靠、正确的生产作业计划。

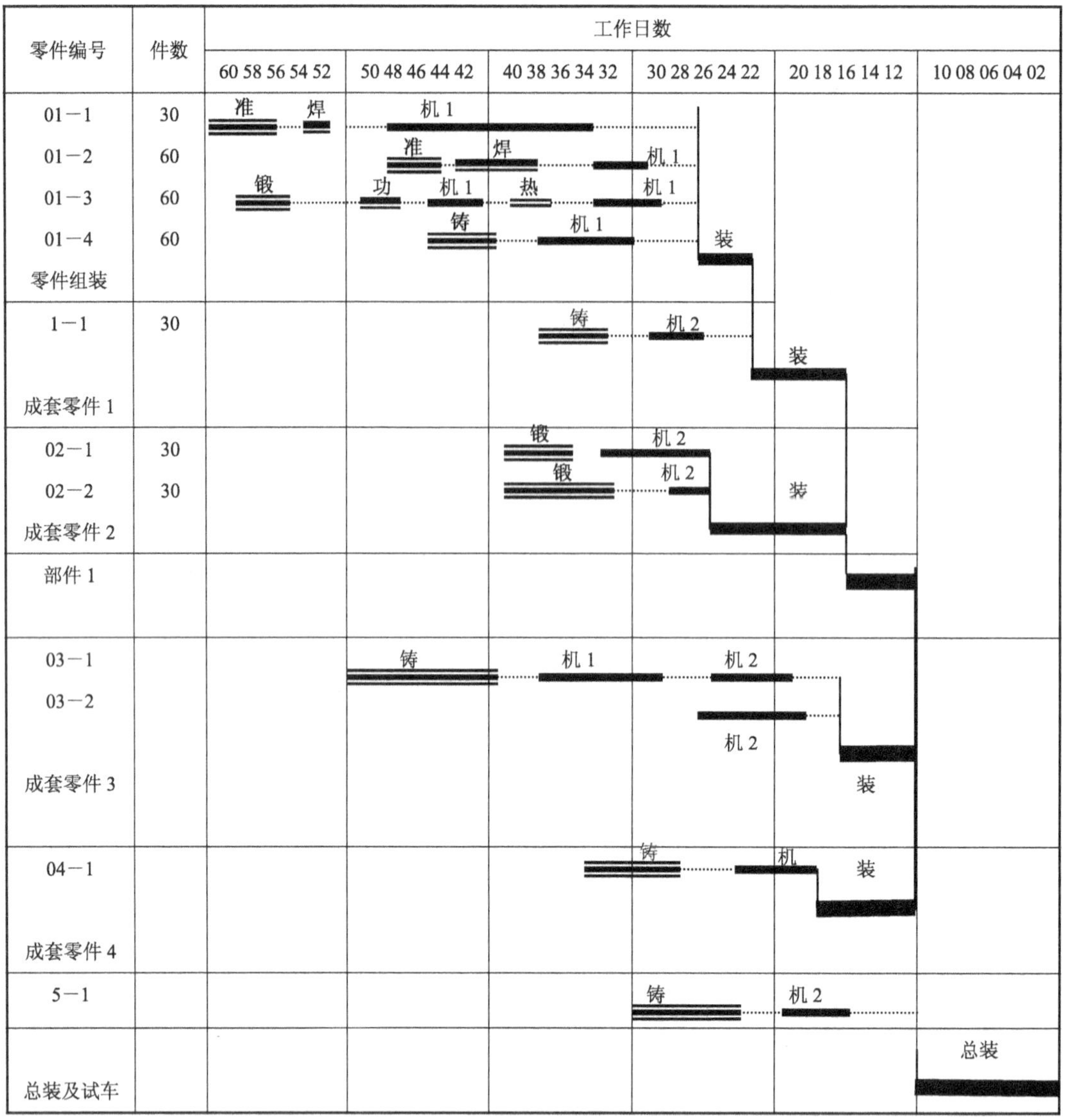

图 8-8　单件小批生产周期图表

2. 网络计划法

网络计划被应用于大型一次性工程的项目控制非常有效，而一个新产品的投入和单件订单生产与大型一次项目有许多共同之处，所以网络计划方法也被更多地应用于单件小批生产的作业计划控制之中。这个方法的介绍可见第 14 章。

练习思考题

1. 什么是生产作业计划？什么是期量标准？
2. 大量生产方式下的期量标准有哪些？
3. 如何绘制连续流水线和间断流水线工作指示图表？

4. 什么是在制品定额法？

5. 成批生产的期量标准有哪些？

6. 什么是以期定量法和以量定期法？

7. 经济批量法如何计算，应用中要考虑哪些制约因素？

8. 成批生产中如何计算各车间的投入和产出提前期？

9. 什么是累计编号法，如何使用？

10. 已知制件 B 由组件 B_1，B_2，B_3 组成，组件由部件 B_{11}，B_{21}，B_{22}，B_{31}，B_{32} 组成，部件包括零件 B_{111}，B_{211}，B_{221}，B_{311}，B_{312}。制件装配应到本月 30 日结束，每个装配单位的工序数和加工时间见题表 8-1：

题表 8-1　装配单位的工序数和加工时间

顺序号	制件代号	组件	部件	零件	工序时间				总时间
					t_1	t_2	t_3	t_4	
1	B				3	2	3	—	8
2		B_1			2	2	4	—	8
3			B_{11}		2	4	—	—	6
4				B_{111}	2	3	2	—	7
5		B_2			2	1	1	2	6
6			B_{21}		1	3	—	—	4
7				B_{211}	3	3	2	—	8
8			B_{22}		4	2	—	—	6
9				B_{221}	2	2	1	3	8
10		B_3			4	4	—	—	8
11			B_{31}		2	2	2	—	6
12				B_{311}	1	3	—	—	4
13				B_{312}	2	3	1	2	8

假定工序是顺序移动，试做出制件 B 的生产过程甘特图。

11. 某设备组有车床 12 台，2 班制，每班 8 小时，设备停工率为 10%，加工 a、b、c、d 四种产品，产量分别为 1 000 台、800 台、1 600 台、600 台，单位产品台时定额分别为 20、27、10、4 台时，制度时间为 306 天，求以各种产品表示的生产能力，以 c 为代表产品。

12. 某机床厂生产 X620W 万能铣床，月产量为 120 台，毛坯车间批量为 240，周期为 10 天，间隔期为 60 天，机加车间生产周期为 35 天，间隔期为 30 天，批量为 120，装配车间生产周期为 15 天，批量 60，毛皮和机加保险期均为 5 天，求各车间的投入出产提前期。

13. 某机床厂生产 M131，2013 年 9 月份进行企业基本车间的生产能力核算工作，其有关资料如下。

(1) 各车间现有生产面积和设备数量见题表 8-2。

题表 8-2　各车间现有生产面积和设备数量

车间	铸造	锻造	机加							装配
设备或生产面积	铸造生产面积	锻锤	车床	铣床	刨床	钻床	磨床	镗床	铺床	装配用面积
台数或 m^2	20	8	24	9	14	5	8	15	4	15

其中车床有两台封存待调，牛头刨一台，由于严重损坏已失去生产能力。

(2) 根据 2013 年上半年各车间生产面积和设备的时间利用率，并考虑到下半年和 2014 年采取充分利用时间的措施，拟定 2014 年计划利用率如下：

铸锻和装配均为85%，机加90%，各车间均为间断生产，生产能力按规定每日2班制，每班按8小时计算。

(3)根据设备修理安排情况，计划2014年各种设备修理停工时间均为50小时。

(4)企业生产的基本产品是M131机床，生产能力以该产品进行核算。其单位产品的现行定额见题表8-3。

题表8-3　单位产品的现行定额

设备或生产面积	铸造	锻锤	车床	铣床
现行定额	288平方米/小时	0.009 6台时/台分	448台时/台分	192台时/台分

设备或生产面积	刨床	钻床	床	磨床	插床	装配
现行定额	280台时/台分	100台时/台分	320台时/台分	160台时/台分	64台时/台分	194.4平方米/小时

根据2013年上半年定额执行情况统计资料分析并考虑到下半年和2014年采取提高定额水平等措施，拟定2014年定额压缩系数和计划完成超额系数如下：

① 铸造和装配的计划压缩系数为0.9;(压缩到)

② 锻锤的计划超额系数为1.20;(超额到)

③ 机加各种设备的计划压缩系数为0.8。(压缩到)

(5) 上级根据该厂的建设数据并结合国家需要的情况，下达2014年M131产品计划控制数据为220台。

(6) 企业计划科会同有关科室和车间研究2013年年末在制品、半成品结存，国家发货期的要求和2014年各个时期生产和设备修理等情况拟定2014年商品出产进度见题表8-4。

题表8-4　2014年商品出产进度

产品名称	单位	全年任务	一季度			二季度			三季度			四季度		
			1	2	3	4	5	6	7	8	9	10	11	12
M131	台	220	16	16	16	16	19	19	19	19	20	20	20	20

(7)全年各月按25个工作日计算，产品在各车间的生产周期是：装配为15天，机械加工车间为25天，毛坯车间为10天，各车间的保险期均为5天。

(8)该产品2014年年初在制品数量见题表8-5。

题表8-5　2014年年初在制品数量

装配在制品	机加零件半成品	机加车间在制品	毛坯车间半成品	毛坯车间在制品
9台	3台	5台	3台	6台

(9)半成品、在制品价值按下列资料及其他有关资料计算：

机加车间半成品成本7.2千元；

准备车间半成品成本4.5千元，成品成本9千元。

各车间在制品系数自行拟定。

(10)M131不变价值为10千元，现行价格为11千元。

(11)2014年工业性作业价值按不变价格计算为100千元。按现行价格计算为120千元，按各季分摊。

(12)各车间废品台时占计划任务的百分数是：铸造车间为20%，锻造车间为10%，机加车间为10%。

根据上述提供的资料试求：

(1) 分别核算2014年各生产面积和设备组的生产能力；

(2) 平衡各生产环节的生产能力，并确定各车间和全长2014年的综合生产能力；(以平衡结果为依据，不考虑各生产环节之间生产能力相互调正)

(3) 如果企业劳动力、原材料等因素可满足生产的需要，试拟定企业向上级提出2014年M131商品出产量建议数字；(可以不考虑各生产环节能力富裕与不足相互调正和部分外厂加工的可能性)

(4) 计算各基本生产车间的出产量、投入量、出产当量，经上而下达，自下而上讨论平衡，最后按拟定指标编制生产计划；

(5) 编制企业产品投入、出产进度计划；

(6) 编制产品产量计划表；

(7) 编制商品、总产值计划表；

(8) 编制生产能力与生产计划任务平衡表；

(9) 核算生产面积和各设备组生产能力。

总产值中的物资消耗已列在附表中。

注：为计算方便，可按附表进行计算。

附表1　能力任务平衡表

生产面积或设备	铸造车间	锻造车间	车床组	铣床组	刨床组	钻床组	镗床组	磨床组	插床组	装配车间
有效台时										
产品计划定额										
生产能力										

附表2　2014年计划生产能力核算表产品名称

名称		单位	数量	工作日数	班次	平均每台设备停工时间	计划利用率	有效总台时或平方米/小时	产量计划定额	生产能力
铸造车间			平方米	306	2					
锻造车间		台		306	2					
机加车间	车	台		306	2					
	铣	台		306	2					
	刨	台		306	2					
	钻	台		306	2					
	镗	台		306	2					
	磨	台		306	2					
	插	台		306	2					
装配车间		平方米		306	2					

附表3　主要产品投入与出产进度

车间名称	项目	年初盘存	上年预计完成累计/修正后累计	全年任务	逐月产量进度												年末盘存
					一月	二月	三月	四月	五月	六月	七月	八月	九月	十月	十一月	十二月	
装配车间	出产		100 / 0														
	当量																
	投入	9															

车间名称	项目	年初盘存	上年预计完成累计 / 修正后累计	全年任务	逐月产量进度 一月	二月	三月	四月	五月	六月	七月	八月	九月	十月	十一月	十二月	年末盘存
机加车间	出产	3															
	当量																
	投入	5															
毛坯车间	出产	3															
	当量																
	投入	6															

附表4　工业产品产量计划

产品名称	计量单位	产品名称 报告年预完成	年计划 全年	年计划 一季	年计划 二季	年计划 三季	年计划 四季	计划年为报告年预完成%	产品产值(千元) 按不变价格计算 单价	年计划 全年	年计划 一季	年计划 二季	年计划 三季	年计划 四季	按现行价格计算 单价	年计划 全年	年计划 一季	年计划 二季	年计划 三季	年计划 四季
M131	台	210	220						10						10					

报告年度该产品预计完成210台。

附表5　生产计划与生产能力平衡表

车间名称	设备或生产面积	数量	工作日数	计划有效台时(小时) 班次	计划利用率	平均每台设备修理时间	全年有效总时数	计划需要台时(小时) 全年需要台时	M131 当量	M131 合格	M131 废品	差额 盈(+) 亏(-)
铸造	生产面积		306	2								
锻造	锻锤		306	2		50						
机加	车床		306	2		50						
机加	铣床		306	2		50						
机加	刨床		306	2		50						
机加	钻床		306	2		50						
机加	镗床		306	2		50						
机加	磨床		306	2		50						
机加	插床		306	2		50						
装配	生产面积		306	2								

附表6　各季末在制品半成品结存量计算表

车间	年初盘存在制品半成品	各季末在制品半成品数				各季末在制品半成品结存量			
		一季	二季	三季	四季	一季	二季	三季	四季
	①	②	③	④	⑤	⑥=②-①	⑦=③-②	⑧=④-③	⑨=⑤-④
装配	9在								
	3半								
机加	5在								
准备	3半								
	6在								

附表7　各季在制品价值计算表

车间	在制品半成品结存量				在制品半成品系数	各季在制品半成品价值			
	1	2	3	4		一季	二季	三季	四季
装配									
机加									
准备									

附表8　工业商品产值与净产值计划表

单位：千元

项　　目	按不变价格计算							按现行价格计算				
	报告年预完成	年计划					计划年为报告年预完成%	年计划				
		全年	一季	二季	三季	四季		全年	一季	二季	三季	四季
1.用自备原料生产产品价值	2 100											
2.用订货者来料加工产品价值												
3.工业性作业价值												
4.商品价值												
5.已被加工的订货者来料价值												
6.总价值												
7.总价值中的物资消耗		1 711.5	373.5	420	451.2	466.8						
8.在制品半成品期末期初差额												
9.净产值												

第 9 章

企业资源计划与实践

【本章导引】

本章主要阐述了 ERP 概念及发展过程；ERP 的功能目标；ERP 的计划层次；ERP 系统规划；ERP 与 BPR。

【本章重难点】

制造资源计划；主生产计划；物料需求计划；车间作业控制计划。

【本章学习目标】

1. 了解 ERP 的概念及发展过程；
2. 理解 ERP 的功能目标以及 ERP 与 BPR 的关系；
3. 掌握 ERP 各层次计划和 ERP 系统规划。

9.1 ERP 概念及其发展

近年来，随着各大媒体的广泛报道、各种研讨会的大量召开，ERP(Enterprise Resources Planning，企业资源计划)像飓风一样席卷神州大地，各行各业似乎都觉得自己与 ERP 有关。本节将着重介绍 ERP 的相关概念和它的发展史。供应链和信息集成是 ERP 原理所依据的两项最基本的概念。理解 ERP，首先要理解供应链和信息集成。

9.1.1 供应链与信息集成

供应链(Supply Chain)一词是按原文直译的，也称供给链或供销链，但实质上它含有“供”与“需”两方面的含义，可以理解为供需链。供应链概念早在 20 世纪 80 年代就已经提出，近年来同后勤保证体系(Logistics)一起，已为制造业管理文献和软件普遍采用。“logistics”一词的原意是后勤学，最初用于军事科学；狭义的后勤只包括武器装备和各种军需品，广义上讲，还包括了军事行动中各类人员和资源的调动。现代管理往往以 20 世纪 90 年代初的海湾战争为例来说明“logistics”的意义，并把它应用于制造业的计划与控制原理中，实现按规定时间、规定地点，得到规定数量的“军需品(物料)”。因此，可以把“logistics”理解为一种“需求保证体系”，以与“质量保证体系”相呼应。供应链虽然是在 ERP/MRP Ⅱ (Manufacturing Resources

Planning，制造资源计划）之后发展起来的现代管理哲学，但是用它更能说明 ERP/MRP Ⅱ 的中心思想。各种用于制造业的现代管理思想，也都融合了供应链的概念。

任何制造业都是根据客户或市场的需求，开发产品，购进原料，加工制造出产品，以商品的形式销售给客户，并提供售后服务。物料（在 ERP 系统中，“物料”一词是所有制造计划对象的统称）从供方开始，沿着各个环节（原材料—在制品—半成品—成品—商品）向需方移动。每个环节都存在“需方”与“供方”的对应关系，形成一条首尾相连的长链，成为供应链。在供应链上除了物料的流动外还有信息的流动。信息有两种类型，其中需求信息（如预测、销售合同、主生产计划、物料需求计划、加工单、采购订单等）与物料流动方向相反，从需方向供方流动；由需求信息引发的供给信息（如收货入库单、完工报告、可供销售量、提货发运单等），同物料一起沿着供应链从供方向需方流动。

从形式上看，客户是在购买商品，但实质上，客户是在购买提供给自己的效益，也就是购买商品的市场价值（使用价值）。各种物料在供应链移动，是一个不断增加其市场价值或附加值的增值过程。因此，供应链也有增值链（Value-added Chain）的含义。企业的竞争力在于其经营战略能使企业各项业务活动的结果，同其竞争对手相比，提供给客户更多的市场价值，同时获取较多的利润。正因为有市场需求，才产生企业的各项业务活动，而任何业务活动都会消耗一定的资源。消耗资源会导致资金流出，只有当消耗资源生产出的产品或服务出售给客户后，资金才会重新流回企业，并产生利润。因此，供应链上还有资金的流动。为了合理利用资金，加快资金周转，必须通过企业的财务成本系统来控制供应链上的各项经营生产活动，或者说，通过资金的流动来控制物料的流动。

供应链的原理图如图 9-1 所示。

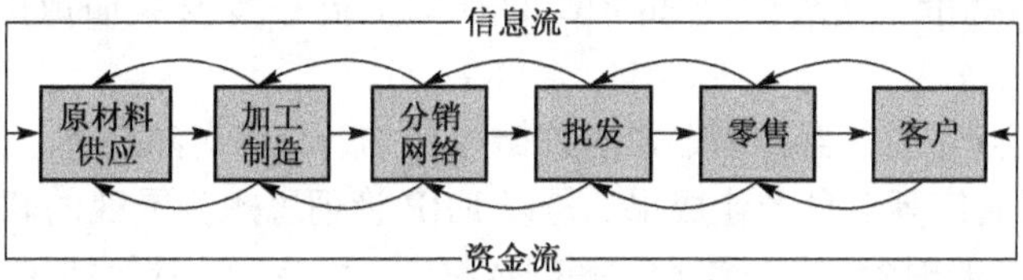

图 9-1　供应链原理图

一个企业的原料是它供方的产品，供应链以类似的形式从企业向供方延伸；这个企业的成品又会是它需方的原料，供应链又向需方延伸。整个社会生产就是一条首尾相连、交叉错综的供需长链，它说明企业内部的物流同供需双方的物流是息息相关的。企业的生产经营活动必须同它的需方和供方密切相连，并把它们纳入自己的计划与控制系统。可以说，供应链是一种说明商品生产供需关系的系统工具。ERP 从供应链的概念出发改变企业的经营战略思想，着眼于供应链上物料的增值过程，保持信息、物料和资金的快速流动，处理好各个环节的供需矛盾，以企业有限的资源去迎接无限的市场机遇。要求以最少的消耗、最低的成本、最短的生产周期产生出最大的市场价值和利润。管理信息集成就是集成供应链上所有流程中各个环节的信息，实现信息共享，为各级管理人员提供可靠的决策依据。管理信息系统不仅限于企业内部，还应集成与企业有关的外部信息，包括供应商和客户的信息，这也是精益生产和敏捷生产的主要精神。供应链处于一个动态的环境，企业为了对瞬息万变的信息及时做出响应，必须建立信息集成系统。

ERP 的一个集成特点，就是体现管理信息的高度集成，这是 ERP 同手工管理的主要区别。管理信息集成的标志，可以从以下几方面说明。

● 信息必须规范化，有统一的名称、明确的定义、标准的格式和字段要求，信息之间的关系也必须明确定义。

● 信息的处理程序必须规范化，处理信息要遵守一定的规程，不因人而异。

● 信息的采集、处理和报告有专人负责，责任明确，没有冗余的信息采集和处理工作。保证信息的及时性、准确性和完整性。

● 在范围上，集成了供应链所有环节的各类信息。

● 在时间上，集成了历史的、当前的和未来预期的信息。

● 各种管理信息来自统一的数据库，既能为企业各有关部门的管理人员所共享，又有使用权限和安全保密措施。

● 企业各部门按照统一数据库所提供的信息和管理事务处理的准则进行管理决策，实现企业的总体经营目标。

管理信息集成的效果，绝不是简单的数量叠加，而是管理水平和人员素质在质量上的飞跃。信息集成和规范化管理是相辅相成的，规范化管理是ERP运行的结果，也是运行的条件。应当按照统一的程序和准则进行管理，既不因人而异，随心所欲，又要机动灵活，适应变化的环境。在竞争激烈的市场经济环境下，管理信息集成系统必将成为所有制造业在经营生产中必不可少的手段。

9.1.2 ERP的概念

ERP可以从管理思想、软件产品、管理系统三个层次给出它的定义。

① 由美国著名的计算机技术咨询和评估集团加特纳公司(Garter Group Inc.)提出了一整套企业管理系统体系标准，其实质是在MRPⅡ基础上进一步发展而成的面向供应链的管理思想。

② 综合应用了客户-服务器体系、关系数据库结构、面向对象技术、图形用户界面、第四代语言(4GL)、网络通信等信息产业成果，是以ERP管理思想为灵魂的软件产品。

③ 整合了企业管理理念、业务流程、基础数据、人力物力、计算机硬件和软件于一体的企业资源管理系统。

ERP的概念层次如图9-2所示。所以，对应于管理界、信息界、企业界不同的表述要求，"ERP"分别有着它特定的内涵和外延。本书由于主要针对于企业界的应用，因此主要采用第三种定义方式。对于企业来说，要理解"企业资源计划"，首先要明确什么是"企业资源"。简单地说，"企业资源"是指支持企业业务运作和战略运作的事物，也就是人们常说的"人"、"财"、"物"。据此可以认为，ERP就是一个有效地组织、计划和实施企业的"人"、"财"、"物"管理的系统，它依靠IT(信息科技)技术和手段以保证其信息的集成性、实时性和统一性。ERP最初是一种基于企业内部"供应链"的管理思想，是在MRP Ⅱ的基础上扩展了管理范围，给出了新的结构。它的基本思想是将企业的业务流程看成一个紧密连接的供应链，将企业内部划分成几个相互协同作业的支持子系统，如财务、市场营销、生产制造、质量控制、服务维护、工程技术等。最早采用这种管理方式的是制造业，当时主要考虑的是企业的库存物料管理，于是产生了MRP(物料需求计划)系统，同时企业的其他业务部门也都各自建立了信息管理系统，如会计部门的计算机账务处理系统、人事

图9-2 ERP的概念层次

部门的人事档案管理系统等，而这些系统早期都是相互独立的，彼此之间缺少关联，形成信息孤岛，不但没有发挥IT手段的作用，反而造成了企业管理的重复和不协调。在这种情况之下，MRPⅡ应运而生。它围绕着“在正确的时间制造和销售正确的产品”这样一个中心，将企业的“人”、“财”、“物”进行集中管理。ERP可以说是MRPⅡ的一个扩展。第一，它将系统的管理核心从“在正确的时间制造和销售正确的产品”转移到了“在最佳的时间和地点，获得企业的最大增值”；第二，基于管理核心的转移，其管理范围和领域也从制造业扩展到了其他行业和企业；第三，在功能和业务集成性方面，它都有了很大提高，特别是商务智能的引入使得以往简单的事物处理系统变成了真正智能化的管理控制系统。

在理解ERP的概念时，必须认识到以下几点。

1. MRP是ERP的核心功能

只要是“制造业”，就必然要从供应方买来原材料，经过加工或装配，制造出产品，销售给需求方，这也是制造业区别于金融业、商业、采掘业(石油、矿产)、服务业的主要特点。任何制造业的经营生产活动都是围绕其产品开展的，制造业的信息系统也不例外，MRP就是从产品的结构或物料清单(对食品、医药、化工行业则为“配方”)出发，实现了物料信息的集成——一个上窄下宽的锥状产品结构：其顶层是出厂产品，是属于企业市场销售部门的业务；底层是采购的原材料或配套件，是企业物资供应部门的业务；介乎其间的是制造件，是生产部门的业务。如果要根据需求的优先顺序，在统一的计划指导下，把企业的“销产供”信息集成起来，就离不开产品结构(或物料清单)这个基础文件。在产品结构上，反映了各个物料之间的从属关系和数量关系，它们之间的连线反映了工艺流程和时间周期；换句话说，通过一个产品结构就能够说明制造业生产管理常用的“期量标准”。MRP主要用于生产“组装”型产品的制造业，如果把工艺流程(工序、设备或装置)同产品结构集成在一起，就可以把流程工业的特点融合进来。通俗地说，MRP是一种保证既不出现短缺，又不积压库存的计划方法，解决了制造业所关心的缺件与超储的矛盾。所有ERP软件都把MRP作为其生产计划与控制模块，MRP是ERP系统不可缺少的核心功能。

2. MRPⅡ是ERP的重要组成

MRP解决了企业物料供需信息集成，但是还没有说明企业的经营效益。MRPⅡ同MRP的主要区别就是它运用管理会计的概念，用货币形式说明了执行企业“物料计划”带来的效益，实现物料信息同资金信息集成。衡量企业经营效益首先要计算产品成本，产品成本的实际发生过程，还要以MRP系统的产品结构为基础，从最底层采购件的材料费开始，逐层向上将每一件物料的材料费、人工费和制造费(间接成本)累积，得出每一层零部件直至最终产品的成本。再进一步结合市场营销，分析各类产品的获利性。MRPⅡ把传统的账务处理同发生账务的事务结合起来，不仅说明账务的资金现状，而且追溯资金的来龙去脉。例如将体现债务债权关系的应付账、应收账同采购业务和销售业务集成起来，同供应商或客户的业绩或信誉集成起来，同销售和生产计划集成起来等，按照物料位置、数量或价值变化，定义“事务处理”(Transaction)，使与生产相关的财务信息直接由生产活动生成。在定义事务处理相关的会计科目之间，按设定的借贷关系，自动转账登录，保证了“资金流(财务账)”同“物流(实物账)”的同步和一致，改变了资金信息滞后于物料信息的状况，便于实时做出决策。

3. ERP 体现物流信息同资金流信息的集成

ERP 是一个高度集成的信息系统，它必然体现物流信息同资金流信息的集成。传统的 MRPⅡ系统主要包括的制造、供销和财务三大部分依然是 ERP 系统不可跨越的重要组成。所以，MRPⅡ的信息集成内容既然已经包括在 ERP 系统之中，就没有必要再突出 MRPⅡ。但是由于 ERP 是以 MRPⅡ为核心发展起来的，而且我国企业应用 MRPⅡ的时间较长，ERP 的应用是近些年的事情，因此在以后的章节里常常两者并用，ERP/MRPⅡ实际上是指同一个企业管理理念在不同时期的发展程度和发展阶段。

因此，从管理信息集成的角度来看，从 MRP 到 MRPⅡ再到 ERP，是制造业管理信息集成的不断扩展和深化，每一次进展都是一次重大的质的飞跃，然而，又是一脉相承的。对 MRP、闭环 MRP、MRPⅡ及 ERP 而言，虽然后者是从前者发展来的，但并没有绝对的某项技术落后过时或后者将取代前者的含义。

9.1.3 ERP 的发展过程

20 世纪 40 年代，为解决库存控制问题，人们提出了订货点法，当时计算机系统还没有出现。20 世纪 60 年代，随着计算机系统的发展，使得短时间内对大量数据的复杂运算成为可能，人们为解决订货点法的缺陷，提出了 MRP 理论，作为一种库存订货计划。这一阶段称为物料需求计划阶段，或称基本 MRP 阶段。20 世纪 70 年代，随着人们认识的加深及计算机系统的进一步普及，MRP 的理论范畴也得到了发展，为解决采购、库存、生产、销售的管理，发展了生产能力需求计划、车间作业计划以及采购作业计划理论，作为一种生产计划与控制系统。这一阶段称为闭环 MRP(Closed-loop MRP)阶段。在这两个阶段，出现了丰田生产方式(看板管理)、TQC(全面质量管理)、JIT(准时制生产)以及数控机床等支撑技术。20 世纪 80 年代，随着计算机网络技术的发展，企业内部信息得到充分共享，MRP 的各子系统也得到了统一，形成了一个集采购、库存、生产、销售、财务、工程技术等为一体的子系统，发展了 MRPⅡ理论，作为一种企业经营生产管理信息系统。这一阶段称为 MRPⅡ阶段。这一阶段的代表技术是 CIMS(计算机集成制造系统)。进入 20 世纪 90 年代，随着市场竞争的进一步加剧，企业竞争空间与范围的进一步扩大，20 世纪 80 年代 MRPⅡ主要面向企业内部资源全面计划管理的思想，逐步发展成为怎样有效利用和管理整体资源的管理思想，ERP 随之产生。ERP 是由美国加特纳公司(Gartner Group Inc.)在 20 世纪 90 年代初期首先提出的，当时的解释是根据计算机技术的发展和供应链管理，推论各类制造业在信息时代管理信息系统的发展趋势和变革。随着人们认识的不断深入，ERP 已经被赋予了更深的内涵。它强调供应链的管理。除了传统 MRPⅡ系统的制造、财务、销售等功能外，还增加了分销管理、人力资源管理、运输管理、仓库管理、质量管理、设备管理、决策支持等功能；支持集团化、跨地区、跨国界运行，其主要宗旨就是将企业各方面的资源充分调配和平衡，使企业在激烈的市场竞争中全方位地发挥足够的能力，从而取得更好的经济效益。现阶段，融合其他现代管理思想和技术，面向全球市场，建设“国际优秀制造业”(World Class Manufacturing Excellence)。这一阶段倡导的观念是精益生产、约束理论(TOC)、先进制造技术、敏捷制造，以及现在热门的 Internet/Intranet 技术。

ERP 在中国的推广与应用已经历了近 20 年风风雨雨的历程，据不完全统计，我国目前已约有 700 家用户使用它来管理自己的企业。它作为一种先进的管理思想和工具已得到了人们的普遍共识，一些企业也很快获得了应有的回报，虽然由于某些原因使一些企业的应用不尽如人意，但是从主流来说，ERP 在中国的发展加速了我国企业管理现代化的进程，使越来越多的企业认识到只有实现企业管理信息化、现代化，企业才有活力和竞争实力，并渴望采用这种先进的管理模式和拥有这种先进的管理工具。

1. ERP 在宏观上的发展

ERP 最初是一种基于企业内部“供应链”的管理思想，在 MRPⅡ的基础上扩展了管理范围，给出了新的结构。它的基本思想是将企业的业务流程看成一个紧密连接的供应链，将企业内部划分成几个相互协同作业的支持子系统，如财务、市场营销、生产制造、质量控制、服务维护、工程技术等。

在功能的深度上，它在 MRPⅡ的基础上，增加了质量控制、运输、分销、售后服务与维护、市场开发、人事管理、实验室/配方管理、项目管理、融资投资管理、获利分析、经营风险管理等功能，并将这些功能都集成在企业的供应链中，原 MRPⅡ系统中对制造环节的管理只是 ERP 中的一个子系统，它和其他功能子系统一起把企业所有的制造场所、营销系统、财务系统紧密结合在一起，可以实现全球范围内的多工厂、多地点的跨国经营运作；它还能帮助企业实现“多品种小批量生产”和“大批量生产”两种情况或多种情况并存的混合型生产方式，满足企业多元化经营的需求；它的财务系统也不断地收到来自所有业务过程、分析系统和交叉功能子系统的触发信息，去监控整个业务过程，快速做出决策；它还具有决策分析功能，如决策、产品、融资投资、风险、企业合并、收购等。在企业级的范围内为企业提供了对质量控制、适应变化、客户满意度、绩效等关键问题的实时分析能力。这样，企业就超越了以物料需求为核心的生产经营管理范畴，能够更有效地安排自己的产、供、销和人、财、物，实现以客户为中心的经营战略。

在管理的广度方面，ERP 已打破了 MRPⅡ只局限在传统制造业的格局，并把它的触角伸向各行各业，如金融业、高科技产业、通信业、零售业等，从而使 ERP 的应用范围大大地扩展，并逐渐形成针对某种行业的解决方案。这是由于不论一个 ERP 软件的功能多么齐全，都无法覆盖所有行业中的特殊需求，即除了较为公用的需求，如采购、库存、计划、生产、质检、人事、财务等之外，还有一些与众不同的特殊需求，例如石油、天然气行业中的勘探与开采、土地使用与租赁，石油、天然气在运输途中其体积随温度、压力等因素变化而变化的测量、换算以及损益值的计算等；电力行业中的输配电、系统切换后的现场处理、电表的抄费计价等；零售业中的补货、变价、促销等，这些都需要有特殊的功能来解决和管理，从而需要有一套针对该行业的解决方案。为此，著名的德国 ERP 供应商 SAP 公司除了传统的制造业解决方案外，还与各个行业的应用专家一起开发并推出了商业与零售业、金融业、邮电与通信业、高科技产业、能源业、公共事业、工程与建筑业等共 18 个行业的解决方案，它以公用的财务（包括应收、应付、总账、合并、资产管理、成本管理、财务分析、资金管理、获利分析、投资融资管理等）、人事（包括薪资、差旅、工时、招聘、培训、发展计划、人事成本等）、后勤（包括订单、采购、库存、生产、质量控制、运输、分销等）等功能为核心，加入每一行业特殊的需求而成。有了行业的解决方案，就可满足不同行业业务的特殊需求，为企业应用 ERP 提高管理水平提供了更为广阔的空间。

从企业内部的供应链发展为全行业和跨行业的供应链。这是由于当企业面临全球化的大市场竞争环境时，任何一个企业都不可能在所有业务上成为世界上的佼佼者，如果全部业务都由自己来承担，它必然面对所有相关领域的竞争对手。因此，只有联合该行业中其他上下游企业，建立一条业务关系紧密、经济利益相连的供应链实现优势互补，才能适应社会化大生产的竞争环境，共同增强市场竞争实力，因此，供应链的概念就由狭义的企业内部业务流程扩展为广义的全行业供应链及跨行业的供应链。这种供应链或是由物料获取并加工成中间件或成品，再将成品送到消费者手中的一些企业和部门的供应链所构成的网络，或是由市场、加工、组装环节与流通环节建立一个相关业务间的动态企业联盟(又称虚拟公司，它是指为完成向市场提供商品或服务等任务而由多个企业相互联合所形成的一种合作组织形式，通过信息技术把这些企业连成一个网络)来进行跨地区、跨行业经营，以更有效地向市场提供商品和服务来完成单个企业不能承担的市场功能。这样，ERP 的管理范围也相应地由企业的内部拓展到整个行业的原材料供应、生产加工、配送环节、流通环节以及最终消费者。在整个行业中建立一个环环相扣的供应链，使多个企业能在一个整体的 ERP 管理下实现协作经营和协调运作。把这些企业的分散计划纳入整个供应链的计划中，从而大大增强了该供应链在大市场环境中的整体优势，同时也使每个企业之间均可实现以最小的个别成本和转换成本来获得成本优势。例如，在供应链统一的 ERP 计划下，上下游企业可最大限度地减少库存，使所有上游企业的产品能够准确、及时地到达下游企业，这样既加快了供应链上的物流速度，又减少了各企业的库存量和资金占用。通过这种整体供应链 ERP 管理的优化作用，来达到整个价值链的增值。

这种在整个行业中上下游的管理能够更有效地实现企业之间的供应链管理，以此实现其业务跨行业、跨地区甚至跨国的经营，对大市场的需求做出快速的响应。在它的作用下，供应链上的产品可实现及时生产、及时交付、及时配送、及时地交到最终消费者手中，快速实现资本循环和价值链增值，最大限度地为产品市场提供完整的产品组合，缩短产品生产和流通的周期，使产品生产环节进一步向流通环节靠拢，缩短供给市场与需求市场的距离，既减少了各企业的库存量和资金占用，还可及时地获得最终消费市场的需求信息，使整个供应链均能紧跟市场的变化。

2. ERP 在微观上的发展

(1) 在财务功能上，ERP 已逐渐从“账务”型管理向“理财”型管理发展

“理财”型的财务管理突破了以往只重视账务管理的观念。

① 它要考虑企业投资者的利益，即实现股东(投资者)财富的最大化。企业要取得长远的发展，必须在金融市场上以较低的费用成本和较低的风险有效地进行筹资，并将企业的业务经营和管理过程直接同重要的股东利益相关联，使投资者的资本能够实现高于其资本平均回报的增值。

② 在日常的业务经营过程中合理安排好企业的资金结构和资金需求量，合理调度现有资金并加强资金控制，尽可能优化和有效地配置资金，使资金管理做到及时筹措、有效投资，以保证企业能够正常运转和稳步及超速发展。

③ 加强成本的管理、控制与获利能力的分析。除了要控制每种产品的成本之外，还要对每个部门或事业部的成本进行考核和控制，这可以通过把不同的部门划分为不同的成本中心，对这些成本中心进行成本管理和控制，使生产和经营的成本缩减到最小，实现企业的成本优化。同理，获利能力分析也是对不同的产品和不同的部门进行的，可使企业实现有效的利润规划、预算控制及业绩考核等财务管理功能。用户可以按产品/产品组、客户/客户群、地区、销售机构、分销渠道，以及它们的任意组合灵活地从不同角度分析企业的获利情况，辅助管理决策。例如，某企业有多种产品，可以通过对各种产品获利能力的分析来确定哪种产品获利能力

强，从而在下一计划期内多生产或多进货，也可以对各种产品根据不同的地区来进行分析，以使每种产品都能准确地流向销路最好的区域，实现资源最有效的配置。

④ 企业经营运作过程中的资金管理，是对企业在采购、销售等供应链业务过程及贷款、证券操作等财务业务所产生的或可能产生的资金流进行预测和监控，从而可以随时监控企业的现金流动状况并预测企业未来的资金情况，企业有多大资金缺口或有多少富余资金，根据这些资金预测信息、企业财务业务目标和原则及市场信息来决定以什么样的方式参与货币市场，为企业业务运作及时、经济地筹集资金或合理安排资金投向，提高资金的使用效益。

⑤ 市场风险管理，主要有汇率风险和利率风险管理两大功能，它可以使企业随时跟踪市场汇率、利率(如 LIBOR、FIBOR)、证券价格等市场数据，然后根据这些市场数据，利用国际通行的方法和数学模型对采购、销售等供应链业务过程所产生的现金流进行风险分析，以确定是否有必要及如何进行风险防范，使企业在恰当的时间采取合适的风险防范措施，保护和巩固供应链业务运作的经营成果。在当前国际金融市场频繁动荡的情况下，该模块对企业，尤其是那些外向型企业更具有现实意义。

(2)提供各种信息以支持企业组织中的运营、管理及决策功能

企业面临一个越来越动态化的市场竞争环境和全球一体化的经济环境，产品生命周期越来越短，需要处理来源于企业外部和内部大量业务的信息数据，企业管理必须将战略计划同企业计划相连接，并进行有效的模拟自动处理，这就要求系统能够提供各种信息以支持企业组织中的运营、管理及决策功能，其目的是为了满足管理人员的需要，运用公司中各部门、各地区的集成信息，以及决策层的知识和智慧来为公司的发展、经营等做出及时而准确的决策，提高生产率和工作效率，使公司获得利润最大化。为此，企业管理的重点逐渐从业务层次的管理转向战略决策层的管理。例如，SAP 公司为了满足全球化企业这种新的需求，推出了企业管理驾驶舱的新观念和新功能，可使企业在进行集体化经营过程中实现集团决策支持，使集团企业决策面向高层次、战略性、大范围的决策管理，它容许企业在最复杂的、动态的环境中进行控制，并使企业的信息流更加畅通，在复杂的结构中实现管理层次上的交流，使决策者将其注意力集中到影响公司业务的关键点上。从 SAP 的业务数据仓库(BW)和企业控制 - 执行信息系统(EC-EIS)中查看和提取公司的交易和业务经营信息和资料，如财务指标、市场环境与竞争对手的情况、公司内部的业务过程和公司员工的状况、战略性项目的状况等，从而利用这些信息形成制定公司战略、战术决策的辅助参考资料，来影响和指导决策，并付诸行动，再将该行动转化为利润。先进的 IT 技术也为这种行业供应链的管理提供了支持，如网络技术、Internet/Intranet 技术、EDI 技术、条码技术、电子商务技术、数据仓库技术、远程通信技术等，使得供应链或虚拟的企业联盟供应链上的各企业在业务往来和数据传递过程中实现电子方式连接。在管理技术上，ERP 也为企业提供了从内部到外部各环节上的管理工具。这样，ERP 将为企业提供更多、更好的功能，来帮助企业实现管理信息化和现代化，提升其市场竞争力和综合实力。

从 IT 技术的角度来讲，ERP 自身的发展基本经历了 3 个阶段。第一阶段是主机/工作站技术阶段，第二阶段是客户–服务器技术阶段，第三阶段是互联网技术阶段。如果说从第一阶段转向第二阶段只是一个技术平台转变的话，那么第三阶段的变化就不仅限于此了，而更是一种业务平台、商业平台和经济平台的改变。互联网的广泛性、共享性和交互性改变了人们的生活，也同样改变了商业环境。企业面对庞大的外部信息和快速变化，必须从传统的注重内部资源的管理利用转向注重外部资源的管理利用，从企业内的业务集成转向企业间的业务协同。为此，新一代的 ERP 产品正在向客户端和供应端延伸，客户端的延伸是客户关系管理，而供应端的延伸则是跨企

业供应链的同步管理。这两个延伸又恰好嵌入网上电子交易中，从而形成了一个从企业内部到企业外部的完整的电子商务解决方案。

9.2 ERP 系统的功能目标及与其他 CIMS 单元技术的关系

9.2.1 ERP 系统的功能目标

ERP 管理体系作为支持企业谋求新形势下竞争优势的手段，其涉及面很广，包含了企业的所有资源，同时，其应用又起到了“管理驱动”的作用。总的来说，ERP 在原有功能的基础上，使 MRPⅡ向内、外两个方向延伸，向内主张以精益生产方式改造企业生产管理系统，向外则增加战略决策功能和供应链管理功能。这样，ERP 管理系统主要由以下六大功能目标组成。

1. 支持企业整体发展战略的战略经营系统

该系统的目标是在多变的市场环境中建立与企业整体发展战略相适应的战略经营系统。具体地说，就是实现 Intranet 与 Internet 相连接的战略信息系统。完善决策支持服务体系，为决策者提供企业全方位的信息支持。完善人力资源开发与管理系统，做到既面向市场，又注重培训企业内部的现有人员。

2. 实现全球大市场营销战略与集成化市场营销

这是对市场营销战略的一个扩展。目标是实现在市场规划、广告策略、价格策略、服务、销售、分销、预测等方面进行信息集成和管理集成，以顺利推行基于“顾客永远满意”的经营方针。建立和完善企业商业风险预警机制和风险管理系统。进行经常性的市场营销与产品开发、生产集成性评价工作。优化企业的物流系统，实现集成化的销售链管理。

3. 完善企业成本管理机制，建立全面成本管理系统

目前，我国企业所处的环境可以说是一个不完全竞争的市场环境，价格在竞争中仍旧占据着重要的地位。ERP 中这部分的作用和目标就是建立和保持企业的成本优势，并由企业成本领先战略体系和全面成本管理（Total Cost Management）系统予以保障。

4. 应用新的技术开发和工程设计管理模式

ERP 的一个重要目标就是通过对系统各部门持续不断的改进，最终提供给顾客满意的产品和服务。从这个角度出发，ERP 致力于构筑企业核心技术体系，建立和完善开发与控制系统之间的递阶控制机制，实现从顶向下和从底至上的技术协调机制，利用 Internet 实现企业与外界的良好的信息沟通。

5. 建立敏捷后勤管理系统

ERP 的核心是 MRPⅡ，而 MRPⅡ的核心是 MRP。很多企业存在着供应链影响企业生产柔性的情况。ERP 的一个重要目标就是在 MRP 的基础上建立敏捷后勤（Agile Logistics）管理系统，以解决制约新产品推出的瓶颈——供应柔性差，缩短生产准备周期；增加与外部协作单位的技术和生产信息的及时交互；改进现场管理方法，缩短关键物料供应周期。

6. 实施精益生产方式

由于制造企业的核心仍是生产，应用精益生产方式对生产系统进行改造不仅是制造业的发展趋势，而且也将使 ERP 的管理体系更加牢固，所以，ERP 主张将精益生产方式的哲理引进企业的生产管理系统，其目标是通过精益生产方式的实施使管理体系的运行更加顺畅。作为企业谋求 21 世纪竞争优势的先进管理手段，ERP 系统所涉及的方面和应当实现的目标是不断扩展的，相信还会有更新的管理方法和管理模式产生。在日趋激烈的市场竞争中，任何管理方法和手段的最终目标只有一个，即开发、保持和发展企业的竞争优势，使企业在竞争中永远立于不败之地。

9.2.2 ERP 与其他 CIMS 单元技术的关系

ERP 与其他 CIMS 单元技术的关系可用图 9-3 说明，图中标明了主要的相关信息和数据，这里不再赘述。在各种单元技术中，ERP 同 CAD/CAPP/CAM 的信息交换最为密切，运行 ERP 系统的最基本的数据，如描述产品结构的物料清单要来自 CAD，要通过产品数据管理(Product Data Management， PDM)系统从 CAD 系统将 ERP/MRP Ⅱ 所需的信息转换过来；设计更改信息要从 CAD 及时输入 ERP 系统。有关工作中心、工艺路线、工时定额和工具的信息要来自 CAPP 或 GT(Group Technology，成组技术)；ERP 生成的生产计划又要提供给 CAM 或 FMS (Flexible Manufacturing System，柔性制造系统)。在新产品较多、设计修改频繁的情况下，为了迅速响应不断的变化，这种信息和数据交换更为重要。应当看到，ERP 在 CIMS 系统中主要起生产的计划与控制作用，必须和其他技术集成到一起，才能全面增强企业的竞争力。

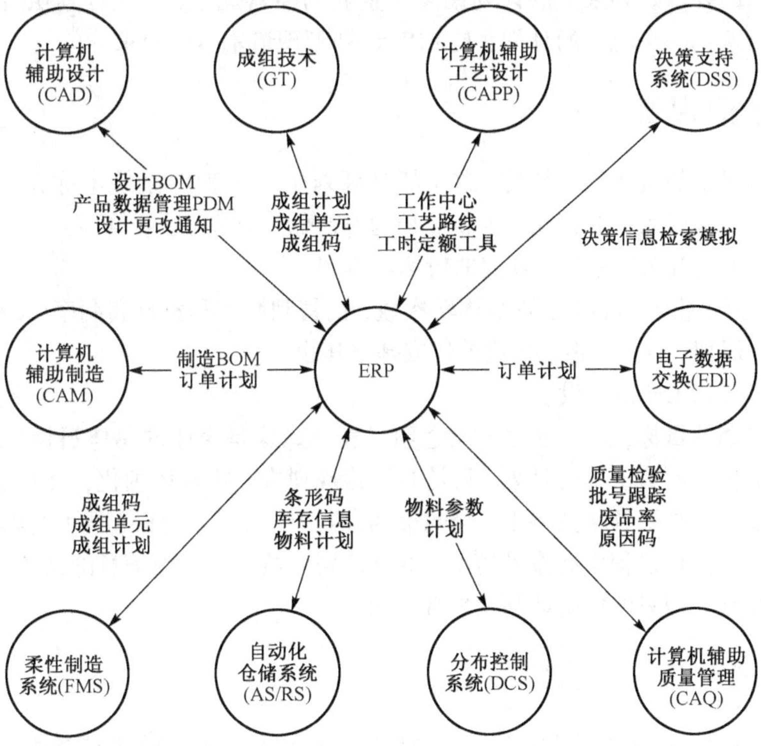

图 9-3　ERP 与其他 CIMS 单元技术的关系

9.3　ERP系统的计划层次

ERP有5个计划层次，即经营规划、销售与运作规划（生产规划）、主生产计划、物料需求计划、车间作业控制（或生产作业控制）。采购作业也属于第5个层次，但它不涉及企业本身的能力资源。划分计划层次的目的是为了体现计划管理由宏观到微观、由战略到战术、由粗到细的深化过程。在对市场需求的估计和预测成分占较大比重的阶段，计划内容比较粗略，计划跨度也比较长。一旦进入客观需求比较具体的阶段，计划内容比较详细，计划跨度也比较短，处理的信息量大幅度增加，计划方法同传统手工管理的区别也比较大。划分层次的另一个目的是为了明确责任，不同层次计划的制订或实施由不同的管理层负责。在5个层次中，经营规划和销售与运作规划带有宏观规划的性质。主生产计划是宏观向微观过渡的层次。物料需求计划是微观计划的开始，是具体的详细计划。而车间作业控制或生产作业控制是进入执行或控制计划的阶段。通常把前3个层次称为主控计划（Master Planning），说明它们是制定企业经营战略目标的层次。企业的计划必须是切实和可行的，否则，再宏伟的目标也是没有意义的。任何一个计划层次都包括需求和供给两个方面，也就是需求计划和能力计划。要进行不同深度的供需平衡，并根据反馈的信息，运用模拟方法加以调整或修订。

每一个计划层次都要回答3个问题：① 生产什么？生产多少？何时需要？② 需要多少能力资源？③ 有无矛盾？如何协调？换句话说，每一个层次都要处理好需求与供给的矛盾。做到计划既落实可行，又不偏离经营规划的目标。上一层的计划是下一层计划的依据，下层计划要符合上层计划的要求。如果下层计划偏离了企业的经营规划，即使计划执行得再好也是没有意义的。全厂遵循一个统一的计划，是ERP计划管理最基本的要求。

9.3.1　经营规划

企业的计划是从长远规划开始的，这个战略规划层次在ERP系统中称为经营规划。经营规划要确定企业的经营目标和策略，为企业长远发展做出规划，主要包括：

- 产品开发方向及市场定位，预期的市场占有率；
- 营业额、销售收入与利润、资金周转次数、销售利润率和资金利润率（ROI）；
- 长远能力规划、技术改造、企业扩建或基本建设；
- 员工培训及职工队伍建设。

企业经营规划的目标，通常以货币或金额来表达。这是企业的总体目标，是ERP系统其他各层计划的依据。所有层次的计划，只是对经营规划进一步具体细化，而不允许偏离经营规划。经营规划在企业高层领导主持下，会同市场、生产、计划、物料、技术与财务各部门的负责人共同制定。在执行过程中有意外情况，下层计划人员只有反馈信息的义务，没有变动规划的权限。变更经营规划只能由企业高层领导决策。

9.3.2　销售与运作规划

销售与运作规划是ERP系统的第二个计划层次。在早期的MRPⅡ流程中分为销售规划与生产规划（或产品规划）两个层次，由于它们之间有不可分割的联系，后来合并为一个层次。

销售与运作规划是为了体现企业经营规划而制定的产品系列生产大纲，按ERP标准系统要求，软件应包括这个计划层次，但由于它主要由人工方式进行决策并录入数据，不是由系统运算得出结果的，因此，并非所有的软件都包括这层计划功能。

销售与运作规划的作用如下：

① 把经营规划中用货币表达的目标转换为用产品系列的产量来表达；

② 制定一个均衡的月产率，以便均衡地利用资源，保持稳定生产；

③ 控制拖欠量（对MTO）或库存量（对MTS）；

④ 作为编制主生产计划（MPS）的依据。

销售规划不一定和生产规划完全一致。例如，销售规划要反映季节性需求，而生产规划要考虑均衡生产。在不同的销售环境下，生产规划的侧重点也不同。对现货生产（MTS）类型的产品，生产规划在确定月产率时，要考虑已有库存量。如果要提高成品库存资金周转次数，年末库存水准要低于年初，那么，生产规划的月产量就低于销售规划的预测值，不足部分用消耗库存量来弥补。对订货生产（MTO）类型的产品，生产规划要考虑未交付的拖欠订单量（Backlog），如果要减少拖欠量，那么，生产规划的月产量要大于销售规划的预计销售量。

同销售与运作规划相伴运行的能力计划是资源需求计划（Resource Requirements Planning）。资源需求计划所指的资源是关键资源，可以是关键工作中心的工时、关键原材料（受市场供应能力或供应商生产能力限制）、资金等。用每一种产品系列消耗关键资源的综合平均指标（如工时/台、吨/台或元/台）来计算。ERP是一种分时段的计划，计算资源需求量必须同生产规划采用的时间段一致（如月份），不能按全年笼统计算。只有经过按时段平衡了供应与需求后的生产规划，才能作为下一个计划层次——主生产计划的输入信息。有些ERP软件是从销售与运作规划（SOP）层次开始的。计划期一般为1年，时段为月，至少每月复核一次，进行必要的修订。

9.3.3 主生产计划

主生产计划（MPS）在ERP系统中是一个重要的计划层次，是传统手工管理没有的新概念。它根据客户合同和预测，把销售与运作规划中的产品系列具体化，确定出厂产品，使之成为展开MRP与CRP运算的主要依据，起到了从宏观计划向微观计划过渡的承上启下的作用。主生产计划又是联系市场、主机厂或配套厂及销售网点（面向企业外部）同生产制造（面向企业内部）的桥梁，使生产计划和能力计划符合销售计划要求的优先顺序，并能适应不断变化的市场需求。同时，主生产计划又能向销售部门提供生产和库存信息，提供可供销售量的信息，作为同客户洽商的依据，起到了沟通内外的作用。总之，主生产计划在ERP系统中的位置是一个上下内外交叉的枢纽，地位十分重要。

在运行主生产计划时要相伴运行粗能力计划，只有经过按时段平衡了供应与需求后的主生产计划，才能作为下一个计划层次——物料需求计划的输入信息。主生产计划必须是现实可行的，需求量和需求时间都是符合现实的，没有夸大或缩小。它必须是一种可以执行的目标。只有可执行的才是可信的，才能使企业全体员工认真负责地去完成计划。因此，主生产计划编制和控制是否得当，在相当大的程度上关系到ERP系统的成败。它之所以称为“主”生产计划，就是因为它在ERP系统中起着“主控”的作用。强调主生产计划的重要意义是指普遍的情况，特别是多品种小批量和有多种变型的系列产品的情况。如果企业产品的生产周期特别长，如在9或10个月以上，同时每年生产的数量又只有少数几台，那么主生产计划的重要性可能就不十分明显。德国的重型设备制造业习惯用一种粗计划/细计划的计划系统，主生产计划相当于这种系统中的矩阵粗计划，也就是负荷/能力矩阵。

主生产计划的计划对象是把生产规划中的产品系列具体化以后的出厂产品，通称最终成品(End Item)。最终成品通常是独立需求件，但是由于销售环境不同，作为计划对象的最终成品其含义也不相同。

① 现货生产(MTS)通常是流通领域直接销售的产品，MPS 计划对象通常是 A 形产品结构中的顶层。这类产品的需求量往往根据分销网点的反馈信息(分销资源计划)或预测。对产品系列下有多种具体产品的情况，有时要根据市场分析估计各类产品占系列产品总产量的比例。此时，生产规划的计划对象是系列产品，MPS 的计划对象是按预测比例计算的具体产品。

② 订货生产(MTO)及专项生产(CTO)的最终成品一般就是标准定型产品或按订货要求设计的产品，通常也是产品结构中 0 层的最终产品。对钢材生产这种类型的订货生产，同一种钢号的钢坯可轧制出规格繁多的钢材，这时，MPS 的计划对象可以放在按钢号区分的钢坯上(相当于 T 形或 V 形产品结构的底层)，以减少计划物料的数量，然后，再根据订单确定最终产品。

③ 订货组装(ATO)。对模块化产品结构，产品可有多种搭配选择时，用总装进度(FAS)安排出厂产品的计划，用多层 MPS 和计划 BOM(Bill of Material)制定通用件、基本组件和可选件的计划。这时，MPS 的计划对象相当于 X 形产品结构中“腰部”的物料，顶部物料是 FAS 的计划对象。

主生产计划以出厂产品为对象，按每种产品分别显示计划报表。报表的生成主要根据预测和合同信息，显示该产品在未来各时段的需求量、库存量和计划生产量。报表格式有横式和竖式两种。横式报表主要说明需求和供给以及库存量的计算过程。

9.3.4 物料需求计划

物料需求计划(Material Requirement Planning，MRP)指根据产品结构各层次物品的从属和数量关系，以每个物品为计划对象，以完工时期为时间基准倒排计划，按提前期长短区别各个物品下达计划时间的先后顺序，是一种工业制造企业内物资计划管理模式。MRP 是根据市场需求预测和顾客订单制定产品的生产计划，然后基于产品生成进度计划、组成产品的材料结构表和库存状况，通过计算机计算所需物资的需求量和需求时间，从而确定材料的加工进度和订货日程的一种实用技术。其主要内容包括客户需求管理、产品生产计划、原材料计划及库存记录。其中客户需求管理包括客户订单管理及销售预测，将实际的客户订单数与科学的客户需求预测相结合即能得出客户需要什么以及需求多少。

物料需求计划是一种推式体系，根据预测和客户订单安排生产计划。因此，MRP 基于天生不精确的预测建立计划，“推动”物料经过生产流程。也就是说，传统 MRP 方法依靠物料运动经过功能导向的工作中心或生产线(而非精益单元)，这种方法是为最大化效率和大批量生产来降低单位成本而设计的。计划、调度并管理生产以满足实际和预测的需求组合。生产订单出自主生产计划(MPS)，然后经由 MRP 计划出的订单被“推”向工厂车间及库存。

物资需求计划实现的目标是及时取得生产所需的原材料及零部件，保证按时供应用户所需产品；保证尽可能低的库存水平；计划企业的生产活动与采购活动，使各部门生产的零部件、外购件与装配的要求在时间和数量上精确衔接。MRP 主要用于生产“组装”型产品的制造业。在实施 MRP 时，与市场需求相适应的销售计划是 MRP 成功的最基本的要素。但 MRP 也存在局限，即资源仅仅局限于企业内部和决策结构化的倾向明显。

1. MRP 基础数据

由于物料需求计划是把主生产计划安排生产的产品分解为各个零部件的生产计划和采购件的采购计划，因此，制订物料需求计划前就必须具备以下的基本数据：

第一项数据是主生产计划(MPS)，它指明在某一计划时间段内应生产出的各种产品和备件，它是物料需求计划制订的一个最重要的数据来源；

第二项数据是物料清单(BOM)，它指明了物料之间的结构关系，以及每种物料需求的数量，它是物料需求计划系统中最为基础的数据；

第三项数据是库存记录(Inventory)，它把每个物料品目的现有库存量和计划接受量的实际状态反映出来；

第四项数据是提前期(LT)，决定着每种物料何时开工、何时完工。

应该说，这四项数据都是至关重要、缺一不可的。缺少其中任何一项或任何一项中的数据不完整，物料需求计划的制订都将是不准确的。因此，在制订物料需求计划之前，这四项数据都必须先完整地建立好，而且保证是绝对可靠的、可执行的数据。

2. MRP 运算公式

① 批量规则，主要有如下情况。

最大批量：计划下达数量大于此批量时，系统取此批量为下达量；

最小批量：计划下达数量小于此批量时，系统取此批量为下达量；

固定批量：每次订货按固定值下达；

直接批量：完全根据需求量决定的批量；

固定周期批量：每次订货间隔周期相同，批量数不一定相同(按周期合并净需求，作为计划量下达)；

周期批量：根据经济订货批量计算间隔期，决定订货次数，订货批量随需求变动；

倍数批量：需求量小于该批量，按该批量计算；大于该批量，按该批量整数倍计算。

② 毛需求量(GR)：初步的需求数量(三个时区不同确定方法)。

③ 计划接收量(SR)：指前期已经下达的正在执行中的订单，将在某个时间的产出数量。

④ 预计可用库存量(PAB)：

预计可用库存量＝该时段的现有库存量＋计划接收量（执行中的订单，预期到货，即将入库）－本时段毛需求量＋计划产出量

⑤ 净需求量(NR)：

净需求量＝本时段毛需求－可用库存－计划接收量＋安全库存

⑥ 计划产出量系统：根据批量规则计算得到的供应数量。

⑦ 计划投入量：根据计划产出量、物料提前期及物品的合格率等计算得到的投入数量。

⑧ 可供销售量(ATP)：

可供销售量＝某时段的计划产出量－该时段的订单量

⑨ 安全库存量(最小库存量)：必要时可动用，但系统会建议补充。

一般来说，物料需求计划的制订是遵照先通过主生产计划导出有关物料的需求量与需求时间，然后，再根据物料的提前期确定投产或订货时间的计算思路。

3. MRP 运算步骤

① 计算物料的毛需求量。根据主生产计划、物料清单得到第一层级物料品目的毛需求量，再通过第一层级物料品目计算出下一层级物料品目的毛需求量，依次一直往下展开计算，直到最低层级原材料毛坯或采购件为止。

② 净需求量计算。

③ 批量计算。由相关计划人员对物料生产做出批量策略决定，不管采用何种批量规则或不采用批量规则，净需求量计算后都应该表明有否批量要求。

④ 安全库存量、废品率和损耗率等的计算。由相关计划人员来规划是否要对每个物料的净需求量做这三项计算。

⑤ 下达计划订单。通过以上计算后，根据提前期生成计划订单。物料需求计划所生成的计划订单，要通过能力资源平衡确认后，才能开始正式下达计划订单。

⑥ 再一次计算。物料需求计划的再次生成大致有两种方式：第一种方式会对库存信息重新计算，同时覆盖原来计算的数据，生成的是全新的物料需求计划；第二种方式则只是在制订、生成物料需求计划的条件发生变化时，才相应地更新物料需求计划有关部分的记录。这两种生成方式都有实际应用的案例，至于选择哪一种要看企业实际的条件和状况。

⑦ 物料需求计划表格并没有统一格式，常用格式见表 9-1。

表 9-1　MRP 报表

8	现有量	分配量	安全库存	低层码	物料号	时段	当期	1	2	3	4	5	6	7
2	40	10	10	2	C	毛需求		24		40		25	5	24
						计划接收量		30						
						PAB 初值		36		-4		-15	5	-14
						预计库存量	30	36	36	10	10	10	10	10
						净需求		0		14		25	5	24
						计划产出量				14		25	5	24
						计划投入量		14		25	5	24		

例 9.1　同花顺公司生产产品 X，其部分 BOM（物料清单）结构如图 9-4 所示，X 层级码为 0，A 物料层级码为 1，C 物料层级码为 2，O 物料层级码为 3。生产 1 个 X 产品需要 1 个 A 物料，生产 1 个 A 物料需要 2 个 C 物料，生产 1 个 C 物料需要 2 个 O 物料，O 物料为底层物料，需要对外采购。

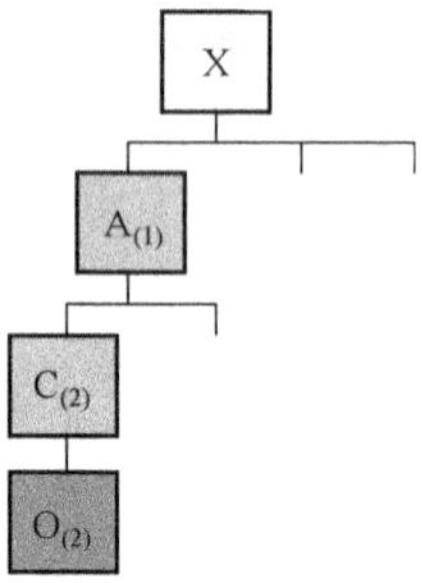

图 9-4　X 产品物料清单（部分）

X 产品的主生产计划见表 9-2，X 产品提前期为 1，批量为 1，现有库存量为 0。A 物料提前期为 1，批量为 1，现有库存量为 0。C 物料提前期为 1，批量为 1，现有库存量为 0。O 物料提前期为 2，批量为 40，现有库存量为 10。

表 9-2　X 产品的主生产计划

时段	1	2	3	4	5	6	7	8	9	10	11	12
计划产出量			10		10		10		10		10	
计划投入量		10		10		10		10		10		5

注：X 物料，提前期 =1，批量 =1，现有量 =0

解 按照 MRP 运算步骤，根据 BOM，逐层展开，计算每种物料的投入量和需求量。

首先，计算 A 物料的需求计划，因为第 8 期 X 物料的计划投入量的 10，所以反映到 A 物料需求计划表上为第 8 期 A 物料的计划产出量为 10，A 的提前期为 1，则需要在第 7 期计划投入 A 物料数量为 10，其余以此类推。得出物料的需求计划见表 9-3。

表 9-3　A 物料的需求计划

时段	1	2	3	4	5	6	7	8	9	10	11	12
计划产出量		10		10		10		10		10		5
计划投入量	10		10		10		10		10		5	

注：A 物料，提前期 =1，批量 =1，现有量 =0

其次，计算 C 物料的需求计划。因为第 7 期 A 物料计划投入量为 10，并且生产 1 个 A 物料需求 C 物料为 2，所以反映到 C 物料需求计划上为第 7 期 C 物料的计划产出量为 20。因为 C 物料提前期为 1，所以第 6 期的 C 物料的计划投入量为 20，其余以此类推。得出物料的需求计划见表 9-4。

表 9-4　C 物料的需求计划

时段	1	2	3	4	5	6	7	8	9	10	11	12
计划接收量	20											
计划产出量			20		20		20		20		10	
计划投入量		20		20		20		20		10		10

注：C 物料，提前期 =1，批量 =1，现有量 =0

最后，计算 O 物料需求计划，O 物料为最底层物料，全部对外采购。因为第 6 期 C 物料的投入量为 20，并且生产 1 个 C 物料需求 2 个 O 物料，所以反映到 O 物料的需求计划上为第 6 期毛需求为 40，又因为 O 物料第 5 期的预计库存量为 10，所以第 6 期 O 物料的净需求为 30，根据批量为 40 的规则，最低采购量为 40，则第 6 期 O 物料的计划产出量也就是采购量为 40，多采购的 10(毛需求 40 减去净需求 30)转为下期库存。又由于 O 物料提前期为 2，则 O 物料在第 4 期的计划投入量为 40，其余依次类推。得出物料需求计划见表 9-5。

表 9-5　O 物料的需求计划

时段	1	2	3	4	5	6	7	8	9	10	11	12
毛需求		40		40		40		40		20		20
计划接收量						(40)						
预计库存量	50				10	10	10					
净需求						30						
计划产出量						40						
计划投入量				40								

注：O 物料，提前期 =2，批量 =40，现有量 =10

总结，同花顺公司 X 产品物料需求计划运算过程如图 9-5 所示。

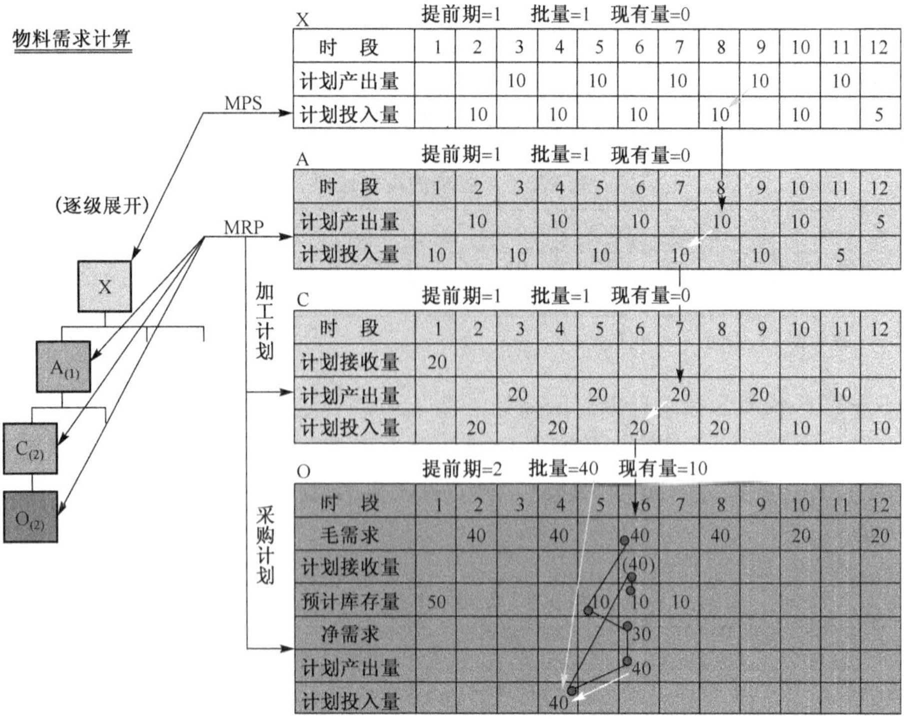

图 9-5　MRP 计算过程

9.3.5　车间作业控制

1. 车间作业控制(SFC)的内容

在 ERP 系统中，车间作业控制(Shop Floor Control，SFC)同采购作业一样都是计划的执行层次。SFC 只是执行计划，不能改动计划。因此，在 MRPⅡ中对车间作业用“控制”而不用“计划”。控制在这里有 3 个意义：

- 控制生产作业在执行中不偏离 MPS/MRP 计划；
- 出现偏离时，采取措施，纠正偏差。若无法纠正，将信息反馈到计划层；
- 报告生产作业执行结果。

具体说来，SFC 要控制以下内容。

① 控制加工单的下达。只有在物料、能力、提前期和工具都齐备的情况下才下达订单，以免造成生产中的混乱。通过查询一系列报表，如加工单、库存分配、例外短缺、工艺路线、能力计划、工作日历等来核实。

② 控制加工件在工作中心加工的工序优先级(根据加工单的完工日期)，具体讲就是生成下达订单、派工单及车间文档(文档包括图纸、工艺过程卡、领料单、工票等)。

③ 控制投入和产出的工作量，保持物流稳定；同时控制排队时间、提前期和在制品库存。

④ 控制加工成本(包括返修、废品、材料利用、工时等)，结清订单，完成库存事务处理。

SFC 主要是针对离散机群生产方式(Job Shop)的控制，如果把对重复式生产和流程式生产的控制也包括进来，通常统称为生产作业控制(Production Activity Control，PAC)，PAC 同 SFC 在含义上是有区别的。

运行 SFC 的主要信息依据是：MRP 生成的建议计划或确认计划，以及人工添加的订单(加工什么)；工艺路线文件(加工顺序)；工作中心文件(在何处加工)；工艺装备或专用工具文件(参考用)。

2. SPC 系统中的常用查询报表

在 SFC 系统中，一般软件提供的常用查询报表有以下几类，这些报表反映的动态信息已超出了手工管理统计报表的概念，因此，不能简单地称为统计报表。

① 物料和能力可用量报表。根据加工单上物料的数量和时间，系统自动显示所需的物料及能力，若有短缺也将自动标识。

② 加工单状态报表。按已下达、已发料、短缺或例外情况、部分完成、完成未结算、完成已结算等分别报告。

③ 工序状态报表。说明需求量、完成量、报废量、传送量，同时说明材料和工时消耗以及发生的成本。

9.4 ERP 系统规划

如果企业确实有迫切的需求，且具备实施 ERP 的条件和能力，就要周密细致地规划企业实施 ERP 的目标和过程。根据企业的实际需求和现实技术经济能力，规划企业是先上 MRPⅡ还是直接上 ERP，是以物流为核心还是以资金流为核心，是分期实施还是全面实施，哪一部分先上哪一部分后上，每一个子系统或模块的功能和要实现的具体目标，各类信息的分类、编码，数据的来源与去向，共享关系等。规划中要确定管理队伍、操作队伍、硬件系统、软件工具、执行机构等方案。目标一旦确定，实施过程中就要严格按照这个方向努力，虽然实施过程中会出现调整，但要尽量避免大幅度变更和推倒重来，减少反复引起的动荡、返工和投资浪费，同时这些具体的功能和明确的目标，也是工程竣工后鉴定、验收及付款的依据。

9.4.1 ERP 系统规划的出发点

ERP 系统规划是面向未来、全局性和关键性的问题；其工作环境是组织管理环境，高层信息管理人员和高层管理人员是工作主体，为整个系统建设确定目标、战略、系统总体结构方案和资源计划；规划人员对管理和技术的理解程度、对管理和技术的发展见识，以及开创精神与务实态度是规划工作的决定因素。

1. 系统规划要解决的问题

系统规划的几个关键问题，也是系统规划要解决的几个问题。

① 组织战略计划是核心。

② 解决问题的有效性是关键。

③ 应变能力是企业信息系统建设和应用的瓶颈问题。

④ 人、管理、技术应协调发展。

2. 系统规划的出发点

① 信息系统必须支持企业的目标。信息系统是一个企业的有机组成部分，并对企业的总体有效性起关键性作用，一定要支持组织的企业需求并直接影响其目标，因而规划过程必须是企业战略转化的过程：企业战略的任务、目标→规划过程→信息系统的目标、战略、总体结构。

② 信息系统的战略应当表达企业中各管理层次(战略计划层、管理控制层、操作控制层)的需求。

③ 信息系统应向整个组织提供一致性的信息。

④ 信息系统应在组织机构和管理体制改变时保持工作能力。

9.4.2 系统规划的原则

1. 要有明确、量化的目标

不管做什么事都要有明确、量化的目标。ERP 在我国应用之所以未能取得预期效果，其中一个很重要的原因就是应用目标过于定性、空泛，难以具体实施和控制，这个问题应引起大家的重视和关注。制定一个明确、量化的 ERP 应用目标是一件难度很大的事情，整个过程需要企业厂长(经理)、各级管理人员提高思想认识，通过系统分析及借用外脑(引入管理咨询)才能有效地完成这项工作。ERP 应用目标的主要内容应充分反映企业通过 ERP 应用，将在生产经营管理方面有哪些改进、提高和创新。应用目标一旦制定后，必须按期、按质实现，同时该目标也将作为企业 ERP 项目实施绩效评价的重要依据。

2. 采用“稳扎稳打，步步为营”的方针

以下是 ASIMCO(亚洲战略投资公司)在某企业实施 MRPⅡ项目(Fourth Shift 系统)时采用的实施步骤。

① 实施财务系统。因为财务系统本身有章可循，使用 Fourth Shift 系统管理总账、应收账款和应付账款，稳定运行一个月后，就可得到各类财务报表，以及手工系统中需要花费大量精力才能得到的一些分析报告。但在实施过程中也发现手工系统的一些问题，例如明细账和总账不一致，应收账款销售部门与财务部门不一致等。发现并解决手工管理的问题促进了管理工作，这给合资企业领导层一个印象：实施 MRPⅡ项目可以规范企业管理，发现和解决企业管理中的问题，提高企业的管理水平。

② 实施经营和库存管理部分，包括销售和产成品库存管理、采购和原材料、采购件的库存管理，并分别实现与财务系统的集成。在这一步实施中，重点需要解决的问题是部门之间的协调和有效配合。使用手工系统时，各部门各自为政，不存在或很少存在部门间配合的问题。在使用 Fourth Shift 系统后，各部门共享一个数据库，有些规定要在全公司内实行，因此必然导致部门间利益的冲突。这一步实施的重点是协调部门间的关系，从提高整个企业的管理水平出发，打破部门界限，将各部门的信息孤岛统一到 Fourth Shift 系统上来。这一步实施成功后，各部门的数据来源是唯一的，所得到的结果也是相同的，实现了全厂信息的统一。

③ 实施生产部分，包括物料清单、半成品库存的管理、生产订单下达以及计划展开。这部分实施需要将以前比较混乱的生产流程进行量化，使物流按计划进行，改变以往的粗放式管

理，逐步实现以销定产、以生产驱动采购的目标。这个过程是实施MRPⅡ系统的核心部分，也是最见效益的部分，但这一步的实施难度较大，它要求库存记录和物料清单的准确度达到98%以上，物料的计划参数尽量合理并在运行过程中逐步微调，使之达到相对理想的状态。实施生产部分涉及的部门更多，特别是在建立产品的物料清单时，需要产品设计、工艺、生产等各部门的参与，在准备基础数据时常常会发现，由于手工管理问题，工程的改变不能在整个企业内统一实现，使用MRPⅡ系统则解决了这一问题。

④ 实施成本核算系统，实现生产、经营与财务的集成。在库存记录、物料清单准确及整个系统的操作规程完善以后，才能通过实施成本核算系统实现整个系统的集成。可以看出，前几步的实施工作是实现整个系统集成的基础，基础不牢则整个系统的集成难以成功。这一步的工作重点放在成本数据的准确性、成本差异的分析和分配上，只有成本数据准确、及时地分析和控制差异才能起到降低成本的作用。

3. 选择恰当的试点项目

实施时，试点项目的选择是一个重要因素。是从一个软件模块开始试用，还是同时运行许多模块？是从一个产品开始用，还是同时在全部产品上试用？是选择正式投产的产品试用，还是选择新产品试用？回答是可以选择一个产品作为试点项目，这样就能较快地走完一个完整的过程，看到初步的效果，以利于逐步在全厂范围内推广。因此，ERP实施方式也很重要，因为它关系到实施成功与否。一般可取的方式，则是选择一个封闭的具有代表性的产品，进行逐个模块的实施，然后再对全部产品进行试运行，对于产品通用件较少的生产管理可以采用以上方式进行。而对于产品通用件较多的生产管理，可以采用全部产品一起试运行的方式。在实施过程中，可以按照ERP系统功能要求对企业的组织机构进行调整，以使管理部门与功能要求相一致，即组织机构功能化了，在这样的组织机构中推行ERP容易得到成功。在许多外资企业中，正是由于其组织结构是按制造、市场、财务三大部分来划分的，因此与ERP系统的制造、分销、财务三大功能相对应，所以实施起来就比较容易。

4. 要有灵活的应变能力

信息系统应在组织机构和管理体制改变时保持工作能力。应与后续规划有一定的连续性。

5. 确定合理的软件配置

一般ERP软件总是分为供销、制造和财务三大部分，体现了供—产—销—服务各个环节的信息集成，用财务成本系统调控经营生产活动。选购软件时，应考虑供应链各环节的信息集成，从销售与合同管理开始，到制造系统的计划与控制(包括主计划、物料需求计划、能力需求计划、物料或库存管理、车间作业控制、采购作业及制造数据管理等)，到产品成本。软件不配套，会影响实施效果和效益。

ERP软件的财务系统与单纯的财务软件基本区别有两点：一是控制的对象不同，ERP系统包括了物料和资金两方面；二是与其他功能的集成度不同，ERP系统的生产计划与控制部分，是一般财务软件所没有的。财务管理比较规范，容易见成效。一些企业先上财务系统，然后上供销，最后才上制造，但需要较多的手工录入。软件的财务系统，应得到政府财政部门的认可，并符合我国税务规定。生产系统未与财务系统集成，只能实现闭环MRP，还不能称为MRPⅡ或ERP系统。不要忽略向企业领导提供他们所关心的信息，配置决策支持和信息检索的功能模块。厂长、经理办公桌上的终端是不可少的，这是使领导关注 ERP 项目不可缺少的条件。

9.4.3 系统规划的过程

系统规划的过程如图 9-6 所示。

在提高企业经济效益、增强企业市场竞争力方面：提高客户服务效益，降低客户服务成本；提高物料管理效益，降低物料管理成本；提高生产管理效益，降低生产管理成本；提高质量效益，降低质量成本；提高采购效益，降低采购成本；提高生产效益，降低生产成本；提高用料效率，降低用料成本；提高库存效率，降低库存成本。

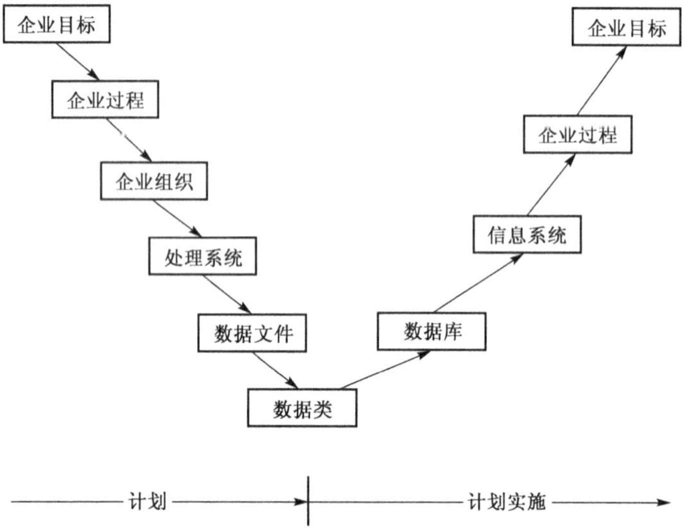

图 9-6 系统规划的过程

在系统应用方面：降低企业信息系统的总体拥有与使用成本，增强企业活力；提高处理效率，降低硬件成本；提供友好界面，降低培训成本；提供灵活接口，降低扩充成本；提高使用效率，降低作业成本；提高沟通效率，降低沟通成本；提高维护效率，降低维护成本；加强系统纠错，降低失误成本；提高数据安全，降低保密成本。

以 ERP 之通用标准为基本蓝图，结合 JIT、ISO9000 管理体系要求，灵活、务实、低成本、高效益地规划、开发、实施、应用整个信息系统。

9.5 ERP 与 BPR

9.5.1 业务流程重组的概念

业务流程重组(Business Process Reengineering, BPR)或称企业过程重组、企业经营过程再造，是最早由美国的 Michael Hammer 和 Jame Champy 提出的，在 20 世纪 90 年代达到了全盛的一种管理思想。它强调以业务流程为改造对象和中心，以关心客户的需求和满意度为目标，对现有的业务流程进行根本的再思考和彻底的再设计，利用先进的制造技术、信息技术以及现代化的管理手段，最大限度地实现技术上的功能集成和管理上的职能集成，以打破传统的职能型组织结构（Function Organization），建立全新的过程型组织结构（Process Oriented Organization），从而实现企业经营在成本、质量、服务和速度等方面的巨大改善。它的重组模式是以作业流程为中心，打破金字塔状的组织结构，使企业能适应信息社会的高效率和快节奏，适合企业员工参与企业管理，实现企业内部上下左右的有效沟通，具有较强的应变能力和较大的灵活性。

在这个定义中，"根本性"、"彻底性"、"巨大改变"和"流程"是应关注的4个核心内容。

根本性表明业务流程重组所关注的是企业核心问题，如"我们为什么要做现在的工作"、"我们为什么要用现在的方式做这份工作"、"为什么必须是由我们而不是别人来做这份工作"等。通过对这些根本性的问题的仔细思考，企业可能发现自己赖以存在或运转的商业假设是过时的甚至是错误的。

彻底性再设计意味着对事物追根溯源，对既定的现存事物不是进行肤浅的改变或调整修补，而是抛弃所有的陈规陋习及忽视一切规定的结构与过程，创造发明全新的完成工作的方法。它是对企业进行重新构造，而不是对企业进行改良、增强或调整。

巨大改变意味着业务流程重组追求的不是一般意义上的业绩提升或略有改善、稍有好转等，进行重组就要使企业业绩有显著的增长、极大的飞跃。业绩的显著增长是BPR的标志与特点。

业务流程重组关注的是企业的业务流程，一切"重组"工作全部是围绕业务流程展开的。"业务流程"是指一组共同为顾客创造价值而又相互关联的活动。哈佛商学院教授Michael Porter将企业的业务过程描绘成一个价值链（Value Chain），竞争不是发生在企业与企业之间，而是发生在企业各自的价值链之间。只有对价值链的各个环节（业务流程）实行有效管理的企业，才有可能真正获得市场上的竞争优势。

9.5.2 ERP实施中进行业务流程重组的必要性

ERP只是一套管理软件，实施ERP为什么非要进行业务流程重组呢？这也是许多应用ERP的企业在认识上的一个误区。其实，ERP的应用，不仅仅是引入一套现代化的管理软件，使企业的日常经营管理活动自动化，更重要的是要对企业传统的经营方式进行根本性的变革，使其更加合理化、科学化，从而大幅度地提高企业的经营效益。可以毫不夸张地说，企业应用ERP后效益的提高，一方面来自于ERP软件本身，另一方面就得益于业务流程重组。这也就是为什么这样强调在ERP应用中进行业务流程重组的重要性的原因了。具体说来，它的必要性体现在以下几个方面。

1. ERP软件的设计背景要求企业进行相应的业务流程重组

ERP最早是从西方发达国家传入我国的，它们是典型的市场经济运行模式，因此它们的ERP软件正是适应这一市场状况和管理要求而设计的先进的企业管理信息系统。而我国目前还处于从传统的计划经济体制向市场经济的过渡阶段，市场经济的发展还很不完善，许多企业的管理方法和管理手段都很落后，还没有完全地转变过来，与西方发达国家的差距很大，这样的一种企业管理现状就必然要求企业在应用ERP之前，首先要进行业务流程的重组，按照先进的ERP软件的管理要求对现有的业务流程进行根本性的改造。

2. ERP 软件的功能实现要求企业必须进行一定的业务流程重组

ERP 软件的应用改变了传统的经营管理方式，它将企业的经营管理活动按照其功能分为制造、分销、财务、人力资源管理等几大模块，它们的功能实现无疑要求企业对原有的组织机构、人员设置、工作流程进行重新的安排，以保证 ERP 功能的实现。例如,ERP 系统运行需要大量、有效的基础数据，而系统自身是无法判断这些数据准确与否的。这就需要人们必须对基础数据进行优化分析，也就是说，企业在 ERP 应用前一定要开展管理咨询和业务流程重组，通过强化企业管理来确保基础数据的准确性。这个阶段的工作是不可逾越的，特别是对于我国大多数企业长期处于管理粗放的状况而言，就显得更为必要。这就好像应用 ERP 可降低库存量和资金占用，如果不对安全库存量、采购提前期、采购批量和市场行情等进行准确的分析和设定，那么 ERP 又怎能有效地降低库存量和资金占用呢？诸如此类的问题不解决，ERP 应用效益难以实现，产生的效益也就很有限。

3. ERP 软件的应用目的要求企业实施业务流程重组

从根本上来讲，企业应用 ERP 的目的在于改善企业经营管理，提高企业经济效益。这样的一个最终目的就必然要求企业能够借助于 ERP 在企业中的实施应用，不断地优化它的业务流程，使整个经营活动更加符合科学管理的要求。因为对任何企业来说，在它现有的业务流程中都会存在着一些不合理的地方，如果不能首先对这些不合理的流程进行彻底改造，而仅仅是盲目地将原有的业务流程通过 ERP 软件的实施进行自动化转变，则 ERP 实施的效果可想而知。因为利用 ERP 系统使复杂或者不产生价值的流程自动化并不能提高生产力或提高业绩，只会导致低效的流程和浪费。

由此可见，业务流程重组是促进企业成功应用 ERP 的一个重要的因素，它的作用不容忽视。那么，我国的企业在实践中又应该怎样利用 BPR 来为企业带来效益呢？这就是下面所要谈到的问题。

9.5.3 实施业务流程重组的方法

根据 BPR 的思想精髓，可以将 BPR 的实施结构设想成一种多层次的立体形式，整个 BPR 实施体系由观念重建、流程重建和组织重建 3 个层次构成，其中以流程重建为主导，而每个层次内部又有各自相应的步骤和过程，各层次也交织着彼此作用的关系。

1. BPR 的观念重建

这一层次所要解决的是有关 BPR 的观念问题，即要在整个企业内部树立实施 BPR 的正确观念，使企业的员工理解 BPR 对于企业管理、应用 ERP 的重要性。它主要涉及 3 个方面的工作。

① 组建 BPR 小组。由于 BPR 要求大幅度地变革基本信念、转变经营机制、重建组织文化、重塑行为方式和重构组织形式，这就需要有很好的领导和组织的保证。所以，在企业内部要成立专门的领导小组负责 ERP 应用中的业务流程重组。

② 前期的宣传准备工作。它可以帮助企业的员工从客观的和整个企业发展的角度，来看待并理解业务流程重组及其对本企业带来的重要意义，以避免由于员工的不理解，造成的企业内部的人心恐慌和对 BPR 的抵触情绪。

③ 设置合理目标。这是为了给业务流程重组活动设置一个明确的要达到的目标，以便做到“心中有数”。常见的目标有降低成本、缩短时间、增加产量、提高质量、提高顾客满意度等。

2. BPR 的流程重建

BPR 的流程重建是指对企业的现有流程进行调研、分析、诊断、再设计，然后构建新的流程的过程。它主要包括 3 个环节。

① 业务流程分析与诊断。它是对企业现有的业务流程进行描述，分析其中存在的问题，并进而给予诊断。

② 业务流程的再设计。针对前面分析诊断的结果，重新设计现有流程，使其趋于合理化。流程再设计可以表现为：经多道工序合并，归于一人完成；将完成多道工序的人员组合成小组或团队共同工作；将串行式流程改为同步工程等。

③ 业务流程重组的实施。这一阶段是将重新设计的流程真正落实到企业的经营管理中来。

3. BPR 的组织重建

BPR 的组织重建的目的，是要给业务流程重组提供制度上的维护和保证，并追求不断改进。建立长期有效的组织保障，这样才能保证流程持续改善的长期进行。具体包括：建立流程管理机构，明确其权责范围；制定各流程内部的运转规则与各流程之间的关系规则，逐步用流程管理图取代传统企业中的组织机构图。

4. 文化与人才建设

企业必须建立其与流程管理相适应的企业文化，加强团队精神建设，培养员工的主人翁意识。同时新的业务流程也对员工提出了更高的要求，这也要求企业注重内部的人才建设，以培养出适应于流程管理的复合型人才。

9.6 ERP 软件项目实施

企业实施 ERP 应注意的前提条件是企业必须了解 ERP，对 ERP 系统的需求必须十分明确。知道什么是 ERP，知道 ERP 能解决什么问题，知道企业最关心的问题能否用 ERP 来解决，知道 ERP 怎样用，怎样实施才能取得成功。

9.6.1 成功实施 ERP 的必要条件

1. 成功实施 ERP 的先决条件

实现信息集成有一定的条件，要点是管理基础规范。这是实施 ERP 系统的一个必要条件。但是，要想取得成功，还有许多其他的因素，从国内实施的经验教训中，可总结为先决条件和正确实施两部分。取得成功必须具备的先决条件有 7 项，这一定要在系统实施之前做出估计和判断：

① 企业有长期的经营战略，产品有生命力，能持续稳定地占有市场，有稳定的经营环境；

② 领导班子有改革开拓、不断进取的精神，有决心对项目实施的成败承担责任；

③ 企业所处的市场竞争环境比较健全，有实现现代企业制度的机制；

④ 管理工作基础扎实，数据完整；

⑤ 各领导层理解 ERP，建设 ERP 系统的需求明确，有统一的目标，使企业真正感到市场竞争的压力，有紧迫感和危机感；

⑥ 有明确的可行目标，要在理解 ERP 的基础上，经过企业领导层论证以后得出一个统一的目标，要全体员工都了解这个目标，要为实现这一目标而奋斗；

⑦ 领导的决心和投入，实施 ERP 实质上是管理模式的变革，必然涉及“更新观念和改革管理”，而“更新观念和改革管理”没有企业高层领导的坚定决心和具体指导是不行的。

2. 成功实施 ERP 须做到的事项

为了取得成功，在系统实施过程中，还必须注意做到以下 9 项：

① 项目实施组织人选得当，有实干的领导和得力的项目经理；

② 重视培训、教育，重视提高全员素质；

③ 管理人员与计算机人员配合默契；

④ 重视数据的准确与完整；

⑤ 选择适用的软件和长久合作的软件商；

⑥ 采用科学的项目管理实施方法，有正确的实施指导和技术服务支持；

⑦ 有严格的工作纪律，制定了严明的工作规程和准则；

⑧ 深化改革，重视业务流程重组；

⑨ 激励机制健全，有一支稳定的复合型人才队伍。

9.6.2 实施 ERP 应注意解决的问题

实施 ERP 应注意解决的问题有很多。需要特别注意的，也就是最容易被忽视或轻视的，主要有以下 4 点。

① 人选和组织问题。工作是要人来做的，具体实施工作由实施小组负责完成，因此，项目实施组织的人选要得当。尤其是项目经理的人选，直接关系到项目实施的成败。

② 培训。重视培训教育和提高全员素质。要注意信息技术和先进管理思想的结合。

③ 做好模拟运行。

④ 要建立有利于数据准确的激励机制。

上面 4 点都与人有关，所以，管理以人为本，做好人的工作是最主要的。

9.6.3 实施 ERP 系统的模式和方法

总结多年在全球和国内实施 ERP 系统的经验，可以认为：ERP 软件成功实施的先决条件是正确的指导思想。实施成功是合适的软件与有效的实施方法共同作用的结果。成功的模式是：对 ERP 系统所包含的管理思想要有准确而深入的了解，对本企业所存在的问题和管理转变的思路要非常明确，企业必须了解自己的管理体系，对预期的新的管理系统要有清晰的描述。建立能够准确理解和贯彻企业管理转变思路、既懂软件又懂管理并有 ERP 系统实施经验、了解系统实施规律的实施队伍。在这个队伍中，应有企业最高决策层的亲自参与和领导。针对企业管理转变的需要，选择能够满足企业管理转变的适当的软件和硬件，以有效的方式实施。

有效的实施包括以下几个方面。

① 高级管理层的承诺。实施 ERP 系统时，一定要有高级管理层对项目的承诺。给予项目足够的重视，企业高层“一、二把手”必须参加项目领导委员会，并参与项目管理，领导项目的实施，对重大的流程改变和业务处理的规范进行评估和决策。

② 切实可行的项目计划和预算。

③ 有效的授权和人力资源的合理安排。

④ 部门经理直接参与对项目的成功也具有十分重要的作用，在实施项目时，将每个模块能否在相关部门实施成功作为对相关部门经理的重要考核指标，并由部门经理参与部门内业务流程重组。

⑤ 各部门之间的相互合作。

⑥ 人员的教育和培训。

⑦ 组建一支既懂管理又精通软件的实施队伍，在这个队伍中，要明确管理的改进是实施工作的核心，由最高管理层的“一、二把手”亲自领导，日常工作也要由最高管理层的代表领导，IT 部门在项目组中只起提供技术支持和软件维护的作用。

⑧ 分段实施，以点带面，以示范效应使系统最终用户和企业管理者尽早看到实施的成效。缺乏既具备 ERP 软件知识又具有行业知识和管理实务经验、精通 ERP 系统的实施规律和项目管理方法的专门知识，并能够指导企业在成功实施 ERP 的同时实现企业管理的转变的人才，是企业在实施 ERP 系统时要面临的最实际问题。在实施的策略方面，成功的企业要选择一家具有相当资质的专业咨询公司协助 ERP 系统的实施。在国外，选择的专业咨询公司并不一定是所选的 ERP 软件公司。

ERP 系统的实施程序已经形成一种规范化的模式，这是在国内外成千家企业常年实践中总结出来的经验，按照项目管理的原则依次进行以下主要环节：成立三级项目组织；制订实施计划；总体需求调查，总体解决方案和详细解决方案设计；对不同层次人员进行连续反复的培训；准备并录入数据；软件功能模拟运行(原型测试)；用户化和二次开发；实战性模拟运行，演示、评议、修订、审批；制订新系统应用的工作准则与工作规程；从少数部门开始切换至新系统，逐步扩大应用范围；总结评议，不断改进。

练习思考题

1. 简述 ERP 的概念层次。
2. 如何理解 MRP 是 ERP 的核心功能？
3. 简述 ERP 的主要功能目标。
4. 简述 ERP 与其他 CIMS 单元技术的关系。
5. 简述销售与运作规划的内容。
6. 简述主生产计划的内容。
7. 简述物料需求计划内容与编制过程。
8. 简述车间作业控制计划的内容。
9. 简述 ERP 系统规划的过程。
10. 简述实施 ERP 的方法。

第4篇

生产运作控制

第 10 章

制造业生产作业控制

【本章导引】

本章主要阐述制造业企业生产作业计划的表示方法、所遵循的原则；作业排序的方法；生产作业的控制。

【本章重难点】

各种不同类型生产作业的排序方法。

【本章学习目标】

1. 了解制造业企业生产作业计划的一般知识；
2. 熟悉生产作业计划的各种编制方法；
3. 掌握作业排序的基本含义；
4. 理解生产作业控制的原理和常用的方法。

10.1 基本概念

10.1.1 概念解释

企业运用物料需求计划(MRP)确定了各项物料的生产、采购计划之后，下一步，还需要把企业加工工件的生产计划转变为每个班组、人员、每台设备的工作任务，即具体地确定每台设备、每个人员每天的工作任务和工件在每台设备上的加工顺序，这一过程就称为作业排序。作业排序产生的原因是工作中心的生产能力总是有限的，只能在一定的时间完成一定的工作任务，必须对工作任务进行时间的先后安排，才能使生产有条不紊地进行。

排序和编制作业计划这两个术语常常被不加区别地使用，但两者还是存在一定的差异。排序(Sequencing)是确定零件在机器上的加工顺序或服务人员的工作顺序。编制作业计划(Scheduling)不仅包括确定工件的加工顺序或服务人员的工作顺序，而且还包括加工任务的分配、确定机器加工每个零件或人员服务的开始时间和完成时间。因此，只有作业计划才能指导每个工人的生产活动。编制作业计划时，有时一个工件的某道工序完成之后，执行下一道工序的机器还在加工其他工件，这时，工件要等待一段时间才能开始加工，这种情况称为“工件等待”。有时，一台机器已经完成对某个工件的加工，但随后要加工的工件还未到达，这种情况称为“机器空闲”。由于编制作业计划的关键是要解决各台机器上工件的加工顺序问题，而且，在通常情况下都是按最早可能开(完)工时间来编制作业计划。因此，当工件的加工顺序确定之后，作业计划也就确定了。所以，人们常常将排序与编制作业计划这两个术语不加区别地使用。

另外，在编制作业计划的过程中，有一个问题需要管理人员注意，即投入生产过程的作业顺序的安排。作业计划是安排零部件(作业、活动)的出产数量、设备及人工使用、投入时间及出产时间。排序给出零部件在一台或一组设备上加工的先后顺序。所以，编制作业计划与排序的概念和目的都是不同的。但是，编制作业计划的主要工作之一就是要确定出最佳的作业顺序。确定出最佳的作业顺序看似容易，只要列出所有的顺序，然后再从中挑出最好的就可以了，但要实现这种想法几乎是不可能的。例如考虑32项任务(工件)，有32！≈2.6×1 035种方案，假定计算机每秒钟可以检查十亿个顺序，全部检验完毕需要8.4×1 015个世纪。如果只有16个工件，同样按每秒钟可以检查十亿个顺序计算，也需要23年。以上问题还没有考虑其他的约束条件，如机器、人力资源、厂房场地等，如果加上这些约束条件，所需要的时间就无法想象了。所以，很有必要去寻找一些有效算法，解决管理中的实际问题。

“调度”是作业计划编制后实施生产控制所采取的一切行动，编制作业计划是加工制造发生之前的活动。火车时刻表是作业计划。火车时刻表制定后，对火车运行的安排，包括发生晚点后的处理，都属于调度。“派工”(Dispatching)是在作业计划制定以后，按照作业计划的要求，将具体生产任务通过工票或施工单的形式下达到具体的机床和工人，属于通常所说的“调度”范围。“赶工”(Expediting)是在实际进度已落后于计划进度时采取的行动，也属于通常所说的“调度”范围。“机器”代表“服务者”，它可以是工厂里的各种机床，也可以是维修工人；可以是轮船要停靠的码头，也可以是电子计算机中央处理单元、存储器和输入/输出单元。“零件”代表“服务对象”，零件可以是单个零件，也可以是一批相同的零件。“加工路线”是零件加工经过不同机器构成的路线。例如，某零件要经过车、铣、钻、磨的路线加工，可以用M_1，M_2，M_3，M_4来表示。“加工顺序”表示每台机器加工n个零件的先后顺序，是排序要解决的问题。

10.1.2 作业排序的分类

作业排序有不同的分类方法。在制造业领域中，有两种基本形式的作业排序：劳动力作业排序，主要是确定人员何时工作；生产作业排序，主要是将不同工件安排到不同设备上，或者安排不同的人做不同的工作。在制造业和服务业中，有时两种作业排序问题都存在。在这种情况下，应该集中精力注意主要的、占统治地位的方面。在制造业中，生产作业排序是主要的，因为要加工的工件是注意的焦点。许多绩效度量标准，如按时交货率、库存水平、制造周期、成本和质量都直接与排序方法有关。除非企业雇用了大量的非全时人员，或者企业一周七天都要运营，否则劳动力排序问题将是次要的。反过来，在服务业中，劳动力作业排序是主要的，因为服务的及时性是影响公司竞争力的主要因素。很多绩效标准，如顾客等待时间、排队长度、设备(或人员)利用情况、成本和服务质量等，都与服务的及时性有关。

制造业的生产作业排序可以按机器、工件和目标函数的特征等进行分类。

(1)按照机器的种类和数量不同，可以分为单台机器的排序问题和多台机器的排序问题

对于多台机器的排序问题，按工件加工的路线特征，可以分成单件车间(Job Shop)排序问

题和流水车间(Flow Shop)排序问题。工件的加工路线不同，是单件车间排序问题的基本特征；而所有工件的加工路线完全相同，则是流水车间排序问题的基本特征。

(2)按参数的性质不同，可以划分为确定型排序和随机型排序

随机型排序问题指加工时间和有关参数为随机变量，而确定型排序问题指加工时间和有关参数为已知确定的量。这两种排序问题的解法存在着本质的区别。

(3)按工件到达车间的情况不同，可以分为静态排序问题和动态排序问题

当进行排序时，所有工件都已到达，可以依次对它们进行排序，这是静态排序问题；若工件是陆续到达的，要随时安排它们的加工顺序，这是动态排序问题。

(4)按目标函数的性质不同，也可划分为不同的排序问题

例如，同是单台设备的排序，目标是使平均流程时间最短和使误期完工的工件数最少，实质上是两种不同的排序问题。按目标函数的情况，还可以划分为单目标排序问题和多目标排序问题。

由此可见，由机器、工件和目标函数的不同特征，以及其他因素上的差别，构成了多种多样的排序问题及相应的排序方法。

10.1.3 作业排序的目标和任务

一个企业应该有一个行之有效的作业排序系统，这样才能保证生产计划的顺利执行。因此，作业排序系统的设计必须满足各种不同功能的要求，反映企业及运用该系统的工作过程的需要。具体而言，有效的作业排序系统应该能够做到：

① 对将要做的工作进行优先权设定，以使工作任务按最有效的顺序排列；

② 针对具体设备分配任务及人力，通常以可利用和所需的能力为基础；

③ 以实施为目标分配工作，以使工作任务如期完成；

④ 不断监督以确保任务的完成，周期性检查是保证已分配的工作能够如期完成的最常用方法；

⑤ 对实施过程中出现的问题或异常情况进行辨识，这些问题或异常情况有可能改变已排序工作的状况，需要探索、运用其他解决问题的方法；

⑥ 基于现存状况或订单变化情况对目前的作业排序进行检查和修改。

作业排序的主要目标是：满足交货日期，极小化提前期，极小化准备时间或成本，极小化在制品库存，极大化设备或劳动力的利用。

总之，作业系统的设计应当能够处理计划的偏离，纠正操作中的问题，并尽快返回原计划状态，以便维护计划和作业排序系统的有效性。

10.1.4 影响作业排序的因素

(1)生产任务的到达方式

实际生产过程中，生产任务订单的到达方式主要有两种：一种是成批到达，另一种是在一个时间段中按照统计分布规律到达。到达方式不同，作业排序就不同。

(2)设备种类和数量

设备数量的多少对作业排序有明显的影响。如果只有一台机器，作业排序并不难。倘若

设备数量增多，各种生产任务就要在多台设备上加工，则排序问题就会复杂很多，有时候甚至找不到最佳的排序方法。

(3) 工作人员数量

生产任务不仅需要机器设备参与完成，还需要人员操作。因此，工作人员的数量也是影响排序的因素。

(4) 生产工艺流程方式

在单件小批量生产条件下，生产任务在车间内的流动路线是多种多样的。如果所有工件的流动路线相同，则称为流水线车间。如果所有工件的流动路线不完全相同，则称为非流水线车间。对于非流水线车间的排序问题，关键是按照概率分布从一台设备流向满足加工需要的另一台设备，将其转化为流水线车间或随机路线车间，这类排队问题在医院中是常见的。

10.2 作业排序的表示方法和优先原则

10.2.1 排序问题的假设和表示方法

为了便于分析研究，建立排序问题数学模型，有必要提出一些假设条件。

- 一个工件不能同时在几台不同的机器上加工。
- 每台机器同时只能加工一个工件。
- 不允许中断。一个工件一旦开始加工，必须一直进行到完工，不得中途停止插入其他工件。
- 每道工序只在一台机器上完成。
- 工件数、机器数和加工时间已知，加工时间与加工顺序无关。
- 工件在加工过程中采取平行移动方式，即当上一道工序完工后，立即送下道工序加工。

在下面的讨论中，如不特别说明，都是遵循以上假设条件的。

为了便于排序问题的描述，下面对有关符号进行说明。

J_i——工件 i，$i=1, 2, \cdots, n$；

M_j——机器 j，$j=1, 2, \cdots, m$；

p_{ij}——J_i在 M_j上的加工时间，J_i的总加工时间为 $P_i=\Sigma p_{ij}$；

r_i——J_i的到达时间，指 J_i从外部进入车间，可以开始加工的最早时间；

d_i——J_i的完工期限；

C_i——J_i的完工时间，$C_i=r_i+\Sigma(w_{ij}+p_{ij}) = r_i+W_i+P_i$($W_i=\sum_{j=1}^{m} W_{ij}$，$W_i$——工件 i 在系统内的等待时间，W_{ij}——工件 i 在机器 j 前的等待时间，$j=1,2,\cdots,m$)；

$C_{\max}$——最长完工时间，$C_{\max}=\max\{C_i\}$；

F_i——J_i的流程时间，即工件在车间的实际停留时间，$F_i=C_i-r_i=W_i+P_i$；

$F_{\max}$——最长流程时间，$F_{\max}=\max\{F_i\}$；

L_i——工件的延迟时间，$L_i=C_i-d_i=r_i+P_i+W_i-d_i=(P_i+W_i)-(d_i-r_i)=F_i-a_i$；

$L_i>0$ (正延迟)，说明 J_i的实际完工时间超过了完工期限，$L_i<0$(负延迟)，说明 J_i提前完工，$L_i=0$(零延迟)，说明 J_i按期完工；

L_{max}——最长延迟时间，$L_{max} = \max\{L_i\}$。

这里将用 Conway 等人提出的方法来表示排序问题。这个方法只用 4 个参数就可以表示大多数不同的排序问题。四参数表示方法如下：

工件数 n /机器数 m /车间类型 A /目标函数 B

其中，若在 A 的位置标以"F"，则代表流水作业排序问题；若标以"P"，则表示流水作业排列排序问题；若标以"G"，则表示一般单件作业排序问题。$m=1$，则 A 处为空白。因为对于单台机器的排序问题来说，无所谓加工路线问题，当然也就谈不上是流水作业还是单件作业的问题了。B 为目标函数，通常是使其值最小。

有了这 4 个符号，就可以简明地表示不同的排序问题。例如，$n/3/P/C_{max}$ 表示 n 个工件经 3 台机器加工的流水作业排列排序问题，目标函数是使最长完工时间 C_{max} 最小。

10.2.2 作业排序的优先规则

1. 常用的优先调度规则

在进行作业排序时，需要用到优先调度规则。这些规则可能很简单，只要根据一种数据信息对作业进行排序。这些数据可以是加工时间、交货日期或到达的顺序等。其他的规则，尽管也同样简单，但可能需要更多的信息，通常是需要一个指标，如最小松弛时间规则和关键比率规则。还有另外的规则，如约翰逊规则，在一个机器序列上应用作业排序，并需要一个计算程序来规定作业的顺序。下面列出了几个常用的优先调度规则。

① FCFS(First Come First Served，先到先服务)规则：按订单送到的先后顺序进行加工。

② SPT(Shortest Processing Time，最短加工时间)规则：优先选择加工时间最短的工件。

③ EDD(Earliest Due Date，最早到期期限)规则：优先选择完工期限最紧(即交货期最短)的工件。

④ SCR(Smallest Critical Ratio，最小临界比率)规则：优先选择临界比率最小的工件。临界比率为工件允许停留时间与工件余下加工时间之比。

⑤ LWKR(Least Work Remaining，余下加工时间最短)规则：优先选择余下加工时间最短的工件。

⑥ MWKR(Most Work Remaining，余下加工时间最长)规则：优先选择余下加工时间最长的工件。

⑦ MOPNR(Most Operations Remaining，余下工序数最多)规则：优先选择余下工序数最多的工件。

⑧ STR(剩余松弛时间)规则：剩余松弛时间短的作业优先加工。其中，STR = 交货期前所剩余时间 - 剩余的加工时间。

⑨ CR(关键比率)规则：关键比率最小的任务先执行。其中，关键比率是用交货日期减去当前日期的差值除以剩余的工作日数。

⑩ QR(排队比率)规则：排队比率最小的任务先执行。排队比率是用计划中剩余的松弛时间除以计划中剩余的排队时间。

⑪ LCFS(后到先服务)规则：该规则经常作为默认规则使用。因为后来的工单放在先来的上面，操作员通常是先加工上面的工单。

以上几条规则应用最为普遍，每条各有不同的侧重点和应用场合。在工作中进行作业排序时，必须依据具体情况加以选用。有时，运用一个优先规则还不能唯一地确定下一个应选择的工件，这时可使用多个优先规则的组合。

2. 作业排序标准

当然，还可以用下面一些作业排序标准，确定优先规则的先后次序：

① 满足顾客或下一道工序作业的交货期；

② 极小化流程时间；

③ 极小化在制品库存；

④ 极小化设备和人员的闲置时间。

按照这些规则，可以赋予不同的工件不同的优先权，以使生成的排序方案按照预定目标优化。当然，这些规则掩饰了排序工作的复杂性。事实上，要将多种工件在多个工作地(机器)的加工顺序决定下来是一件非常复杂的工作，需要大量的信息和熟练的排序技巧。而优先规则就是根据已有的部分信息确定每个工件的加工顺序，其余的信息可以用来判断正在使用的机器是否需要被替代，以及是否需要物料搬运等。

10.3 制造业中生产作业排序的方法

1. 单台设备的排序问题

单台设备排序是指由一台设备(一个工作地或一个加工单位)完成 n 项加工任务，它实际上是 n 项任务的一个全排列问题，是最简单的排序问题。在单台设备上不论做何种安排，n 项任务中最大流程时间总是一个定值。所以，作业计划的目标优化，通常使平均流程时间趋向于最小，或者最大延期量为零或最小。

例 10.1 设某生产小组只有一台大型加工设备，接到 6 项加工任务，所需加工时间及预定交货期(配送时刻)见表 10-1。

解 此例，可以用 3 种方法求解。

(1) 最短加工时间规则

按加工任务所需加工时间长短，从短到长按顺序排列，数值最小者排在最前面加工，最大者排在最后面加工。按上述方法安排任务的排序结果见表 10-2。

表 10-1 各项任务的所需加工时间及预定交货期 单位：天

任务编号	J_1	J_2	J_3	J_4	J_5	J_6
所需加工时间 t_i	5	8	2	7	9	3
预定交货期 d_i	26	22	23	8	34	24

表 10-2 按最短加工时间规则的排序结果

任务编号	J_3	J_6	J_1	J_4	J_2	J_5	合计	备注
所需加工时间 t_i	2	3	5	7	8	9	–	–
计划完成时刻 F_i	2	5	10	17	25	34	93	$\bar{F}=15.5$
预定交货期 d_i	23	24	26	8	22	34	–	$D_{max}=9$
交货延期量 D_i	0	0	0	9	3	0	12	$\bar{D}=2$

采用这一方法可以使平均流程时间最短，滞留在本工作地的在制品平均占用量最少，有利于节约流动资金占用，减少厂房、仓库及加工作业面积和节约保管费用。由于该方法没有考虑交货期，所以，这种排序可能存在着交货延期。

(2) 交货期最短规则

按加工任务规定完成时刻，即按预定交货期的先后顺序进行排序。预定交货期最早的排在最前，最晚的排在最后。本例按交货期最短规则的排序结果见表 10-3。

表 10-3　按交货期最短规则的排序结果

任务编号	J_4	J_2	J_3	J_6	J_1	J_5	合计	备注
所需加工时间 t_i	7	8	2	3	5	9	—	—
计划完成时刻 F_i	7	15	17	20	25	34	118	$\overline{F}=19.7$
预定交货期 d_i	8	22	23	24	26	34	—	$D_{max}=0$
交货延期量 D_i	0	0	0	0	0	0	0	$\overline{D}=0$

加工排序的方案是 $J_4-J_2-J_3-J_6-J_1-J_5$。最大加工流程时间 $F_{max}=118$ 天，平均加工流程时间 $\overline{F}=19.7$ 天，最大交货延期量 D_{max} 和平均交货延期量 $\overline{D}$ 都是 0 天。消除了延期量，但加工流程时间增加了 25 天，平均加工流程时间增加了 4.2 天。

采用这一方法可以保证按期交货或交货延期量最小，减少违约罚款和企业信誉损失，但是平均流程时间增加，不利于减少在制品占用量和节约流动资金。

(3) 综合规则

将两规则综合使用的方法，主要步骤如下。

① 先根据交货期最短规则，安排一个最大延期量为最小的方案。在表 10-3 中，加工排序的方案是 $J_4-J_2-J_3-J_6-J_1-J_5$，可满足这一要求。

② 计算所有任务总流程时间。本案例是 34 天。

③ 查出初始方案中预定交货期大于总流程时间的加工任务，按最短加工时间规则，把加工时间最长的排在最后。也就是说，在不会发生交货延期的条件下，按最短加工时间排序。本例中 $d_i \geqslant F_{max}$ 的任务仅是 J_5，故排在最后。

④ 先舍去已排定的 J_5，剩下 J_4、J_2、J_3、J_6、J_1，回到第②步。剩下的 5 项任务的总流程时间为 25 天，再按第③步，排定 J_1。然后剩下 J_4、J_2、J_3、J_6，再重复上述步骤，其中 J_2、J_3、J_6 均满足 $d_i \geqslant F_{max}$，按最短加工时间规则，将 J_2 调整到 J_3、J_6 的后面。最后排定的排序结果见表 10-4。

表 10-4　按综合规则的排序结果

任务编号	J_4	J_3	J_6	J_2	J_1	J_5	合计	备注
所需加工时间 t_i	7	2	3	8	5	9	—	—
计划完成时刻 F_i	7	9	12	20	25	34	107	$\overline{F}=19.7$
预定交货期 d_i	8	23	24	22	26	34	—	—
交货延期量 D_i	0	0	0	0	0	0	0	$\overline{D}=0$

本例题采用这一方法可以得到交货延期量为 0、平均流程时间较短的流通加工排序方案。

2. 最长流程时间 F_{max} 的计算

这里所讨论的是 $n/m/P/F_{max}$ 问题，其中 n 为工件数，m 为机器数，P 表示流水线作业排列排序问题，F_{max} 为目标函数。目标函数是使最长流程时间最短，最长流程时间又称为加工周期，它是从第一个工件在第一台机器开始加工时算起，到最后一个工件在最后一台机器上完成加工时为止所经过的时间。由于假设所有工件的到达时间都为零($r_i=0$，$i=1, 2, \cdots, n$)，所以 F_{max} 等于排在末位加工的工件在车间的停留时间，也等于一批工件的最长完工时间 C_{max}。

设 n 个工件的加工顺序为 $S=(S_1, S_2, S_3, \cdots, S_n)$，其中 S_i为第 i 位加工的工件的代号。以 C_{kSi} 表示工件 S_i在机器 M_k上的完工时间，P_{Sik} 表示工件 S_i在 M_k上的加工时间，$k=1, 2, \cdots, m$；$i=1, 2, \cdots, n$，则 C_{kSi} 可按以下公式计算：

$$
\begin{aligned}
C_{1Si} &= C_{1S(i-1)} + P_{Si1} \\
C_{kSi} &= \max\{C_{(k-1)Si}, C_{kS(i-1)}\} + P_{Sik}
\end{aligned}
\tag{10-1}
$$

式中：$k=2, 3, \cdots, m$；$i=1, 2, \cdots, n$。

当 $r_i=0$，$i=1, 2, \cdots, n$ 时，

$$
F_{max} = C_{mSn} \tag{10-2}
$$

式(10-1)是一个递推公式。当由式(10-1)得出 C_{mSn} 时，F_{max}就可以求得。

在熟悉以上计算公式之后，可直接在加工时间矩阵上从左向右计算完工时间。下面列举一个例子。

例 10.2 有一个 $6/4/P/F_{max}$ 问题，其加工时间矩阵见表 10-5。当按顺序 $S=(6, 1, 5, 2, 4, 3)$ 加工时，求 F_{max}。

表 10-5 加工时间矩阵

i	1	2	3	4	5	6
P_{i1}	4	2	3	1	4	2
P_{i2}	4	5	6	7	4	5
P_{i3}	5	8	7	5	5	5
P_{i4}	4	2	4	3	3	1

解 按顺序 $S=(6, 1, 5, 2, 4, 3)$ 列出加工时间矩阵，见表 10-6。按式(10-1)递推，将每个工件的完工时间标在其加工时间的右上角。对于第一行第一列，只要把加工时间的数值作为完工时间标在加工时间的右上角。对于第一行的其他元素，只要从左到右依次将前一列右上角的数字加上计算列的加工时间，将结果填在计算列加工时间的右上角。对于从第二行到第 m 行，第一列的算法相同。只要把上一行右上角的数字和本行的加工时间相加，将结果填在加工时间的右上角；从第 2 列到第 n 列，则要从本行前一列右上角和本列上一行的右上角数字中取大者，再和本列加工时间相加，将结果填在本列加工时间的右上角。这样计算下去，最后一行的最后一列右上角数字，即为 C_{mSn}，也是 F_{max}。计算结果见表 10-6。本例 $F_{max}=46$。

表 10-6 顺序 S 下的加工时间矩阵

i	6	1	5	2	4	3
P_{i1}	2^{2}	4^{6}	4^{10}	2^{12}	1^{13}	3^{16}
P_{i2}	5^{7}	4^{11}	4^{15}	5^{20}	7^{27}	6^{33}
P_{i3}	5^{12}	5^{17}	5^{22}	8^{30}	5^{35}	7^{42}
P_{i4}	1^{13}	4^{21}	3^{25}	2^{32}	3^{38}	4^{46}

3. $n/2/F/F_{max}$ 问题的最优算法

对于 $n/2/F/F_{max}$ 问题，F 表示流水线作业排序问题。著名的 Johnson 算法是 S. M. Johnson

于 1954 年提出的一个有效算法。为了叙述方便，以 a_i 表示 J_i 在 M_1 上的加工时间，以 b_i 表示 J_i 在 M_2 上的加工时间。每个工件都按 $M_1 \to M_2$ 的路线加工。Johnson 算法建立在 Johnson 法则的基础之上。

Johnson 法则：

如果

$$\min(a_i, b_j) < \min(a_j, b_i) \tag{10-3}$$

则 J_i 应该排在 J_j 之前。如果中间为等号，则工件 i 既可排在工件 j 之前，也可以排在它之后。

按式(10-3)可以确定每两个工件的相对位置，从而可以得到 n 个工件的完整的顺序。但是，这样做比较麻烦。事实上，按 Johnson 法则可以得出比较简单的求解步骤，称这些步骤为 Johnson 算法。

Johnson 算法：

① 从加工时间矩阵中找出最短的加工时间。

② 若最短的加工时间出现在 M_1 上，则对应的工件尽可能往前排；若最短加工时间出现在 M_2 上，则对应工件尽可能往后排。然后，从加工时间矩阵中划去已排序工件的加工时间。若最短加工时间有多个，则任挑一个。

③ 若所有工件都已排序，则停止。否则，转步骤①。

例 10.3 求表 10-7 所示的 6/2/F/F_{max} 问题的最优解。

表 10-7 加工时间矩阵

i	1	2	3	4	5	6
a_i	5	1	8	5	3	4
b_i	7	2	2	4	7	4

解 应用 Johnson 算法。从加工时间矩阵中找出最短加工时间为 1 个时间单位，它出现在 M_1 上。所以，相应的工件(工件 2)应尽可能往前排。即将工件 2 排在第 1 位。划去工件 2 的加工时间。余下加工时间中最小者为 2，它出现在 M_2 上，相应的工件(工件 3)应尽可能往后排，于是排到最后一位。划去工件 3 的加工时间，继续按 Johnson 算法安排余下工件的加工顺序。求解过程可简单表示如下。

将工件 2 排第 1 位	2					
将工件 3 排第 6 位	2					3
将工件 5 排第 2 位	2	5				3
将工件 6 排第 3 位	2	5	6			3
将工件 4 排第 5 位	2	5	6		4	3
将工件 1 排第 4 位	2	5	6	1	4	3

最优加工顺序为 $S=(2, 5, 6, 1, 4, 3)$。求得最优顺序下的 $F_{max}=28$。

4. 一般 $n/m/P/F_{max}$ 问题的启发式算法

对于 3 台机器的流水车间排序问题，只有几种特殊类型的问题找到了有效算法。对于一般的流水车间排列排序问题，可以用运筹学中的分支定界法。用分支定界法可以保证得到一般 $n/m/P/F_{max}$ 问题的最优解。但对于实际生产中规模较大的问题，计算量相当大，用计算机也无法求解。同时，还要考虑经济性。如果为了求最优解付出的代价超过了这个最优解所带来的好处，也是不值得的。

为了解决生产实际中的排序问题，人们提出了各种启发式算法。启发式算法以小的计算量得到足够好的结果，因而比较实用。下面介绍 3 种求一般 $n/m/P/F_{max}$ 问题最优解的启发式算法。

(1) Palmer 法

1965 年，D. S. Palmer 提出按斜度指标排列工件的启发式算法，称之为 Palmer 法。工件的斜度指标可按下式计算：

$$\lambda_i = \sum_{k=1}^{m} [k - (m+1)/2] \times P_{ik}, \quad k = 1, 2, \cdots, n \tag{10-4}$$

式中：m 为机器数；P_{ik}为工件 i 在 M_k上的加工时间。

按照各工件 λ_i不增的顺序排列工件，可得出令人满意的顺序。

例 10.4 有一个 $4/3/P/F_{max}$问题，其加工时间矩阵见表 10-8，用 Palmer 法求解。

表 10-8 加工时间矩阵

i	1	2	3	4
P_{i1}	1	2	6	3
P_{i2}	8	4	2	9
P_{i3}	4	5	8	2

解 对于本例，式(10-4)变成

$$\lambda_i = \sum_{k=1}^{m} [k - (3+1)/2] \times P_{ik}, \quad k = 1, 2, 3 \tag{10-5}$$

$$\lambda_i = -P_{i1} + P_{i3}$$

于是

$\lambda_1 = -P_{11} + P_{13} = -1 + 4 = 3$

$\lambda_2 = -P_{21} + P_{23} = -2 + 5 = 3$

$\lambda_3 = -P_{31} + P_{33} = -6 + 8 = 2$

$\lambda_4 = -P_{41} + P_{43} = -3 + 2 = -1$

按 λ_i不增的顺序排列工件，得到加工顺序(1，2，3，4)和(2，1，3，4)，恰好这两个顺序都是最优顺序。如不是这样，则从中挑选较优者。在最优顺序下，$F_{max} = 28$。

(2) 关键工件法

关键工件法的步骤如下：

① 计算每个工件的总加工时间 $P_i = \sum P_{ij}$，找出其中最大者 C，将其定义为关键工件；

② 对余下的其他工件，如果 $P_{i1} \leqslant P_{im}$，则按照 P_{i1} 不减的顺序排成一个序列 S_α；如果 $P_{i1} > P_{im}$，则按照 P_{im} 不增的顺序排成一个序列 S_b；

③ 顺序 (S_α, C, S_b) 为所求顺序。

下面用此方法求例 10.4 的近优解。求 P_i，$i = 1,2,3,4$，见表 10-9。总加工时间最长的为 3 号工件，$P_{i1} \leqslant P_{i3}$ 的工件为 1 和 2，按照 P_{i1} 不减的顺序排成一个序列 $S_\alpha = (1,2)$；而 $P_{i1} > P_{i3}$ 的工件为 4，按照 P_{im} 不增的顺序排成一个序列 $S_b = (4)$，这样得到最优的加工顺序为(1，2，3，4)。

表 10-9 关键工件法求解

i	1	2	3	4
P_{i1}	1	2	6	3
P_{i2}	8	4	2	9
P_{i3}	4	5	8	2
P_i	13	11	16	14

(3) CDS 法

CDS 法是由康坎贝尔、杜德克、史密斯三人提出的一个启发式算法。他们把 Johnsons 算法用于一般的 $n/m/P/F_{max}$ 问题，得到$(m-1)$个加工工序，取其优者。具体做法是对加工时间

$$\sum_{k=1}^{l} P_{ik} \text{ 和 } \sum_{k=m+1-l}^{m} P_{ik}, \quad l = 1,2,\cdots,m-1$$

用 Johnsons 算法求出$(m-1)$次加工顺序，取其中最好的结果。现在对例 10.4 用 CDS 法求解。

$\sum_{k=1}^{l} P_{ik}$ 和 $\sum_{k=m+1-l}^{m} P_{ik}, l = 1,2$，结果见表 10-10。

表 10-10 CDS 法求解结果

i		1	2	3	4
$l=1$	P_{i1}	1	2	6	3
	P_{i3}	4	5	8	2
$l=2$	$P_{i1}+P_{i2}$	9	6	8	12
	$P_{i2}+P_{i3}$	12	9	10	11

当 $l=1$ 时，按 Johnson 算法得到加工顺序(1, 2, 3, 4)；当 $l=2$ 时，得到加工顺序(2, 3, 1, 4)。对于(2, 3, 1, 4)，相应的 $F_{max}=29$，而例 10.4 中已知(1, 2, 3, 4)的 $F_{max}=28$。因此，(1,2, 3,4)是最优顺序。

10.4 生产作业控制

企业的生产计划和生产作业计划仅仅是对生产运作过程事前的“预测性”安排，在执行的过程中，由于主客观的原因，实际情况与计划难免产生差异，甚至妨碍计划的完成，因此管理者必须对计划实施的全过程及时监督，预防和制止可能发生或已经发生的偏差，并进行必要的调节和校正，以确保计划的实现。这种对企业基本生产过程的作业活动进行的有效调节和控制，被称为企业生产过程控制。“广义的生产过程控制”是指从生产技术准备开始到成品出厂为止全过程的全面监督和控制，包括生产作业控制、质量控制、库存控制、成本控制等。“狭义的生产过程控制”主要是指其中的生产作业控制，其实质是对生产作业计划实施过程的监督和控制。本节主要研究的就是生产作业控制。

10.4.1 生产作业控制概述

生产作业控制，是指在执行生产计划和生产进度计划过程中，对生产运作全过程进行监

督、检查、分析、调整等一系列工作，以确保计划目标的实现。它是生产与运作管理的重要职能之一，是实现生产计划和生产作业计划的重要保证。

生产作业控制既要保证生产过程协调地进行，又要保证以最少的人力和物力完成生产任务，所以它又是一种协调性和促进性的管理活动，是生产质量管理系统的一个重要组成部分。生产作业控制的目的是提高生产与运作管理的有效性，即通过生产作业控制，使企业的生产活动既可在严格的计划指导下进行，实现品种、质量、数量和时间进度的要求，又可按各种标准来消耗活劳动和物化劳动，以及减少资金占用，加速物资和资金的周转，实现成本目标，从而取得良好的经济效益。

10.4.2 实行生产作业控制的原因和条件

生产计划和生产作业计划都是在生产活动发生之前制订的，尽管制订计划时充分考虑了现有的生产能力，但生产作业计划在实施过程中，由于种种原因，仍然会造成实施情况与计划要求偏离的情况。

(1) 加工时间估计不准确

对于单件小批量生产类型，很多任务都是第一次碰到，很难将每道工序的加工时间估计得很精确。而加工时间是编制作业计划的依据，加工时间不准确，计划也就不准确，实施中就会出现偏离计划的情况。

(2) 加工路线的多样性

调度人员在决定按哪种加工路线加工时，往往有多种加工路线可供选择，不同的加工路线会造成完工时间的偏离。

(3) 随机因素的影响

即使加工时间的估计是精确的，但很多随机因素的影响也会引起偏离计划的情况。如员工的劳动态度和劳动技能的差别、人员缺勤、设备故障和原材料的差异等，这些都会造成实际进度与计划要求不一致。

(4) 企业环境的动态性

企业尽管制订了一个准确的计划，但第二天又来一个更有吸引力的新任务，或者关键岗位的员工跳槽，或者物资不能按时到达，或者停电、停水等，这些都使实际生产难以按计划进行。

实施作业控制有三个条件。一是要有一个标准。标准就是生产计划和生产作业计划，没有标准就无法衡量实际情况是否发生偏离。二是要取得实际生产进度与计划偏离的信息。控制离不开信息，只有取得实际生产进度偏离计划的信息，才能知道两者发生了不一致。计算机辅助生产管理信息系统能有效地提供实际生产与计划偏离的信息，通过生产作业统计模块，每天都可以取得各个零部件的实际加工进度和每台机床负荷情况的信息。三是要能采取纠正偏差的行动。纠正偏差是通过生产调度来实行的。

10.4.3 不同生产类型生产控制的特点

在物流、库存、设备和工人几个方面，不同生产类型的作业控制具有不同的特点，见表 10-11。

表 10-11　不同生产类型作业控制的特点

特　　点	单件小批生产	大量大批生产
零件的流动	没有主要的流动路线	单一的流动路线
瓶颈	经常变动	稳定
设备	通用设备，有柔性	高效专用设备
调整准备费用	低	高
工人操作	多	少
工人工作的范围	宽	窄
工作节奏的控制	由工人自己和工长	由机器和工艺过程
在制品库存	高	低
产品库存	很少	较高
供应商	经常变化	稳定
编制作业计划	不确定性高，变化大	不确定性低，变化少

1. 单件小批生产

单件小批生产是为顾客生产特定产品或提供特定服务的形式，因此，产品品种千差万别，零件种类繁多。每一种零件都有其特定的加工路线，整个物流没有什么主流。各种零件都在不同的机器前面排队等待加工，工件的生产提前期各不相同。各个工作地之间的联系不是固定的，有时为了加工某个特定的零件，两个工作地才发生联系，一旦该零件加工完成，也许再也不会发生什么联系了。这种复杂的情况使得没有任何一个人能够把握如此众多的零件机器加工情况。为此，需要设置专门的生产控制部门来进行控制。

工件的生产提前期可以分成以下 5 个部分。

(1) 移动时间

移动时间为上道工序加工完成后转送到本工序途中所需时间。这个时间取决于运输工具和运输距离，是相对稳定的。

(2) 排队时间

由于本工序有很多工件等待加工，新到的工件都要排队等待一段时间才能加工。排队时间的变化最大，单个工件的排队时间是优先权的函数，所有工件的平均排队时间与计划调度的水平有关。

(3) 调整准备时间

调整准备时间为加工本工件的调整准备所花的时间，它与技术和现场组织管理水平有关。

(4) 加工时间

加工时间是按设计和工艺加工要求，改变物料形态所花的时间。加工时间取决于所采用的加工技术和工人的熟练程度，它与计划调度方法无关。

(5) 等待运输时间

加工完毕，等待转到下一道工序所花的时间，它与计划调度工作有关。

对于单件小批生产，排队时间是主要的，它大约占工件加工提前期的 80% ~95%。排队时间越长，在制品库存就越多。如果能够控制排队时间，也就控制了工件在车间的停留时间。要控制排队时间，实际是控制排队长度的问题。因此，如何控制排队长度，是作业控制要解决的主要问题。

2. 大量大批生产

大量大批生产的产品是标准化的，通常采用流水线或自动线的组织方式生产。在流水线或自动线上，每个工件的加工顺序都是确定的，工件在加工过程中没有排队，没有派工问题，也没有优先权问题。因此，控制问题比较简单。主要通过改变工作班次，调整工作时间和工人数来控制产量。但是，在组织混流生产时，由于产品型号、规格和花色的变化，也要加强计划性，使生产能够均衡地进行。

10.4.4 生产作业控制的方法

随着 MRPⅡ系统的出现，投入-产出控制方法和优先控制方法逐渐应用在企业的生产作业控制中。此外，作业控制的方法不断推陈出新，出现了漏斗模型控制和约束理论的控制方法。

1. 投入-产出控制方法

如果待加工的工件数量过多，就有可能在后面的生产中产生积压，造成生产的停滞；如果工件产出太多，对于下一道工序就要有相当长的等待时间，意味着生产周期的延长和生产资源的浪费。投入-产出控制方法的作用就在于控制在车间里排队等待加工件的数量，并由此控制工序生产周期。投入-产出方法的实施可以保证整个生产过程的平稳进行，没有过多的积压和等待加工时间。

投入-产出的着眼点在于生产工序的两头，对工序中投入量和产出量进行控制，主要内容包括：一方面，将实际投入的数量和计划应当投入的数量进行比较，控制投入某一工序的零部件数量；另一方面，比较实际产出与生产作业计划规定产出的数量，控制从某一工序流出的零件数量。采用这些措施的目的是及时修正由于延期或停顿产生的偏差，使新投入某一工序加工的零件数量不要过多地超过从该工序加工结束后待运出零件的数量。当然，对于不同的工序而言，投入的含义是不同的。投入-产出可以控制第一个工序的投入，但是以后每个工序的“投入”其实就是上一道工序的产出，所以，投入实际就是控制上一道工序输出量的大小。

2. 优先控制方法

MRPⅡ系统的主要功能是设置和更新各种零件在车间生产过程中的订货期（完工要求），生产管理人员根据 MRPⅡ提出的计划，安排零件在生产中的次序。当有若干种零部件需要同时经某一台机床进行加工时，就必须根据交货期信息确定有关零件的优先权，但是至今仍然没有适用于一般情况来确定优先权的算法，最常用的是临界比率法。

临界比率法是零部件与计划交货期之间的间隔与零部件到完工时的间隔之比，根据临界比率可以确定哪些零件滞后于计划，哪些零件超前于计划。临界比率大于 1，说明零件超前于计划要求的交货期；临界比率等于 1，说明零件正好符合计划要求的交货期；临界比率小于 1，说明零件滞后于计划要求。因此，临界比率越小，该批零件加工越紧迫，应该将生产资源优先安排在这批零件上。

3. 漏斗模型

“漏斗模型”（Funnel model）是德国汉诺威大学的贝特（Bechte）和温那多（Wiendall）等人在 20 世纪 80 年代提出的。所谓“漏斗”，是为了方便地研究生产系统而做出的一种形象化描述。

一台机床、一个班组、一个车间乃至一个工厂，都可以看成一个“漏斗”。作为“漏斗”的输入，可以是上道工序转来的加工任务，也可以是来自用户的订货；作为“漏斗”的输出，可以是某工序完成的加工任务，也可以是企业制成的产品。而“漏斗”中的液体，则表示累积的任务或在制品，液体的量则表示在制品量，漏斗模型如图10-1所示。

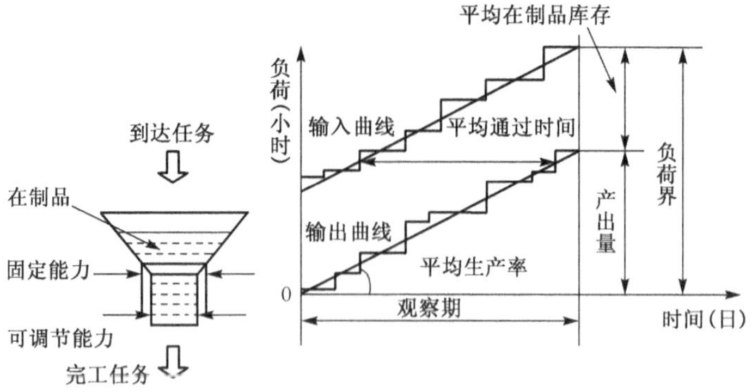

图10-1　漏斗模型

漏斗模型通过分析生产系统工序通过时间和在制品占用量的关系，形成了完整的基于负荷导向的作业控制理论和方法。漏斗模型很适合于多品种中小批量生产系统计划与控制。图10-1中左侧漏斗的开口大小表示生产能力，它是可以调整的；液面高低表示累积任务量的大小。图10-1中右侧为输入输出图。该图包括输入曲线和输出曲线，它们分别描述工件的到达情况和完成情况。横坐标为时间，通常以日为单位；纵坐标为工作负荷，通常以小时表示。曲线的垂直段表示某天到达或完成的一个或多个工件所包含的工作量，水平段表示相邻两个到达或完成的任务之间的时间间隔。如果运输时间不变，输入曲线与上道工序的输出曲线相对应。输入曲线和输出曲线表示在一定观察期内任务到达的累积情况和任务完成的累积情况，它们可以从过去任何一天开始构造到现在。实际上，几周时间已足够。两条曲线任一时刻垂直方向的距离表示该时刻在制品占用量(以工作量表示)，两条曲线的水平距离表示相应工作任务在该工作地停留的时间。通过对生产负荷的控制调整产出的进度，检测产出的时间，同时对产出进行一定的更正，有效地提高了管理效率。

平均等待时间等于工件的平均在制品占用量(以时间为单位表示)，平均队长等于平均在制品库存。在一段较长的时间(如数周)内，如果工况稳定，输入曲线和输出曲线可以近似地由两条平行直线来表示，其斜率等于平均在制品库存/平均通过时间。这时，下式成立：

平均通过时间=平均在制品库存/单位时间平均产量

漏斗模型适用于多品种中小批量生产系统的控制。利用漏斗模型的理论和方法，还可以对生产系统进行全局的和动态的监控，克服了传统的只注重单个工作地产量大小、设备利用率高低的弊端。

10.5　生产调度工作

生产调度工作是具体组织实现生产作业计划的工作。生产调度工作必须以生产作业计划为指导，生产作业计划也要依靠生产调度工作去实现，两者存在着非常密切的关系。生产调度是企业生产指挥系统的组成部分，是对生产作业活动直接实施监督、管制、调节和校正工作的有力手段。企业从事生产调度的各级调度人员是生产第一线的指挥员。

10.5.1 生产调度的任务和内容

生产调度的任务，就是生产作业活动中，按照生产作业计划规定的目标和要求，对生产活动实施有效的监督、指挥、管制和调节，不断克服不平衡和不均衡的现象，保证生产进度的执行，并且通过各种信息的收集和处理，积极预防生产中事故和失调现象的发生，使生产过程的各个环节、各个方面都能够协调一致的工作，保证生产作业计划的全面完成。

根据生产调度工作的上述任务，生产调度工作应包括下述内容：

① 按照生产作业计划组织日常的生产作业活动，经常检查计划的执行情况，掌握在制品在各工艺阶段的投入和出产，解决生产中出现的各种问题；

② 检查、督促和协调各有关部门及时做好作业准备工作；

③ 根据生产需要，合理调整劳动组织，调配好劳动力，组织好工作地的供应、服务工作；

④ 协助做好对轮班、昼夜、周、旬以及月作业计划完成情况的统计和分析工作，掌握生产的薄弱环节和不利因素。

10.5.2 生产调度工作的要求

为了使生产调度工作很好地发挥生产作业控制的职能作用，应对生产调度工作提出以下要求。

(1) 计划性

生产调度工作要有计划性，这是最基本的要求。就是说调度工作必须围绕生产作业计划开展调度业务，必须以计划为指导，以实现计划为归宿。调度工作的灵活性必须服务于计划的严肃性。调度人员还应该不断总结生产实践的经验，协助计划人员完善生产作业计划的编制工作，使计划更加科学，更加切合实际。

(2) 预见性

为了保证生产作业计划的顺利完成，生产调度工作必须扭转被动地抓缺件、堵漏洞的消极做法，而应该在事前就能够预见到问题发生的可能，从而采取预防措施，防止或缩小不利因素的影响。为此，调度人员必须做到勤检查，勤分析，善于发现生产过程中的一切矛盾和隐患，做到以预防为主，既抓成品产量，又能抓毛坯和半成品成套和投入；既抓当前生产，又能抓下步的作业准备，取得生产调度的主动权。

(3) 集中性

各级生产调度人员是同级生产领导的助手，在生产副总统的领导下，协助各级生产领导人员行使调度职权和发布调度命令，各级生产领导和调度人员都必须维护生产指挥的统一性，调度不能各行其是。

(4) 及时性

在生产作业计划执行的过程中，必然会出现意想不到的各种新情况、新问题、新矛盾，这就要求生产调度人员必须迅速了解和掌握这些新的不平衡，坚决果断地采取有力措施及时解决，避免造成生产过程的间断和各种浪费。

(5)群众性

所谓群众性，就是调度工作必须具备群众基础。调度工作必须充分发扬民主，贯彻群众路线，实行民主管理。这就要求调度人员必须经常深入群众，倾听群众的各种反映和意见，集思广益。在调度工作中，要善于把调度意图转变为广大职工群众的积极性和主动性，以利于调度意图的实现。

10.5.3 生产调度工作的组织

根据生产调度工作的要求，生产调度系统必须是实行集中统一领导、能够随时掌握生产活动的各种信息并对发生的问题做出及时果断处理的生产控制系统。为此，生产调度系统必须具有严密的组织机构，否则是难以胜任的。生产调度系统的机构设置，因企业的生产规模、生产类型和生产特点的不同而不同。在我国当前的情况下，一般大型企业设厂部、车间和工段三级生产调度机构，中小型企业则只设厂部和车间两级生产调度机构。

1. 厂级生产调度机构

厂级生产部调度组(调度室)在生产副总领导下，负责全厂的生产调度工作。调度组(调度室)配备一定数量的专业生产调度人员，分工负责，调度员的分工通常有以下三种形式。

(1)按条分工

按条分工即调度人员分工主管一种或几种产品的生产调度业务，不管这一种或几种产品由哪些车间生产，凡是分管的产品从作业准备、投料、加工制造(包括毛坯、机加、装配)等全部生产活动，都要由该产品主管的调度人员负责。这种分工方式的优点是调度人员了解生产的全过程，责任明确。一般单件小批生产的产品，生产周期长的产品以及新产品和专项生产任务，宜于采取这种分工方式。但是这种分工容易造成多头指挥，形成车间与分管调度的矛盾，影响调度工作的集中统一。

(2)按块分工

按块分工即调度人员分工主管一个车间的调度工作，全面掌握该车间所有产品的生产。这种分工的优点是调度人员便于全面了解车间的生产情况，而且有利于车间与厂部分管调度人员的协调统一，有利于统筹兼顾地安排生产作业活动。缺点是不能掌握一个产品生产的全过程，特别是在产品品种较多、有新产品生产时，往往会出现调度工作前后脱节的现象。一般在比较稳定的成批生产和大量生产的情况下，采用这种调度分工。

(3)条块结合的分工

这种分工是在综合以上两种分工方式的优缺点后，形成的一种既能发挥集中统一，又能统筹兼顾的方式。这种分工又可以根据实际情况不同，分别采用“条块结合，以条为主”或“条块结合，以块为主”两种形式。

2. 车间和工段的生产调度机构

车间以下的生产调度工作，往往与生产作业计划编制工作结合进行，调度员兼任计划员，其具体组织形式有以下几种。

(1)集中在车间

车间调度人员集中在车间计划调度组，一个调度员分工一个或几个工段的调度工作，工段不配调度员。这种形式适用于工段按工艺专业化原则组织的车间，如热处理车间、装配车间和按工艺专业化原则组织的机加车间；

(2)工段内以工段长为中心设计划调度员，业务上车间计划调度组指导

这种形式，一般适用于工段按对象专业化原则组织的车间；

(3)集中与分散相结合

车间计划调度组配备少数分工主管几个工段的计划调度员，同时工段亦配备计划调度员。

以上所讲的三级调度系统，是针对基本生产车间说的，其他如设备动力、工具、运输等辅助生产单位和生产服务单位，也应配备专职或兼职计划调度员，他们在行政上由本单位领导，业务上则接受生产调度部门的领导。这样组织就可以形成一个强有力的把生产与准备、前方与后方，以及产、供、销等各个方面都能有机联系起来的全厂统一的调度指挥系统。

10.5.4 生产调度工作的制度

生产调度工作，除了应该健全组织机构以外，还应该建立一套严密的工作制度，保证生产调度系统的有效工作。

1. 调度值班制度

生产调度应当对生产作业活动的全过程进行监督、指挥。如果只管白班、不管夜班，或调度人员全部各自为点，无人全面掌握生产作业情况，就很难综合分析生产动态、及时准确地处理生产中出现的各种问题，特别是一些涉及全厂的问题，更需要集中统一考虑。因此，厂级生产调度组(调度室)应实行昼夜值班制度，做到全面掌握情况，二十四小时指挥不中断。值班调度应检查车间、工段(班组)生产作业计划的执行情况，检查有关调度会议决定的执行情况，及时处理生产中临时发生的问题，并将当班的生产情况、发生的问题、采取的处理措施及执行结果记入调度日记。值班结束，应向下班交代，同时向生产主管汇报。

2. 调度报告制度

各级生产调度人员应定期或经常向本单位生产领导人或上级生产调度部门汇报生产情况，便于他们及时掌握。定期报告首先由各工段(班组)每班将本班执行计划任务的情况报告给车间计划调度组。各车间计划调度组将本车间的生产作业计划执行情况汇总，汇报给厂部总调度室(生产部调度室)，总调度室再根据各车间的调度报告及各中心仓库的收发日报等资料，将商品出产进度、产品成套情况、主要部件和关键零件的生产情况、生产领导人指示的执行情况等，写成生产日报，每日报告给企业领导人，并发至有关科室和车间。

除定期报告之外，各级调度人员还应随时将生产中的主要问题及时向有关领导汇报，一方面便于领导掌握情况，同时也及时取得领导支持，做好生产调度工作。

3. 调度会议制度

调度会议是调度工作的重要工作方法，是在调度工作中发扬民主管理、集中领导、统一指挥生产作业活动的良好形式。通过调度会议，可以广泛收集各方面的意见，了解存在的问题，检查协调生产进度，针对生产中的薄弱环节，制订有效措施，解决存在的问题。

调度会议一般分厂部与车间两级。厂部生产调度会由生产调度部门主管生产调度的生产部长(处长)召集，生产副总主持，由各车间、科室的负责人及厂部的调度人员参加。一般厂级

的生产调度会一周一次，这种调度会重点解决各单位的横向衔接和协作关系。会前要做好调查研究，准备解决问题的方案，便于会上能够及时统一意见，做出决定。调度会无法解决的问题，要整理汇总，提交经理办公会议解决。

车间生产调度会议，每周开1～2次，由车间主任主持，车间计划调度组召集，车间内各职能组负责人及各工段长(班组长)参加，着重研究本车间近期生产进度和存在的问题，决定措施项目，落实措施负责人及实现的日期。

调度人员除按制度规定做好调度工作外，还应提倡深入现场，到第一线去了解生产作业情况，就地解决问题的工作方法。另外，在工段(班组)要利用短暂的时间开好班前班后会，班前明确本班的生产任务，班后做好总结，也是有利于早发现问题、解决问题的好办法，也是发动群众、实行民主管理、弥补专业管理不足的好方法。

10.5.5 生产调度的技术设备

为了使调度人员及时获得各种生产信息，做到调度工作及时、准确，提高调度工作的效率，企业的各级生产调度部门，应创造条件，配备各种必要的信息装备。调度工作的技术装备应该随着科学技术的不断进步，不断更新落后的装备。目前常用的技术装备如下。

(1)通信设备

调度用通信设备有调度专用电话机和无线电话机，通过中心交换台组成的连通各个部门的调度通信网，可以召开电话会议、发布调度命令和及时报道生产情况。

(2)远距离文件传送装置

这种装置一般指电传打字机和传真机，主要用来传送图纸、计划统计报表和其他文字资料。

(3)电视监控

这是一个企业内部的闭路电视系统，可能通过电视屏幕了解生产现场的情况。这种电视系统还可以配有通话装置，及时传递信息和发布调度命令。在危险的生产现场不便人员接近，可以装备自动录像系统，以便随时监视生产现场的动态。

(4)电子自动记录系统

这是由计数器、自动记录仪、电子计算机以及一系列电子处理装置组成的系统。这个系统可以自动记录生产现场情况，并经过系统处理，可以分类、列表、打印，供调度人员应用。

近年来由于信息技术越来越广泛地应用于管理，很多企业建立起以电子计算机为基础的管理信息系统。在生产单位、仓库、设计部门、调度部门等处安装终端装置，并使这些终端装置与计算中心相联结，这大大提高了信息的传递与处理的速度，使调度工作的及时性和准确性都得到相应的提高，也促进了管理工作的现代化。

练习思考题

1. 简述生产作业计划的作用。
2. 不同生产类型下，如何编制车间生产作业计划？
3. 制订生产作业计划应遵循哪些原则？
4. 漏斗模型的基本原理是什么？

5. 为什么要实行生产作业控制?

6. 现有甲、乙、丙、丁四个产品的零件，由选出的四个铣工(工资相同)分别进行加工，每个铣工加工各零件所节省的工时见题表10-1。

题表10-1　每个铣工加工各零件所节省的工时

	甲	乙	丙	丁
1	5	3	6	7
2	4	2	9	8
3	3	6	10	7
4	4	5	2	9

试求如何进行安排，使加工完四个零件所节省的时间最多?

7. 现有A、B、C、D四种产品，都要首先车加工，然后再进行铣加工，具体工时见题表10-2。

题表10-2　具体工时

工种 产品	车床(小时)	铣床(小时)
A	16	5
B	9	11
C	7	6
D	13	7

试确定A、B、C、D四种产品的最优加工顺序和周期。

第 11 章

服务业作业控制

【本章导引】

本章主要阐述了服务业运作的基本情况；服务业作业的特殊性；服务业作业排序的原则；人员班次计划与安排。

【本章重难点】

人员班次计划与安排。

【本章学习目标】

1. 了解服务业与制造业排序的区别；
2. 理解和掌握几种典型的服务业运作计划编制方法。

服务业的生产运作与传统的加工制造业有很多不同的特点，并且由于服务要与顾客直接接触，从而造成其效率不高，因此对服务业的生产运作进行研究十分必要。

11.1 服务业运作的概述

服务业是通过员工的劳动直接为顾客服务，服务业与顾客的关系比制造业与顾客的关系更紧密。与制造业相比，服务性生产的生产率难以测定，服务性生产的质量标准难以建立，与顾客接触是服务性生产的一个重要内容，纯服务性生产不能通过库存来调节，服务业很难将营销与生产运作分离。

11.1.1 服务交付系统

服务业与顾客的关系十分紧密。服务业的生产系统叫做服务交付系统(Service Delivery System)。为了确定适当的服务交付系统，首先，要确定目标市场，即服务企业必须确定提供什么样的服务，在何处提供服务以及对谁提供服务。

在目标市场确定之后，第二步就是确定服务“产品”，或称“成套服务”(Service Package)。

① 服务是通过服务台进行的，服务台是服务企业与顾客的界面。

② 确定服务内容时，要弄清楚顾客经过所有的服务台后获得了什么。

③ 潜在的顾客往往是通过被服务过的顾客的感受和推荐，来决定是否接受服务的。

④ 服务内容是丰富的。

11.1.2 服务交付系统管理中的问题

服务业需要接触顾客且服务无法通过库存调节，这给服务作业带来很大的影响。

1. 顾客参与的影响

① 顾客参与影响服务运作实现标准化和服务效率。服务人员需要应对口味各异的顾客提出的各种各样的要求，可能会使服务人员无法按预定的程序工作，服务时间难以确定。

② 顾客的舒适、方便会造成服务能力的浪费。往往使顾客感到舒适和有趣的代价损失了服务人员的时间。

③ 对服务质量的感觉是主观的，服务是无形的，难以获得客观的质量评价。

④ 顾客参与的程度越深，对效率的影响越大。不同的服务，顾客参与的程度不同，对服务运作的影响就不同。

2. 减少顾客参与的影响的方法

由于顾客参与对服务运作的效率造成不利的影响，就要设法减少这种影响。有各种方法使服务运作在提高效率的同时也能提高顾客的满意度。

(1) 通过服务标准化减少服务品种

顾客需求的多样性会造成服务品种无限多，服务品种增加会降低效率，服务标准化可以用有限的服务满足不同的需求。饭馆里的菜单或快餐店食品都是标准化的例子。

(2) 将部分操作与顾客分离

提高效率的一个常用策略是将顾客不需要接触的那部分操作与顾客分离。例如设置前台和后台，前台直接与顾客打交道，后台专门从事生产运作，不与顾客直接接触。

(3) 通过自动化减少同顾客的接触

有的服务业通过操作自动化限制同顾客的接触，例如银行使用自动柜员机，商店的自动售货机。这种方法不仅降低了劳动力成本，而且限制了顾客的参与。

(4) 设置一定库存量

服务是不能库存的，但很多一般服务还是可以通过库存来调节生产活动的。例如，批发和零售服务，都可以通过库存来调节。

11.1.3 影响需求类型的策略

(1) 固定时间表

采用固定时间表来满足顾客的需要，使顾客按固定时间表行动，既可以满足绝大多数顾客的需求，又可以减少服务能力的浪费。如火车、轮船和飞机按固定的时间表运行。采用固定时间表策略就像采用产品系列化策略一样，可以兼顾顾客的需要和企业的生产能力。

(2) 使用预约系统

对于顾客化程度高的服务业，为了正确处理服务能力与需求的关系，可采用预约系统，使顾客的需求在服务企业有时间时得到满足。如牙医看病，通过预约，可以同时节省病人和牙医的时间。

(3) 推迟交货

服务能力有限，若无论采用什么策略，都会有一些顾客的要求得不到及时满足，这就出现推迟交货的情况。例如家用电器突然出现故障需要修理，是难以预约的。如果维修站无任务排队，则可及时修理；如果有很多任务排队，则按一定的优先顺序修理，某些修理任务就要推迟。

(4) 为低峰时的需求提供优惠

为了使有限的服务设施得到充分利用，可以采用转移需求的策略。对低峰时的需求提供价格或其他优惠。

11.1.4 处理非均匀需求的策略

各种转移需求的办法只能缓解需求的不均匀性，不能完全消除不均匀性。因此，需要采取各种处理非均匀需求的策略。

(1) 改善人员班次安排

对每周和每天的负荷进行预测，在不同的班次或时间段安排数量不同的服务人员。这样既保证服务水平，又减少了人员数量。

(2) 利用钟点工作人员

对一天内需求变化大的服务业或者季节性波动大的服务业，都可以雇佣半时工作人员，可以减少全时工作的固定人员数量。

(3) 让顾客自己选择服务水平

设置不同的服务水平供顾客选择，既可满足顾客的不同需求，又可使不同水平的服务得到不同的收入。

(4) 利用外单位的设施和设备

为了减少设施和设备的投资，可以借用其他单位的设施和设备。

(5) 雇佣多技能员工

(6) 顾客自我服务

如超级市场购物、自助餐。

(7) 采用生产线方法

例如麦当劳采用生产线方法来满足顾客需求。在前台，顾客按菜单点他们所需的食品。在后台，则采用流水线生产方式加工不同的食品，做到成本低、高效率和及时服务。

11.2 服务业作业的特殊性和排序准则

11.2.1 服务业作业排序的特殊性

由于服务无法预先做出来，也无法库存，导致服务业和制造业的排序不同，具体表现为以下几个方面。

① 在产品类型方面，服务过程中有顾客的参与，作业排序对他们有直接影响，并因此成为服务的一部分；而在制造业中，生产作业排序对产品的最终使用者或消费者均无直接影响。

② 在排序内容方面，服务业作业排序要定义服务交易的时间或消费点。而制造业作业排序仅仅定义产品生产的操作步骤。

③ 在过程控制方面，服务业中用户参与服务过程，并且对全部操作时间施加影响。而在制造业中，用户仅与最终产品或交货时间相关。

④ 在人员规模方面，顾客化的服务业输出与劳动力的最佳规模之间的关系很难确定；而在制造业中，两者之间有紧密联系，最优作业排序可以计算出来。

可以看出，服务作业的排序比制造业的更为复杂，需要在有效地满足顾客需求的同时，实现不必要的劳动力成本最小化。

11.2.2 服务业作业的排序准则

根据排队理论，服务系统排序应遵循下列准则。

(1) 先到先服务原则

依据顾客到达队列中的先后顺序来排序，顾客接受服务的次序与其他特征无关。

(2) 顾客平均等待时间最短准则

可以通过确定服务台的数目，调整服务能力，从而保证预期的顾客等待时间。例如，某饭店老板为增加收入，规定必须在顾客平均等待5分钟之内上餐。这么规定的原因在于，手表通常被分割为5分钟一个刻度，排队等待的顾客一般会在至少5分钟之后才意识到自己已经等了多久。

(3) 响应顾客服务的概率最大准则

对于公共服务来说，必须保证制定的服务水平：顾客在规定时间内可以接受服务的可能性(响应服务的百分比)。例如，救护车、消防车的反应概率一般应该为95%。

(4) 总成本最小准则

在有些服务系统中，顾客和服务人员都是同一个组织中的成员，顾客等待成本和服务成本构成了服务系统的总成本。例如，旅游公司或计算机中心，如果提高员工的服务质量或者增加服务台数目来提高服务能力，那么服务成本会上升，但是这可以抵消部分等待成本。因此，可以综合考虑以确定使总成本最小的最佳服务能力。

(5) 销售损失最小准则

该准则更多考虑等待区域的容纳能力，而非提供服务的能力。等待区域过小可能会导致潜在顾客退出该系统，转向他处寻求服务，尤其在到达顾客能够看到等待区域的情况下。因此，要综合考虑原有系统的容纳能力和退出系统的顾客数，力求销售损失最小。

(6) 预期利润最大准则

这一准则不依赖于排队模型的运用，而是依赖于边际分析原理，使服务过程预期收入超过预期损失。这类能力问题通常发生在设施的设计阶段，当服务能力过剩和不足时，可以运用此方法进行能力决策。例如，决定在饭店或电影院设置多少座位的问题。边际分析除了需要估计每个顾客会带来的单位利润和可能的损失之外，还要用到服务需求的概率分布。

11.2.3 服务业运作计划的编制

各种服务组织所提供的服务可以分为两大类：标准化服务和顾客化服务。标准化服务主要借助设备、工具提供服务。例如在交通运输业中，不考虑个别顾客的要求，事先固定好运行时刻表。而顾客化服务既要与其所服务的顾客直接接触，同时又有许多设施单独处理一些服务项目，如医院和银行，分为前台和后台服务。

与标准化服务的作业排序相比，顾客化服务的作业排序往往更为复杂，因为顾客化服务的作业排序实际上是一个顾客参与决策的过程，在某种程度上，顾客也是作业排序过程中的一部分，而且常常作为驱动者，这就给作业排序带来了很大的难度。

一般而言，服务作业排序应考虑 3 个因素，即需求变化、服务时间变化、提供服务人员的变化。根据这 3 个因素，服务业作业计划的编制方法如下。

(1) 预订系统

预订系统通常被用于顾客接受服务时要占据或使用相关的服务设施的情况。例如顾客预订飞机票、酒店房间等都属于预订系统。它的优点在于给予服务人员一段提前期，来规划设施的充分利用。

(2) 预约系统

预约系统是按照事先规定的优先准则排序的方法，主要用于协调顾客需求和服务能力的差异，优点在于给顾客服务及时、服务人员效率高。律师、专家医生都是使用预约系统提供服务的典型例子。

(3) 轮班排序

轮班排序是确定服务人员的数量，以及他们的上班时间及休息时间，以适应服务需求的变化。轮班排序又分为全部雇佣专职人员情况下的排序和雇佣部分兼职人员情况下的排序两种。

11.3 人员班次计划与安排

11.3.1 人员班次安排问题的背景

从管理者的要求出发，希望降低成本，提高服务水平，即安排尽可能少的员工来满足生产和服务的需要。

员工则希望满足自己的休息要求。例如，休息日最好安排在周末，以便与家人团聚；每周的双休日连在一起，以便充分利用休息的时间。

如何兼顾两方面的要求，合理安排员工的工作班次，做到在满足生产需要和职工对休息及工作时间的要求的前提下，使职工数量最少，这就是人员班次安排问题所要解决的问题。

11.3.2 人员班次问题的常用术语

部门：所有给职工安排班次的企业、单位，统称为部门。

工人：所有被安排的对象称为工人。

安排人员班次计划，一般以周为时间单位，常采取周一至周日或周日至周六两种表示方法。

一周内有5天平常日和2天周末日。

每天可由一个班次、两个班次或三个班次组成。

单班次人员班次问题是指每天仅安排一个班次的问题(简称单班次问题)，多班次人员班次问题是指每天安排多个班次的问题(简称多班次问题)。如果说某工人在哪天工作，实际是指他在那天的某个班次工作。

每个工人每天只能被分配一个班次，不同天可以被分配到不同种类的班次，如白班、晚班、夜班等。

工人不被安排工作的天称为休息日，连续两个休息日称为双休日。

周末休息指在两个周末日连续休息，即星期六和星期日休息。周末休息频率 A/B 的意思是在任意连续 B 周内，工人有 A 周在周末休息。

工人在两个休息日之间的工作天数称为连续工作时间，所有连续工作时间中最长者为最大连续工作时间。

班次计划表示每名工人安排的休息日/工作日(班次)顺序的作业计划。

以 $R(i, j)$ 表示第 i 天第 j 班次所需的劳动力数量，N 表示总的人力需求，即需要部门雇佣的工人数，W 表示所需劳动力的下限。显然，W 小于或等于 N。

11.3.3 人员班次计划的分类

由于人员班次计划问题的多样性，可以从多种角度对其分类，主要包括以下方面。

(1)根据最后编制的班次计划的特点分类

根据最后编制的班次计划的特点，班次计划可分为个人班次计划和公共班次计划。个人班次计划又称为固定或非循环班次计划(Fixed/Noncyclical Schedule)，它是指在计划期内每名工人的作业计划，一直沿用一特定的工作日(班次)/休息日的顺序，与其他工人的作业计划无直接关联。而公共计划又称为循环作业计划(Rotating/Cyclical Schedule)，每隔一周期，每名工人的计划就重复一次。两种班次计划各有优劣。个人班次计划的安排算法比较简单，遇到人力需求变动时，调整起来较方便，故有较强的灵活性，最大的缺点是不公平性。公共班次计划的优点则是公平性，但灵活性不大。

(2)根据班次的种类分类

根据班次的种类，可以分为 单班次问题和多班次问题。单班次问题指每天只有一种班次，部门每天都要营业，但不超过10 小时，如储蓄所。多班次问题每天有多班，一般为两班(如商业大楼)或三班(每班为8 小时或10 小时，重叠时间应付高峰期，常见于全天候营业部门)。多班次问题无疑比单班次问题更为复杂，更具代表性。

(3)根据参数性质的不同分类

根据参数性质的不同，可以分为确定型人员班次和随机型人员班次。确定型人员班次问题，指时间人力需求和其他有关参数是已知的确定的量。而随机型人员班次问题的时间人力需求和其他有关参数是随机变量。

(4)根据工人的种类、排班对象的特点分类

根据工人的种类、排班对象的特点，可以将人员班次问题分为全职工人排班、全职及兼职排班、多种向下替代排班。此种分类适用于会出现季节性或者短期的高峰期的服务业部门，如快餐店、图书馆。

11.3.4 单班次问题

单班次问题指的是每天只有一个班次工人当班，不存在换班的情况。它具有以下几个特点。

① 它是最简单，也是最基本的班次问题，一般比较容易找到求解方法。

② 单班次问题的模型可作为某些特殊的多班次问题的合理近似。例如，有些多班次问题允许工人固定班次种类，则每种班次的工人看成独立的一组，按照单班次的方法求解。

③ 求解单班次问题的思想和方法，虽然不能直接应用于求解一般的人员班次安排问题，但对于建立求解一般的人员班次问题的方法能提供一些有益的启示。对单班次问题的研究是更一般、更复杂的人员班次安排问题研究和发展的奠基石。

设某单位每周工作7天，每天一班，平常日需要 N 人，周末需要 n 人。求在以下条件下的班次计划：

a. 保证工人每周有两个休息日；

b. 保证工人每周的两个休息日为连休；

c. 除保证条件 a. 外，连续两周内，每名工人有一周在周末休息；

d. 除保证条件 b. 以外，连续两周内，每名工人有一周在周末休息。

设 W_i 为条件 i. 下最少的工人数；$[x]$ 为大于等于 x 的最小整数；X 在作业计划中表示休息日。

1. 条件 a.，每周休息两天

对条件 a.，所需劳动力下限为

$$W_1 = \max\{n,\ N + 2n/5\} \tag{11-1}$$

求解步骤如下：

① 安排$[W_1 - n]$名工人在周末休息；

② 对余下的 n 名工人从1到 n 编号，1号至$[W_1 - N]$号工人周一休息；

③ 安排紧接着的$[W_1 - N]$名工人第二天休息，这里，工人1紧接着工人 n；

④ 如果 $5W_1 > 5N + 2n$，则有多余的休息日供分配，此时可按需要调整班次计划，只要保证每名工人一周休息两天，平日有 N 人当班即可。

例 11.1 $N=5$，$n=8$，求班次安排。

解

$$W_1 = \max\{8,\ 5 + 2 \times 8/5\} = 9$$

按照上述步骤排班，得出的班次计划见表11-1。从表11-1中可以看出，1~4号工人每周一和周四休息，5~8号工人每周二和周五休息，9号工人周末连休。每名工人连续工作天数最多为5天。但工人9的班次计划明显优于其他工人。

表 11-1 条件 a. 下的班次计划

工人号	一	二	三	四	五	六	日	一	二	三	四	五	六	日
1	×			×				×			×			
2	×			×				×			×			
3	×			×				×			×			
4	×			×				×			×			
5		×			×				×			×		
6		×			×				×			×		
7		×			×				×			×		
8		×			×				×			×		
9						×	×						×	×

2. 条件 b.，每周连休两天

对条件 b.，所需劳动力下限为

$$W_2 = \max\{n,\ N+2n/5,\ (2N+2n)/3\} \tag{11-2}$$

排班步骤如下：

① 利用公式(11-2)计算 W_2，给 W_2 名工人编号；

② 取 $k = \max\{0,\ 2N+n-2W_2\}$；

③ $1 \sim k$ 号工人(五、六)休息，$(k+1) \sim 2k$ 号工人(日、一)休息，接下来的 $[W_2-n-k]$ 名工人(六、日)休息；

④ 对于余下的工人，按(一、二)，(二、三)，(三、四)，(四、五)的顺序安排连休，保证有 N 名工人在平常日当班。

例 11.2 $N=6$，$n=5$，求班次安排。

解 按式(11-2)可计算出 $W_2=8$，$k=1$。因此，8 名工人的工作班次计划见表 11-2。

表 11-2 条件 b. 下的班次计划

工人号	一	二	三	四	五	六	日	一	二	三	四	五	六	日
1					×	×						×	×	
2	×						×	×						×
3						×	×						×	×
4						×	×						×	×
5	×	×						×	×					
6		×	×						×	×				
7			×	×						×	×			
8				×	×						×	×		

3. 条件 c.，隔一周在周末休息

对条件 c.，所需劳动力下限为

$$W_3 = \max\{2n,\ N+2n/5\} \tag{11-3}$$

求解步骤如下：

① 利用式(11-3)计算 W_3，将 $[W_3-2n]$ 名工人安排在两个周末休息；

② 将余下的$2n$名工人分成A、B两组，每组n名工人，A组的工人第一周周末休息，B组的工人第二周周末休息；

③ 按照条件a. 每周休息两天的步骤③、④，给A组工人分配第二周休息日。如果$5W_3 > 5N+2n$，可以先安排1～[W_3-N]号工人周五休息，按周五、周四……周一的顺序安排休息日。

④ B组的n名工人第一周的班次计划与A组的第二周班次计划相同。

例 11.3 $N=7$，$n=4$，求班次安排。

解 按式(11-3)可计算出$W_3=9$，$W_3-2n=1$。安排第9号工人每个周末休息，余下的8名工人分成两组，1～4号为A组，5～8号为B组，按照步骤③和④给8名工人排班，得出的班次计划见表11-3。

表 11-3 条件 c. 下的班次计划

工人号	一	二	三	四	五	六	日	一	二	三	四	五	六	日
1						×	×			×		×		
2						×	×			×		×		
3						×	×		×		×			
4						×	×		×		×			
5			×		×								×	×
6			×		×								×	×
7		×		×									×	×
8		×		×									×	×
9						×	×						×	×

4. 条件 d.，每周连休两天，隔一周在周末休息（最复杂的情况）

对条件d.，所需劳动力数量下限为

$$W_4 = \max\{2n, N+2n/5, (4N+4n)/5\} \tag{11-4}$$

求解步骤如下：

① 将W_4名工人分成A、B两组：A组[$W_4/2$]名工人，第一周周末休息；B组($W_4-W_4/2$)名工人，第二周周末休息；

② $k=\max\{0, 4N+2n-4W_4\}$，A组中$k/2$名工人(五2，六2)，即第2周星期五和星期六休息，$k/2$名工人(日2，一1)，即第2周的星期日和第1周的星期一休息，B组中$k/2$名工人(五1，六1)休息，$k/2$名工人(日1，一1)休息；

③ 在保证周末有n人当班，平日有N人当班的前提下，对A组余下的工人按下列顺序安排连休日：(六2，日2)，(四2，五2)，(三2，四2)，(二2，三2)，(一2，二2)；对B组余下的工人，按下列顺序安排连休日：(六1，日1)，(四1，五1)，(三1，四1)，(二1，三1)，(一1，二1)。

例 11.4 $N=10$，$n=5$，求班次安排。

解 按式(11-4)可计算出$W_4=12$，$k=2$。给工人从1～12编号，1～6号为A组，7～12号为B组。班次计划见表11-4。

表 11-4　条件 d. 下的班次计划

工人号	一	二	三	四	五	六	日	一	二	三	四	五	六	日
1						×	×					×	×	
2	×					×	×							×
3						×	×				×	×		
4						×	×			×	×			
5						×	×		×	×				
6						×	×	×	×					
7					×	×							×	×
8							×	×					×	×
9				×	×								×	×
10			×	×									×	×
11		×	×										×	×
12	×	×											×	×

11.3.5　多班次问题

多班次问题即每天有多种班次的工人需要换班，比单班次问题多了换班约束，如规定任意连续两天工作内的班次必须相同。单班次问题中的班次计划为休息日、工作日的顺序，而多班次作息计划除了确定每名工人休息日、工作日的顺序外，还要确定每名工人在每个工作日的具体班次，因此多班次问题比单班次问题复杂得多。在研究多班次问题的诸多算法中，有些算法允许工人固定班次。可以将不同班次的工人分成不同的组，若有 J 种班次，则工人分成 J 组，每组的工人按单班次问题排班方法处理，得到每名工人的单班次计划。将第 i 组的工人在工作日的班次定为第 i 种班次，就可得到每名工人的具体班次计划。

用这类算法来解决多班次问题的优点是简单，可充分利用单班次问题的算法。缺点是对于非白班人员存在一系列生理及社会问题。

如果不采取固定班次的方法，则必须满足多班次问题的一个特殊约束条件：换班种必须是休息某段时间后，如至少休息 16 小时后，才能从白班换到晚班。这样安排其班次计划的算法就比单班次问题要复杂。多班次问题的求解方法在这里不做介绍。

练习思考题

1. 服务业与制造业排序有什么区别？
2. 服务业运作系统的构成有哪些要素？
3. 服务业运作计划要解决哪些方面的问题？

第 12 章

流水生产设计与控制

【本章导引】

本章主要阐述了流水生产的基本原理；单一对象流水线的组织；多对象流水线的组织。

【本章重难点】

多对象流水线的组织。

【本章学习目标】

1. 了解流水生产的概念和特点、分类；
2. 理解和掌握单一对象流水线的组织；
3. 理解和掌握多对象流水线的组织；
4. 掌握混合流水线的平衡。

在现代化社会大生产中，以汽车、家电等产品为代表的大量生产方式是一种主要的生产类型。现代流水生产方式起源于福特制。美国福特汽车公司创始人亨利·福特(Henry Ford)于20 世纪 20 年代创立了汽车工业的流水生产线。读者可先扫描本页上方二维码，观看一段宝马汽车流水生产线的录像。

12.1 流水生产概述

12.1.1 流水生产的概念及特点

流水生产是指加工对象按照一定的工艺路线，有规律地从前道工序流到后道工序加工，并按照一定的生产速度连续完成工序作业的生产过程。流水生产的特点如下：

① 流水线上固定生产一种或少数几种产品(零件)，工作地专业化程度很高，一般只固定完成一道或几道工序；

② 流水线上每个工作地按照产品工艺过程(零件)顺序安排，产品按单向运输路线移动；

③ 工艺过程是封闭的，工作地按工艺顺序安排为锁链形式，劳动对象在工序间单向流动，自成系统，便于管理和控制；

④ 生产具有明显的节奏性；

⑤ 生产具有较高的连续性；

⑥ 流水线上各工序之间的生产能力是平衡的、成比例的。

12.1.2 流水生产的分类

流水线分类图如图 12-1 所示。

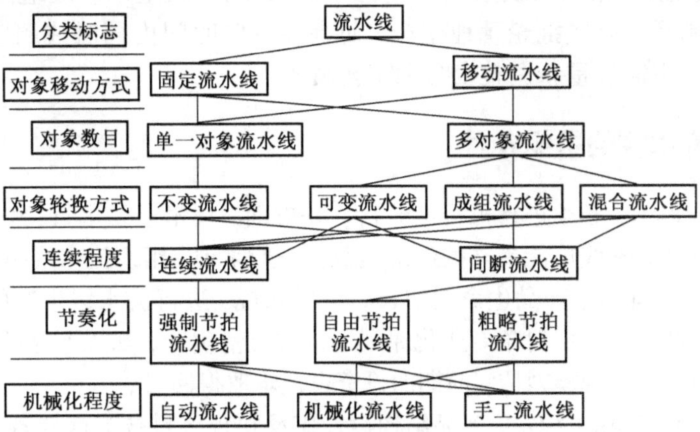

图 12-1 流水线分类图

(1) 按生产对象的移动方式分为固定流水线和移动流水线

固定流水线是指生产对象位置固定，生产工人携带工具沿着顺序排列的生产对象移动，主要用于不便运输的大型制品的生产，如重型机械、飞机、船舶等的装配。移动流水线是指生产对象移动，工人和设备及工具位置固定的流水线。这是常用的流水线的组织方式。

(2) 按生产对象的数目分为单一对象流水线和多对象流水线

单一对象流水线，又称不变流水线，是指流水线上只固定生产一种制品。要求制品的数量足够大，以保证流水线上的设备有足够的负荷。多对象流水线是将结构、工艺相似的两种以上制品，统一组织到一条流水线上生产。

(3) 按连续程度分为连续流水线和间断流水线

连续流水线指制品从投入到产出在工序间是连续进行的，没有等待和间断时间。间断流水线由于各道工序的劳动量不等或不呈整数倍关系，生产对象在工序间会出现等待、停歇现象，生产过程是不完全连续的。

(4) 按节奏性程度分为强制节拍流水线、自由节拍流水线和粗略节拍流水线

强制节拍流水线要求准确地按节拍出产制品。自由节拍流水线不严格要求按节拍出产制品，但要求工作地在规定的时间间隔内的生产率应符合节拍要求。粗略节拍流水线各个工序的加工时间与节拍相差很大，为充分地利用人力、物力，只要求流水线每经过一个合理的时间间隔，生产等量的制品，而每道工序并不按节拍进行生产。

(5) 按机械化程度分为手工流水线、机械化流水线和自动流水线

手工流水线指以手工操作为主的流水线，大多在零件装配中使用。机械化流水线指以机械化生产为主的流水线，零件加工生产主要采用此种方法。自动流水线指产品的传递和加工全部由计算机和机械设备自动进行的流水线，工人只对其进行监督管理。

(6) 按照对象轮换方式分为不变流水线、可变流水线、混合流水线和成组流水线

不变流水线指一条流水线分批轮换地生产一种产品，它适用于大批量生产。可变流水

线指一条流水线上分批轮换地生产几种产品，它通常集中轮番地生产固定在流水线上的几个对象，当某一制品的批制造任务完成后，相应地调整设备和工艺装备，然后再开始另一种制品的生产，此种适用于小批量生产。混合流水线是在流水线上同时生产多个品种，各品种均匀混合流送，组织相间性的投产，一般多用于装配阶段生产。成组流水线是指固定在流水线上的几种制品不是成批轮番地生产，而是在一定时间内同时或顺序地进行生产，在变换品种时基本上不需要重新调整设备和工艺装备。

12.1.3　流水线的组织条件

在组织流水线以前，必须进行可行性分析。一方面，技术上要可行；另一方面，流水线需要大量投资，要测算流水线可能带来的经济效益。一般来说，组织流水线必须具备以下条件。

① 市场产品需求量大，产品生命周期长。一般来说，进行流水线生产的设备资金投入都很大，并且流水线基本上都以对象专业化原则进行大批量生产，如果产品的市场需求量不大，生产周期不长，很难取得规模效应，前期的投资也很难取得回报。

② 产品结构和工艺相对稳定，产品结构设计应反映现代科技成就并基本定型，有良好的结构工艺性。

③ 工艺过程的各道工序有良好的可分性，又能根据工序同期化的要求进行合并，从而使工序作业时间相差不大，便于流水线平衡。

④ 厂房建设和生产面积容许安装流水线的设备、工装和传输传动装置。

⑤ 市场需求如有变动，能够保持成品库存。

⑥ 原材料、外协件标准化，能保证按期、按量、按质供应。

12.1.4　流水线设计

流水线设计包括组织设计和技术设计两个方面。技术设计主要指产品结构的改进、零件的分类、工艺规程的制定、专用设备设计、工装设计、运输装置的设计等。组织设计主要指计算流水线节拍、工作地和负荷系数，组织工序同期化，配备工人，生产对象传输方式设计，流水线平面布置设计，流水线工作制度、服务组织和标准计划图表的制定。

12.2　单一对象流水线的组织

单一对象流水线只固定生产一种制品。单一对象流水线的组织设计是多对象流水线组织设计的基础，单一对象流水线组织设计的一般步骤如下。

12.2.1　确定流水线节拍

节拍(Cycle Time)是指流水线上产出相邻两件制品的时间间隔，它表明流水线速度的快慢或生产率的高低。其计算公式是

$$r = \frac{F}{Q} = \frac{F_0 \cdot \eta}{Q}$$

式中：r 为流水线节拍(单位为分钟/件)；F 为计划期有效工作时间(单位为分钟)；Q 为计划

期制品产量(单位为件)；F_0为计划期制度工作时间(单位为分钟)，；η 为有效时间利用系数(有效时间利用率)。

若计算出来的节拍数值很小，同时零件的体积、数量也很小，不便于单件传送，则可以进行成批传送。这时，先后出产相邻两批制品之间的时间间隔称为“节奏”或者“运输批节拍”。

$$r_g = r \cdot n$$

式中：r_g为节奏或批节拍；r 为单件节拍；n 为运输批量。

例 12.1 某制品流水线计划月销售量为 20 000 件，另生产备件 1 000 件，废品率 2%，两班制工作，每班 8 小时，时间有效利用系数为 95%，求流水线的节拍(按一个月生产 25 天计算)。

解

$$r = \frac{F}{Q} = \frac{F_0 \cdot \eta}{Q} = \frac{25 \times 2 \times 8 \times 60 \times 95\%}{(20\ 000 + 1\ 000) \div (1 - 2\%)} = \frac{22\ 800}{21\ 429} = 1.06(\text{分钟}/\text{件})$$

12.2.2 确定最少工作地数

工作地(Station)是工人使用劳动工具对劳动对象进行作业的场所，它是由一定的设备、场地面积构成的。最少工作地数为

$$N_{\min} = \left[\frac{T}{r}\right]$$

式中：$N_{\min}$ 为最少工作地数，T 为流水线各作业要素时间之和(单位为分钟)，r 为流水线节拍，[ ]表示不小于 T/r 的最小整数。

12.2.3 进行工序同期化

工序同期化或称为流水线的平衡，指在所设计的流水线工作地最少的条件下，使各工作地负荷尽量相等，保证生产的连续性和均衡性，充分利用人力和设备。

为了实现工序同期化，首先要把各工序分解为作业要素；然后把各作业要素进行适当的合并，并分配给每个工作地，使各工作地的作业时间等于节拍或节拍的倍数；最后对结果进行优化，并用单代号网络表示各作业要素的相互关系。

12.2.4 计算流水线的负荷系数和工作地负荷系数

流水线的负荷系数(Line Efficiency)可以用下面的公式计算：

$$K = \frac{T}{N \cdot r} \times 100\%$$

式中：K 为流水线负荷系数；T 为流水线各工序作业时间之和；N 为平衡后流水线实际工作地数；r 为节拍。

流水线的损失时间为

$$S = N \cdot r - T$$

流水线时间损失系数(Balance Delay)为

$$\mathrm{BD} = \frac{S}{N \cdot r} = 1 - K$$

为了评定各工作地的效率，还要计算各工作地的负荷系数(Station Efficiency)，设第 i 个工作地作业时间为 t_i，则该工作地负荷系数为

$$K_i = \frac{t_i}{r} \times 100\%$$

流水线的负荷系数决定了流水线作业的连续程度，一般根据它来决定流水线是间断的还是连续的。一般机器工作流水线负荷系数应该不低于75%，以手工为主的装配线负荷系数一般在85%以上。

12.2.5 计算所需作业人数

完成上述工作后，下一步就需要计算所需的工人数。流水线上所需的工人人数一般在计算各工序工人数的基础上进行累加，同时还应该考虑到缺勤率，具体计算公式如下：

$$P = \frac{\sum_{i=1}^{m} N_i W_i g}{1-\alpha}$$

式中：P 为流水线所需的作业人数；N_i 为每道工序工作地数；W_i 为每道工序每个工作地所需人数；g 为日工作班次；α 为缺勤率。

在以设备加工为主的流水生产线上，还需要考虑看管定额和监管的情况。所以，在计算流水线所需工人数时，往往要与编制流水线工作指示图联系起来。

12.2.6 确定流水线节拍性质，选择运输方式和运输装置

流水线节拍性质主要取决于流水线的连续程度，而运输装置又与节拍性质相关。

(1) 根据流水线生产的节奏性程度确定节拍性质

① 强制节拍指流水线工序同期化程度高，连续性好，可以严格按照节拍生产。

② 自由节拍指不能严格按照流水线节拍生产，节拍主要靠工人的熟练程度进行调节，工序同期化和连续性较低。

③ 粗略节拍指流水线工序同期化程度低，连续性差，允许有一定的在制品作为缓冲。

(2) 运输方式和运输装置的选择

运输方式和运输装置的选择具体见表12-1。

表12-1 运输方式和运输装置的选择

节拍性质	连续程度	运输装置
强制节拍	连续流水线	一般采用传送带，如分配式传送带(适合允许有少量在制品的流水线)、连续式工作传送带(适合严格按节拍生产的流水线)、间歇式工作传送带(适合加工时间长、加工精度高的流水线)
自由节拍	连续流水线、间断流水线	一般采用连续式工作传送带、滚道、滑轨等运输装置
粗略节拍	间断流水线	一般采用滑轨、手推车、叉车、吊车等传送工具

12.2.7 进行流水线平面布置设计

流水线的平面布置应根据各个工序的工艺特点，充分考虑工人操作的方便性、制品运输的距离、工作地面积的利用等因素。

流水线布置有直线形、直角形、U 形、山形、环形、S 形等形式。此外，每一种形式的布置又可以分为单列式和双列式，如图 12-2 所示 。

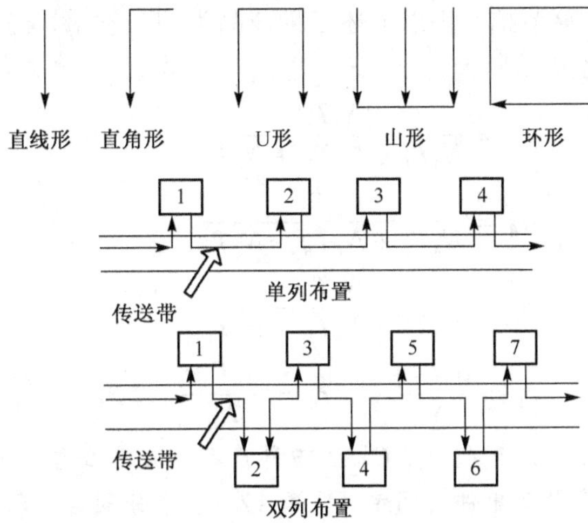

图 12-2　流水线的布置形式

12.3　可变及混合流水线的组织

单一对象流水线的生产虽然可以获得较高的生产率，在产品的市场容量较大的前提下，能够较大幅度地提高经济效益，但其以失去适应性为代价。随着社会科学技术的进步以及人们需求的不断更新，要求企业必须组织多对象流水生产线。多对象流水生产线可以分为可变流水线和混合流水线。

12.3.1　可变流水线的组织设计

可变流水线上，成批轮番地生产多种产品，但在计划期的各段时间内，流水线上只生产一种产品，这种产品按规定批量完成以后，才转产其他产品。

对于不同的产品，流水线的节拍是不同的，下面介绍计算节拍的两种方法。

(1) 代表零件法

代表零件法指从流水线上生产的产品中选择一种产量大、劳动量大、工艺过程比较复杂的产品作为代表产品，将其他产品按劳动量比例关系换算成代表产品的产量，根据转换后的代表产品的产量计算代表产品的节拍，再根据代表产品的节拍和转换系数计算其他产品的节拍。

设有 A、B、C 三种产品，其计划期产量分别为 N_A、N_B、N_C，流水线上单件时间定额分别为 T_A、T_B、T_C，被代表产品为 A，则换算为代表产品总产量如下：

$$N = N_A + N_B \cdot \varepsilon_1 + N_C \cdot \varepsilon_2$$

式中：$\varepsilon_1 = \dfrac{T_B}{T_A}$，$\varepsilon_2 = \dfrac{T_C}{T_A}$。

各产品的节拍如下：

$$r_A = \frac{F_0 \cdot \eta}{N}, \quad r_B = r_A\varepsilon_1, \quad r_C = r_A\varepsilon_2$$

(2) 劳动量比例法

这种方法根据各产品所需劳动量占总劳动量的比例分配有效工作时间，然后根据每个品种分配到的工作时间和产量计算节拍。仍以上述三种产品为例，令 α_A、α_B、α_C分别表示三种产品的劳动量占总劳动量的比例，则

$$\alpha_A = \frac{N_A T_A}{N_A T_A + N_B T_B + N_C T_C}$$

$$\alpha_B = \frac{N_B T_B}{N_A T_A + N_B T_B + N_C T_C}$$

$$\alpha_C = \frac{N_C T_C}{N_A T_A + N_B T_B + N_C T_C}$$

$$r_A = \frac{\alpha_A F_0 \eta}{N_A}, \quad r_B = \frac{\alpha_B F_0 \eta}{N_B}, \quad r_C = \frac{\alpha_C F_0 \eta}{N_C}$$

例 12.2 可变流水线上，生产 A、B、C、D 四种产品，流水线每月的有效工作时间为 36 000 分钟，产品的月产量及单件时间定额见表 12-2。请分别尝试用代表零件费和劳动量比例法计算产品的节拍。

表 12-2 产品月产量及单件时间定额

产品	月产量(件)	单件作业时间(分钟)	产品	月产量(件)	单件作业时间(分钟)
A	4 000	20	C	2 400	16
B	3 000	18	D	1 400	14

解 (1)代表零件法

$$N = 4\ 000 + 3\ 000 \times \frac{18}{20} + 2\ 400 \times \frac{16}{20} + 1\ 400 \times \frac{14}{20} = 9\ 600(\text{件})(\text{代表产品})$$

$$r_A = \frac{36\ 000}{9\ 600} = 3.75(\text{分钟/件}), \quad r_B = 3.75 \times \frac{18}{20} = 3.375(\text{分钟/件})$$

$$r_C = 3.75 \times \frac{16}{20} = 3(\text{分钟/件}), \quad r_D = 3.75 \times \frac{14}{20} = 2.625(\text{分钟/件})$$

(2) 劳动量比例法

$$\alpha_A = \frac{4\ 000 \times 20}{4\ 000 \times 20 + 3\ 000 \times 18 + 2\ 400 \times 16 + 1\ 400 \times 14} = \frac{4\ 000 \times 20}{192\ 000} = 41.7\%$$

$$\alpha_B = \frac{3\ 000 \times 18}{192\ 000} = 28.1\%$$

$$\alpha_C = \frac{2\ 400 \times 16}{192\ 000} = 20.0\%$$

$$\alpha_D = \frac{1\ 400 \times 14}{192\ 000} = 10.2\%$$

以上计算出了 A、B、C、D 四种产品的劳动时间占总劳动时间的比例，按有效工作时间进行分配，计算各种产品的节拍：

$$r_A = \frac{36\ 000 \times 41.7\%}{4\ 000} = 3.753(\text{分钟/件})$$

$$r_B = \frac{36\ 000 \times 28.1\%}{3\ 000} = 3.372(\text{分钟/件})$$

$$r_C = \frac{36\ 000 \times 20.0\%}{2\ 400} = 3.000(\text{分钟}/\text{件})$$

$$r_D = \frac{36\ 000 \times 10.2\%}{1\ 400} = 2.623(\text{分钟}/\text{件})$$

可变流水线工作地数目的确定方法与单一流水线类似，只不过多了一个产品品种的因素。至于负荷系数的确定，因为产品品种不是单一的，故其负荷系数也不是单一的。在此不再做过多介绍，有兴趣深入研究的读者可以查阅其他相关资料。

12.3.2 混合流水线的组织设计

混合流水线也属于多对象流水线，与可变流水线不同，它在同一时间内按照一定的投产顺序生产多个品种。流水线上的产品表现为一个产品组，正是由于混合流水线的“成组性”，所以它必须选择工艺特点和结构特点相似的产品作为生产对象，差别过大的产品无法组织混合流水线。同时，也正是由于这种“成组性”，使得在混合流水线的平衡和工序同期化组织时，应以计划期内总作业时间作为依据。

混合流水线的组织设计比较复杂，一般包括以下内容。

1. 确定混合流水线的节拍

$$r = \frac{F}{\sum_{i=1}^{P} Q_i}$$

式中：F 为计划期有效工作时间；r 为混合流水线节拍；Q_i为混合流水线第 i 种产品的产量；P 为品种数（这里指在 F 时间里生产 P 个品种）。

例 12.3 一条混合流水线生产 A、B、C 三种产品，计划期产量分别为 3 000、2 000 和 1 000 件，计划期内有效工作时间为 36 000 分钟。求混合流水线的节拍。

$$r = \frac{36\ 000}{3\ 000 + 2\ 000 + 1\ 000} = 6(\text{分钟}/\text{件})$$

此时，所求出的节拍是三种产品组成的产品组的平均节拍。

2. 计算最少工作地数

设第 i 种产品在流水线上的作业时间之和为 T_i，则计划期总作业时间（L）通过如下公式计算：

$$L = \sum_{i=1}^{P} Q_i T_i$$

混合流水线最少工作地数 $N_{\min}$的计算如下：

$$N_{\min} = \left[\frac{L}{F}\right] = \left[\frac{\sum_{i=1}^{P} Q_i T_i}{r\sum_{i=1}^{P} Q_i}\right]$$

对于上面的例子，即 A、B、C 三种产品的产量分别为 3 000、2 000、1 000 件，各种产品

在流水线上总作业时间分别为 30 分钟、28 分钟和 25 分钟，节拍已经计算出为 6 分钟/件，则其最少工作地数为

$$N_{\min} = \left[\frac{3\ 000 \times 30 + 2\ 000 \times 28 + 1\ 000 \times 25}{6 \times (3\ 000 + 2\ 000 + 1\ 000)}\right] = [4.75] = 5$$

3. 绘制综合先后顺序图

混合流水线生产的产品其工艺特点和结构特点需要有很大的相似性，这就为将单一产品的作业顺序图综合为综合先后顺序图提供了可能。

首先，按照单一产品流水线的模式将每一种产品的工艺过程分解为一个个的作业元素。然后，按照产品生产过程安排每个作业元素的先后顺序，编制出每一种产品的作业顺序图。再将每一种产品的作业顺序图中的相同地方作为综合先后顺序图的主体，将不同的地方添加进来以形成最后的综合先后顺序图，如图 12-3 所示。

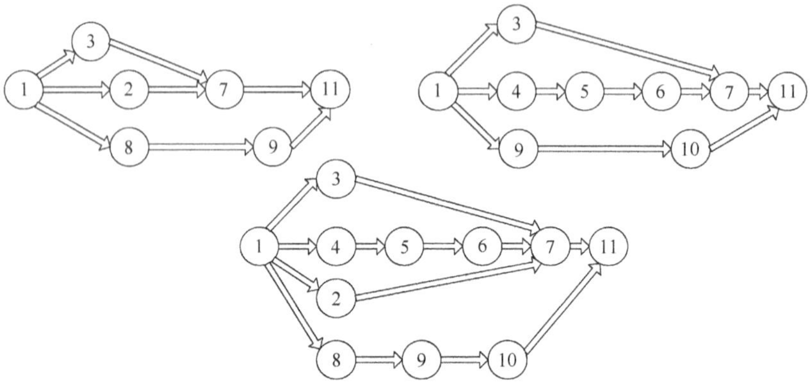

图 12-3　综合先后顺序图

4. 混合流水线的平衡

由于混合流水线的生产中，不同产品的作业要素并不完全相同，所以不能按照节拍进行工序同期化，而是根据计划期内总作业时间进行工序同期化。设计划期内作业要素 j 对品种 i 的作业量为 t_{ij}，则

$$t_{ij} = Q_i \delta_{ij} t_j$$

式中：$\delta_{ij} = \begin{cases} 1, & \text{品种 } i \text{ 需要经过要素 } j \\ 0 & \end{cases}$

计划期内作业要素 j 的总作业时间为

$$L_j = \sum_{i=1}^{P} t_{ij} = \sum_{i=1}^{P} Q_i \delta_{ij} t_j$$

用 L_j 作为作业要素的作业时间，把计划期有效工作时间 F 视为节拍 r，采用单一对象流水线平衡的方法即可对混合流水线平衡。

例 12.4　某混合流水线有 A、B、C 三种产品，平均日产量分别为 40 台、10 台、30 台，一个工作日为 1 班，不考虑停工时间，对该混合流水线进行组织设计。则：

(1) 计算该混合的节拍；

(2) 编制混合流水线上每种制品作业顺序图；

(3) 计算混合流水线最小工作地数；

(4) 编制混合流水线上各种产品的综合作业顺序图；

(5) 计算综合顺序图中各作业元素在计划期内所分担的作业量；

(6) 进行混合流水线的工序同期化。

解 (1) $r=(1\times8\times60)/(40+10+30)=6$(分/台)

(2)在对每种产品的结构和工艺分析的基础上，把每一个产品的工艺过程分解成若干个最小作业要素(或工步)，并制定出每一作业元素的标准作业时间，然后用作业要素按产品工艺过程的先后顺序，编制出每个产品的作业顺序图。

三种产品的作业顺序图如图 12-4 所示。

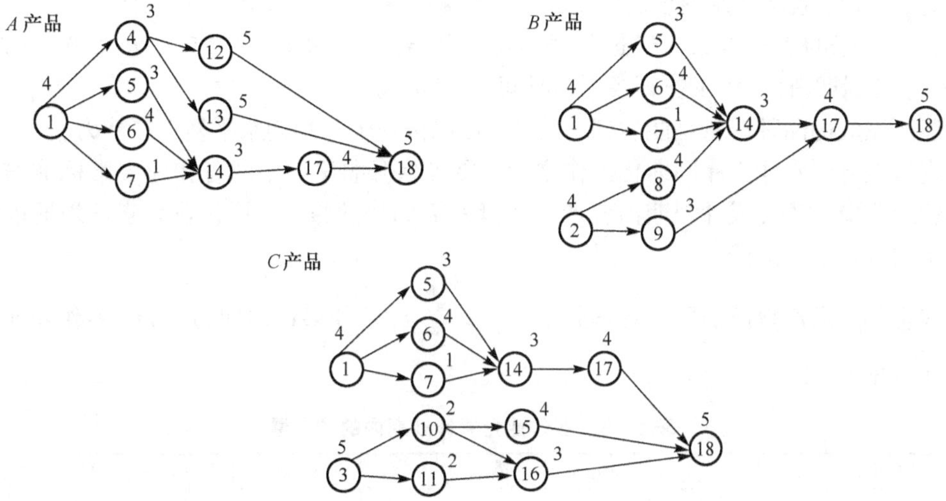

图 12-4 产品作业顺序图

混合流水线上各产品的的总作业时间如下：

$$F_A=4+3+3+4+1+5+5+3+4+5=37$$

$$F_B=4+4+3+4+1+4+3+3+4+5=35$$

$$F_C=4+5+3+4+1+2+2+3+4+3+4+5=40$$

(3) 混合流水线的最小工作地(工序数)是指在计划期内为了完成各个品种的产品产量所需要的总工作量，所必须占用混合流水线内的最低限度的工作地数。

此混合流水线的最小工作地数为

$$S_{\min}=\frac{40\times37+10\times35+30\times40}{6\times(40+10+30)}=7$$

(4) 混合流水线与可变流水线的运动状态不同。在混合流水线上各种产品是交织在一起共同运动的，在每一时刻的各个工作地上，既有装配 A 产品的工作地，又有装配 B 产品的工作地，也有装配 C 产品的工作地。为了能明确反映这种状态，需要将流水线上的各个品种的作业顺序图加以汇总，成为一个综合作业顺序图，并根据它来组织流水线各工作地的作业。

A、B、C 三种产品的顺序图合成的综合图如图 12-5 所示。

(5)有了各种产品的综合作业图，就可以进行工序同期化的工作。对于混合流水线来说，工序同期化就是把各作业元素合并成工序。它的特点是以计划为时间单位，平衡各道工序所应完成的作业量，而不是以流水线的节拍为单位来平衡。工序同期化实际上是在流水线各道工序生产能力平衡基础上进行的，通过生产能力的平衡，既要达到线内各道工序时间与节拍保持一致，又要使各工序的负荷尽量高，以致达到最少的工作地数。在单一品种或可变流水线中，由于在各个节拍内，各道工序都完成相同数量的制品，所以按节拍来平衡各道工序的能力就可以实现工序同期化。而在混合流水线中，由于节拍是各种产品的平均节拍，各产品在各道工序上实际的工作节拍不等，这就导致每个节拍内各道工序所完成的品种和产量是不同的。所以，就不能用混合流水线段的节拍来平衡流水线各道工序的生产能力。经过实践，人们得出总结，在一个计划期内(一个工作日或更长时间)，流水线各道工序所完成的品种产量是能达到一致的，可以按一个计划期来平衡工序能力。

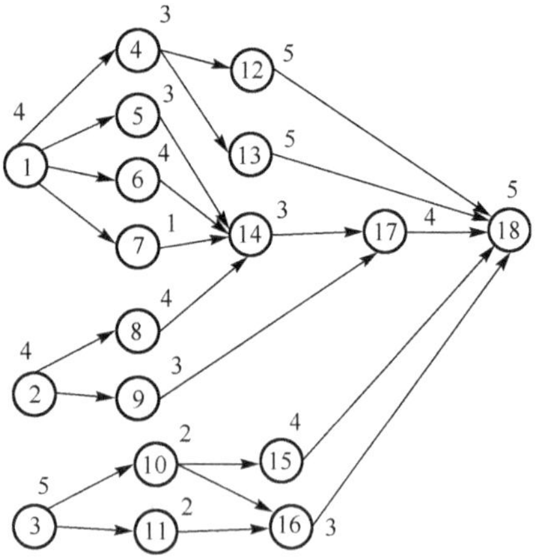

图 12-5　产品 A、B、C 综合作业图

在进行混合流水线工序同期化工作之前，要将综合顺序图中的各作业要素标准作业时间换算成各作业要素为完成计划期内各产品产量所需的作业量，并用作业元素计划期内的作业量来平衡线内各工序的能力。

完成全部产品产量所需要的总作业量：$L_j = \sum_{i=1}^{P} L_i$。如果计划期为 1 天，各作业元素计划期内作业量见表 12-3。

表 12-3　各作业元素计划期内的作业量

作业元素	t_j	δ_1	δ_2	δ_3	t_{1j}	t_{2j}	t_{3j}	L_j
①	4	1	1	1	160	40	120	320
②	4	0	1	0	0	40	0	40
③	5	0	0	1	0	0	150	150
④	3	1	0	0	120	0	0	120
⑤	3	1	1	1	120	30	90	240
⑥	4	1	1	1	160	40	120	320
⑦	1	1	1	1	40	10	30	80
⑧	4	0	1	0	0	40	0	40
⑨	3	0	1	0	0	30	0	30
⑩	2	0	0	1	0	0	60	60
⑪	2	0	0	1	0	0	60	60
⑫	5	1	0	0	200	0	0	200
⑬	5	1	0	0	200	0	0	200
⑭	3	1	1	1	120	30	90	240
⑮	4	0	0	1	0	0	120	120
⑯	3	0	0	1	0	0	90	90
⑰	4	1	1	1	160	40	120	320
⑱	5	1	1	1	200	50	150	400
Σ					1 480	350	1 200	3 030

完成三种产品共 80 台的总作业量 = 1 480 + 350 + 1 200 = 3 030(分钟)

(6) 在前述工作的基础上，可将混合流水线综合作业图中各作业元素进一步合并成工序，并要求合并后的工序数尽可能小。所谓合并工序，就是根据一定的条件和要求将各作业元素进行编组，其具体要求是：

① 必须按照综合顺序图中各作业元素的先后次序进行，只有把紧前的作业元素编入后，才能着手编下一个作业元素；

② 必须使编成的每一组的各作业元素计划期作业量之和，等于或小于(但一定要接近)计划期的有效工作时间，即 $L \leqslant F$；

③ 同期化后，还要对同期化后的结果进行评价。

进行工序同期化，具体采用下列步骤。

a. 按作业先后次序将综合作业顺序图划分成区间。将图 12－5 划分为 5 个作业区间后如图 12-6 所示。

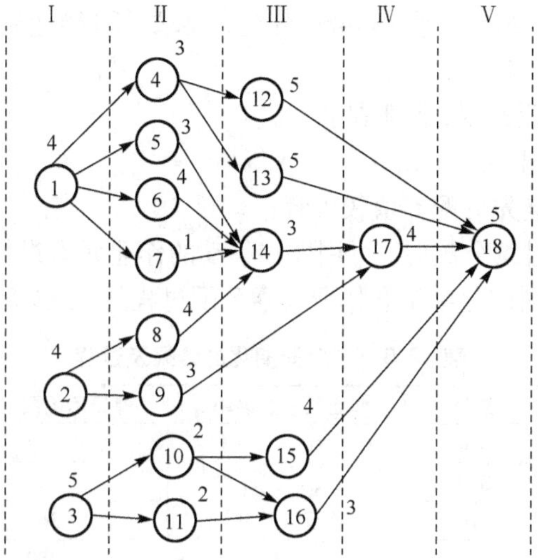

图 12-6　作业区间的划分

图中跨区间可移动的作业元素是 9、12、13、15、16，将他们尽量划入前一个区间，以便进行合并工序时有更大的灵活性。

b. 编制作业元素关系见表 12-4。

表 12-4　作业元素关系

区间	作业元素	移动的可能性	L_j	区间	累计
I	①		320		
	②		40		
	③	若移 15、16，可移至区间 II	150	510	510
II	④	若移 12、13，可移至区间 III	120		
	⑤		240		
	⑥		320		
	⑦		80		
	⑧		40		
	⑨	可移至区间 III	30		
	⑩	若移 15、16，可移至区间 III	60		
	⑪	若移 16，可移至区间 III	60	950	1 460

（续表）

区间	作业元素	移动的可能性	L_j	区间	累计
III	⑫	可移至区间 IV	200		
	⑬	可移至区间 IV	200		
	⑭		240		
	⑮	可移至区间 IV	120		
	⑯	可移至区间 IV	90	850	2 310
IV	⑰		320	320	2 630
V	⑱		400	400	3 030

c. 进行工序同期化，按工序分配作业元素。这一工作可按以下要求进行。

(a)按综合作业图的先后顺序分配作业元素。

(b)设一个工作日按一班计，使 $L \leqslant 480$ 分钟，要求尽可能达到工作地数目最小，如例中 $S=7$。

(c)按表 12-4 分配作业元素，原则是：

- 按区间顺序进行分配；
- 在同一区间内尽可能先分配 t_j 值较大者；
- 在一个区间内不易继续分配时，可用能够移动的作业元素进行调整。

根据以上原则的工序同期化结果和作业元素分配过程见表 12-5。

表 12-5　工序同期化的结果及过程

区间	作业元素	L_j	累计	作业元素的移动	修正后的累计时间	作业工序
I	①	320	320			1
I	②	40	360			
I	③	150	510	移至区间 II	360	
II	④	120			480	
I	③	150	150			2
II	⑤	240	390			
II	⑩	60	450		450	
II	⑥	320	329			3
II	⑦	80	400			
II	⑪	60	460		460	
II	⑧	40	40			4
II	⑨	30	70			
III	⑫	200	270			
III	⑮	120	390		390	
III	⑬	200	200			5
III	⑭	240	440		440	
III	⑯	90	90			6
IV	⑰	320	410		410	
V	⑱	400	400		400	7

5. 确定投入顺序

确定投入顺序的目的之一是考虑出产的品种均衡化。生产比倒数法就是一种考虑出产品种数量均衡化的方法。为了叙述方便，将生产线上产品的流送顺序称为连锁。每个循环称为循环流程。假设流水线上生产 A、B、C 三个品种的产品，计划期产量分别为 3 000、2 000、1 000 件，这时的循环流程计算步骤如下。

(1) 计算生产比

根据各个品种的计划产量，求出最大公约数，计算出各个品种的生产比(也称为混合比) X_i。在本例中，最大公约数为 1 000，各个品种的生产比分别为

$$X_A = \frac{3\ 000}{1\ 000} = 3,\quad X_B = \frac{2\ 000}{1\ 000} = 2,\quad X_C = \frac{1\ 000}{1\ 000} = 1$$

另外，将生产比的和，即 $\sum X_i$ 称为循环流程批量，并作为一个循环流程中的产量。在本例中即为 3 +2 +1 =6。

(2) 计算生产比倒数

计算生产比倒数，即求出各个品种生产比的倒数 m_i。

$$m_A = \frac{1}{X_A} = \frac{1}{3},\quad m_B = \frac{1}{X_B} = \frac{1}{2},\quad m_C = \frac{1}{X_C} = 1$$

将此结果分别计入表 12-6 中“项目计算过程”栏第一行的各个品种栏内。

表 12-6　用生产比倒数法编排投产顺序

项目 / 计算过程	品种			连锁	备注
	A	*B*	*C*		
1	1/3 *	1/2	1	*A*	
2	2/3	1/2 *	1	*AB*	
3	2/3 *	1	1	*ABA*	
4	1	1 *	1	*ABAB*	规则 3
5	1 *		1	*ABABA*	规则 2
6			1 *	*ABABAC*	

注：* 为识别符号。

(3) 选定品种，遵循以下规则

规则 1：从全部品种中，选出在(2)中所求出的生产比倒数为最小值的品种。

规则 2：在具有最小值的品种有多个的情况下，选择品种识别记号较晚的一个。

规则 3：当规则 2 进行而连续为同一个品种时，则选择倒数第二个识别记号较晚的品种。在被选出的品种 m_i 上标上 * 。

(4) 更新 m_i 值

在(3)中所选出的品种 i 的 m_i 值的分子上加 1，直到 m_i 等于 1 为止。

按照上述规则，将一个连锁的全部品种选定为止，得投产顺序为 *ABABAC*。

12.3.3　混流生产逻辑投产顺序法

1. 逻辑投产顺序法

多品种生产且产量不同。如生产 6 个单位的 A 产品，4 个单位的 B 产品。很明显，在各种产品产量不同的情况下，实现规律性的相间投产是不可能的。碰到这样的情况，怎样进行排序呢？为解决这个问题需要进行以下几点工作。

(1)进行基本逻辑分析

生产6个单位的A产品和4个单位的B产品，A产品与B产品的生产比 $N_A:N_B=6:4=3:2$；一个循环的总产量为 $Z_{总}=3+2=5$。

(2)编辑逻辑顺序安排表

在选择第一投产单位时，只能选取比值大的，因为A的比值大，所以第一投产单位选A，用 A_1^* 表示。在选择第二投产单位时，将各比值均乘以2，则其比为

$$N_A:N_B=(3\times2):(2\times2)=6:4$$

因为第一投产单位已选取 A_1^*，所以在第二次选取中，产品A选取的可能性要减少。减少的方法是在新的比值中减去被选取的次数，再乘以连锁产量，这样便确定了新的生产比，该比例为：

$$N_{A_2}:N_{B_2}=[6-(1\times5)]:4=1:4$$

因为 B_2 的比值大，所以第二投产单位选 B_2，用 B_2^* 表示。在选第三投产单位时，将原来比值乘以3，即

$$N_A:N_B=(3\times3):(2\times3)=9:6$$

因第二投产单位已经选 B_2^*，所以A与B的比值更新为

$$N_{A_3}:N_{B_3}=[9-(1\times5)]:[6-(1\times5)]=4:1$$

此时应选取 A_3^*。以此类推，可将投产顺序全部安排完毕。在确定选定者的时候，如果二者生产比相等，则选出出现比较晚的，以避免连续投入，根据选定的投产顺序可以画出表12-7。由逻辑顺序安排可以知道，连锁产量为5，也就是一个循环生产的5个产品，其中有3个A产品，2个B产品，两个循环即可完成任务。

(3)确定逻辑顺序投产图

根据表12-7中各次被选定的产品用逻辑顺序投产表示为

$$A_1^*\rightarrow B_2^*\rightarrow A_3^*\rightarrow B_4^*\rightarrow A_5^*$$

表12-7　逻辑投产顺序表

顺序	A产品(6)				B产品(4)				选定者
	投产比值	选取次数	次数与连锁产量乘积	差额比值	投产比值	选取次数	次数与连锁产量乘积	差额比值	
1	3	0	0	③	2	0	0	2	A_1^*
2	6	1	5	1	4	0	0	④	B_2^*
3	9	1	5	④	6	1	5	1	A_3^*
4	12	2	10	2	8	1	5	③	B_4^*
5	15	2	10	⑤	10	2	10	0	A_5^*

2. 复杂产品的逻辑顺序编排介绍

对于复杂的产品，往往包含有不同的部件，但又有许多相同的部件，当在同一混合流水线流送的情况下，其排序就需要考虑相同因素的连续出现问题，此时用逻辑排序法更好一些。

例如，现生产a，b，c，d四种产品。a的关键码为 $A_1B_2C_3$，产量为10个单位；b的关键码为 $A_1A_2B_3$，产量为3个单位；c的关键码为 $B_1B_2A_3$，产量为5个单位；d的关键码为 $B_1A_2A_3$，产

量为 7 个单位；a 和 b、c 有共同的部件，b 和 a、d 有共同的部件，c 和 a、d 有共同部件，d 和 c、b 有共同的部件。

以上总计为 25 个单位，设计生产这四种产品的投产顺序方案，就是通过一定逻辑规律的运算编排投入顺序。其编排投入顺序的步骤为：计算特性值和固有值；根据固有值进行逻辑运算；编辑顺序表；根据逻辑顺序表制订平准化顺序方案。

工业企业产品是千差万别的，产品的规格各式各样，都具有多种特性。在实际生产中，若将产品的特性全部列出来去制订平准化方案，有时是没有必要的。在制订平准化方案时，主要按产品的特性进行设计。在应用过程中，根据不同产品的特点，编制出产品特性层次表，从而确定产品特性；再根据产品特性进行关键码的编制，然后在产品平准化关键码中，确定当时所必需的特性与产品，进行逻辑顺序计算，实现平准化。最后根据特性表编制 a，b，c，d 四种产品生产平准化关键码。这样就可以按所确定的产品特性与产品产量进行编制投产顺序的逻辑运算。

编排投产顺序的具体步骤如下。

(1) 计算连锁产量 Z

$$Z = 10 + 3 + 5 + 7 = 25$$

(2) 计算特性值与固定值

特性值是指每位上每种特性的生产单位总数。其特性值的计算为：

第一位 A_1 的合计数是由产品 $a(A_1B_2C_3)$ 的产量 $A_1(a) = 10$，加上 $b(A_1A_2B_2)$ 的产量 $A_1(b) = 3$，其他产品没有 A_1 的特性，所以 $A_1(a) + A_1(b) = 10 + 3 = 13$ 为 A_1 的特性，以此类推可得。

第一位特性值 TA_1，TB_1，分别为

$$TA_1 = A_1(a) + A_1(b) = 10 + 3 = 13$$
$$TB_1 = B_1(c) + B_1(d) = 5 + 7 = 12$$

第二位特性值 TA_2，TB_2，分别为

$$TA_2 = A_2(b) + A_2(d) = 3 + 7 = 10$$
$$TB_2 = B_2(a) + B_2(c) = 10 + 5 = 15$$

第三位特性值 TA_3，TB_3，TC_3，分别为

$$TA_3 = A_3(c) + A_3(d) = 5 + 7 = 12$$
$$TB_3 = B_3(b) = 3$$
$$TC_3 = C_3(a) = 10$$

固有值是指每种产品中各位特性的特性值总和，固有值的计算方法是：产品 a 的固有值是组合成产品 a 的各位特性($A_1B_2C_3$)值的总和，即

$$g(a) = TA_1 + TB_2 + TC_3 = 13 + 15 + 10 = 38$$

同理，产品 b，c，d 的固有值分别为：

$$g(b) = TA_1 + TA_2 + TB_3 = 13 + 10 + 3 = 26$$
$$g(c) = TB_1 + TB_2 + TA_3 = 12 + 15 = 12 = 39$$
$$g(d) = TB_1 + TA_2 + TA_3 = 12 + 10 + 12 = 34$$

(3) 逻辑运算与逻辑顺序表的编制

产品 a，b，c，d 的固有值比 $a:b:c:d = 38:26:39:34$，在选第一投产单位时，应该取固有

值最大者。因为产品 c 的 $g(c)$ 最大为39，所以选 c^* 表示。在选第二投产单位时，要更新固有值，其计算方法如下：

$$g(a)_2 = g(a) \times 2 = 38 \times 2 = 76$$

因为产品 $a(A_1B_2C_3)$ 与第一投产单位所选定的 $c(B_1B_2A_2)$ 具有相同的特性 B_2，所以差为 $25 \times 1 = 25$，其中25是连锁产之和，1为产品 a 的特性被选定的次数，则 $g(a)_2$ 更新值为：$g(a)'_2 = 76 - (25 \times 1) = 51$。同理，$g(b)_2 = g(b) \times 2 = 26 \times 2 = 52$，因为 b 产品特性 $(A_1A_2B_3)$ 与 c 产品特性 $(B_1B_2A_3)$ 没有任何相同的特性，所以 $g(b)_2$ 的更新值不变，$g(b)'_2 = 52$。至于 c 产品，因为第一投产单位已被选定，且包含 $B_1B_2A_3$ 三种特性，其差为 $25 \times 3 = 75$，$g(c)_2 = 39 \times 2 = 78$，则 $g(c)_2$ 更新值为 $g(c)'_2 = 78 - (25 \times 3) = 3$。对于 d，$g(d)_2 = 34 \times 2 = 68$，因为 d 产品的 $B_1A_2A_3$ 与 c 产品的 $B_1B_2A_3$ 有相同的特性 B_1 和 A_3，其差为 $25 \times 2 = 50$，所以 $g(d)_2$ 的更新值为 $g(d)'_2 = 68 - (25 \times 2) = 18$。

根据产品固有值的比值和连锁总产量来编排产品投产顺序。依据新的更新值，确定新的固有值之比为 $g(a)'_2 : g(b)'_2 : g(c)'_2 : g(d)'_2 = 51:52:3:18$，选取其中最大值为52的 b 产品，用 b^* 表示，依次类推编成表12-8。

由表12-8可确定逻辑顺序为

$$\begin{matrix} c \rightarrow & b \rightarrow & a \rightarrow & d \rightarrow & a \rightarrow & c \rightarrow & a \rightarrow & b \rightarrow \\ 1 & 2 & 3 & 4 & 5 & 6 & 7 & 8 \end{matrix}$$

$$\begin{matrix} a \rightarrow & d \rightarrow & a \rightarrow & d \rightarrow & a \rightarrow & a \rightarrow & a \rightarrow & c \rightarrow \\ 9 & 10 & 11 & 12 & 13 & 14 & 15 & 16 \end{matrix}$$

$$\begin{matrix} b \rightarrow & c \rightarrow & a \rightarrow & d \rightarrow & a \rightarrow & d \rightarrow & a \rightarrow & b \rightarrow & c \\ 17 & 18 & 19 & 20 & 21 & 22 & 23 & 24 & 25 \end{matrix}$$

表12-8 逻辑运算过程

序号	$A_1B_2C_3(a)$	$A_1A_2B_3(b)$	$B_1B_2A_3(c)$	$B_1A_2A_3(d)$	选定号
1	38,0,0,38	26,0,0,26	39,0,0,39	34,0,0,34	c^*
2	76,1,25,51	52,0,0,52	75,3,75,3	68,2,50,18	b^*
3	114,2,50,64	78,3,75,3	117,3,75,42	102,3,75,27	a^*
4	152,5,125,27	104,4,100,4	156,4,100,56	136,3,75,61	d^*
5	190,5,125,65	130,5,125,5	195,6,150,45	170,6,150,20	a^*
6	228,8,200,28	156,6,150,6	234,7,175,59	204,6,150,54	c^*
7	266,9,225,41	182,6,150,32	273,10,250,23	238,8,200,38	a^*
⋮	⋮	⋮	⋮	⋮	⋮
24	912,36,900,12	624,23,575,19	936,36,900,36	816,31,775,41	b^*
25	950,37,925,25	650,26,650,0	975,36,900,75	850,32,800,50	c^*

练习思考题

1. 流水生产线的组织条件是什么？
2. 流水生产线包括哪些类型？
3. 单一流水线的节拍、工作地数量如何确定？
4. 如何进行多对象可变流水线的组织？
5. 如何进行混合流水线的组织？

6. 电机端盖加工流水线，日产量为2 800个，每日工作3班，每天8小时，时间利用系数为0.96，废品率为3%，求该流水线的节拍。

7. 流水线节拍为5分钟，试将工序进行初步同期化，并计算工序同期化程序。已知流水线上的工序数目为7，总的工序数目为12，工序的联合与分解应按相邻工序进行，资料见题表12-1、题表12-2。

题表12-1　原第一方案

工序	1			2	3		4		5	6	7	
工步	一	二	三	四	五	六	七	八	九	十	十一	十二
工步时间	2.0	3.0	1.8	3.5	8.0	3.9	5.3	1.2	4.0	3.7	2.1	4.2

题表12-2　原第二方案

工序	1			2		3			4			
工步	一	二	三	四	五	六	七	八	九	十	十一	十二
工步时间	2.1	3.2	1.7	3.4	1.9	3.9	4.0	2.2	3.2	3.7	2.3	4.2

8. 某风动工具厂，生产Yj-25，7655，7656产品，其月产量为9 000、6 000、3 000。试用生产比倒数法，编排投产顺序。

9. 某企业生产(a)(b)(c)三种制品，其特性关键码及产量如下：

(a)的关键码为：$A_1B_2C_3$，产量为10单位；

(b)的关键码为：$B_1B_2A_3$，产量为3单位；

(c)的关键码为：$A_1B_2B_3$，产量为7单位。

总计生产量为20单位，设计生产这三种制品的平准化方案。

第 13 章

库 存 管 理

【本章导引】

本章阐述了库存及其分类；库存管理与仓储管理；货仓管理；库存控制系统；库存控制的基本内容；库存控制的基本方法；库存控制的 ABC 法；供应商管理用户库存系统；联合库存管理。

【本章重难点】

库存控制的固定量系统；库存控制的固定间隔期系统；经济订货批量模型；经济生产批量模型；定期订货模型；定量订货模型；

【本章学习目标】

1. 了解库存及其分类，库存管理与仓储管理，货仓管理，供应商管理用户库存系统，联合库存管理；

2. 理解并掌握库存控制的固定量系统，库存控制的固定间隔期系统，经济订货批量模型，经济生产批量模型，定期订货模型，定量订货模型；

3. 掌握 ABC 法。

13.1 库存管理概述

13.1.1 库存及其分类

1. 库存的概念

库存、存货、盘存、存品等词语在企业界是耳熟能详的，这些词语在名称上虽然略有差异，但却具有相同的含义，本书统一将其称为库存。库存究竟是什么？对于企业又有什么样的意义呢？这些问题不仅仅是企业应该明白的问题，每一个人都应该对它有一个基本的了解。

根据前面的阐述，不难发现以上货品存在着共性特征——闲置或暂时闲置。因此一般来说，库存(Inventory or Stock)可以被定义为用于将来目的而暂时闲置的资源。闲置的资源可以是在仓库里、生产线上或车间里，也可以是在运输中。由此看来，库存与其所处的运动或静止的状态没有任何关系，而对于资源来说只要存在着闲置的状况，企业就可以将其视为库存。例如上海大众生产的捷达轿车通过物流渠道运输至天津销售，从上海到天津运输的过程中，捷达轿车处于闲置状态，那么此时的捷达轿车仍然应被视为库存，是一种在途库存。显然库存与其字面上的“库”没有任何必然的联系。由此看来，常常有国内学者将库存(Inventory)翻译为“存储”或“储备”是有其渊源的。

在日常的生产生活中，资源的定义极为广泛。物质资源固然是一方面，通过这一点来理解库存的定义相对较为轻松。然而仍然可以看到人力资源、信息资源、知识资源、货币资源等术语或概念，那么如果这些资源出现闲置，是否应将其视为库存呢？答案当然是肯定的。人力资源库存形成人才储备，从而为企业的未来服务；信息库存形成企业的情报系统或后台数据库系统，以应付环境变化或竞争对手可能采取的行动。因此对于库存来说不仅仅包括了闲置的有形物品，闲置的无形资源同样隶属于本书界定的库存概念的范畴。

2. 库存的分类

对库存可以从不同角度进行分类。

(1) 按资源需求的重复程度分类

按资源需求的重复程度划分为单周期库存和多周期库存。

单周期需求也称一次性订货，这种需求具有偶然发生的特点，或者该物品的生命周期极其短暂，因而很少重复订货，在这种需求状态下的库存属于单周期库存。单周期库存的典型例证是库存管理领域较为经典的“报童问题”。

多周期需求是指在长时间内需求反复发生，库存需求不断补充。这是生产企业中最为常见的状态，也是本章重点论述的内容。

(2) 按库存的作用分类

按库存的作用划分为周转库存、安全库存、调节库存和在途库存。

周转库存，顾名思义是为了应付正常周转而储备的库存，它的产生基于经济采购批量思想。日常生活中很多家庭经常每周去采购一次商品，这些商品就构成了家庭的周转库存，而这些商品在家庭的周转周期为一周(当然家庭在采购货品时可能不是基于经济采购批量来核定每周采购一次的，而是日常生活中形成的采购习惯，或者基于货品保持新鲜而确定的采购周期)。

安全库存(Safety Stock，SS)也称安全存储量，又称保险库存，指为了防止不确定性因素(如大量突发性订货、交货期突然延期、临时用量增加、交货误期等特殊原因)而预计的保险储备量。

在途库存指正处于运输以及停放在相邻两个工作地之间或相邻两个组织之间的库存，这种库存是一种客观存在，而不是有意设置的。

(3)按在生产过程和配送过程中所处的状态分类

按在生产过程和配送过程中所处的状态划分为原材料库存、在制品库存、维修库存和成品库存。

原材料库存包括原材料和外购零部件。例如压缩机生产厂通常外购毛坯件进行加工，把毛坯件视为原材料，而很多标准化的螺母和螺丝都属于外购而来的零部件。这些都属于原材料，归为原材料库存。

在制品库存包括处在产品生产不同阶段的半成品。很多企业的半成品直接放在生产线或生产车间，等待进入下一个生产环节。还有一些企业则是将很多生产出来的半成品入库保管，在需要进一步生产时，再通过生产车间的派工单到半成品仓库领取。

成品库存是准备运送给消费者的完整的或最终的产品。

维修库存包括用于维修与养护的经常消耗的物品或部件，维修备件库存属于这一类。

(4) 按用户对库存的需求特性分类

按用户对库存的需求特性划分为独立需求库存与相关需求库存。

独立需求库存是指用户对某种库存物品的需求与其他种类的库存无关，表现出对这种库存需求的独立性。从库存管理的角度来说，独立需求库存是指那些随机的、企业自身不能控制而是由市场所决定的需求。独立需求库存无论在数量上还是在时间上都有很大的不确定性，但可以通过预测方法粗略地估算，本章主要讨论独立需求库存。

相关需求指与其他需求有内在相关性的需求，根据这种相关性，企业可以精确地计算出相关需求库存的需求量和需求时间。相关需求是一种确定型需求，相关需求又被称为非独立需求。

13.1.2 库存控制与仓储管理

在谈到所谓"库存控制"的时候，很多人将其理解为"仓储管理"，这实际上是个很大的曲解。

传统的狭义观点认为，库存控制主要是针对仓库的物料进行盘点、数据处理、保管、发放等，通过执行防腐、温湿度控制等手段，达到使保管的实物库存保持最佳状态的目的。这只是库存控制的一种表现形式，或者可以定义为实物库存控制。那么，如何从广义的角度去理解库存控制呢？库存控制应该是为了达到公司的财务运营目标，特别是现金流运作，通过优化整个需求与供应链管理流程(DSCM)，合理设置 ERP 控制策略，并辅之以相应的信息处理手段、工具，从而实现在保证及时交货的前提下，尽可能降低库存水平，减少库存积压与报废、贬值的风险。从这个意义上讲，实物库存控制仅仅是实现公司财务目标的一种手段，或者仅仅是整个库存控制的一个必要的环节；从组织功能的角度讲，实物库存控制主要是仓储管理部门的责任，而广义的库存控制应该是整个需求与供应链管理部门，乃至整个公司的责任。

为什么直到现在还有很多人对库存控制的理解仅仅局限于实物库存控制呢？以下两方面的原因是不可忽视的。

第一是企业不重视库存控制。特别是那些效益比较好的企业，只要有钱赚，就很少有人去考虑库存周转的问题。库存控制被简单地理解为仓储管理，除非到了没钱花的时候，才可能有人去看库存问题，而看的结果也往往很简单，采购买多了，或者仓储部门的工作没有做好。

第二是 ERP 的误导，特别是一些国产所谓 ERP 的误导。一些简单的进销存软件被大言不惭地称为 ERP，企业上了所谓的 ERP 就可以降低多少库存，似乎库存控制靠小软件就可以搞定了。即使像 SAP、BAAN 这些世界 ERP 领域的老大们，也在它们的功能模块里面把简单的仓储管理功能定义为"库存管理"或者"库存控制"。这样就使得本来就不太明白什么叫库存控制的人们，更搞不清楚什么叫库存控制了。

其实，从广义角度理解库存控制，应该包括以下几点。

(1) 库存控制的根本目的

所谓世界级制造的两个关键考核指标(KPI)就是客户满意度和库存周转率，而这个库存周转率实际上就是库存控制的根本目的所在。

(2) 库存控制的手段

库存周转率的提高，单靠所谓的实物库存控制是远远不够的，它应该是整个需求与供应链管理这个大流程的输出，而这个大流程除了包括仓储管理这个环节之外，更重要的部分还包括：预测与订单处理、生产计划与控制、物料计划与采购控制、库存计划与预测本身，以及成品、原材料的配送与发货的策略，甚至包括海关管理流程。而伴随着需求与供应链管理流程的整个过程，则是信息流与资金流的管理。也就是说，库存本身贯穿于整个需求与供应管理流程的各个环节，要想达到库存控制的根本目的，就必须控制好各个环节上的库存，而不是仅仅管理好已经到手的实物库存。

(3) 库存控制的组织结构与考核

既然库存控制是整个需求与供应链管理流程的输出，要实现库存控制的根本目的就必须有一个与这个流程相适应的合理的组织结构。直到现在，很多企业只有一个采购部，采购部下管仓库。这是远不能适应库存控制要求的。从需求与供应链的管理流程分析可以知道，采购与仓储管理都是典型的执行部门，而库存的控制应该以预防为主，执行部门是很难去“预防库存”的，原因很简单，它们的考核指标在很大程度上是为了保证供应(生产、客户)。如何根据企业的实际情况，建立合理的需求与供应链管理流程，从而设置与之相应的合理的组织结构，是一个值得很多企业探讨的问题。

13.1.3 库存管理的内容

企业如果库存较高，一方面会占用大量流动资金，另一方面会由于其较低的套现能力而形成流动负债，从而对企业的经营造成潜在的威胁。因此，企业需要对库存进行管理，以降低实际的库存水平。最新的理念认为，企业不仅应该建立一套标准的模型来管理库存，还有必要将库存作为企业的一种经营来予以考虑。

在现代企业经营管理理论中，库存管理的内容包括：

① 对仓储货物的收发、结存等活动的有效控制，其目的是为企业保证仓储货物完好无损，确保生产经营活动正常进行；

② 准确的物料分类记录；

③ 明确的图表，显示仓储货物在数量和品质方面的状况；

④ 准确的存放位置、部门和订单归属等信息。

在以上内容的基础上，企业还应该围绕各种各样的库存数据来进行经营；而要实现这种经营，则必须建立起很好的管理流程和体系，这也是库存控制的重点内容。这里提出的库存系统，是指用来监控库存水平、确定应维持的库存水平、决定库存补充的时间及订购量大小的整套制度和控制手段。

13.1.4 库存管理的作用和原则

1. 库存管理的作用

在企业中，库存的形态主要有原材料、在制品、成品及零部件 4 种，它们的存在是企业运作中必要的过程，主要作用如下：

① 预防物料需求的不确定性；

② 适应各种不同经营的模式之需；

③ 中间状态的库存。

2. 库存管理的原则

在企业进行库存管理，使其实现标准化的过程中，首先要设定如下的基本原则：即在需求量增加时，以小于需求量增长的比例增加库存量；反之，当需求量减少时，以低于需求量减少的速度降低库存。

13.2 货仓管理

谈到库存管理，就不能不联想到储存库存物品的地点——货仓，在库存管理的总体思想指导下，对于货仓的管理应该明确以下内容。

13.2.1 货仓在生产企业中的意义和作用

在现代制造企业中，货仓所扮演的角色已经发生了很大的改变，其意义和作用体现在以下方面：

① 货仓是集中反映工厂各种物资活动状况的场所，是整个内部供应链的枢纽；

② 货仓是企业经营决策所需要信息的重要来源，清楚、准确的报表和单据账目等是会计部门进行成本核算的重要数据；

③ 货仓的活动自始至终贯穿于企业生产经营的全过程，对提高生产效率和稳定产品品质起着极其重要的作用；

④ 货仓的数据是运行 MRP 系统的必要条件。

13.2.2 货仓的组织系统

库存管理强调要对物料进行分类管理。这种要求体现在货仓管理方面，就首先要在货仓的组织系统中体现出有关物料数据的维护、分析、实物盘点及预测跟踪等管理功能，如图 13-1 所示。

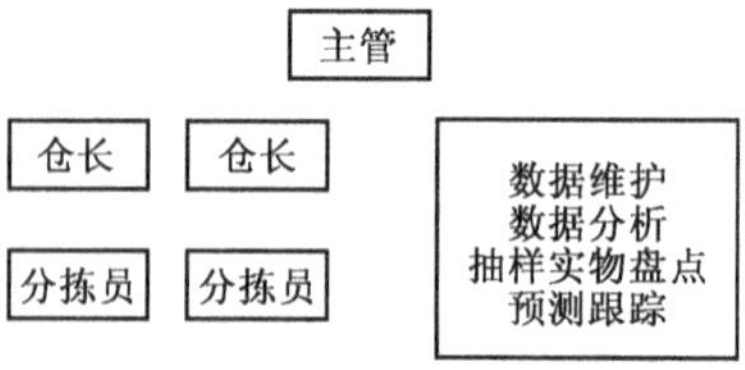

图 13-1　货仓的组织系统设置示意图

13.2.3 货仓管理的要素

为了形成规范的管理体系，货仓管理包括以下 4 个基本要素。

(1) 存货区域管理

存货区域管理指在货仓管理中，要根据各种物料属性的不同，对其摆放的区域进行整体的规划和安排，包括货仓内部物流流转的通道设计，考虑消防安全的内部布局，以及依据物料存期区分不同的摆放位置等。

(2) 货架管理

货架管理指对物料在货架上的分类堆放进行管理。

(3) 标识管理

标识管理指对应物料各种属性的不同，应该用能够明显区分的标识来进行管理。

(4) 出入库数据管理

出入库数据管理指对物料收发凭证进行管理。这个环节中还包括了对库存数据的维护。这个工作需要由专人来负责，其管理的重点是库存量。

13.2.4 货仓账物管理标准

一直以来，企业在货仓管理中都沿用以下 4 个信息：

- 账——货仓物资的档案；
- 物——货仓储存的物资；
- 卡——库存物资的明确标识和记录；
- 证——出入库的原始凭证。

需要强调的是，良好的货仓账物管理标准要做到账物一致、卡证一致。然而随着信息技术的推广和应用，很多企业都逐渐淘汰了物料卡，但这种完全依靠计算机系统的做法存在着一定的风险，因为传统的物料卡可以很好地发挥以下的作用：

① 它是账目与物料的桥梁；
② 方便物料信息的反馈；
③ 料上有账，账上有料，非常直观；
④ 方便物料的收发工作；
⑤ 方便物料的查询工作；
⑥ 方便盘点的工作。

13.3 库存控制系统

库存控制系统包括输入、输出、约束条件和运作机制 4 个方面，如图 13-2 所示。与其他系统有差异的地方在于库存控制系统中输入和输出的物品和资源都是相同的。

与生产系统不同，在库存补给系统中没有资源形态的转化。输入是为了保证系统的输出(对用户的供给)。约束条件包括库存资金的约束、空间约束等。运行机制包括控制哪些参数以及如何控制。一般情况下，在输出端，独立需求不可控制；在输入端，库存系统向外发出订货的提前期也不可控，它们都是随机变量。可以控制的一般是何时发出订货(订货点)和一次订多少(订货量)两个参数。库存控制系统正是通过控制订货点和订货量来满足外界需求并使总库存费用最低。

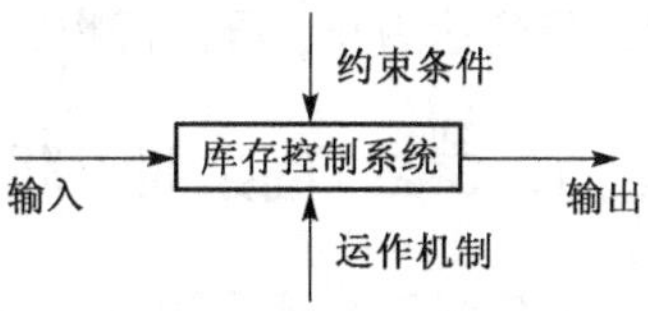

图 13-2　库存控制系统

任何库存控制系统都必须回答如下问题：隔多长时间检查一次库存量？何时提出补充订货？每次订多少？按照对以上问题的回答方式的不同，可以分成两种典型的库存补给系统，一种为固定量系统(Fixed-order Quantity System)，另一种则为固定间隔期系统(Fixed-time Period Reordering System)。

从字面意义上不难理解，固定量系统是基于“事件动机”的，即当库存量下降到某一个固定控制值时，企业将采取措施进行采购，而且每次采购的数量是固定的，只有在库存量再次下降到控制值时，采购才会再次发生。而固定间隔期系统则是基于“时间动机”的，即采购是固定周期的。

13.3.1　固定量系统

所谓固定量系统就是订货点和订货量都为固定量的库存控制系统，学术界又将其称为Q模型(Q Models)。当库存控制系统的现有库存量降到订货点(Reorder Point, RP)及以下时，库存控制系统就向供应厂家发出订货，每次订货量均为一个固定的量 Q。订货发生后必须经过一段时间货品才能够到达(这其中包括货物的生产时间、运输时间等。一般包括订货准备时间、发出订单、供方接受订货、供方生产、产品发运、产品到达、提货、验收、入库等过程)。将从订货时间到货物到达之间的时间间隔称为提前期(Lead Time, LT)。在货物到达后，库存量将增加 Q(假设在运输途中货物没有任何毁损)。显然，提前期一般为随机变量。以上的订货过程可以用图13-3来进行描述。

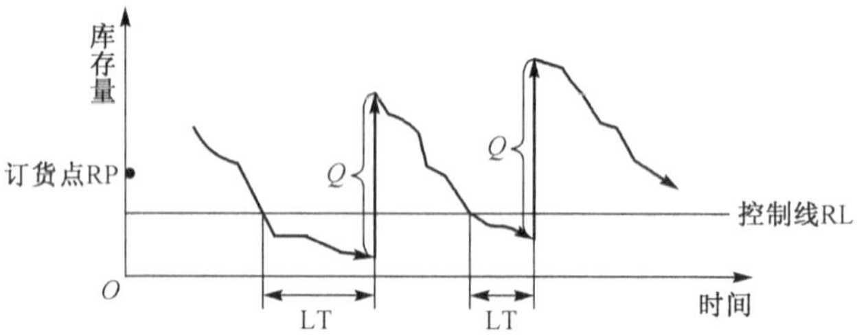

图13-3　固定量系统

对于固定量库存控制系统来说，其关键点在对库存数量的考虑上，如果库存数量到达某一点，企业就开始发出订货指令，那么对库存数量的随时监控就显得尤为必要，此时对库存的盘货采取的是永续盘存制度。要发现现有库存量是否达到订货点RP，必须随时检查库存量。

因此对于固定量系统来说，需要随时检查库存量，并随时发出订货，这无形中增加了库管人员的工作量，然而从另外一个侧面来说也增加了库存控制。由此看来，固定量系统适用于对重要物资或关键物资的库存控制，从而确保库存不出任何纰漏。

当然，永续盘存带来的庞大工作量可以通过其他方法对其进行部分化解，现实生活中通常采用双堆法或两仓系统(Two Bin System)。所谓两仓系统是将同一种物资分放两仓(或两个容器)，当一个仓使用完后，系统就发出订货。订货发出后，企业则开始使用另一仓的货物，直到订货到达为止，再进行物资的两仓分放。

13.3.2　固定间隔期系统

固定量系统需要随时监视库存变化，对于物资种类很多且订货费用较高的情况，是很不经济的。固定间隔期系统可以弥补固定量系统的不足。学术界将这一系统称为P模型(P Models)。固定间隔期系统就是每经过一个相同的时间间隔，发出一次订货，订货量将现有库存补充到一个最高水平M(Maximum)，如图13-4所示。

从图13-4中可以看出，当经过固定间隔时间 t 之后，发出订货，这时库存量降到 IP_1，需要的订货量为 $M-IP_1$；经过一段时间(LT)到货，库存量增加 $M-IP_1$；再经过固定间隔期 t 之后，又发出订货，这时库存量降到 IP_2，订货量为 $M-IP_2$，经过一段时间(LT)到货，库存量增加 $M-IP_2$，如此反复进行下去。在这一系统内，库存的订货点在横轴(时间轴)上。

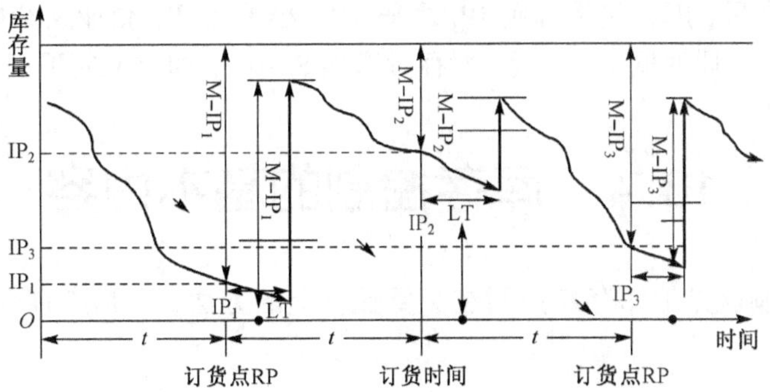

图 13-4 固定间隔期系统

与固定量系统相比，固定间隔期系统无须随时检查库存量，到了固定的间隔期，才对不同物资进行盘点，根据库存状态（库存与最高物资水平间的差距，根据不同的货品，最高物资水平可以有差异）同时订货（未曾消耗的物资可以不发出订货指令）。因而简化了管理，节省了费用。

然而固定间隔期系统的缺点是不论库存水平 IP（Inventory Position，库存位置）降得多还是少（即便企业消耗的库存量极小，无须发出订货），都要按期发出订货，当 IP 很高时，订货量是很少的。为了弥补一般固定间隔期系统的缺陷，需要将订货点重新放回纵轴上来，结合固定量系统，重新确定订货时间。此时就出现了修正的固定间隔期系统——最大最小系统。显然最大最小系统仍然是一种固定间隔期系统，与初始的固定间隔期不同的是它需要确定一个订货点，本书将其界定为补充订货点（Adjusted Reorder Point，ARP）。当经过时间间隔 t 时，如果库存量下降到 ARP 及以下，则企业开始发出订货；否则，企业会再经历一个 t 周期并同时审查现有库存是否在 ARP 及以下，然后考虑是否发出订货。修正的固定间隔期系统如图 13-5 所示。

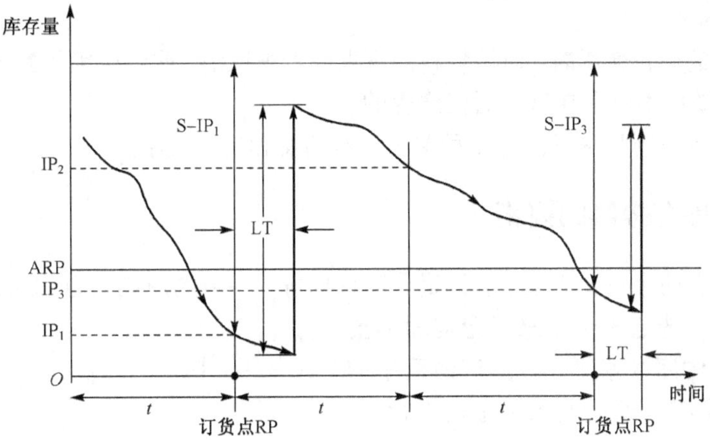

图 13-5 修正的固定间隔期系统

按照图 13-5，在经过时间间隔 t 之后，库存量降到 IP_1，显然 IP_1 小于 ARP，此时企业开始下达订货指令，订货量为 $S-IP_1$，在经过时间间隔 LT 后到货，此时库存量将增加 $S-IP_1$。再经过同样的时间 t 之后库存量将降到 IP_2，从图 13-5 中可以看出 IP_2 大于 ARP，此时由于库存量在补充订货点以上，企业决定暂不订货，因而此时库存量随着时间的推移将继续下降。又经历

另一个时间间隔 t 之后，库存量下降到 IP_3 水平，IP_3 小于 ARP，企业又开始发出订货指令，订货量为 $S-IP_3$，经过一段时间 LT 到货，库存量增加 $S-IP_3$，如此反复下去。

13.4 库存控制的基本内容

所谓的库存控制就是把库存量控制在必要数量上的方法，它是库存管理中一个最为核心的内容。

13.4.1 库存成本的构成

之所以要将库存量控制在必要的数量上，就是要在保证生产的连续性的同时最大限度地降低库存成本。库存成本由以下 4 个方面构成。

(1) 存储成本

存储成本所指的范围很广，包括存储设施的成本、搬运费、保险费、盗窃损失、破损、过时损失、折旧费、税金及资金的机会成本。

(2) 生产准备成本

企业每生产一种不同的产品都要做以下工作：取得所需的原材料，安排所需设备的调试，填写物料单，确定装卸时间和材料以及库存中原有的材料。所谓生产准备成本就是指这些环节中所发生的成本支出。

(3) 订购成本

订购成本指准备购买订单或生产订单所引起的管理和办公成本，包括盘点库存和计算订货量所产生的成本，以及有关维护订单跟踪系统的成本等。

(4) 短缺成本

当某一物料的储备耗尽时，对该物料的需求或者被取消，或者必须等到再次补充库存后才能得到满足，短缺成本就是在这个时候产生的。

库存成本控制原则是尽量使这 4 种单项成本的总和达到最小。

13.4.2 库存控制的因素

库存控制中有两个重要决策点：订货点和订货量。一般的原则是首先决定库存量的水平，其次决定订货量。选定一个用来确定何时需要订货和订多少货的库存水平，是生产经营中的重要决策，直接影响一个企业的资金运作状况。考虑以上库存成本，企业进行库存控制形成了一种常用模式，这种模式涉及库存控制的一系列因素，如图 13-6 所示。

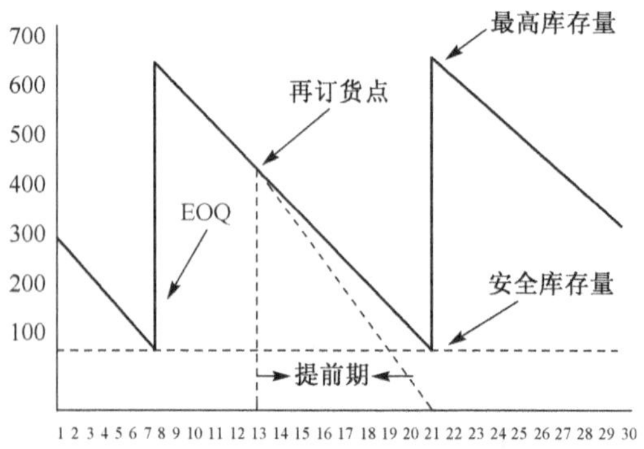

图 13-6　库存控制因素示意图

图 13-6 反映的是企业独立需求(即相互之间没有关系的需求)库存控制的常用模式，其中所包括的库存控制因素如下。

① 提前期(采购周期/准备周期)。
② 最优订货量(EOQ):储存成本和采购成本的平衡点。
③ 安全库存量:平衡预测错误(提前期/需求)而允许的库存量。
④ 最高库存量:参考值,作为库存量警戒点。
⑤ 再订货点:当库存量降至需要补充的水平。
⑥ 订货量:每次所需要补充的数量,但不一定等于EOQ。

13.4.3 库存控制的两个理论模型

1. 经济订货批量模型

经济订货批量(Economic Order Quantity, EOQ)模型最早是由F. W. Harris于1915年提出的。该模型有如下假设条件:

① 企业对库存的需求是已知的,且对于库存的消耗是均匀的(需求率均匀且为常量),年需求率以D表示,单位时间需求率以d表示;
② 一次订货量无最大最小限制且采购、运输均无价格折扣;
③ 订货提前期已知,且为常量;
④ 订货费与订货批量无关;
⑤ 维持库存费是库存量的线性函数;
⑥ 不允许缺货;
⑦ 补充率为无限大,全部订货一次交付;
⑧ 采用固定量系统。

在以上假设条件下,库存量的变化如图13-7所示(由于需求率是固定的且为常量,因此库存消耗趋势是一条斜率为D的直线)。从图13-7可以看出,系统的最大库存量为Q,最小库存量为0,不存在缺货。库存按数值为D的固定需求率减少。当库存量降到订货点RP时,就按固定订货量Q发出订货指令。经过固定的订货提前期LT,新的一批订货Q到达(订货刚好在库存变为0时到达),库存量立即达到Q。显然平均库存量为$Q/2$。

$$C_T = C_H + C_R + C_P = H(Q/2) + S(D/Q) + p \cdot D \tag{13-1}$$

式中:S为一次订货费或调整准备费;H为单位维持库存费,$H = p \cdot h$,p为单价,h为资金效果系数;D为年需求量。

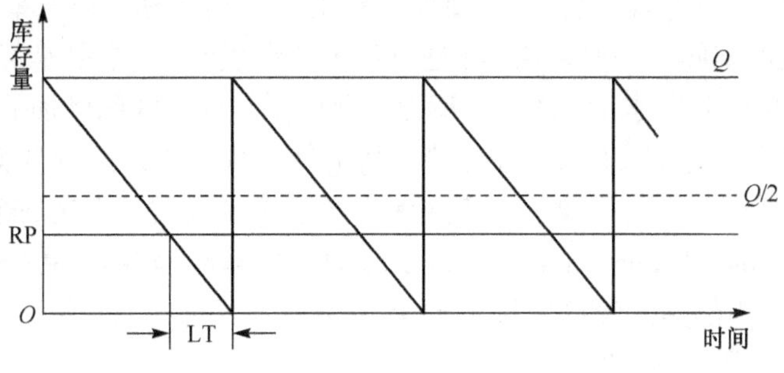

图13-7 经济订货批量假设条件下的库存量变化

年维持库存费 C_H 随订货量 Q 增加而增加，是 Q 的线性函数；年订货费 C_R 与 Q 的变化成反比，随 Q 增加而下降。不计年采购费用 C_P，总费用 C_T 曲线为 C_H 与 C_R 曲线的叠加。为了求出经济订货批量，按照求极值的要求，将式(13-1)对 Q 求导，并令一阶导数为零，可得

$$Q^* = \mathrm{EOQ} = \sqrt{\frac{2DS}{H}} \tag{13-2}$$

式中：Q^* 为最佳订货批量，或称经济订货批量。

由于 C_P 与订货量大小无关(年需求量是固定的)，C_T 曲线最低点对应的订货批量就是最佳订货批量，如图 13-8 所示。

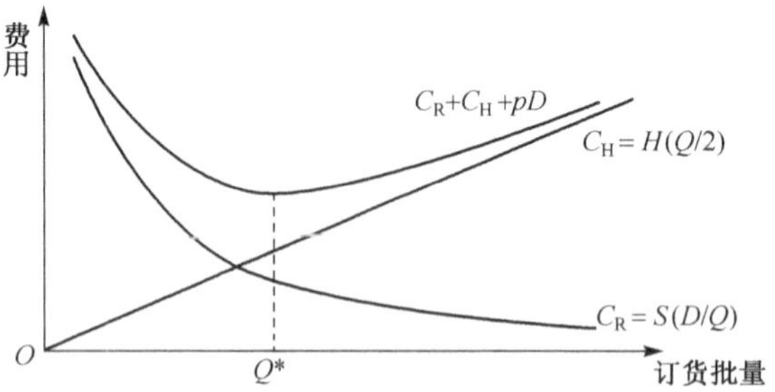

图 13-8　年费用曲线

订货点 RP 可按下式计算(假设间隔期以天为单位进行计量)：

$$\mathrm{RP} = (D/365) \cdot \mathrm{LT} \tag{13-3}$$

在最佳订货批量下

$$\begin{aligned} C_R + C_H &= S(D/Q^*) + H(Q^*/2) \\ &= \frac{DS}{\sqrt{\frac{2DS}{H}}} + \frac{H}{2}\sqrt{\frac{2DS}{H}} = \sqrt{2DSH} \end{aligned} \tag{13-4}$$

从式(13-2)可以看出，经济订货批量随单位订货费 S 增加而增加，随单位维持库存费 H 增加而减少。因此，价格昂贵的物品订货批量小，难采购的物品一次订货批量要大一些。这些都与人们的常识一致。

2. 经济生产批量模型

经济订货批量模型(EOQ)假设整批订货在一定时刻同时到达，补充率无限大。这种假设不符合企业生产过程的实际。一般来说，在进行某种产品生产时，成品是逐渐生产出来的。也就是说，当生产的速度超过需求的速度时，库存是逐渐增加而非瞬间增加的。为了确保库存不无限增加，当库存到达一定界限时应停止生产一段时间。由于生产系统调整准备时间的存在，在补充成品库存的生产中，也有一个一次生产多少最经济的问题，这就是经济生产批量问题。经济生产批量(Economic Production Lot，EPL)模型，又称经济生产量(Economic Production Quantity，EPQ)模型。当然其假设条件与 EOQ 模型类似，不同点主要是 EPQ 模型不要求补充率无限大，也不要求全部订货一次。

图 13-9 描述了经济生产批量模型假设下的库存量变化。生产在库存为 0 时开始进行，经过生产时间 T_p 结束，由于生产速度 P(生产率)超过需求速度 D(需求率)，库存将以 $(P-D)$ 的

速率上升。经过时间 T_p，库存达到 I_{max}。生产停止后，库存按需求率 D 下降。当库存减少到 0 时，则重新开始新一轮生产。假设 Q 是在 T_p 时间内的生产量，Q 又是一个补充周期 T 内消耗的量。在图 13-9 中，P 为生产率(单位时间产量)；D 为需求率(单位时间出库量)，$D<P$；T_p 为生产时间；I_{max} 为最大库存量；Q 为生产批量；RP 为订货点；LT 为生产提前期。图 13-9 中阴影部分属于企业在生产时间(T_p)内的库存消耗量，T 则为一个完整的补充周期。

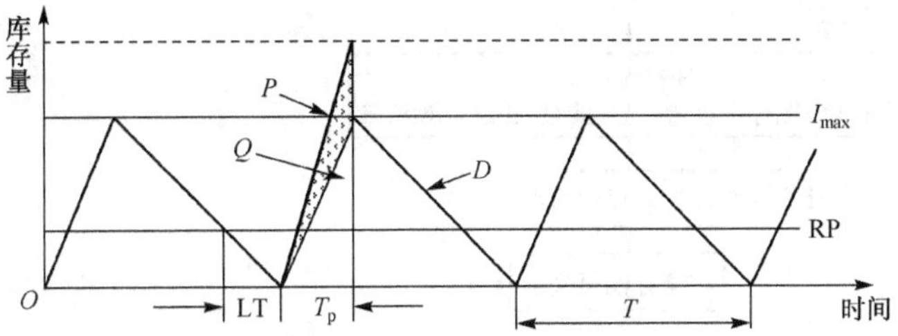

图 13-9 经济生产批量模型假设下的库存量变化

与 EOQ 模型不同的是，由于补充率不是无限大，这里平均库存量不是 $Q/2$，而是 $I_{max}/2$；p 为生产成本，D_T是全年需求量。于是

$$C_T = C_H + C_R + C_P = H(I_{max}/2) + S(D/Q) + p \cdot D_T$$

问题现在归结为求 I_{max}。由图 13-9 可以看出

$$I_{max} = T_p \cdot (P - D)$$

由 $Q = P \cdot T_p$，可以得出 $T_p = Q/P$。所以

$$I_{max}/2 = Q \cdot (P - D)/2P = (1 - D/P)Q/2$$

$$C_T = H(1 - D/P)Q/2 + S(D/Q) + p \cdot D_T \tag{13-5}$$

比较可以得出

$$\text{EPL} = \sqrt{\frac{2DS}{H(1 - D/P)}} \tag{13-6}$$

13.5 库存控制的操作方法

前面已经提到，对于制造企业，计算订货量的两个理论模型缺乏实际操作的意义。下面就将介绍企业具体应用过程中真正可以用到的两个思路及对应的方法。

13.5.1 周期性盘点系统与 P 模型

周期性盘点系统(Periodic Inventory System)进行的是传统意义上的库存盘点，即在货仓停止活动的静止状况下，对库存进行全面、彻底的盘点，而后将盘点的结果与期初的状况进行对比，它是按照周期、分阶段地展开的。与之对应的是定期订货模型(Fixed-Time Period Model)，即 P 模型，如图 13-10 所示，其特点如下：

① “时间驱动”，即只在特定的时间进行盘点，并且只限于在预定时期的期末进行订货，模型中唯一的驱动原因是时间的变化；

② 平均库存(主要由于安全库存而形成)较大，主要是为了预防在盘点期发生缺货的情况；

③ 只有当库存经过盘点之后才可以做出订购决策，是否真正订购依赖于进行盘点时的库存水平。

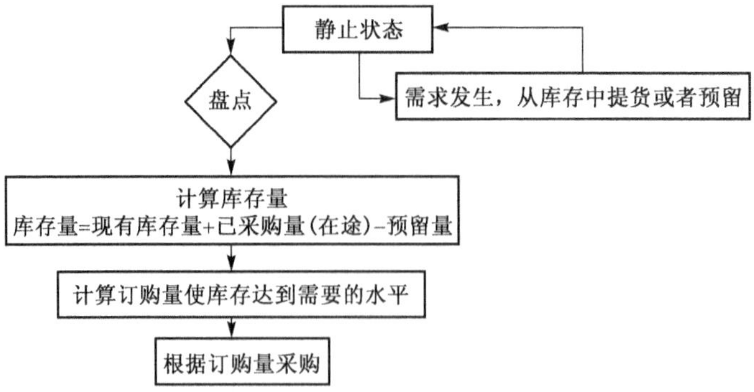

图 13-10　定期订货模型(P 模型)示意图

13.5.2　连续性盘点系统与 Q 模型

连续性盘点系统(Perpetual Inventory System)的目标是确定一个特定的库存水平点，当实际的库存水平降到这个点时，即进行订购和补货。在这个系统内，不存在盘点期，完全是“事件驱动”的模式，即当达到规定的再订货水平后才引发订货行为，这个事件有可能随时发生，主要取决于对该物资的需求情况，也就是说它是连续展开的。与之对应的是定量订货模型(Fixed-order Quantity Model)，即 Q 模型，如图 13-11 ~ 图 13-13 所示。

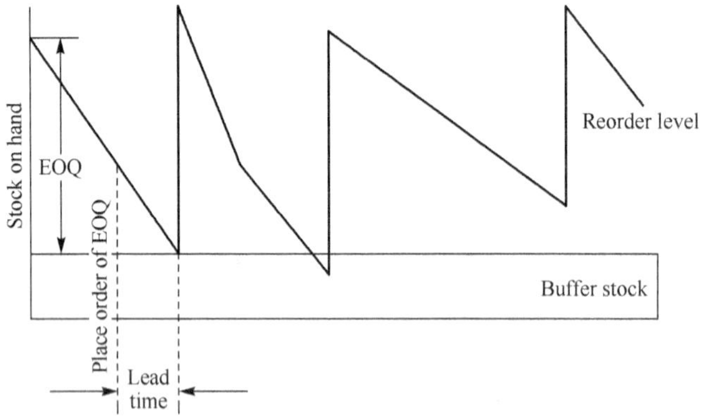

图 13-11　连续性盘点系统原理示意图

图 13-11 和图 13-12 中英文意义如下。

Stock on hand：实时监控现有库存量。

EOQ：经济订货批量。

Place order of EOQ：按照经济订货批量实施订货的时点。

Lead time：提前期，即从订购到收到货物的时间。

Buffer stock：安全库存，即超出预期需求之外的附加库存。

Reorder level：预先设定的再订购库存量。

Reorder point：再订货点。

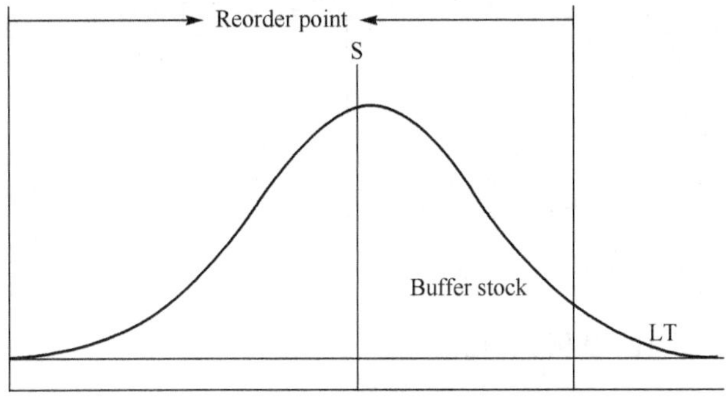

图 13-12　再订货点和安全库存示意图

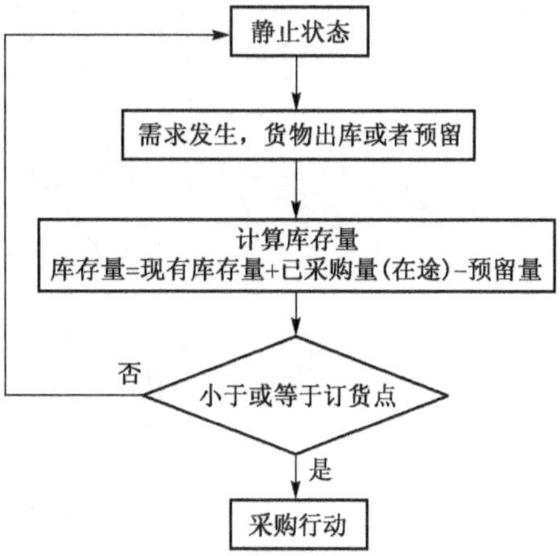

图 13-13　定量订货模型(Q 模型)示意图

13.6　库存的 ABC 分类控制

库存的 ABC 分类控制是企业库存控制中另外一个重要的内容，也就是前面内容中始终强调的应该按照物料属性的不同，对其实施分类管理。

ABC 分类法(Activity Based Classification) 又称巴雷托分析法、柏拉图分析法、主次因分析法、ABC 分析法、分类管理法、重点管理法、ABC 管理法。它是根据事物在技术或经济方面的主要特征，进行分类排队，分清重点和一般，从而有区别地确定管理方式的一种分析方法。由于它把被分析的对象分成 A、B、C 三类，所以又称为 ABC 分析法。在这个分类的过程中也符合二八原理，即企业应该把握的是对库存水平有 80% 的影响而数量只占 20% 的那部分物料。

13.6.1　ABC 分类控制基本原则

库存的 ABC 分类控制基本原则具体有以下几点。

① 库存物料或者货物中，占存货总类百分比较小的物料，所占用的资金比例却很大(A 类)；反之，占存货总类百分比很大的物料或者货物，所占用的资金比例却很小(C 类)；介于两者之间的则是 B 类。这其中的分类标准不是唯一的，企业应该按照自己的物料属性来具体确定。

② 库存的 ABC 分类是控制成本的基准。

③ 库存的重点管理对象是 A 类和 B 类的物料或货物；而对于 C 类的常规物料，出于节省管理成本的考虑，可以采用相对粗放的管理方式。

物料 ABC 分类的参考值见表 13-1，物料 ABC 比例示意图如图 13-14 所示。

表 13-1　物料 ABC 分类的参考值

物 料 类 别	占总类的百分比	占总金额的百分比
A	10%	65%
B	25%	25%
C	65%	10%

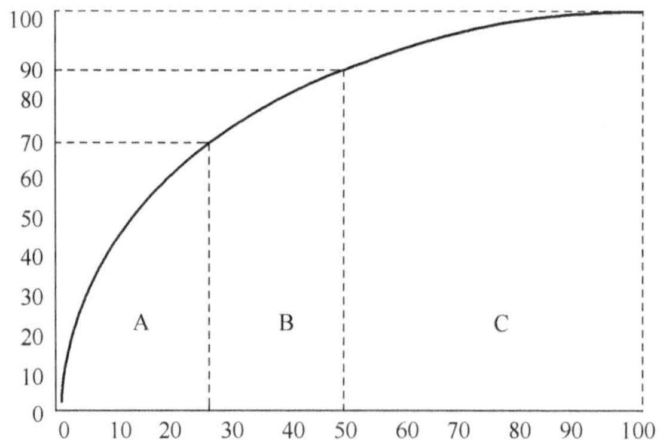

图 13-14　物料 ABC 比例示意图

13.6.2　ABC 库存分类控制的主要方法和步骤

1. ABC 分类库存控制的主要方法

在 ABC 库存分类控制的思想指导下，企业可以采取的主要方法如下：

① 物料分类的管理，按年度使用量和采购单价统计；

② 货物分类的管理，可以按客户或者供应商的年采购量或供货量的大小统计。

而对于不同类别的物料，具体的分类控制实施原则包括：

- A 类物料，制订完整的和严密的采购计划，如果条件许可，尽可能采用“零库存”方法；
- B 类物料，可采用适合的安全存量的方法；
- C 类物料，可适当扩大订购的批量，以降低采购成本。

2. ABC 分类法的具体步骤

(1) 收集数据

按分析对象和分析内容，收集有关数据。例如，打算分析产品成本，则应收集产品成本因素、产品成本构成等方面的数据；打算针对某一系统搞价值工程，则应收集系统中各局部功能、各局部成本等数据。

(2) 处理数据

对收集来的数据资料进行整理，按要求计算和汇总。

(3) 编制 ABC 分析表

ABC 分析表见表 13-2。ABC 分析表栏目构成如下。

第一栏：物品名称。

第二栏：品目数累计，即每一种物品皆为一个品目数，品目数累计实际就是序号。

第三栏：品目数累计百分数，即累计品目数对总品目数的百分比。

第四栏：物品单价。

第五栏：平均库存。

第六栏：第四栏单价乘以第五栏平均库存，为各种物品平均资金占用额。

第七栏：平均资金占用额累计。

第八栏：平均资金占用额累计百分数。

第九栏：分类结果。

表 13-2　ABC 分析表

物品名称	品目数累计	品目数累计百分数	物品单价	平均库存	平均资金占用额	平均资金占用额累计	平均资金占用额累计百分数	分类结果

制表按下述步骤进行：将第 2 步已求出的平均资金占用额，以排队方式，由高至低填入表中第六栏。以此栏为准，将相应物品名称填入第一栏，物品单价填入第四栏，平均库存填入第五栏，在第二栏中按 1，2，3，… 编号，则为品目数累计。此后，计算品目数累计百分数，填入第三栏；计算平均资金占用额累计，填入第七栏；计算平均资金占用额累计百分数，填入第八栏。

(4) 根据 ABC 分析表确定分类

按 ABC 分析表，观察第三栏品目数累计百分数和第八栏平均资金占用额累计百分数，将品目数累计百分数为 5% ~15% 而平均资金占用额累计百分数为 60% ~80% 的前几个物品，确定为 A 类；将品目数累计百分数为 20% ~30%，而平均资金占用额累计百分数也为 20% ~30% 的物品，确定为 B 类；其余为 C 类，C 类情况和 A 类相反，其品目数累计百分数为 60% ~80% 而平均资金占用额累计百分数仅为 5% ~15%。

(5) 绘制 ABC 分析图

以品目数累计百分数为横坐标，以累计资金占用额百分数为纵坐标，按 ABC 分析表第三栏和第八栏所提供的数据，在坐标图上取点，并连接各点，则绘成 ABC 曲线。

根据 ABC 曲线分析对应的数据，按 ABC 分析表确定 A、B、C 三个类别的方法，在图上标明 A、B、C 三类，则制成 ABC 分析图。

13.7　VMI 管理系统

长期以来，流通中的库存是各自为政的。流通环节中的每一个部门都是各自管理自己的库存，零售商、批发商、供应商都有各自的库存，各个供应链环节都有自己的库存控制策略。由于各自的库存控制策略不同，因此不可避免地产生需求的扭曲现象，即所谓的需求放大现象，无法使供应商快速地响应用户的需求。在供应链管理环境下，供应链的各个环节的活动都应该是同步进行的，而传统的库存控制方法无法满足这一要求。近年来，在国外，出现了一种新的供应链库存管理方法——供应商管理用户库存（Vendor Managed Inventory，VMI），这种库存管理策略打破了传统的各自为政的库存管理模式，体现了供应链的集成化管理思想，适应市场变化的要求，是一种新的有代表性的库存管理思想。

13.7.1　VMI 的基本思想

传统地讲，库存是由库存拥有者管理的。因为无法确切知道用户需求与供应的匹配状态，所以需要库存，库存设置与管理是由同一组织完成的。这种库存管理模式并不总是最优的。例如，一个供应商用库存来应付不可预测的或某一用户不稳定的(这里的用户不是指最终用户，而是分销商或批发商)需求，用户也设立库存来应付不稳定的内部需求或供应链的不确定性。虽然供应链中每一个组织独立地寻求保护其各自在供应链的利益不受意外干扰是可以理解的，但不可取，因为这样做的结果影响了供应链的优化运行。供应链的各个不同组织根据各自的需要独立运作，导致重复建立库存，因而无法达到供应链全局的最低成本，整个供应链系统的库存会随着供应链长度的增加而发生需求扭曲。VMI 库存管理系统就能够突破传统的条块分割的库存管理模式，以系统的、集成的管理思想进行库存管理，使供应链系统能够获得同步化的运作。

VMI 是一种很好的供应链库存管理策略。关于 VMI 的定义，国外有学者认为："VMI 是一种在用户和供应商之间的合作性策略，以对双方来说都是最低的成本优化产品的可获性，在一个相互同意的目标框架下由供应商管理库存，这样的目标框架被经常性地监督和修正，以产生一种连续改进的环境。"

关于 VMI 也有其他的不同定义，但归纳起来，该策略的关键措施主要体现在如下几个原则中。

(1) 合作精神(合作性原则)

在实施该策略时，相互信任与信息透明是很重要的，供应商和用户(零售商)都要有较好的合作精神，才能够相互保持较好的合作。

(2) 使双方成本最小(互惠原则)

VMI 不是关于成本如何分配或谁来支付的问题，而是关于减少成本的问题。通过该策略使双方的成本都减少。

(3) 框架协议(目标一致性原则)

双方都明白各自的责任，观念上达成一致的目标。如库存放在哪里，什么时候支付，是否要管理费，要花费多少等问题都要回答，并且体现在框架协议中。

(4) 连续改进原则

使供需双方能共享利益和消除浪费。VMI 的主要思想是供应商在用户的允许下设立库存，确定库存水平和补给策略，拥有库存控制权。

精心设计与开发的 VMI 系统，不仅可以降低供应链的库存水平，降低成本。而且用户还可获得高水平的服务，改善资金流，与供应商共享需求变化的透明性和获得更高的用户信任度。

13.7.2 VMI 的实施方法

实施 VMI 策略，首先要改变订单的处理方式，建立基于标准的托付订单处理模式。供应商和批发商一起确定供应商的订单业务处理过程所需要的信息和库存控制参数，然后建立一种订单的处理标准模式，如 EDI 标准报文，最后把订货、交货和票据处理各个业务功能集成在供应商一边。

库存状态透明性(对供应商)是实施供应商管理用户库存的关键。供应商能够随时跟踪和检查销售商的库存状态，从而快速地响应市场的需求变化，对企业的生产(供应)状态做出相应的调整。为此需要建立一种能够使供应商和用户(分销、批发商)的库存信息系统透明连接的方法。

供应商管理库存的策略可以分如下几个步骤实施。

(1) 建立顾客情报信息系统

要有效地管理销售库存，供应商必须能够获得顾客的有关信息。通过建立顾客的信息库，供应商能够掌握需求变化的有关情况，把由批发商(分销商)进行的需求预测与分析功能集成到供应商的系统中来。

(2) 建立销售网络管理系统

供应商要很好地管理库存，必须建立起完善的销售网络管理系统，保证自己的产品需求信息和物流畅通。为此，必须保证自己产品条码的可读性和唯一性，解决产品分类、编码的标准化问题，解决商品存储运输过程中的识别问题。

目前已有许多企业开始采用 MRPⅡ或 ERP 企业资源计划系统，这些软件系统都集成了销售管理的功能。通过对这些功能的扩展，可以建立完善的销售网络管理系统。

(3) 建立供应商与分销商(批发商)的合作框架协议

供应商和销售商(批发商)一起通过协商，确定处理订单的业务流程，以及控制库存的有关参数(如再订货点、最低库存水平等)、库存信息的传递方式(如 EDI 或 Internet)等。

(4) 组织机构的变革

这一点也很重要，因为 VMI 策略改变了供应商的组织模式。过去一般由会计经理处理与用户有关的事情，引入 VMI 策略后，在订货部门产生了一个新的职能，负责用户库存的控制、库存补给和服务水平。

一般来说，在以下的情况下适合实施 VMI 策略：零售商或批发商没有 IT 系统或基础设施来有效管理他们的库存；制造商实力雄厚，并且比零售商市场信息量大；有较高的直接存储交货水平，因而制造商能够有效地规划运输。

13.7.3 VMI 的支持技术

VMI 的支持技术主要包括 ID 代码、EDI/Internet、条码、连续补给程序等。

1. ID 代码

供应商要有效地管理用户的库存，必须对用户的商品进行正确识别，为此要对供应链商品进行编码，通过获得商品的标识(ID)代码并与供应商的产品数据库相连，以实现对用户商品的正确识别。目前国外企业已建立了应用于供应链的 ID 代码的类标准系统，如 EAN-13(UPC-12)、EAN-14(SCC-14)、SSCC-18 及位置码等，我国也有关于物资分类编码的国家标准，可参考使用。

供应商应尽量使自己的产品按国际标准进行编码，以便在用户库存中对本企业的产品进行快速跟踪和分拣。因为用户(批发商、分销商)的商品多种多样，有来自不同的供应商的同类产品，也有来自同一供应商的不同产品。实现 ID 代码标准化有利于采用 EDI 系统进行数据交换与传送，提高了供应商对库存管理的效率。目前国际上通行的商品代码标准是国际物品编码协会(EAN)和美国统一代码委员会(UCC)共同编制的全球通用的 ID 代码标准。

2. EDI/Internet

EDI是在处理商业或行政事务时，按照一个公认的标准，形成结构化的事务处理或信息数据格式，完成计算机到计算机的数据传输。这里主要介绍EDI如何应用到VMI方法体系中，如何实现供应商对用户的库存管理。

供应商要有效地对用户（分销商、批发商）的库存进行管理，采用EDI进行供应链的商品数据交换，是一种安全可靠的方法。为了能够实现供应商对用户的库存进行实时的监控，供应商必须每天都能了解用户的库存补给状态。因此，采用基于EDIFACT标准的库存报告清单能够提高供应链的运作效率，每天的库存水平（或定期的库存检查报告）、最低的库存补给量都能自动地生成，这样大大提高了供应商对库存的监控效率。分销商（批发商）的库存状态也可以通过EDI报文的方式通知供应商。

在VMI管理系统中，供应商一方有关装运与发票等工作都不需要特殊的安排，主要的数据是顾客需求的物料信息记录、订货点水平和最小交货量等，需求一方（分销商、批发商）唯一需要做的是能够接受EDI订单确认和（或）配送建议，以及利用该系统发放采购订单。

3. 条码

条码是ID代码的一种符号，是对ID代码进行自动识别且将数据自动输入计算机的方法和手段，条码技术的应用解决了数据录入与数据采集的“瓶颈”，为供应商管理用户库存提供了有力支持。条码是目前国际上供应链管理中普遍采用的一种技术手段。为有效实施VMI管理系统，应该尽可能地使供应商的产品条码化。条码技术对提高库存管理的效率是非常显著的，是实现库存管理的电子化的重要工具和手段，它使供应商对产品的库存控制一直可以延伸到和销售商的POS系统进行连接，实现用户库存的供应链网络化控制。

4. 连续补给程序

连续补给程序策略将零售商向供应商发出订单的传统订货方法，变为供应商根据用户库存和销售信息决定商品的补给数量。这是一种实现VMI管理策略的有力工具和手段。为了快速响应用户“降低库存”的要求，供应商通过和用户（分销商、批发商或零售商）建立合作伙伴关系，主动提高向用户交货的频率，使供应商从过去单纯地执行用户的采购订单变为主动为用户分担补充库存的责任，在加快供应商响应用户需求速度的同时，也使用户方降低了库存水平。

13.8 联合库存管理

13.8.1 联合库存管理的基本思想

VMI是一种供应链集成化运作的决策代理模式，它把用户的库存决策权代理给供应商，由供应商代理分销商或批发商行使库存决策的权力。联合库存管理则是一种风险分担的库存管理模式。联合库存管理的思想可以从分销中心的联合库存功能谈起。地区分销中心体现了一种简单的联合库存管理思想。传统的分销模式是分销商根据市场需求直接向工厂订货，例如汽车分销商（或批发商），根据用户对车型、款式、颜色、价格等的不同需求，向汽车制造厂订的货，需要经过一段较长时间才能达到，因为顾客不想等待这么久的时间，因此各个推销商不得不进行库存备货，这样大量的库存使推销商难以承受，以至于破产。据估计，在美国，通用汽车公司销售500万辆轿车和卡车，平均价格是18 500美元，推销商维持60天的库存，库存费是车价值的22%，一年总的库存费用达到3.4亿美元。而采用地区分销中心，就大大减少了库存浪费的现象。传统的分销模式，每个销售商直接向工厂订货，每个销售商都有自己的库存，而分销中心的销售方式，各个销售商只需要少量的库存，大量的库存由地区分销中心储备，也就是各个销售商把其库存的一部分交给地区分销中心负责，从而减轻了各个销售商的库存压力。分销中心就起到了联合库存管理的功能，分销中心既是一个商品的联合库存中心，同时也是需求信息的交流与传递枢纽。

从分销中心的功能人们得到启发，对现有的供应链库存管理模式进行了新的拓展和重构，提出了联合库存管理新模式——基于协调中心的联合库存管理系统。

近年来，在供应链企业之间的合作关系中，更加强调双方的互利合作关系，联合库存管理就体现了战略供应商联盟的新型企业合作关系。传统的库存管理，把库存分为独立需求和相关需求两种库存模式来进行管理。相关需求库存问题采用物料需求计划(MRP)处理，独立需求问题采用订货点办法处理。一般来说，产成品库存管理为独立需求库存问题，而在制品和零部件以及原材料的库存控制问题为相关需求库存问题。在传统的供应链活动过程中，从供应商、制造商到分销商，各个供应链节点企业都有自己的库存。供应商作为独立的企业，其库存(其产品库存)为独立需求库存。制造商的材料、半成品库存为相关需求库存，而产品库存为独立的需求库存。分销商为了应付顾客需求的不确定性也需要库存，其库存也为独立需求库存。联合库存管理是解决供应链系统中由于各节点企业的相互独立库存运作模式导致的需求放大现象，提高供应链的同步化程度的一种有效方法。联合库存管理和供应商管理用户库存不同，它强调双方同时参与，共同制定库存计划，使供应链过程中的每个库存管理者(供应商、制造商、分销商)都从相互之间的协调性考虑，使供应链相邻的两个节点之间的库存管理者对需求的预期保持一致，从而消除了需求变异放大现象。任何相邻节点需求的确定都是供需双方协调的结果，库存管理不再是各自为政的独立运作过程，而是供需连接的纽带和协调中心。

基于协调中心的库存管理和传统的库存管理模式相比，有如下几个方面的优点：

① 为实现供应链的同步化运作提供了条件和保证；

② 减少了供应链中的需求扭曲现象，降低了库存的不确定性，提高了供应链的稳定性；

③ 库存作为供需双方的信息交流和协调的纽带，可以暴露供应链管理中的缺陷，为改进供应链管理水平提供依据；

④ 为实现零库存管理、准时采购及精细供应链管理创造了条件；

⑤ 进一步体现了供应链管理的资源共享和风险分担的原则。

联合库存管理系统把供应链系统管理进一步集成为上游和下游两个协调管理中心，从而部分消除了由于供应链环节之间的不确定性和需求信息扭曲现象导致的供应链的库存波动。通过协调管理中心，供需双方共享需求信息，因而起到了提高供应链的运作稳定性的作用。

13.8.2　联合库存管理的实施策略

1. 建立供需协调管理机制

为了发挥联合库存管理的作用，供需双方应从合作的精神出发，建立供需协调管理的机制，明确各自的目标和责任，建立合作沟通的渠道，为供应链的联合库存管理提供有效的机制。没有一个协调的管理机制，就不可能进行有效的联合库存管理。建立供需协调管理机制，要从以下几个方面着手。

（1）建立共同合作目标

要建立联合库存管理模式，首先供需双方必须本着互惠互利的原则，建立共同的合作目标。为此，要理解供需双方在市场目标中的共同之处和冲突点，通过协商形成共同的目标，如用户满意度、利润的共同增长和风险的减少等。

（2）建立联合库存的协调控制方法

联合库存管理中心担负着协调供需双方利益的角色，起协调控制器的作用，因此需要对库存优化的方法进行确定。这些内容包括库存如何在多个需求商之间调节与分配，库存的最大量和最低库存水平、安全库存的确定，需求的预测等。

（3）建立一种信息沟通的渠道或系统信息共享是供应链管理的特色之一

为了提高整个供应链的需求信息的一致性和稳定性，减少由于多重预测导致的需求信息扭曲，应提高供应链各方对需求信息获得的及时性和透明性。为此应建立一种信息沟通的渠道或系统，以保证需求信息在供应链中的畅通和准确性。要将条码技术、扫描技术、POS 系统和 EDI 集成起来，并且要充分利用互联网的优势，在供需双方之间建立一个畅通的信息沟通桥梁和联系纽带。

（4）建立利益的分配、激励机制

要有效运行基于协调中心的库存管理，必须建立一种公平的利益分配制度，并对参与协调库存管理中心的各个企业（供应商、制造商、分销商或批发商）进行有效的激励，防止机会主义行为，增加协作性和协调性。

2. 发挥两种资源计划系统的作用

为了发挥联合库存管理的作用，在供应链库存管理中应充分利用目前比较成熟的两种资源管理系统：MRP Ⅱ和 DRP。原材料库存协调管理中心应采用制造资源计划系统 MRP Ⅱ，而产品联合库存协调管理中心则应采用物资资源配送计划 DRP。这样在供应链系统中把两种资源计划系统很好地结合起来。

3. 建立快速响应系统

快速响应系统是 20 世纪 80 年代末由美国服装行业发展起来的一种供应链管理策略，目的在于减少供应链中从原材料到用户过程的时间和库存，最大限度地提高供应链的运作效率。

快速响应系统在美国等西方国家的供应链管理中被认为一种有效的管理策略，经历了三个发展阶段。第一阶段为商品条码化，通过对商品的标准化识别处理加快订单的传输速度；第二阶段是内部业务处理的自动化，采用自动补库与 EDI 数据交换系统提高业务自动化水平；第三阶段是采用更有效的企业间的合作，消除供应链组织之间的障碍，提高供应链的整体效率，如通过供需双方合作，确定库存水平和销售策略等。目前在一些西方国家，QR 系统应用已到达第三阶段，通过联合计划、预测与补货等策略进行有效的用户需求反应。美国的 Kurt Salmon 协会调查分析认为，实施快速响应系统后供应链效率大有提高：缺货大大减少，通过供应商与零售商的联合协作保证 24 小时供货；库存周转速度提高 1～2 倍；通过敏捷制造技术，企业的产品中有20%～30%是根据用户的需求而制造的。快速响应系统需要供需双方的密切合作，因此协调库存管理中心的建立为快速响应系统发挥更大的作用创造了有利的条件。

4. 发挥第三方物流系统的作用

第三方物流系统(Third Party Logistics, TPL)是供应链集成的一种技术手段。TPL也称为物流服务提供者(Logistics Service Provider, LSP)，它为用户提供各种服务，如产品运输、订单选择、库存管理等。第三方物流系统由一些大的公共仓储公司通过提供更多的附加服务演变而来，另外一种产生形式是由一些制造企业的运输和分销部门演变而来。

把库存管理的部分功能代理给第三方物流系统管理，可以使企业更加集中精力于自己的核心业务，第三方物流系统起到了供应商和用户之间联系的桥梁作用，为企业带来诸多好处。面向协调中心的第三方物流系统使供应与需求双方都取消了各自独立的库存，增加了供应链的敏捷性和协调性，并且能够大大改善供应链的用户服务水平和运作效率。

练习思考题

1. 简述库存的分类。
2. 简述库存控制的固定量系统。
3. 简述库存控制的固定间隔期系统。
4. 简述库存成本的构成。
5. 简述经济订货批量模型。
6. 简述经济生产批量模型。
7. 简述定期订货模型。
8. 简述定量订货模型。
9. 简述ABC库存控制的主要方法和步骤。
10. 简述VMI的基本思想。
11. 简述联合库存管理的基本思想。

第 14 章

网络计划及项目计划管理

【本章导引】

本章主要阐述了项目管理的基本内容；网络计划技术的发展；网络图的绘制；网络时间参数计算；网络计划的优化。

【本章重难点】

网络图的绘制；网络时间参数计算。

【本章学习目标】

1. 了解项目及项目管理的概念及包含的主要内容；
2. 理解和掌握网络图的绘制；
3. 理解和掌握网络时间参数计算；
4. 理解和掌握网络计划的优化。

14.1 项目管理概述

14.1.1 项目

项目可以定义为一种一次性工作，在规定时间内，在明确的工作目标和有限资源下，由专门组织起来的人员共同完成。例如，安排一个演出活动，开发一种新产品，设计并开发一个计算机系统，建造一幢房子，构建一个物流系统都是典型的项目例子。这些项目都有一个明确、清晰的目标，要求在预定的时间内完成，在各种资源有限的约束条件下，将参与项目的有关人员组织、协调起来，以完成这些项目。从上述定义中可以看出，项目至少包含以下 4 个基本要素：

① 项目是由一系列具体工作组成的；

② 项目是一种一次性、临时性的工作；

③ 项目都有一个明确的、特定的目标；

④ 项目受资金、时间、资源等各种有限条件的限制。

14.1.2 项目管理

项目管理是指在一个确定的时间范围内，为了实现特定的目标，运用系统理论和方法对项目的资源进行计划、组织、控制和协调的过程。项目管理是一种管理模式，有自己的一套科学的管理方法体系。项目管理的基本特点为复杂性、创造性、时限性、领导集权性、专门性。

项目管理包括立项、建设和运行三个阶段的管理。

① 立项阶段，需要进行可行性研究，论证工程本身、外部条件和对环境的影响。

② 建设阶段，要做好项目的规划，确定项目作业计划，进行项目控制决策。

③ 运行阶段，维持正常生产，而且要改造和更新。

项目管理的目标是将完成项目所需资源适时、适量地进行分配，并寻求诸项资源的优化配置，以便最有效地完成工程项目。项目管理通常涉及三个主要目标：质量（绩效）、费用（成本）和进度（时间），即以低的费用、短的工期完成高质量的项目。

（1）质量

质量是项目的生命。如果一项大型工程项目的质量好，就可以福泽子孙，功在千秋；如果质量差，不仅会造成经济上的重大损失，而且会祸及后世。项目的质量管理必须贯穿于全方位、全过程和全员中。全方位是指工程的每一部分，每个子项目、子活动，每一件具体工作，都保证质量，才能确保整个工程的质量。全过程是指从提出项目任务、可行性研究、决策、设计、订货、施工、调试，到试运转、投产整个寿命周期都要保证质量。全员指的是参加项目建设的每一个人，从最高领导者到普通员工，都要对本岗位的工作质量负责。

（2）费用

建设费用包括实施该项目所有的直接费用和间接费用。项目管理者的工作就是通过合理组织项目的施工，控制各项费用支出，使之不要超出项目的预算。值得指出的是，要注意控制项目的寿命周期费用，包括研制费、建设费和运行（使用）费三大部分。对一般项目而言，这三部分费用的比例大致为1∶3∶6。从总体考虑，大头在运行费上。因此，不能单纯追求研制和建设费用最低，忽视运行费用。

（3）进度

项目的进度控制是项目管理的核心内容。项目的完工期限一旦确定下来，项目管理者的任务就要以此为目标，通过控制各项活动的进度，确保整个项目按期完成。在项目的寿命期内，严格按照科学程序办事。在进行项目的进度控制时，管理者要采用网络计划技术，进行科学管理。

大型工程项目具有多目标结构，在不同阶段、不同层次、不同分系统中，都有相应的目标体系，但其中最重要的目标是质量、进度和费用。需要指出的是，项目的质量、进度与费用常常是矛盾的。在处理三者关系时，要以质量为中心。通过计划统筹，实现三者的优化组合。

14.2 项目进度计划——网络计划技术

14.2.1 项目进度计划概述

项目进度计划就是要确定项目范围中的各项工作在什么时间开始，在什么时间结束，主要包括：

① 工作细目定义，对工作分解结构中的工作细目进行描述以及为此进行的一些具体活动；

② 工作排序，确定各项工作细目之间的先后顺序关系并编成文件；

③ 工作时间估算，估算完成单项工作所需的工作时数；

④ 制定进度计划，研究和分析工作顺序，统筹考虑工作时间和资源需求，编制项目进度计划。一般来说，编制项目进度计划，并对计划的实施过程和进度进行有效的控制将有利于项目的顺利完成。

项目进度计划通常采用网络计划的形式，因为甘特图编制的计划难以对一个大型项目众多活动之间的复杂关系描述清楚。常用的网络计划有计划评审技术(Program Evaluation and Review Technique，PERT)和关键路线法(Critical Path Method，CPM)两种，都是用网络图来表示活动的先后顺序，以及它们之间的相互关系。

14.2.2 项目进度计划方法的发展过程

在网络计划技术产生之前，制定项目进度计划的方法是甘特图，它是由美国人甘特(Henry L. Gantt)在20世纪初提出的一种方法，又称横道图或条形图。横道计划以横向线条结合时间坐标来表示项目各项工作的起止时间和先后顺序，整个计划由一系列的横道组成。图14-1用甘特图表示制造某一专用设备的各项活动的进度安排。图中用线条标出了各项活动的延续时间和起止时间。

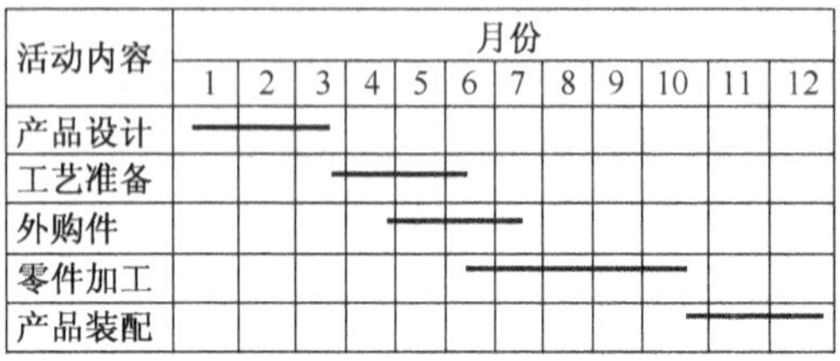

图14-1　甘特图示例

甘特图的优点是直观有效，便于监督和控制项目的进展状况，至今仍然是管理项目尤其是建筑项目类的一种常用方法，但是甘特图的缺点也很明显，例如，无法明显标示出各个活动间的相互关系，也无法在图上表现出哪些是关键路线等。甘特图一般只适用于小型、简单的工作计划，它对规划和控制大型和复杂系统的工作计划是有困难的。

20世纪50年代后，由于市场的扩大，以及技术革新进展迅速，因而亟待计划管理与方法上的变革。许多工业发达的国家，为了适应现代化生产发展、组织生产和科学研究的需要，进行了大量的调查研究工作，先后发明并采用了一些新的科学管理方法，其中一类网络图形式表示的计划管理方法，通常称为网络计划技术。

网络计划技术是项目计划管理的重要方法。它起源于美国。当时，有两种网络计划技术：关键路线法和计划评审技术。1957年，美国杜邦化学公司首次采用关键路线法(肯定型，有经验数据)。应用的第一年就节约100万元，相当于该公司用于该项目研究费用的5倍以上。1958年，美国海军武器局在研制北极星导弹潜艇时，应用计划评审技术(非肯定型，没有经验数据，只有靠估计)，主要承包商200多家，转包商10 000家。

网络计划技术应用范围很广。不仅适用于按期组织生产的单件小批生产类型和新产品试制，而且适用于按量组织生产的大量大批生产类型中的生产技术准备工作，还适用于制订长期计划、编制工程预算、组织物资供应等工作，它特别适用于一次性的大规模工程项目，如电站、油田、建筑工程等。工程项目越大，协作关系越多，生产组织越复杂，网络计划技术就越能显示出其优越性。我国在20世纪60年代初期开始推广这种技术。在宝钢建设、航天工程、大型实验中都得到了成功的应用。统计资料表明，在不增加人力、物力、财力的既定条件下，采用PERT可以使进度提前15%～20%，节约成本10%～15%。

CPM和PERT是独立发展起来的计划方法，在具体做法上有不同之处。CPM假定每一活动的时间是确定的，而 PERT 的活动时间基于概率估计；CPM 不仅考虑活动时间，也考虑活动费用及费用和时间的权衡，而 PERT 则较少考虑费用问题；CPM 采用节点型网络图，PERT 采用箭线型网络图。但两者所依据的基本原理基本相同，即通过网络形式表达某个项目计划中各项具体活动的逻辑关系，现在人们就将其合称为网络计划技术。

14.2.3 网络计划技术

网络计划技术是以网络图的形式编制计划，以求得最优计划方案，并据以组织生产和控制进度，达到预定目标的科学管理方法。用这种方法编制的计划称为网络计划。

网络计划技术的基本原理是：利用网络图表示一项计划任务的进度安排，以及各项活动（或工作）之间的相互关系；在此基础上进行网络分析，计算网络时间参数，找出关键活动和关键路线；利用时差不断改进网络计划，求得工期、资源和成本的优化方案。在计划执行过程中，通过信息反馈进行监督与控制，以保证达到预定的计划目标。

应用网络计划技术的步骤大致如下。

（1）项目分解

项目分解就是将一个工程项目分解成各种活动（作业、工序、任务）。在进行项目分解时，可以采用“任务分解结构”（Work Breakdown Structure，WBS）。WBS 类似于产品结构，它将整个项目分解成任务包（Work Package），再将任务包分解成主要部分，最后分解成具体活动。WBS 有助于管理人员确定所要做的工作，便于管理人员编制预算和作业计划。

（2）确定各种活动之间的先后关系，绘制网络图

项目分解成活动之后，要确定各种活动之间的先后次序，即一项活动的进行是否取决于其他活动的完成，它的紧前活动或紧后活动是什么。

（3）估计活动所需的时间

活动所需的时间是指在一定的技术组织条件下，为完成一项任务或一道工序所需要的时间，是一项活动的延续时间。活动时间以 $t(i, j)$ 表示，其时间单位可以是小时、日、周、月等，可以按照具体的工作性质、项目的复杂程度、网络图使用对象而定。

根据活动性质的不同，活动时间估计方法有两种。

① 单一时间估计法，是指对各种活动时间，仅确定一个时间值。适用于有同类活动时间作为参考的情况。

② 三点时间估计法，是指对活动时间预估三个时间值，然后对这三种时间进行加权平均，求出可能完成的平均值。这三个时间值是最乐观时间（在最有利的条件下顺利完成一项活动所需时间，用 a 表示）、最可能时间（在正常情况下完成一项活动所需时间，用 m 表示）、最悲观时间（最不利的条件下完成一项活动所需要的时间，用 b 表示）。三点时间估计法适用于探索性的工程项目。

用三点时间估计法计算活动平均时间 t 以及方差 δ^2 的公式如下：

$$t(i, j) = \frac{a + 4m + b}{6}$$

$$\delta^2 = \left(\frac{b - a}{6}\right)^2$$

(4) 计算网络参数，确定关键路线

对箭线型网络图，网络参数包括事件的时间参数和活动的时间参数。求出时间参数后，就可以确定关键路线。

(5) 优化

优化包括时间优化、时间–资源优化和时间–费用优化。

(6) 监控

利用网络计划对项目进行监视和控制，以保证项目按期完成。

(7) 调整

按实际发生的情况对网络计划进行必要的调整。

14.2.4 网络图

网络计划技术的一个显著特点，就是借助网络图对项目的进展过程及其内在逻辑关系进行综合描述，它是进行网络时间参数计算的基础。因此研究和应用网络计划技术首先要从网络图入手。

网络图是由若干个圆圈和箭线组成的网状图，它能表示一项工程或一项生产任务中各个工作环节或各道工序的先后关系和所需时间。网络图由活动、事件、线路三个要素构成。

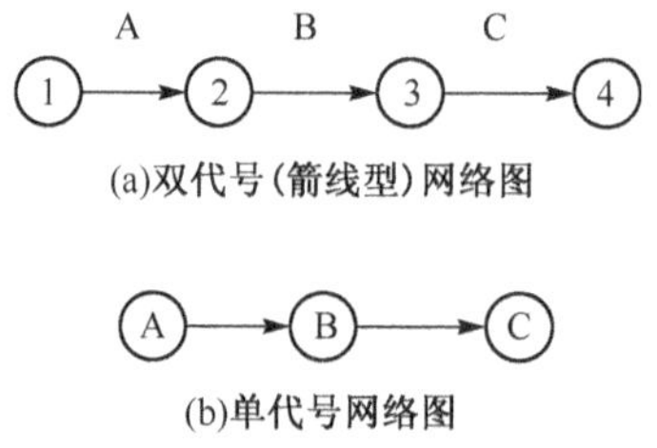

图 14-2 双代号网络图和单代号网络图

网络图有两种形式。一种以箭线表示活动(或称为作业、任务、工序)，称为箭线型网络图。箭线型网络图又称为双代号网络图，因为它不仅需要一种代号在箭线上表示活动，而且需要一种代号在圆圈上表示事件。每一条箭线的箭头和箭尾各有一圆圈，分别代表箭头事件和箭尾事件。圆圈上有编号，可以用一条箭线的箭头事件和箭尾事件的两个号码表示这项活动，如图 14-2(a)所示。另—种以圆圈表示活动，称为节点型网络图。节点型网络图用圆圈表示活动，用箭线表示活动之间的关系，它又称为单代号网络图，因为它只需要一个代号就可以表示。单代号网络图如图 14-2(b)所示。

网络图有以下优点：

① 通过网络图，可使整个项目及其各组成部分一目了然；

② 可足够准确地估计项目的完成时间，并指明哪些活动一定要按期完成；

③ 使参加项目的各单位和有关人员了解他们各自的工作及其在项目中的地位和作用；

④ 便于跟踪项目进度，抓住关键环节；

⑤ 可简化管理，使领导者的注意力集中到可能出问题的活动上。

14.2.5 箭线型网络图的绘制

绘制网络图时，一般从左向右画，先画起点事件，跟出没有紧前活动的活动(可以最早开始的活动)，然后画出该活动的结束事件。再根据 WBS 确定的先后顺序关系，画出其后的其他活动。本书重点介绍箭线型网络图的绘制。箭线型网络图可以用箭线的长度形象地表示活动持续的时间，因而深受管理人员和工程技术人员的欢迎。

1. 箭线型网络图的构成

箭线型网络图用圆圈(节点)表示事件，用箭线表示活动。事件表示一项活动开始或结束的瞬间。在箭线型网络图中，某一节点用圆圈及圆圈内的数字表示。如果一个节点只有箭线发出，没有箭线引入，即表示某些活动的开始时刻，而不表示任何活动的结束瞬间，则该节点称为起始节点。相反，如果一个节点只有箭线引入而没有箭线引出，即只与箭头相连，则只表示某些活动的结束时刻，而不表示任何活动的开始瞬间，这样的节点称为终止节点。介于起始节点与终止节点之间的节点都是中间节点。中间节点连接着先行活动箭线的箭头和后续活动箭线的箭尾。因此，中间节点的时间状态既表示先行活动的结束时刻，又表示后续活动的开始时刻。

既不需要消耗时间也不需要消耗其他资源的活动称为虚活动。虚活动是为了准确而清楚地表达各项活动之间的关系而引入的，一般用虚箭线表示。虚活动在实际工作中并不存在，但在箭线型网络图中却有重要作用。虚活动是箭线型网络图中所独有的，节点型网络图不需要虚活动或虚箭线。

从网络图的起始节点出发，顺箭线方向经过一系列节点和箭线，到网络图的终止节点有若干条路，每一条路都称为一条路线。路线上各项活动延续时间之和称为该路线的长度，其中，最长的路线称为关键路线。此外，紧前作业指紧接在该作业之前的作业，紧前作业不结束，则该作业不能开始。紧后作业指紧接在该作业之后的作业。该作业不结束，紧后作业不能开始。平行作业指能与该作业同时开始的作业。交叉作业指能与该作业相互交替进行的作业。

网络图中常见的逻辑关系表示方法见表 14-1。

表 14-1　网络图中常见的逻辑关系表示方法

工作之间的逻辑关系	表示方法
A、B 均是网络工作的开始	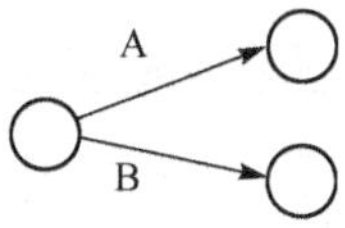
A 完成后，B 才能开始	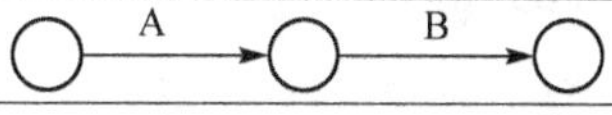
A 完成后，B 和 C 才能开始，B 和 C 各自独立	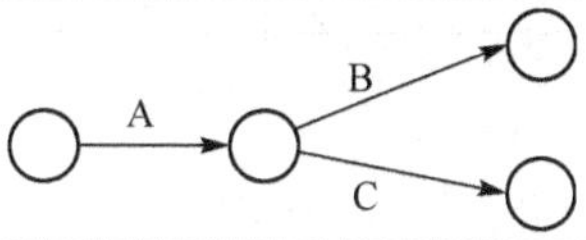
A、B、C 均完成后，D 才能开始	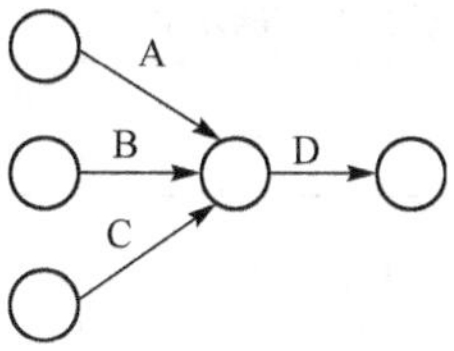
A、B 完成后，C、D 才能开始	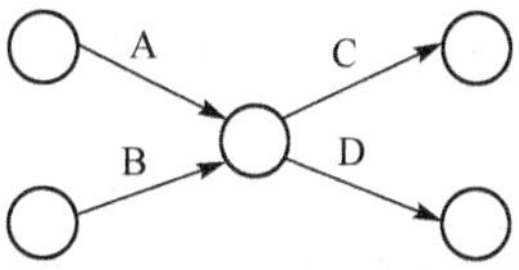

工作之间的逻辑关系	表示方法
A、B 完成后，C 才能开始；D 与 A 无关；只要 B 结束，D 就能开始	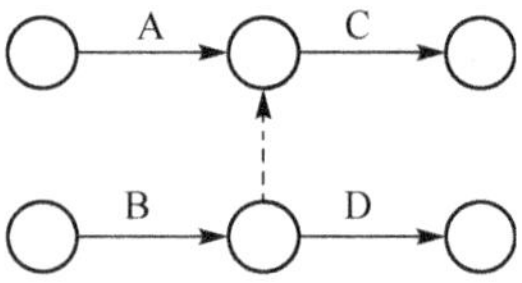
A 完成后，B 才能开始；A、D 同时开始；B、D 完成后，C 才能开始	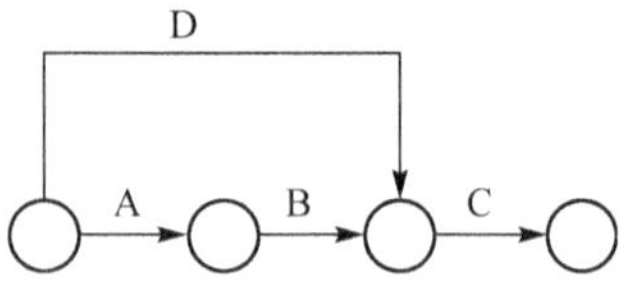
A 完成后，B、C、D 才能开始；B、C、D 均完成后，E 才能开始	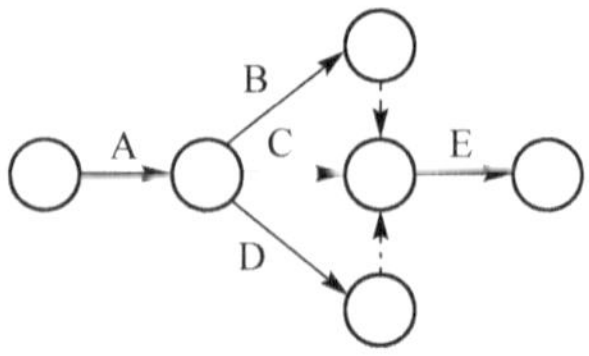
A 完成后，C 才能开始；B 完成后，E 才能开始；A、B 完成后，D 才能开始；D 与 C、E 无关	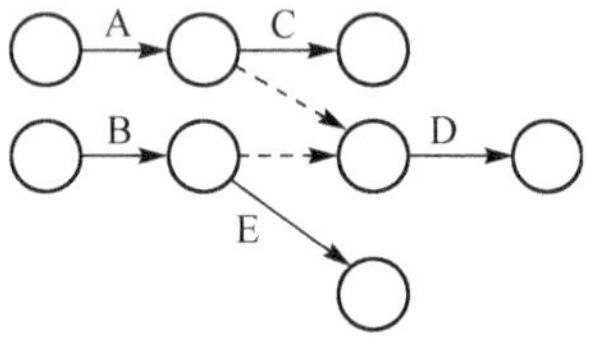
A 分为 A1、A2、A3 三部分，按顺序进行；B 分为 B1、B2、B3 三部分，按顺序进行；A、B 分段交叉进行	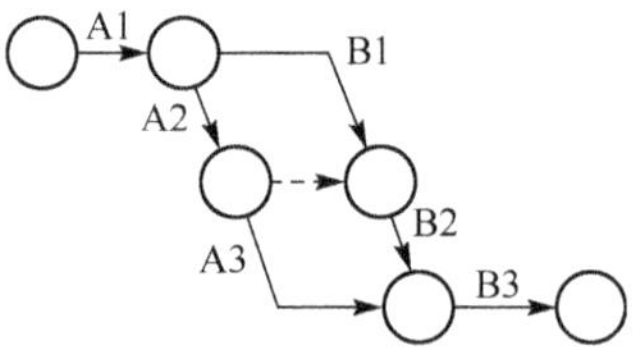
J、K 是网络的结束	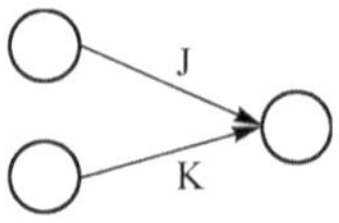
A、B、C、D、E 五项工作，A、B、C 完成后，D 才能开始；B、C 完成后，E 才能开始	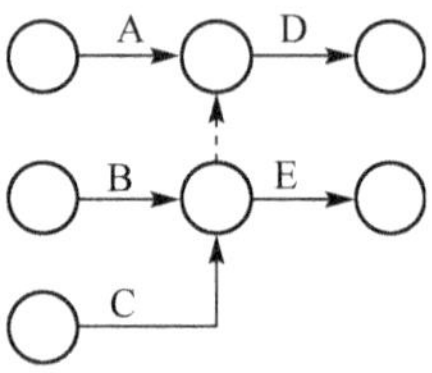
A、B、C、D、E 五项工作，A、B 完成后，C 才能开始；B、D 完成后，E 才能开始	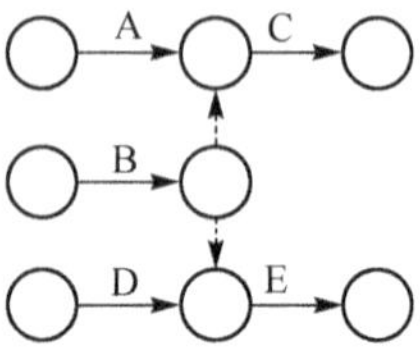

注：前 11 种关系总结参考自——林光. 企业生产运作管理. 北京：清华大学出版社，2006:286。

2. 绘制箭线型网络图的规则

① 网络图中不允许出现循环。网络图中的箭线必须从左往右排列，不能出现回路。

② 两个相邻节点之间只允许有一条箭线相连。否则，当用节点编号标识某项活动时，就会出现混乱。要消除这样的现象，必须引入虚活动。

③ 箭头事件的编号必须大于箭尾事件的编号。编号可以不连续，而且最好是跳跃式的，以方便调整。统一用 i 表示箭尾事件，用 j 表示箭头事件。

④ 一个完整的网络图必须有也只能有一个起始节点和一个终止节点。按照惯例，起始节点在图的左边，终止节点在图的右边，即从左到右。

⑤ 直接连接两个相邻节点之间的活动只能有一个。

⑥ 一个作业不能在两处出现。

⑦ 箭线首尾必有节点，不能从箭线中间引出另一条箭线。

⑧ 各项活动之间的衔接必须按逻辑关系进行，从左往右。

3. 网络图的绘制

(1) 定义各项作业(工作)

恰当地确定各项工作范围，以使网络图复杂程度适中。

(2) 编制工作表

① 列出各项作业清单。

② 确定或估计各项作业时间。

③ 表明各项作业之间的逻辑关系。

(3) 画网络图

① 画草图。

② 画正图。

③ 进行节点编号。

绘制网络图应该从左至右进行。起始节点画在最左边，表示项目的开始。然后，从活动代号栏中找出紧后活动栏中没有出现的活动，即它(们)是项目开始时就可以进行的活动。这样，从起始节点发出的箭线就表示这个(些)活动。画出最早能开始的活动之后，就要找出其紧后活动，再将表示其紧后活动的箭线画在紧后。按这样的方式进行下去，直到没有紧后活动的活动为止。没有紧后活动的活动所对应的箭线汇集在终止节点上。草图绘出后，将序号标在节点上，将活动代号和时间标在箭线上。要根据网络图绘制规则，逐项活动进行检查，去掉不必要的虚活动。然后，按要求画出正规的网络图。

例 14.1 请根据表 14-2 绘制网络图。

表 14-2 某机械厂管理信息系统开发活动清单

活动代号	活动描述	紧后活动	活动时间(周)
A	系统分析和总体设计	B, C	3
B	输入和输出设计	D	4
C	模块 1 详细设计	E, F	6
D	输入和输出程序设计	G, I	8

（续表）

活动代号	活动描述	紧后活动	活动时间（周）
E	模块 1 程序设计	G, I	8
F	模块 2 详细设计	H	5
G	输入和输出及模块 1 测试	J	3
H	模块 2 程序设计	I,K	6
I	模块 2 测试	J	3
J	系统总调试	L	5
K	文档编写	无	8
L	系统测试	无	3

解　根据上述网络图绘制办法，该机械厂管理信息系统开发网络图如图 14-3 所示。

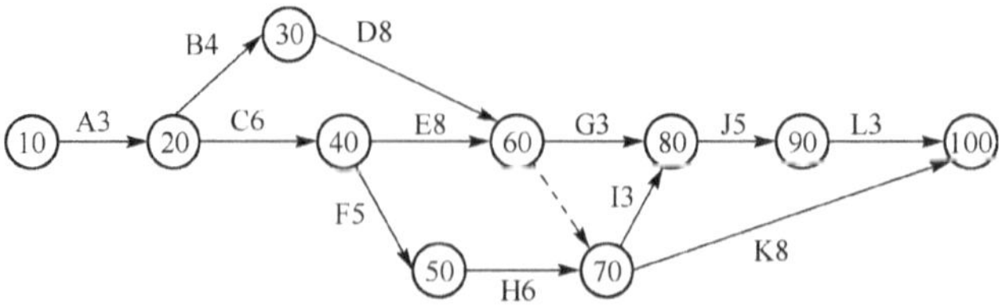

图 14-3　某机械厂管理信息系统开发网络图

此外，绘制箭线型网络图的关键在于虚箭线的画法。当一项活动完成后，同时有几项活动可以进行，且这几项活动都完成后，后续活动才能开始。以下三种情况都需要虚箭线才能表示清楚，如图 14-4 所示。平行作业，当活动 B 被分成 B1、B2 和 B3 且可以同时进行时，只有用虚箭线才能表示清楚。交叉作业和第三种情况具体如图 14-4(b) 和(c) 所示。这些情况下，没有虚箭线是无法表达的。

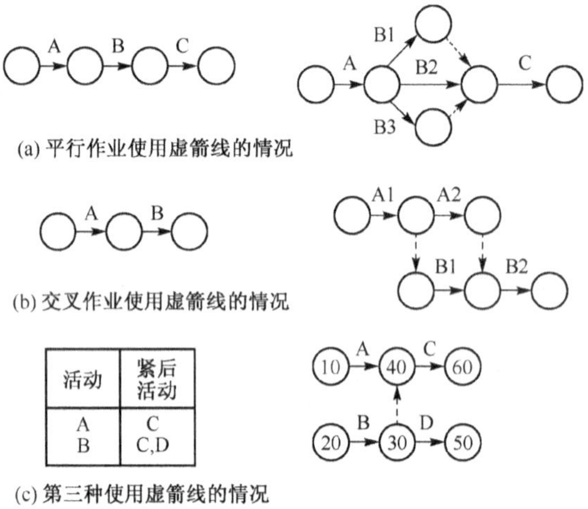

图 14-4　出现虚箭线的三种情况

14.3　网络时间参数计算

网络时间参数分为节点(事件)时间参数和活动时间参数。

本节以活动(i, j)为例，进行网络时间参数计算的讲解。箭线从 i 出发，指向 j，其中 i 代表箭尾事件，j 代表箭头事件。图示如下：

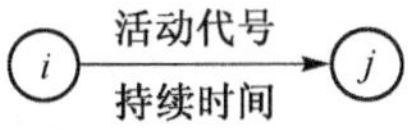

14.3.1 节点(事件)时间参数的计算

节点并不占用时间，它只表示进入该节点的活动或工序最迟在什么时刻结束和由该节点出发的活动或工序最早可能开始的时间。节点(事件)时间包括节点(事件)最早可能发生时间、节点(事件)最迟可能发生时间和节点(事件)时差。

1. 节点(事件)最早开始时间〔Early Time，ET(j)〕

节点(事件)最早开始时间指从该节点开始的各项活动最早可能开始的时间。从网络图的始点事项开始计算。始点事项的最早开始时间为 0 或规定时间。其余节点最早可能发生时间按照下面的公式计算：

$$\mathrm{ET}(j) = \max\{\mathrm{ET}(i) + t(i,j)\}$$

式中：i 代表箭尾事件，j 代表箭头事件；ET(i)为 i 节点最早必须开始时间，即箭尾事件最早开始时刻；ET(j)为 j 节点最早必须开始时间，即箭头事件最早开始时刻；$t(i,j)$为完成活动(i，j)所需消耗的时间。

图中表示法：

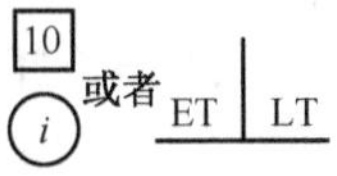

2. 节点(事件)最迟结束时间〔Late Time，LT(i)〕

节点(事件)最迟结束时间指进入该节点的活动最迟必须完成的时间。它从网络图的终点事件开始，按照节点编号逆向顺序计算，直到网络图的起点。由于事件本身并不消耗时间，所以网络终点的最迟结束时间等于其最早开始时间，LT(n)=ET(n)。其余节点最迟必须结束时间按照下面的公式计算：

$$\mathrm{LT}(i) = \min\{\mathrm{LT}(j) - t(i,j)\}$$

图中表示法：

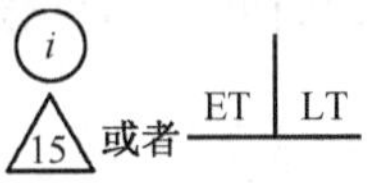

3. 关键路线

一般情况下可初步确定，关键路线是从始点到终点顺序将所有节点时差为零的节点连接起来的路线。

14.3.2 活动时间参数的计算

与节点(事件)时间不同，活动时间是一个时段概念，活动需要持续一段时间才能完成。因此，活动能够有 4 个时间，即活动最早开始时间、活动最早结束时间、活动最迟结束时间和活动最迟开始时间。活动时间参数既可以通过节点(事件)时间参数计算，也可以独立计算。

1. 活动最早开始时间〔Early Start Time, ES(*i*, *j*)〕

活动最早开始时间指活动最早可能开始的时间，它等于代表该活动的箭线的箭尾节点的最早开始时间，即

$$ES(i, j) = ET(i)$$

或者按照紧前活动的最早开始时间计算：

$$ES(i, j) = \max\{ES(h, i) + t(i, j)\}, \ ES(1, j) = 0$$

式中：$ES(h, i)$表示紧前活动的最早开始时间。

2. 活动最早结束时间〔Early Finish Time, EF(*i*, *j*)〕

活动最早结束时间指活动最早可能结束的时间，它等于活动最早开始时间加上该活动的作业时间，即

$$EF(i, j) = ES(i, j) + t(i, j) = ET(i) + t(i, j)$$

3. 活动最迟结束时间〔Late Finish Time, LF(*i*, *j*)〕

活动最迟结束时间指为保证工程按期完工的活动最迟必须完成的时间。它等于代表该活动的箭线的箭头节点的最迟结束时间，即

$$LF(i, j) = LT(j)$$

或者按照活动最迟开始时间计算：

$$LF(i, j) = LS(i, j) + t(i, j)$$

4. 活动最迟开始时间〔Late Start Time, LS(*i*, *j*)〕

活动最迟开始时间指活动最迟必须开始的时间，它等于活动的最迟结束时间和活动的作业时间的差。

$$LS(i, j) = LF(i, j) - t(i, j) = LT(j) - t(i, j)$$

或者按照紧后活动的最迟开始时间计算：

$$LS(i, j) = \min\{LS(j, k) - t(i, j)\}$$

式中：$LS(j, k)$表示紧后活动的最迟开始时间。如果有多个紧后活动，取最小者。

5. 活动时差

根据活动的最早时间和最迟时间，就可以计算出活动时差。活动时差是指在不影响整个项目按期完工的条件下，某活动在开工时间安排上可以机动使用的一段时间，也就是活动开始时间或完成时间容许推迟的最大限度。时差又称机动时间、宽裕时间或缓冲时间。活动时差一般可以分为活动总时差、活动单时差、自由时差和专用时差。

(1) *活动总时差*〔Total Float, $TF(i, j)$〕

$TF(i, j)$指在不影响总工期，即不影响其紧后作业最迟开始时间的前提下，作业可推迟开始的一段时间。活动总时差等于活动的最迟开始时间和最早开始时间之差。活动(i, j)的总时差计算公式如下：

$$TF(i,j) = LS(i,j) - ES(i,j) = LF(i,j) - EF(i,j)$$
$$= LT(j) - ET(i) - t(i,j)$$

因此，活动总时差等于箭尾节点 j 的最迟结束时间，减去箭头节点 i 的最早开始时间，再减去作业时间。

(2) *活动自由时差*〔Free Float, FF(i, j)〕

FF (i, j)指在不影响紧后活动最早开始时间的条件下，活动(i, j)的开始时间或完成时间可以前后松动的最大范围。活动自由时差等于紧后工作的最早开始时间减去本工作的最早结束时间。许多书中又称其为活动单时差。

活动(i, j)的自由时差计算公式如下：

$$FF(i,j) = ES(j,k) - EF(i,j) = ES(j,k) - ES(i,j) - t(i,j)$$
$$= ET(j) - ET(i) - t(i,j)$$

式中：ES(j, k)表示紧后工作最早开始时间，EF(i, j)表示本工作的最早结束时间。

因此，活动自由时差等于箭尾节点 j 的最早开始时间，减去箭头节点 i 的最早开始时间，再减去作业时间。

活动自由时差是活动总时差的一部分。自由时差是以不影响紧后工作在其最早开始时间开工为前提条件的，这就有两方面的意义。一方面，自由时差只能在本项活动中加以利用，如果不用也不能让给紧后作业或其他工作利用。本工作如果要利用时差，首先要利用自由时差，不够时再利用总时差中的其他部分。而总时差是可以让给后续作业使用的。另一方面，自由时差对紧后活动的正常进行没有影响，即使某项活动的单时差用完了，其紧后活动并不会推迟开工。这对多个单位协作的大工程的组织意义重大，它使得各个施工单位的工作可以独立按计划进行。因此，在进行网络优化时，自由时差是十分有用的。

活动总时差、活动自由时差及其紧后活动的最早开始时间、最迟开始时间的关系如图 14-5 所示。

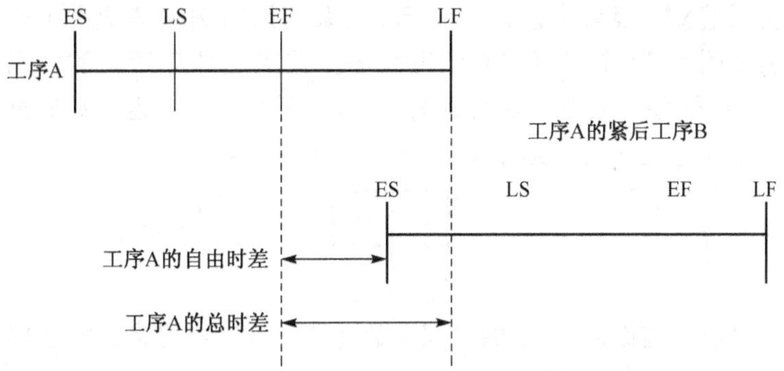

图 14-5　时差示意图

6. 关键路线

总时差为零的活动也称为关键活动。总时差为零，意味着所有其他时差均为零，没有任何缓冲余地，只能按时完成。

把所有关键活动按照顺序连接起来所得到的从起始节点到终止节点的路线就是关键路线。关键路线至少有一条，也可能有多条。关键路线上的各种活动的时间之和一定是最大的。总时差为零的活动一定在关键路线上。

关键路线的长度决定着整个工期。但是关键路线也并不是一成不变的。在一定条件下，它可以变成非关键路线，非关键路线也同样可以变成关键路线。因此，网络计划的执行过程中，要用动态的观点看待关键路线，保证工程按期完成。

确定关键路线的方法大致有以下几种。

(1)最长路线法

在网络图中，从始点事件顺着箭头方向到终点事件，有许多可行的路线，其中持续时间最长的就是关键路线。

(2)关键节点法

在一个网络图中，如果节点时差为零，则该节点为关键节点。从关键节点连接成的箭线中，持续时间最长的路线就是关键路线。

(3)时差法

总时差为零的活动为关键活动，由关键活动所组成的路线就是关键路线。

以上3种确定关键路线的方法中，在未进行节点和活动时间参数计算时，可选用最长路线法。若只计算出了节点时间参数，可选用关键节点法。若既计算出了节点参数，又计算了活动时间参数和时差，就可以选用时差法。

关键路线确定以后，一般要用双箭线表示，以示区别。关键路线决定着整个项目的工期，要想缩短整个项目的工期，必须在关键线路上想办法，即压缩关键线路的作业时间。反之，若关键路线工期延长，则整个项目完工时间就会拖长。

14.3.3 网络时间参数的计算方法

计算网络时间参数可以采用手工计算和计算机计算的方法。手工计算时，最常用的两种计算方法是图算法和表算法。不过随着计算机的普及，这些手工计算法的使用已经越来越少。

图算法的优点是直观、容易掌握，但对于较复杂的网络图会造成图上参数太多，不易辨认，容易出错。它适用于30个节点左右的网络图。在图上计算活动的时间参数时，用符号“田”表示。“田”左上角为ES(最早开始时间)，右上角为LS(最迟开始时间)，左下角为EF(最早结束时间)，右下角为LF(最迟结束时间)，如下所示：

ES	LS
EF	LF

按照图算法，可以将前面例14.1的时间参数计算结果表示出来，如图14-6所示。

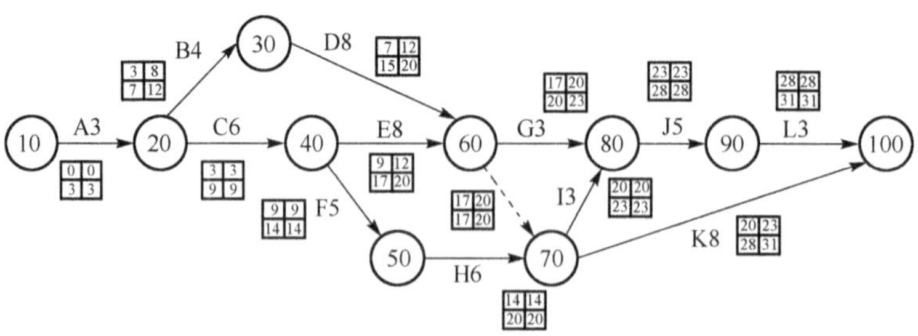

图14-6　时间参数图算法示例

表算法就是根据时间参数的计算公式，借助于表格进行计算的一种方法。使用这种方法，可直接求出作业的时间参数，而不需要计算节点时间参数。表算法示例见表 14-3。表 14-3(对应图算法示例图 14-6)为例 14.1 中各项活动 ES(i, j)、EF(i, j)、LS(i, j)、LF(i, j)值计算表。

表 14-3　活动时间参数计算表

活动代号	i-j	活动时间	ES(i, j)	EF(i, j)	LS(i, j)	LF(i, j)	TF(i, j)	FF(i, j)	关键活动
A	10－20	3	0	3	0	3	0	0	√
B	20－30	4	3	7	8	12	5	0	
C	20－40	6	3	9	3	9	0	0	√
D	30－60	8	7	15	12	20	5	2	
E	40－60	8	9	17	12	20	3	0	
F	40－50	5	9	14	9	14	0	0	√
G	60－80	3	17	20	20	23	3	3	
虚活动	60－70	0	17	17	20	20	3	3	
H	50－70	6	14	20	14	20	0	0	√
I	70－80	3	20	23	20	23	0	0	√
J	80－90	5	23	28	23	28	0	0	√
K	70－100	8	20	28	23	31	3	3	
L	90－100	3	28	31	28	31	0	0	√

例 14.2　已知某工程项目各项活动时间及活动间的关系见表 14-4。要求：绘制网络图；计算网络时间参数；确定关键路线；计算出总工期。

表 14-4　某工程项目各项活动时间及活动间的关系

活动代号	A	B	C	D	E	F	G	H	I	J
紧前活动	/	/	/	A	B, C	B, C	B, C	C	G, H	D, E
活动时间	20	20	10	15	10	14	4	11	18	8

解　绘制出网络图，并在图上标出活动时间，如图 14-7 所示。然后可以直接在图上进行相关时间的计算。

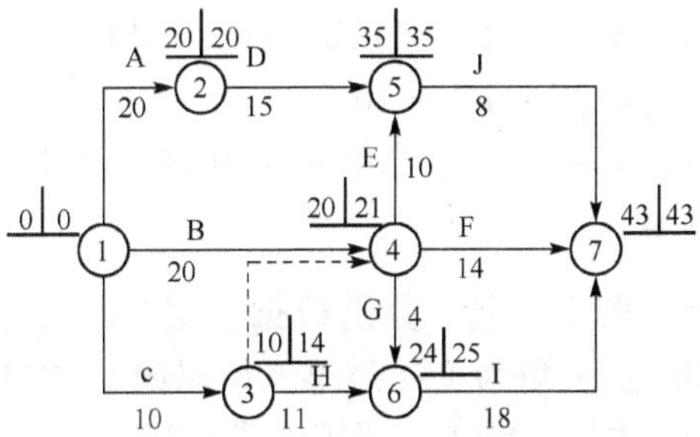

图 14-7　某工程项目的事件时间计算图

(1) 节点(事件)时间参数的计算

节点(事件)的两个时间，可以在网络图上标示出来，计算出结果后，可以用符号“⊥”标在网络图的节点处。“⊥”左边是最早开始时间，“⊥”右边是最迟结束时间。计算的过程如下。

① 节点(事件)最早开始时间。

一般按照序号顺序来计算，起点事件 1 的最早开始时间为 0，即 ET(1) = 0，填写在符号“⊥”的左边。接着计算事件 2 和 3：

$$ET(2) = ET(1) + t(1,2) = 0 + 20 = 20$$
$$ET(3) = ET(1) + t(1,3) = 0 + 10 = 10$$

事件4的最早时间计算略微复杂，因其前面有两个事件，故应该是事件1的最早时间与(1，4)工作的持续时间之和，以及事件3的最早时间与(3，4)上的持续时间之和，在这两者之间取最大值。

$$
\begin{aligned}
ET(4) &= \max\{ET(1)+t(1,4), ET(3)+t(3,4)\} \\
&= \max\{0+20, 0+10\} = 20
\end{aligned}
$$

因此，按照上述步骤计算事件5、6、7的最早开始时间，并填在符号“⊥”的左边。

$$ET(5) = \max\{20+15,\ 20+10\} = 35$$

$$ET(6) = \max\{10+11, 20+4\} = 24$$

$$ET(7) = \max\{35+8, 20+14, 24+18\} = 43$$

② 节点(事件)最迟结束时间。

与事件的最早开始时间计算相反，事件最迟结束时间从后往前计算，先确定终点事件的最迟结束时间。一般终点事件最迟结束时间等于总工期，即 $LT(7)=ET(7)=43$，并填写在图14-7中符号“⊥”的右边。

接着计算事件6和5的最迟时间。事件6的最迟时间等于事件7的最迟时间减去事件(6，7)的活动所需时间，即

$$LT(6) = LT(7) - t(6,7) = 43 - 18 = 25$$

$$LT(5) = LT(7) - t(5,7) = 43 - 8 = 35$$

事件4最迟时间的计算，因其后面有3个事件，故应该为事件7的最迟时间减去工作(4，7)的持续时间，事件6的最迟时间减去工作(4，6)的持续时间，事件5的最迟时间减去工作(4，5)的持续时间，取这3个差值中的最小值，即

$$LT(4) = \min\{43-14, 25-4, 35-10\} = 21$$

按照上述步骤计算出事件3、2、1的最迟时间，并填写在图14-7中。

$$LT(3) = \min\{25-11, 21-0\} = 14$$

$$LT(2) = 35 - 15 = 20$$

$$LT(1) = \min\{21-20, 14-10, 20-20\} = 0$$

(2) 活动时间参数的计算

活动的4个时间也可以在图上进行，分别根据公式计算出这些结果后，在图中用符号“田”表示以上4个时间。“田”左上角为ES(最早开始时间)，右上角为LS(最迟开始时间)，左下角为EF(最早结束时间)，右下角为LF(最迟结束时间)，如下所示：

ES	LS
EF	LF

本例的活动时间计算图如图14-8所示。

(3) 计算活动时差

① 计算活动总时差。活动总时差等于最迟开始时间减去最早开始时间，或者最迟结束时间减去最早结束时间。

$$TF(1,2) = 0 - 0 = 0,\ TF(1,3) = 4 - 0 = 4$$

$$TF(1,4) = 1 - 0 = 1,\ TF(2,5) = 20 - 20 = 0$$

$$TF(3,6) = 14 - 10 = 4$$
$$TF(4,5) = 25 - 20 = 5$$
$$TF(4,6) = 21 - 20 = 1,\ TF(4,7) = 29 - 20 = 9$$
$$TF(5,7) = 35 - 35 = 0,\ TF(6,7) = 25 - 24 = 1$$

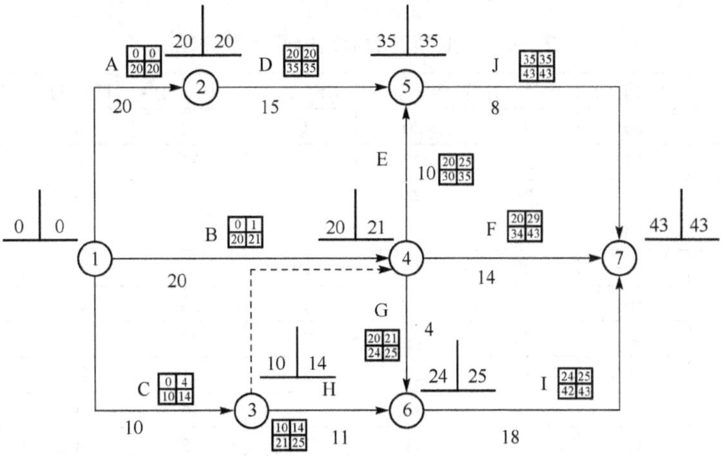

图 14-8　某项目的活动时间计算图

② 计算活动自由时差。活动自由时差等于紧后工作的最早开始时间减去本工作的最早结束时间。

$$FF(1,2) = 20 - 20 = 0,\ FF(1,3) = 10 - 10 = 0$$
$$FF(1,4) = 20 - 20 = 0,\ FF(2,5) = 35 - 35 = 0$$
$$FF(3,6) = 24 - 21 = 3$$
$$FF(4,5) = 35 - 30 = 5$$
$$FF(4,6) = 24 - 24 = 0,\ FF(4,7) = 43 - 34 = 9$$
$$FF(5,7) = 43 - 43 = 0,\ FF(6,7) = 43 - 42 = 1$$

(4) 确定关键路线

从网络起点开始，沿着箭头的方向，一直到网络终点，将总时差为零的路线连接起来，就是关键路线。本例的关键路线为 1-2-5-7，关键路线在图中要用双线表示出来，如图 14-9 所示。

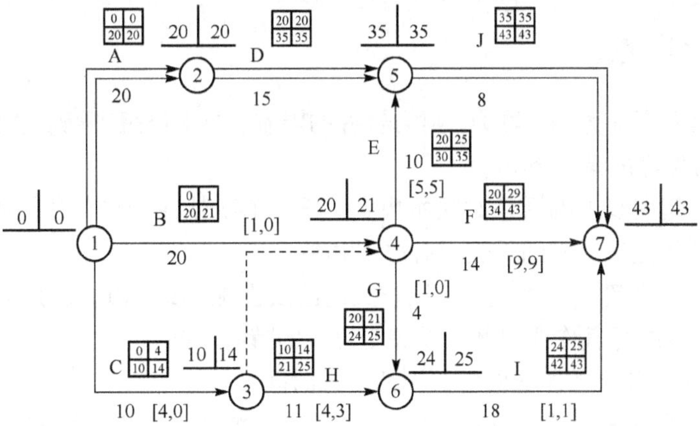

图 14-9　关键路线

另外，将上述总时差和单时差的计算结果分别标在图 14-9 中箭线旁边的“[ ]”内。左边表示总时差，右边表示单时差，由于关键活动的时差都是 0，所以不标注。

(5) 绘制活动时间参数计算表

活动时间参数计算表见表 14-5。

表 14-5 此项目的活动时间参数计算表

活动代号	i-j	活动时间	ES(i, j)	EF(i, j)	LS(i, j)	LF(i, j)	TF(i, j)	FF(i, j)	关键活动
A	1－2	20	0	20	0	20	0	0	√
D	2－5	15	20	35	20	35	0	0	√
J	5－7	8	35	43	35	43	0	0	√
B	1－4	20	0	20	1	21	1	0	
F	4－7	14	20	34	29	43	9	9	
E	4－5	10	20	30	25	35	5	5	
G	4－6	4	20	24	21	25	1	0	
虚活动	3－4	0	10	10	21	21	11	10	
C	1－3	10	0	10	4	14	4	0	
H	3－6	11	10	21	14	25	4	3	
I	6－7	18	24	42	25	43	1	1	

(6) 总工期

从图 14-9 中，可以看出总工期为 43。

14.4 网络计划的优化

通过绘制网络图、计算时间参数和确定关键路线，可以得到一个初始的计划方案。初始计划方案确定以后，通常都需要综合考虑进度、费用、资源等因素进行调整、完善和优化。

网络计划优化就是在满足一定的条件下，利用时差来平衡时间、资源与费用三者的关系，寻求一个工期短、资源消耗少、成本低的网络计划过程。根据资源限制条件不同，网络计划的优化分为时间优化、时间–费用优化和时间–资源优化。

14.4.1 时间优化

时间优化就是不考虑人力、物力、财力资源的限制，寻求最短工期。这种情况通常发生在任务紧急、资源有保障的情况下。

项目工期由关键路线上的活动时间所决定，压缩工期就在于如何压缩关键路线上活动的时间。缩短关键路线上活动时间的途径有以下几种：

① 利用时差，在关键路线上赶工，从非关键路线上抽调适当的人力、物力集中于关键路线上的某些活动，以缩短其作业时间以及关键路线的持续时间；

② 利用平行作业和交叉作业缩短关键活动的时间；

③ 压缩活动时间，采用技术革新、引进先进工艺、增加工作班次等措施，来缩短活动的作业时间。

需要注意，在调整过程中，网络图上的各项时间值大多也随之变动，要根据变动情况重新计算。此外，随着关键路线的增多，压缩工期所付出的代价也会加大，单纯追求工期最短而不顾资源的消耗是不可取的。因此，时间优化只能在一定程度上进行。

14.4.2 时间-费用优化

时间-费用优化就是在使工期尽可能短的同时，也使费用尽可能少。时间-费用的优化过程，就是寻求总费用最低的过程。能够实现时间-费用优化的原因是，工程总费用可以分为直接费用和间接费用两部分，这两部分费用随工期变化而变化的趋势是相反的。

1. 活动的直接费用(C_D)

直接费用指直接用于并直接记入该活动成本的各项费用，如支付劳动者的工资、为完成该活动所购入或租赁的设备、工具、材料、能源等有关方面的费用。项目中所有活动的直接费用构成了项目总直接费用。直接费用随着工期的缩短而增加，即活动作业时间越短，直接费用就越大。例如，为了缩短作业时间，采用先进工艺，就会增加设备投资。

一项活动如果按正常工作班次进行，其延续时间称为正常时间，正常时间记为 t_Z；所需费用称为正常费用，记为 C_Z；赶工条件下活动所需最少时间为极限时间，记为 t_g；相应所需费用为极限费用，记为 C_g。直接费用与活动时间之间的关系如图 14-10 所示。

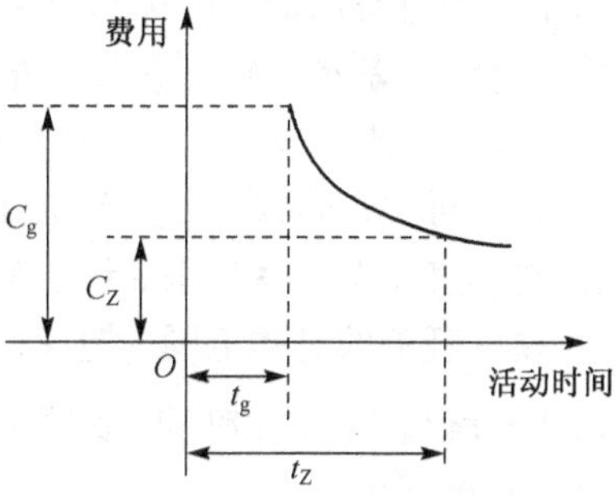

图 14-10　直接费用与活动时间的关系图

为了简化处理，可以将活动时间-费用关系视为一种线性关系。在线性假设条件下，活动每缩短一个单位时间所引起的直接费用增加称为直接费用变化率，记为 e。

$$e = \frac{C_g - C_Z}{t_Z - t_g}$$

活动直接费用变化率大，说明缩短工期而增加的直接费用多。因此在进行时间-费用优化时，首先要缩短关键路线上 e 值最小的活动作业时间，以保证在压缩工期的同时，使直接费用增加得最少。

2. 活动的间接费用 (C_I)

间接费用指不直接用于某项活动或不宜直接分摊到某项活动，但根据项目完成时间的长短又会实际发生的各项费用，如工程管理费用、拖延工期罚款、提前完工的奖金、占用资金应付利息等。间接费用与整个项目工期有关，一般情况下，间接费用与项目的工期呈正比例关系，工期越长，间接费用越高，反之则越低。通常将间接费用与工期的关系作为线性关系处理。在工期-费用坐标图上，间接费用表现为一条直线。间接费用的计算公式如下：

$$C_I = C_i T_x$$

式中：C_i 为单位时间的间接费用，T_x 为工期。

工程总费用 C_T、直接费用、间接费用和工期的关系如图 14-11 所示。

从图 14-11 中可以看出，总费用先随着工期缩短而降低，然后又随着工期进一步缩短而上升。总费用的这一变化特点告诉人们，其间必有一个最低点，该点所对应的工程工期就是最佳工期，如图 14-11 中 T^* 点所示。此外，直接费用对工期的增减反应灵敏，间接费用的影响较小。时间–费用的优化过程，就是寻求总费用最低的过程。

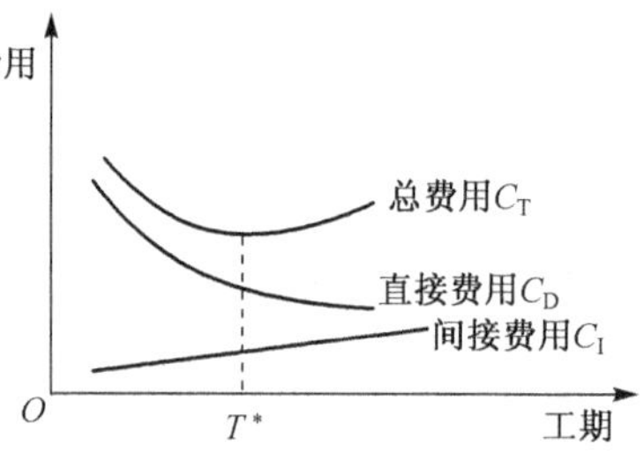

图 14-11　费用和工期的关系

假设工期从 T 压缩到 T'，$T' < T$，相应的总费用变化为

$$\begin{aligned} C_T(T') &= C_D(T') + C_I(T') \\ &= C_D(T) + \Delta C_D + C_I(T) + \Delta C_I \end{aligned}$$

则

$$C_T(T') - C_T(T) = \Delta C_D + \Delta C_I$$

若 $\Delta C_D + \Delta C_I < 0$，则工期还可以进一步缩短。

(1) 网络计划进行时间–费用优化的规则

为了找到总费用最低的项目计划方案，目前已经有多种方法，如手工算法、线性规划法等。手工算法的基本思路是通过压缩关键活动的作业时间来取得不同方案的总费用与总工期，从中进行比较，选出最佳方案。网络计划进行时间–费用优化时，需要把握以下 3 点规则。

① 必须对关键路线上的活动赶工。

② 选择直接费用变化率 e 最小的活动赶工。

③ 在可赶工的时间范围内赶工。

(2) 网络计划进行时间–费用优化的步骤

具体步骤如下。

① 确定初始计划方案。用正常作业时间计算网络节点参数、活动时间参数、活动直接费用变化率以及工程周期。

② 计算正常作业时间条件下的工程总费用。

③ 以正常工期计划方案为基础，按照时间–费用优化的基本原则逐渐压缩关键路线上的延续时间，进行逐步优化。每次优化以后，会引起关键路线的变化。因此，需要重新绘制网络图，寻找出关键路线，看它是否达到预期的目标。

下面通过一个例子来说明时间–费用优化的方法。

例 14.3　某项目计划的网络图如图 14-12 所示。假设该项目的间接费用为每天 110 元，直接费用相关资料见表 14-6。请尝试进行网络时间–费用优化，找出最低费用下的工期。

解　① 根据所给的正常和赶工条件下的各种数据，计算出直接费用变化率 e。

② 根据正常条件下的网络图 14-12，求出关键路线。经过计算可知(具体计算过程、网络图、表格，与例 14.2 一样，这里不再详细论述)，正常条件下的关键路线应该为 1—2—4—5—8，此时，该工程正常工期为 16 天。根据表 14-6 的资料可以算出该方案此时的直接费用总额为 11 450 元，间接费用为 1 760($110 \times 16 = 1\ 760$)元。总费用为 13 210($11\ 450 + 1\ 760 = 13\ 210$)元。

③ 以正常工期计划方案为基础，首先考虑压缩关键路线上的关键活动时间，之后再考虑

压缩其他路线。因此，首先要考虑压缩 1—2，2—4，4—5，5—8 这 4 项关键活动的时间。从表 14-6 可看出，活动 2—4 的直接费用变化率最小，因此最先考虑压缩 2—4 的时间。之后，综合考虑时间和费用变动等情况，尝试压缩其他路线。整个优化过程用 7 个不同的方案来表示，见表 14-7。

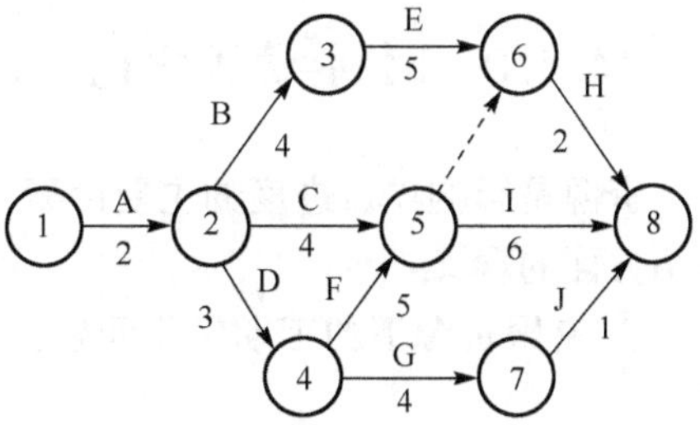

图 14-12　某项目计划的网络图

在表 14-7 所示的各个方案中，方案Ⅳ的总费用最低，相应的工期为最佳工期。由此求出该项目的最佳工期为 12 天，最低成本为 13 130 元(如果只要求找出最低费用，则优化过程到此为止即可)。根据优化方案，绘制出优化后的网络图，如图 14-13 所示。

表 14-6　某项目有关资料及费用率计算表

活　动	正常条件下		赶工条件下		直接费用变化率 e
	时　间	费　用	时　间	费　用	
1—2	2	2 000	1	2 100	100
2—3	4	1 400	3	1 500	100
2—4	3	700	1	860	80
2—5	4	800	3	950	150
3—6	5	1 200	4	1 400	200
4—5	5	2 000	3	2 200	100
4—7	4	800	2	900	50
5—8	6	900	3	1 350	150
6—8	2	700	1	850	150
7—8	1	950	0.5	1 150	400

表 14-7　某项目时间–费用优化过程

计划方案	较前方案变动点	总工期	直接费用	间接费用	总费用	关键路线
Ⅰ	无	16	11 450	1 760	13 210	1—2—4—5—8
Ⅱ	2—4 压缩 2 天	14	11 450 + 160 = 11 610	1 540	13 150	同上
Ⅲ	1—2 压缩 1 天	13	11 610 + 100 = 11 710	1 430	13 140	同上
Ⅳ	4—5 压缩 1 天	12	11 710 + 100 = 11 810	1 320	13 130	1—2—4—5—8， 1—2—3—6—8
Ⅴ	2—3 压缩 1 天，4—5 压缩 1 天	11	11 810 + 200 = 12 010	1 210	13 220	1—2—4—5—8， 1—2—3—6—8，1—2—5—8
Ⅵ	6—8 压缩 1 天，5—8 压缩 1 天	10	12 010 + 300 = 12 310	1 100	13 410	同上
Ⅶ	3—6 压缩 1 天，5—8 压缩 1 天	9	12 310 + 350 = 12 660	990	13 650	同上

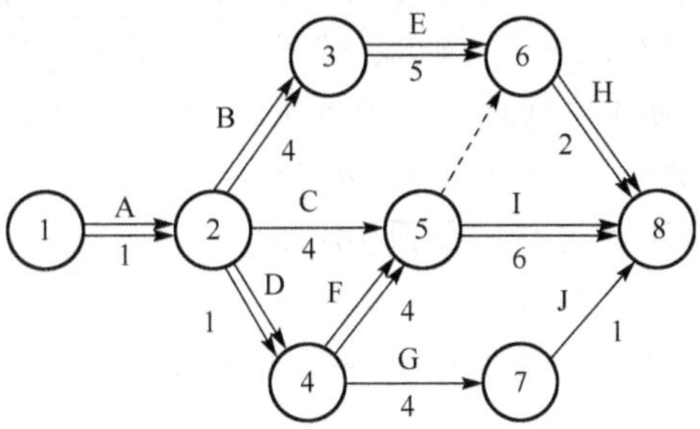

图 14-13　某项目优化后的网络图

14.4.3 时间–资源优化

资源是影响项目进度的主要因素，这里说的资源包括人力、物力和财力。时间–资源优化有两方面的含义：

① 有限资源下的工期优化问题，即在有限的资源约束条件下，如何调整网络计划使工期最短；

② 工期规定条件下的资源均衡问题，即在工期一定的情况下，如何调整网络计划使资源利用充分。

工程项目每项活动的进行都要消耗一定量的资源。增加资源，可以加快项目进度，缩短工期。减少资源则会延缓项目进度，延长工程工期。一个工程项目在一定时间内所得到的资源，总是有一定限度的。资源有保证，网络计划才能落实。资源利用得好，分配合理，才能带来好的经济效益。网络计划初始方案的资源需要量往往是不均衡的，在某些时段超过了规定的限量，而在另外一些时段资源却有富余，这就要求综合考虑工程项目的工期与资源，进行计划的调整和优化。

1. 资源有限，工期最短问题

由于人力、财力和物力有限，一些活动不能同时进行，某些活动就需要推迟进行。在这种条件下，要使工期最短，需要用试算的办法。首先要尽可能保证关键活动准时进行，然后保证时差最小的活动优先进行。调整的步骤大致如下。

每安排完一项活动称为一“步”。

$\{S_t\}$：t 步之前已安排活动构成的部分网络计划。

$\{O_t\}$：第 t 步可以安排的活动的集合。

① 设 $t=1$，$\{S_1\}$ 为空集，$\{O_1\}$ 为第一步可以安排活动的集合。

② 将 $\{O_t\}$ 中的活动按照总时差的大小，从小到大排序，对于前一步已经安排的活动，由于不能中断，必须赋予最高的优先权。

③ 计算活动所需的资源量，在可供最大资源量约束下，按照优先顺序安排 $\{O_1\}$ 中的活动；对优先权大致相同的情况，取最能充分利用资源的活动。

④ 将能够完成的活动放入 $\{S_t\}$，从 $\{O_t\}$ 中消去已经完成的活动，并将随后可安排的活动放入 $\{O_t\}$，使 $t=t+1$。

例 14.4 如图 14-14 所示为某项目网络图，其每项活动的先后关系、活动所需时间（此例为人力）、活动时差和关键路线见表 14-8。若不考虑资源约束条件，每项活动都按照最早开始时间进行，则工期为 20 周，人力资源分布如图 14-15 所示。图 14-15 中粗线表示活动进行。由图 14-15 可知，对人力资源的需求分布很不均匀，最多需要 25 人，最少要 7 人。现假定可供劳动力为 14 人，求最短工期。

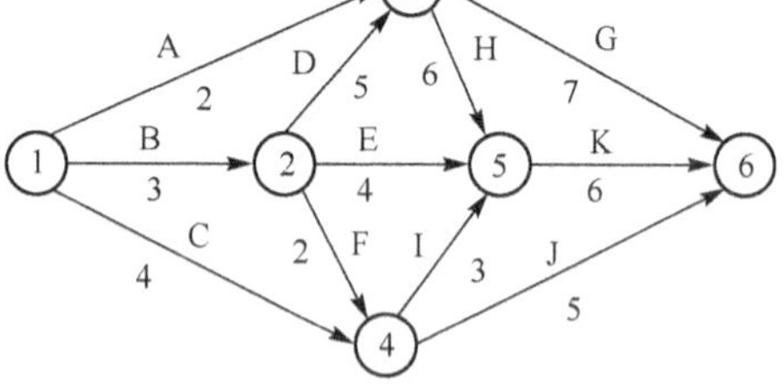

图 14-14 某项目网络图

表 14-8 该项目的有关情况

活动	活动时间	紧后活动	活动需要人数	活动总时差(周)	活动单时差(周)	关键活动
A(1—3)	2	3—5, 3—6	6	6	6	
B(1—2)	3	2—3, 2—4, 2—5	4	0	0	√
C(1—4)	4	4—5, 4—6	9	7	1	
D(2—3)	5	3—5, 3—6	5	0	0	√
E(2—5)	4	5—6	3	7	7	
F(2—4)	2	4—5, 4—6	8	6	0	
G(3—6)	7	—	7	5	5	
H(3—5)	6	5—6	8	0	0	√
I(4—5)	3	5—6	3	6	6	
J(4—6)	5	—	3	10	10	
K(5—6)	6		7	0	0	√

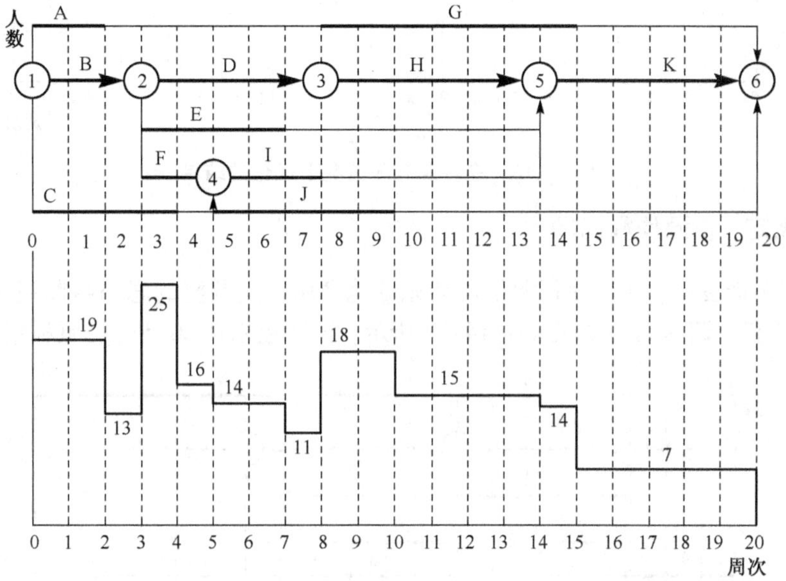

图 14-15 按最早开始时间的网络图及其人力资源分布

解 按照前述步骤进行求解。求解过程见表 14-9，结果如图 14-16 所示。结果周期为 21 周，但资源的利用均衡很多。

表 14-9 求解过程

步	可排活动集合（按优先序）	排 定 活 动	本步能完成活动	本 步 时 间	需资源量（人数）
1	1—2, 1—4, 1—3	1—2, 1—4	1—2	0—3	4 + 9 = 13
2	1—4, 2—3	1—4, 2—3, 1—3, 2—4, 2—5	1—4	3—4	9 + 5 = 14
3	2—3, 1—3, 2—4, 2—5	2—3, 2—4	2—4	4—6	5 + 8 = 13
4	2—3, 1—3, 4—5, 2—5	2—3, 1—3, 4—5	2—3, 1—3	6—8	5 + 6 + 3 = 14
5	4—5, 3—5, 2—5, 3—6, 4—6	4—5, 3—5, 2—5	4—5	8—9	3 + 8 + 3 = 14
6	3—5, 2—5, 3—6, 4—6	3—5, 2—5, 4—6	2—5	9—12	8 + 3 + 3 = 14
7	3—5, 4—6, 3—6	3—5, 4—6	3—5, 4—6	12—14	8 + 3 = 11
8	5—6, 3—6	5—6, 3—6	5—6	14—20	7 + 7 = 14
9	3—6	3—6	3—6	20—21	7

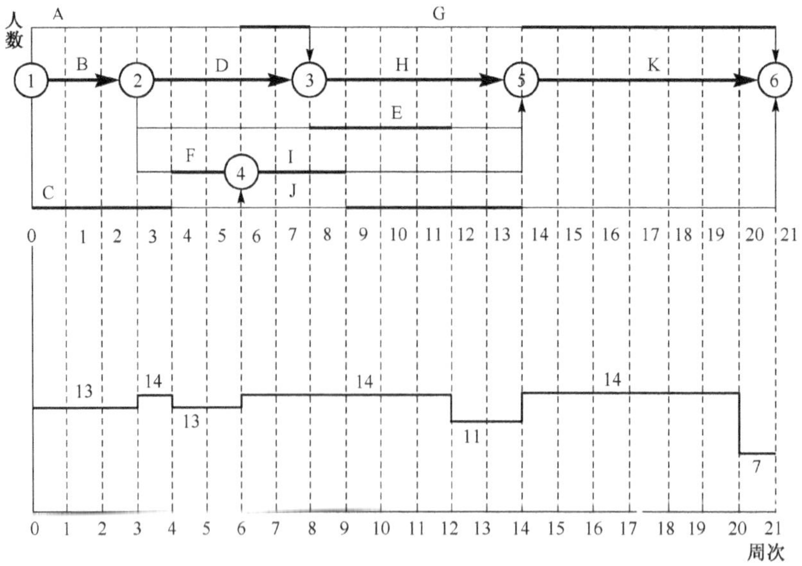

图 14-16　在资源有限情况下优化的结果

2. 工期规定，资源均衡问题

如果工期不能变动，如何使资源尽可能充分地利用？其调整的思路与前述 1 中步骤类似。仍以例 14.4 为例，调整后的结果如图 14-17 所示，工期控制在 20 周，资源利用较平衡。

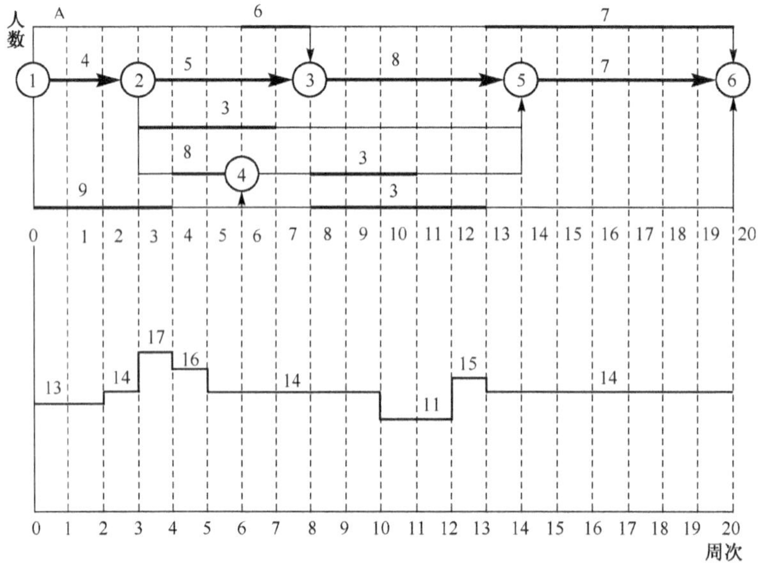

图 14-17　在工期规定情况下优化的结果

例 14.5　某项工程其所含各项作业的成本耗时及前后工作顺序，如图 14-18 所示，图中 s 为成本(单位为元)，t 为作业时间(单位为周)，根据上述资料求：

(1) 绘出最早开始时间日程图及积累成本；

(2) 绘出最晚开始时间日程图及积累成本；

(3) 绘图表示出最早开始日程与最晚开始日程两者间的成本预算和差异。

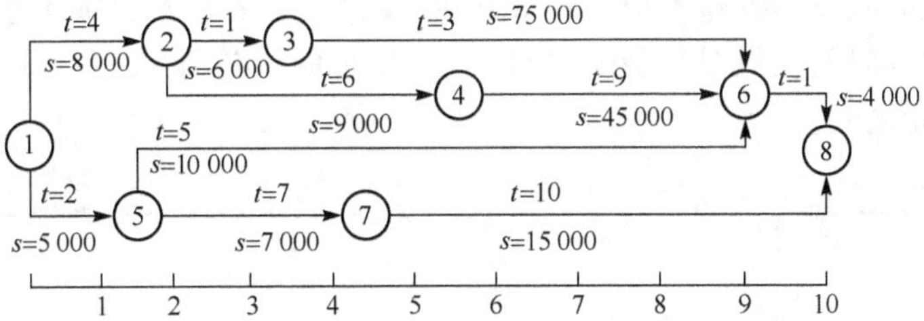

图 14-18　网络图

解　把作业项目的成本进行平均分配，制定出作业项目的进度和成本表见表 14-10。

表 14-10　作业项目的进度和成本表

作业编号	作业时间	最早开始时间	最早结束时间	最晚开始时间	最晚结束时间	总预算	每周平均成本
1—2	4	0	4	0	4	8 000	2 000
1—5	2	0	2	1	3	5 000	2 500
2—3	2	4	6	14	16	6 000	3 000
2—4	6	4	10	4	10	9 000	1 500
3—6	3	6	9	16	19	7 500	2 500
4—6	9	10	19	10	19	4 500	500
5—6	5	2	7	14	19	10 000	2 000
5—7	7	2	9	3	10	7 000	1 000
6—8	1	19	20	19	20	4 000	4 000
7—8	10	9	19	10	20	15 000	1 500

将成本按最早开始时间和最晚开始时间绘出成本分配图。

（1）最早开始时间日程图及成本

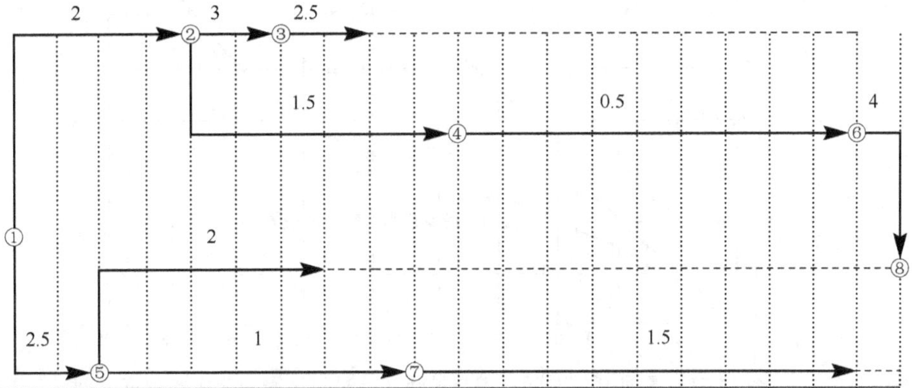

周	1	2	3	4	5	6	7	8	9	10	11	12	13	14	15	16	17	18	19	20
周成本	4.5	4.5	5	5	7.5	7.5	7	5	5	3	2	2	2	2	2	2	2	2	2	4
累计	4.6	9	14	19	6.5	34	41	46	51	54	56	58	60	62	64	66	68	70	72	76

图 14-19　最早开始时间日程图及成本

第一周总支出 1—2 项作业成本为 2 千元，加 1—5 项作业成本为 2.5 千元，共 4.5 千元。

第二周 1—2 项作业和 1—5 项作业成本为 4.5 千元。

第三周 1—5 项作业已完成，1—2、5—6、6—7 项作业成本为 5 千元，其余依此类推，得出各周成本及累计成本。

（2）最晚开始时间日程安排及成本，如图 14-20 所示。各周累计成本求法同上。

如果工作的实际时间在最早与最晚之间，这成本也应该在两者之间，以第六周为例，其成本应在 19 ~ 34 千元之间。

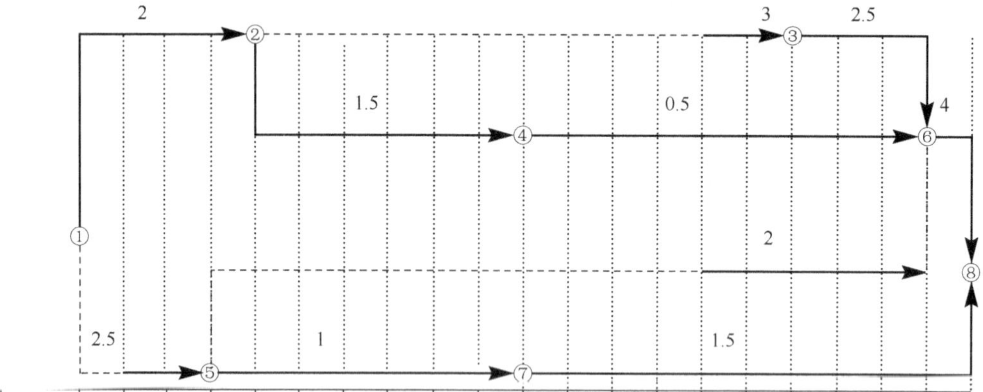

周	1	2	3	4	5	6	7	8	9	10	11	12	13	14	15	16	17	18	19	20
周成本	2	4.5	4.5	3	2.5	2.5	2.5	2.5	2.5	2.5	2	2	2	2	7	7	6.5	6.5	6.5	6.5
累计	2	6.5	11	14	16.5	19	21.5	24	26.5	29	31	33	35	35	44	51	57	64	70.5	76

图 14-20　最晚开始时间日程图及成本

（3）最早开始时间日程与最晚开始时间日程两者成本预算的差别，如图 14-21 所示。

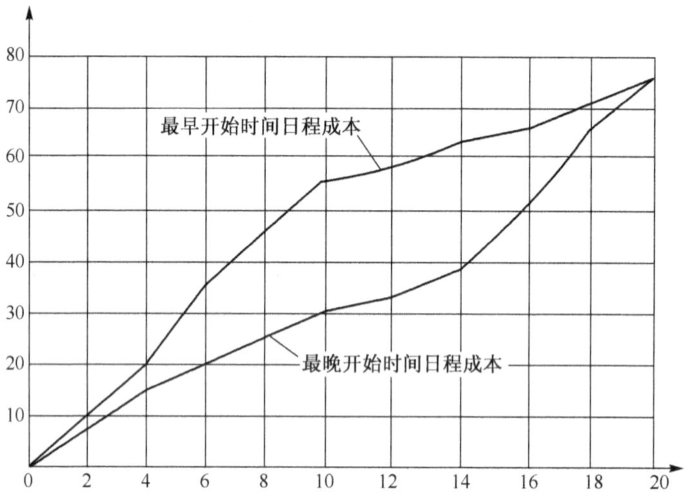

图 14-21　最早开始时间日程与最晚开始时间日程两者成本预算差别

例 14.6　求最低成本的赶工方法。关键路线如图 14-22 所示，要将工期缩短为 23 天，且费用最小。

解　关键路线上作业的 K_c（赶工成本）见表 14-11。

（1）此例中，在关键路线 2—3 上缩一天，关键路线没变（这不失一般规律），费用为 60 元，如果由 25 缩至 24 应继续缩 2—3 作业。2—3 上赶工后的网络图如图 14-23 所示。

关键路线 I：1—2—5—6

关键路线 II：1—2—3—5—6

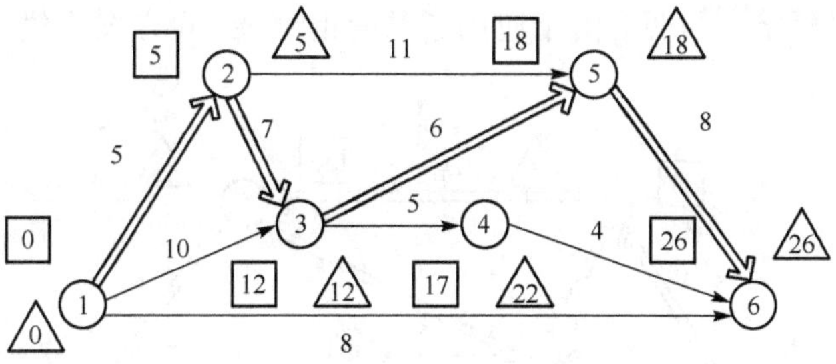

图 14-22 网络图

关键路线 III：1—3—5—6

工期都为 24 天，费用为 60 + 60 = 120(元)。

不同关键路线的赶工成本见表 14-12。

表 14-11 赶工成本表

A	B		C		D
作业	正常		赶工		K_c
	T	C	T	C	
1—2	5	220	4	300	80
1—3	10	480	8	660	90
1—6	8	440	6	640	100
2—3	7	600	5	720	60
2—5	11	560	9	640	40
3—4	5	600	2	1 200	200
3—5	6	150	5	260	100
4—6	4	180	4	180	* 无可缩减
5—6	8	600	7	760	160

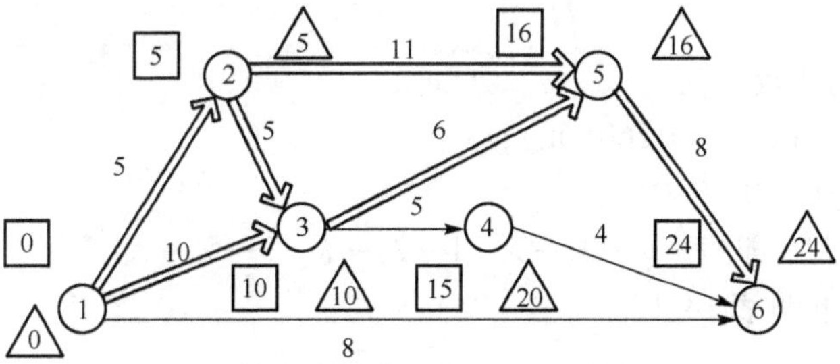

图 14-23 2—3 上赶工后的网络图

表 14-12 不同关键路线的赶工成本

I		II		III	
作业	K_c	作业	K_c	作业	K_c
1—2	80	1—2	80	1—3	90
2—5	40	2—3	60	3—5	100
5—6	160	3—5	100	5—6	160
		5—6	160		

(2) 由 24→23 天

每一条关键路线都要缩短，否则无用，根据情况和 K_c 表面上看，应分别选 2—3(II)、2—5(I)、

1—3(Ⅲ)，但不是最经济。可见，由于应用了共有的路线，B 方案为优。赶工后的网络图如图 14-24 所示。

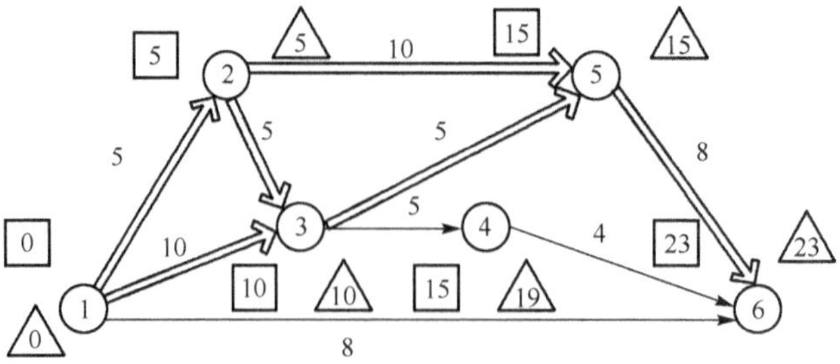

图 14-24　赶工后的网络图

关键路线仍为 I，II，III，工期为 23 天，费用为 120 + 100 + 40 = 260(元)。

(3)请再看一下 E 方案。

赶工后的网络图如图 14-25 所示。

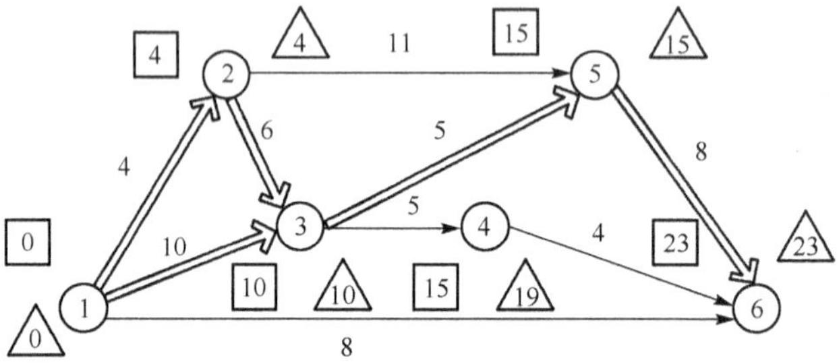

图 14-25　赶工后的网络图

关键路线未变，工期缩为 23 天。(采取 E 方案，2—3 已不是关键路线，所以 2—3 可以少缩一天了)

(4) B、E 方案的比较

B 方案费用为 140 + 60 × 2 = 260(元)；

E 方案费用为 180 + 60 = 240(元)。

E < B，E 方案较优，即缩短 2—3 一天，1—2 一天，3—5 一天。

对各种情况的分析见表 14-13。

表 14-13　对各种情况的分析表

方案	I	II	III	合计
A	2—5	2—3	1—3	
	40 元	60 元	90 元	190 元
B	2—5	3—5	3—5	
	40 元	100 元	与 II 共有 0 元	140 元
C	2—5	5—6	5—6	
	40 元	160 元	与 II 共有 0 元	200 元
D	1—2	1—2	1—3	
	80 元	与 I 共有 0 元	90 元	170 元
E	1—2	3—5	3—5	

（续表）

方案	I	II	III	合计
	80 元	100 元	与 II 共有 0 元	180 元
F	1—2	5—6	5—6	
	80 元	160 元	与 II 共有 0 元	240 元
G	5—6	5—6	5—6	
	160 元	与 I 共有 0 元	与 II 共有 0 元	160 元

练习思考题

1. 什么是网络计划技术？
2. 简述网络图的组成及其应遵循的原则。
3. 计算网络时间包括哪些内容？什么是结点时间、工序时间？
4. 网络图与甘特图的异同处？
5. 根据下列已知资料绘制网络图。

题表 14-1　工序资料 1

工序名称	紧前工序	紧后工序	工序名称	紧前工序	紧后工序
A	无	CE	F	B	J
B	无	DF	G	C、D	I
C	A	GH	H	C、D	J
D	B	GH	I	E、G	J
E	A	I	J	F、H、I	无

题表 14-2　工序资料 2

工序名称	A	B	C	D	E	F	G	H	I
紧前工序	—	—	A、B	B	B	C	E	C、D、E	F、G、H

题表 14-3　工序资料 3

工序名称	紧前工序	紧后工序	工序名称	紧前工序	紧后工序
A	无	B、C	F	D	G、H、I
B	A	D、E	G	F	J
C	A	I	H	E、F	J
D	B	F	I	C、E、F	无
E	B	H、I	J	H、G	无

6. 根据下列已知资料绘制网络图。

题表 14-4　工序资料

工作代号	工序名称	紧前工序	本工序需时间(天)
A	准备房顶材料	—	13
B	准备砌砖材料	—	6
C	基础	—	8
D	下水道	C	8
E	砌墙	BC	11
F	盖房顶	AE	5

（续表）

工作代号	工序名称	紧前工序	本工序需时间(天)
G	布电线1	E	5
H	布电线2	FG	3
I	地板	HK	6
J	室内油漆清理	NI	7
K	水暖	DE	7
L	铺路	DE	3
M	室内粉刷	HK	7
N	门窗粉刷	M	3
P	室内外清布置	L	3

并用时差法、破圈法确定主要矛盾线，确定关键路线和总工期。

7. 题表14-5为某计划所含各项活动的三种时间值及前项活动。

题表14-5　某计划所含各项活动的三种时间值及前项活动

活　　动	前项活动	时间估计(周)		
A	–	a	b	c
		2	2	2
B	–	1	4	3
C	A	4	8	7
D	A	3	7	5
E	B	2	9	6
F	B	5	11	9
G	C、D	3	8	6
H	E	2	9	6
I	C、D	3	8	5
J	G、H、I	1	4	3
K	F	4	11	8
L	J、K	2	7	5

试求：

(1)绘制网络图，并确定主要矛盾线；

(2)最早开始与最早结束时间(各项作业)；

(3)整个计划预期完成时间；

(4)完成计划的概率。

a. 26周完成的概率为多少？

b. 25周完成的概率为多少？

c. 23周完成的概率为多少？

第5篇

生产运作的维护和改进

第 15 章

设备维护管理与可靠性

【本章导引】

本章阐述了设备管理的概念、意义和内容，着重介绍了设备维修管理相关内容，对基本维护决策和设备的可靠性做了简单介绍。通过本章的学习，读者将很好地理解设备维护管理的含义及其重要性。

【本章重难点】

设备、设备管理的含义；设备磨损的规律以及设备的故障规律；设备的维护和检查；设备修理类型；设备修理方式；企业设备基本维护决策。

【本章学习目标】

1. 理解设备管理的含义及意义；
2. 了解设备维修管理的发展过程，设备综合工程学；
3. 理解全员生产维修制度；
4. 理解并掌握设备维修理论；
5. 理解设备维护和检查工作；
6. 理解根据维修内容和技术要求以及工作量的大小而对设备修理划分的三种类型；
7. 理解设备修理的三种方式，设备基本维护决策；
8. 了解设备的可靠性概念。

15.1 设备管理概述

15.1.1 设备的概念

所谓设备，有时也称为装备或机器，通常指在人类生产活动或其他活动中能起到工具作用的物体。

设备是生产运作系统的重要组成部分，是企业进行生产的主要的物质技术保证。人类社会的发展是与人类使用的工具的不断进步分不开的。先进的设备和设备系统是人类智慧的结晶，高素质的人和先进的设备相结合，才能更好地发挥人的智慧和才能。

15.1.2 设备管理的概念

所谓设备管理，指依据企业的生产经营目标，通过一系列的技术、经济和组织措施，对设备寿命周期内的所有设备物质运动形态和价值运动形态进行的综合管理工作。

所谓设备寿命周期，指的是设备从规划、购置、安装、调试、使用、维修直至改造、更新及报废全过程所经历的全部时间。购买设备时必须考虑设备寿命周期的总费用，即 LCC(Life Cycle Cost)。

设备管理的主要目的是用技术上先进、经济上合理的装备，采取有效措施，保证设备高效率、长周期、安全、经济地运行，来保证企业获得最好的经济效益。设备管理是企业管理的一个重要部分。在企业中，设备管理搞好了，才能使企业的生产秩序正常，做到优质、高产、低消耗、低成本，预防各类事故，提高劳动生产率，保证安全生产。

15.1.3 设备管理的意义

设备管理是保证企业进行生产和再生产的物质基础，也是现代化生产的基础。它标志着国家现代化的程度和科学技术的发展水平。它对保证企业增加生产、确保产品质量、发展品种、产品更新换代和降低成本等，都具有十分重要的意义。

设备是工人为国家创造物质财富的重要劳动手段，是国家的宝贵财富，是进行现代化建设的物质技术基础。由此可见，搞好设备管理工作非常重要。搞好设备管理对企业来说，不仅是保证简单再生产必不可少的一个条件，而且对提高企业生产技术水平和产品质量，降低消耗，保护环境，保证安全生产，提高经济效益，推动国民经济持续、稳定、协调发展有着极为重要的意义。

15.1.4 设备管理的内容

设备管理的内容，主要有设备物质运动形态和设备价值运动形态的管理。

企业设备物质运动形态的管理是指设备的选型、购置、安装、调试、验收、使用、维护、修理、更新、改造直到报废；对企业的自制设备，还包括设备的调研、设计、制造等全过程的管理。不管是自制还是外购设备，企业有责任把设备后半生管理的信息反馈给设计制造部门。同时，制造部门也应及时向使用部门提供各种改进资料，做到对设备实现从无到有到应用于生产的一生的管理。

企业设备价值运动形态的管理是指从设备的投资决策，自制费、维护费、修理费、折旧费、占用税、更新改造资金的筹措到支出，实行企业设备的经济管理，使设备一生总费用最经济。

这两种形态的管理，前者一般叫做设备的技术管理，由设备主管部门承担；后者称为设备的经济管理，由财务部门承担。将这两种形态的管理结合起来，贯穿设备管理的全过程，即设备综合管理。

15.2 设备维修管理

15.2.1 设备维修管理的概念

英国标准 3811 号给“维修”下的定义是：“各种技术行动与相关的管理行动相配合，其目的是使一个物件保持在或者恢复达到能履行它所规定功能的状态。”在工业上，需要维护的对象有生产产品的一切设施和系统以及企业向用户提供的各种产品。

在设备管理中，产生设备之前的阶段称为设备规划管理，产生设备之后在使用设备的企业里的使用、运转、维修、改造、改装直至报废的阶段称为设备使用管理。设备维修管理是设备全过程管理中持续时间最长、内容极为繁重的管理。

设备在运行过程中客观存在“磨损”。“磨损”又分为“无形磨损”和“有形磨损”两类。“无形磨损”是技术“磨损”，不可修复。“有形磨损”是“摩擦”所致，导致设备零件形状或质量发生变化，造成设备“功能”下降，可通过维修手段恢复其“功能”。因此，设备维修管理应运而生。

15.2.2 设备维修管理的发展过程

随着工业革命的产生和发展，生产由手工向机器转化，机器设备逐步加入到工业生产中来，并且发挥着越来越重要的作用。然而并不是随着设备的产生就产生了设备管理。在工业革命初期，生产规模小，设备简陋，设备的维修一般由操作工人负责，并无专门的设备管理。随着工厂生产规模的扩大，设备的技术复杂程度不断提高，设备的数量和种类不断增多，对设备维修的要求也逐步提高，设备维修逐步发展成为一个独立的工种。当以泰勒为代表的科学管理取代传统的经验管理之后，设备管理最终独立出来成为一个专门职能。

设备维修管理从产生至今已百年，与企业管理的其他职能一样，它也经历了一个逐步发展和逐步完善的过程。设备维修管理大致经历了设备事后修理时期、设备预防维修时期、设备生产维修时期、设备维修预防时期、设备综合管理时期、设备维修管理新时代 6 个阶段。

1. 设备事后修理时期

事后修理是指设备发生故障后，再进行修理。这种修理法出于事先不知道故障在什么时候发生，缺乏修理前准备，因而，修理停歇时间较长。此外，因为修理是无计划的，常常打乱生产计划，影响交货期。事后修理是比较原始的设备维修制度。这种设备管理制度在西方工业发达国家一直持续到 20 世纪二三十年代。目前，除在小型、不重要设备中采用外，已被其他设备维修制度所代替。

2. 设备预防维修时期

随着机器设备的日益复杂，修理所占用的时间已成为影响生产的一个重要因素。二次大战时期，军工生产很忙，但是设备故障经常破坏生产。为了加强设备维修，减少设备停工修理时间，出现了设备预防维修的制度。这种制度要求设备维修以预防为主，在设备使用过程中做好维护保养工作，加强日常检查和定期检查，根据零件磨损规律和检查结果，在设备发生故障之前有计划地进行修理。由于加强了日常维护保养工作，使得设备有效寿命延长了，而且由于修理的计划性，便于做好修理前准备工作，使设备修理停歇时间大为缩短，提高了设备有效利用率。

3. 设备生产维修时期

预防维修虽有上述优点，但有时会使维修工作量增多，造成过分保养。为此，1954 年又出现了生产维修。生产维修要求以提高企业生产经济效益为目的来组织设备维修。其特点是根据设备重要性选用维修保养方法，重点设备采用预防维修，对生产影响不大的一般设备采用事后修理。这样，一方面可以集中力量做好重要设备的维修保养工作，另一方面又可以节省维修费用。

4. 设备维修预防时期

人们在设备的维修工作中发现，虽然设备的维护、保养、修理工作进行的好坏，对设备的故障率和有效利用率有很大的影响，但是设备本身的质量如何对设备的使用和修理往往有着决定性的作用。设备的先天不足常常是使修理工作难以进行的主要方面。因此，1960 年，出现了维修预防的设想。这是指在设备的设计、制造阶段就考虑维修问题，提高设备的可靠性和易修性，以便在以后的使用中，最大可能地减少或不发生设备故障。一旦故障发生，也能使维修工作顺利地进行。维修预防是设备维修体制方面的一个重大突破。

5. 设备综合管理时期

在设备维修预防思想的基础上，又吸收了系统论、控制论、信息论的基本原理和行为科学等现代管理理论，于 20 世纪 70 年代初，形成了设备综合管理——设备综合工程学(Terotechnology)。设备综合管理是对设备实行全面管理的一种重要方式，是设备管理方面的一次革命。

6. 设备维修管理新时代

随着计算机技术在企业中应用的日益广泛，设备维修领域也发生了重大变化，出现了基于状态维修(Condition-based Maintenance)和智能维修(Intelligent Maintenance)的新方法。

基于状态维修随着可编程逻辑控制器(PLC)的出现并在生产系统上使用，现在能够连续地监控设备和加工参数。采用基于状态维修，把 PLC 直接连接到一台在线计算机上，实时监控设备的状态。如与标准正常公差范围内发生任何偏差，将自动发出报警(或修理命令)。这种维护系统安装成本可能很高，但是可以大大提高设备的使用水平。

智能维修或称自维修，包括电子系统自动诊断和模块式置换装置。把远距离设施或机器的传感器数据连续提供给中央工作站。通过这个工作站，维护专家可以得到专家系统和神经网络的智能支持，以完成决策任务。然后向远方的现场发布命令，开始维护例行程序，这些程序可能涉及调整报警参数值，启动机器上的试验振动装置，驱动备用系统或子系统。美国联邦航空管理局(FAA)正在开发远距离维护监控系统(RMMS)，它是维护自动化未来发展方向的一个范例。在有些例子中，可以用机器人技术进行远距离模块置换。

计算机信息系统的引入、设备管理的集成化将成为发展趋势。设备维修管理即将迎来一个前所未有的新时代。

15.2.3 设备综合工程学

1971 年，在英国工商部的指导下，英国设备综合工程中心的丹尼斯 · 帕克斯(Dennis Parkes)在国际设备工程年会上发表了一篇设备综合工程学研究报告，运用系统论、控制论、信息论的基本原理，提出了一种新的设备管理理论——设备综合工程学。设备综合工程学的主要内容可概括为如下 4 点：

① 以寻求设备寿命周期费用最经济为管理目标，强调对设备一生的管理，体现了全过程的系统管理思想。

② 综合了与设备相关的工程技术、组织管理、财务经济等各方面的内容，体现了全方位的综合管理思想。

③ 特别注重设备的可靠性和维修性设计，体现了以预防为主的现代管理思想。

④ 特别强调设备设计、使用和报废等各阶段、各方面的信息反馈在设备管理中的重要性，注重建立相应的信息交流和反馈系统。

丹尼斯·帕克斯的这篇报告最终引起了设备管理领域的重大改革，使设备管理进入了一个新的时期——设备综合管理时期。他所提出的设备综合工程学也成为设备综合管理的主要代表理论。

15.2.4 全员生产维修制度

在英国兴起设备综合管理时期，日本在吸收欧美最新研究成果的基础上，结合自己丰富的管理经验，创建了富有特色的全员生产维修制度(Total Productive Maintenance，TPM)。这是一种全员参与的生产维修方式，其要点就在"生产维修"及"全员参与"上。通过建立一个全系统员工参与的生产维修活动，使设备性能达到最优。

全面生产维修制是以设备的综合效率为目标，以设备一生的时间、空间全系统为载体，以全员参与为基础的设备保养、维修体制。TPM 是日本设备管理协会提出并不断完善的一种管理模式。这一管理模式既有对美国生产维修体制的继承，又吸收了英国设备综合工程学的思想，还吸取了中国鞍钢宪法中的工人参加、群众路线、合理化建议及劳动竞赛的思想，是一种非常有效的管理模式。

1. TPM 的特点

TPM 的特点可以用三个"全"字来概括，即全效率、全系统和全员参与。

① 全效率指设备寿命周期全部时间内的输出与输入的比值最大，即对设备的综合效率的评价，追求设备的综合效率最高。

② 全系统指对设备整个寿命周期——从设计、制造、使用、维修、改造到更新的全过程进行管理。

③ 全员参与指这一管理模式的群众性特征，即凡是与设备整个寿命周期各个阶段有关的人员全部要参加。

2. TPM 的主要内容

① 日常点检和定期检查，目的在于早期发现隐患，早期诊断，预防修理。

② 计划修理和改善性修理，目的在于恢复或改善设备的性能，使设备不出现故障，避免停机损失。计划修理是根据检查结果和相关记录资料编制修理计划，并按计划定期修理。这种修理属于恢复性修理。改善性修理是对设备的某些结构进行改进修理，多用于经常发生故障的设备。

③ 修理记录分析，目的在于发现变化趋势和规律。修理记录分析把各项修理作业的发生时间、现象、原因和修理所需工时、停机时间等全部记录下来，做出分析表，进行分析，从中找出故障次数多、间隔时间短、修理工作量大、对生产影响大的主要设备和部件，作为设备管理的重点对象。

3. TPM 的目标

TPM 的目标可以概括为 4 个"零"，即停机为零、废品为零、事故为零、速度损失为零。

① 停机为零指计划外的设备停机时间为零。计划外的停机对生产造成的冲击相当大，使整个生产发生困难，造成资源闲置等浪费。计划时间要有一个合理值，不能为了满足非计划停机为零而使计划停机时间值很大。

② 废品为零指由设备原因造成的废品为零。"完美的质量需要完善的机器"，机器是保证产品质量的关键，而人是保证机器好坏的关键。

③ 事故为零指设备运行过程中事故为零。设备事故的危害非常大，影响生产不说，还可能造成人身伤害，严重的可能会"机毁人亡"。

④ 速度损失为零指设备速度降低造成的产量损失为零。由于设备保养不好、设备精度降低而不能按高速度使用设备，等于降低了设备性能。

4. 推行 TPM 的要素

推行 TPM 要从三大要素上下工夫，这三大要素如下。

① 提高工作技能。不管是操作工，还是设备工程师，都要努力提高工作技能，没有好的工作技能，全员参与将是一句空话。

② 改进精神面貌。精神面貌好，才能形成好的团队，共同促进，共同提高。

③ 改善操作环境。通过 5S 等活动，使操作环境良好，一方面可以提高工作兴趣及效率，另一方面可以避免一些不必要的设备事故。现场整洁，物料、工具等分门别类地摆放，也可使设置调整时间缩短。

15.2.5 设备维修理论

设备维修理论有两种基本观点。

第一种观点建立在摩擦学基础之上，以研究机械磨损规律的"设备修理周期结构"理论为代表。这种理论认为，由于摩擦磨损的原因，随着磨损时间的延续和按一定规律磨损量的增加，将会引起机器零件表层的破坏和几何形状与尺寸的改变，甚至会造成机构动作的失调与工作精度的下降，最后丧失工作能力，导致故障或事故的发生。机器设备的维修工作所采取的对策是以这种理论为基础的。

第二种观点建立在故障物理学基础之上，以研究故障规律和设备可靠性的"故障分析与状态管理"理论为代表。这种理论认为，设备的故障除了磨损的原因之外，还有外界工作条件如温度、压力、振动等原因，以及内部工作条件如内应力、变形、疲劳及老化等多种原因的影响。运用这种理论是要通过对设备的异常现象的数据检测，对故障频率及其分布的分析，对设备可靠性的原因分析，并运用数理统计方法分析它的规律性，进而得到设备劣化与维修必要性的信息。这种理论和方法对尚未掌握维修规律，以及重型、精密、电子、自动化等设备是比较适用的。

1. 设备磨损

(1) 设备磨损的形式

设备在使用和闲置过程中会逐渐降低和失去原有的功能而贬值，这就是设备磨损。设备磨损有两种形式。

① 有形磨损(物理磨损)。有形磨损指设备在运动中因摩擦、振动而使设备技术状态劣化的现象(使用磨损)，或者设备在闲置中因自然力的风化、锈蚀等作用(自然磨损)，或者因使用不合理、管理不善和缺乏必要的维护保养而使设备失去精度和工作能力的现象。

② 无形磨损。无形磨损指因设备制造环节工艺技术的发展、生产率的提高导致生产成本下降，或者由于技术进步，更先进的装备问世从而使老型号设备贬值，即企业现有设备相对于市场上性能更好、结构更新或价格更低的设备而言所发生的价值上的损耗。

(2) 设备磨损的机理

设备的物理磨损主要决定于在受力情况下相对运动表面所产生的摩擦，这种摩擦不仅与受力的大小有关，而且与表面工作状态(如润滑的作用)和相对运动的速度有关，有时还会受某些化学作用所引起的腐蚀的影响。按照金属材料学的理论，钢材经淬火、回火后，最表层是氧化脱碳层，质地疏松，附着力很差。一般新设备刚使用时，都要空转一段时间，就是为了磨去材料的氧化脱碳层。这段磨损时间很短而磨损量却很大。磨去氧化脱碳层后即是材料的硬化层，硬化层硬度很高，在使用润滑剂的条件下，是很难磨去的。硬化层下即是材料的基体，硬度很低，零件磨损达到基体，便会发生急剧磨损，它常常导致零件工作性能的迅速劣化或零件几何形状的迅速破坏。

(3) 设备磨损的规律

从金属材料学的理论及实际测定的经验中，很容易发现设备的物理磨损有它自己的规律性。一般说来，在正常情况下设备零件的物理磨损可分为三个阶段，如图 15-1 所示。

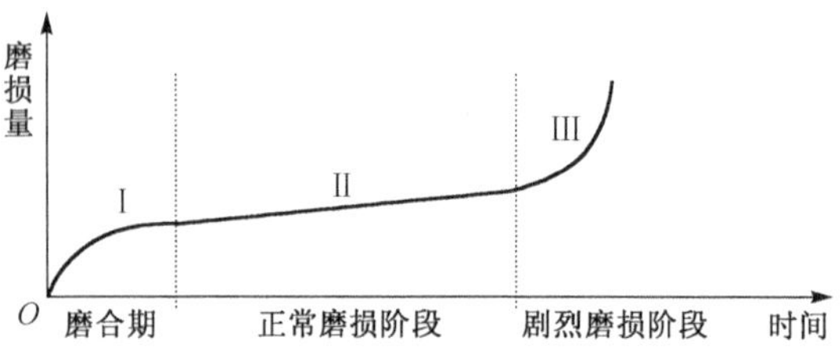

图 15-1　物理磨损的三个阶段

图 15-1 中横坐标为设备的使用时间，纵坐标为零件的累积磨损量。

第 I 阶段为初期磨损阶段，俗称磨合期，主要是由于相对运动的零件表面的微观几何形状(如粗糙不平度)在受力情况下的迅速磨损而发生的，也可能由于零件接触表面的形状不同，机器运转后产生的跑合作用而发生的。这一阶段磨损的速度很快，但时间较短。

第 II 阶段称为正常磨损阶段。在这一阶段，零件的磨损趋于缓慢，延续时间很长，这就是零件的真正使用寿命。

第 III 阶段称为剧烈磨损阶段。也就是当零件磨损到一定程度时，表面的硬化层被腐蚀，正常磨损关系遭破坏，磨损速度大大加快，设备的精度和工作性能迅速劣化，如果不停止使用，进行修理，则设备很快被破坏。

由于设备使用与维护的情况不同，图 15-1 所示的磨损曲线也会有所变化。如图 15-2 所示为设备强化磨损曲线，该曲线在 II 、III 两个阶段没有明显的转折点。零件经过初期磨损后，没有明显的正常磨损阶段，就进入剧烈磨损阶段，或者说，正常磨损阶段的期限大大缩短，这就导致设备提前损坏。产生这种情况的原因，往

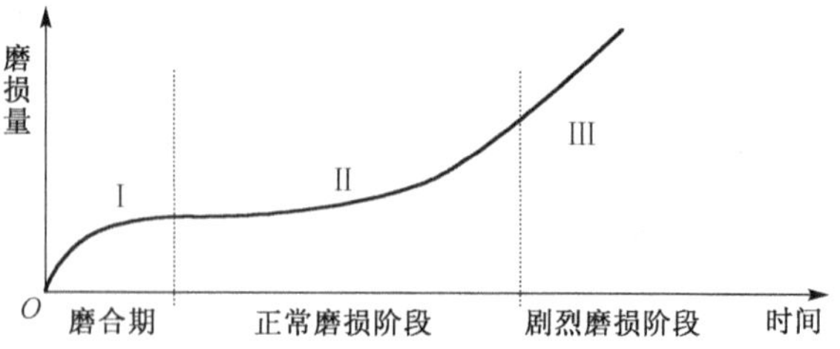

图 15-2　设备强化磨损曲线

往是设备超负荷工作，接触表面应力太大；或者润滑不良，摩擦表面没有形成足够的油膜，产生干摩擦或半干摩擦；也有可能由于接触表面积聚了磨料或其他脏物，加剧了磨损。如图15-3所示是设备延迟磨损曲线，磨损速度降低，第Ⅱ阶段期限显著延长。产生这种情况的原因，往往是设备低于额定负荷工作，降低了设备的利用强度，没有充分发挥设备的效能，所以这种情况也不是人们所希望的理想状态。

设备无形磨损规律体现在随着新产品(服务)开发、技术进步的不断加快，产品寿命周期与更新换代间隔越来越短。

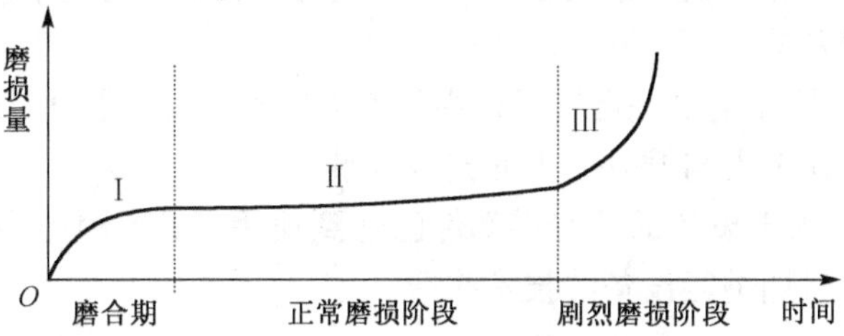

图15-3　设备延迟磨损曲线

2. 设备故障

设备故障是指设备或其零件在运行过程中发生的丧失其规定功能的不正常现象。设备故障对生产的正常进行影响很大。因此，正确掌握和分析设备故障的规律，以减少或避免故障的发生是设备维修管理的重要内容之一。

(1) 设备故障的分类

根据其发生的原因不同，设备故障一般可分为两类。一类是因设备使用过程中的不断磨损而使设备零部件性能逐渐劣化而形成的故障，称老化性故障或渐发故障、劣化故障。这类故障可以在对其规律进行研究的基础上，通过合理使用和维护来减少。另一类是因偶然性、意外性的管理不善或操作失误而形成的故障，称为事故性故障或突发故障。这类事故是非正常的，无规律可循，应通过提高管理水平来减少或避免。

(2) 设备老化性故障规律

设备老化性故障的发生有一定的统计规律，根据实验研究得知，设备的故障率在整个设备使用期间是按一条曲线分布的，通常称为浴盆曲线，如图15-4所示。

从浴盆曲线可以看出，设备故障率的变化呈现三个不同阶段。

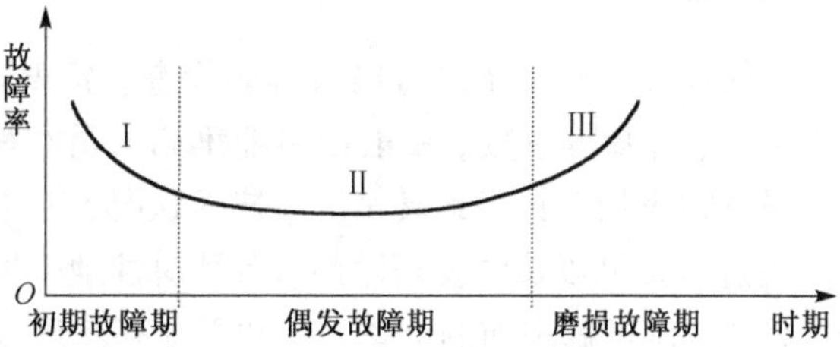

图15-4　浴盆曲线

第Ⅰ阶段为初期故障期。这一时期设备刚投入使用，由于设计、制造、安装调试中的缺陷，或者操作不熟练，往往会出现较多的故障。随着设备的不断调整和操作的熟练，故障率会越来越低。

第Ⅱ阶段为偶发故障期。这一时期设备进入正常运行阶段，故障较少，故障率维持较低水平。多因操作失误或维护保养不当而引起突发的事故。

第Ⅲ阶段为磨损故障期。这一时期与设备磨损的相应阶段对应，因设备及其零部件到了剧烈磨损阶段，设备劣化，性能很快下降，导致故障率急剧上升。为防止故障率大幅提高，设备管理者一般要在这一时期到来之前，进行预防维修，修复或更换将要损坏的零部件。

(3) 设备不同故障期的维修对策

从设备故障发生的规律可以得到一些有益的启示，从而针对设备不同故障期的特点，在设备管理中采取不同的对策。

① 在初期故障期，主要是由于设计、制造中的缺陷所引起的故障。减少故障的主要对策是严格认真做好设备的前期管理，在设备出厂前应进行严格试验运转，按规定调试验收，对有些产品要有严格的筛选检查。

② 在偶发故障期，故障主要是运转操作中的不当所致，因此主要对策是执行正确的操作，进行预防维护，提高操作工人与维修工人的技术水平。

③ 在磨损故障期，由于设备的某些零部件已达到使用寿命，因此主要对策除实行设备预防维修外，还应在适当时期进行设备的技术改造。

15.2.6 设备的维护和检查

设备的维护和检查是设备综合管理的重要内容，关系到设备能否正常使用。

设备维护指为了保持设备正常的技术状态、延长使用寿命，按标准进行的检查与润滑、间隙的及时调整以及隐患的消除等一系列的日常工作。

设备维护工作，按其工作量、难易程度与作业范围可划分为不同的种类。例如，在我国许多企业实行的设备三级保养制度就对设备维护工作进行如下划分。

1. 设备的日常保养(日常维护)

设备的日常保养指每天对设备进行清扫、润滑、紧固、调整，对设备进行观察与检查，消除所发现的小故障等，一般主要由操作工人(部分工作由辅助工人)负责完成。

2. 一级保养

一级保养指根据设备使用情况拆卸、清洗零部件，调整间隙，清除表面油污，疏通油路等。一般由操作工人在专业维修工人指导配合下定期进行。

3. 二级保养

二级保养指对设备进行局部群体检查、清洗与换油、修复或更换易损件、局部恢复精度并检查电气、冷却等系数。一般由专业维修人员在操作工人参与配合下定期进行。

设备检查指对设备运转情况、技术状况、工作精度、零部件老化程度进行的各种形式的检查。通过检查可以及时发现隐患，有针对性地采取预防措施消除故障，同时根据检查情况制订修理计划，做好修理前的准备，有助于提高修理效率和修理质量。

设备的维护和检查是不可分割的两个方面，两者的许多日常工作是结合进行的。

15.2.7 设备修理

设备修理是修复由于正常或不正常的原因而引起的设备的损坏。根据维修内容和技术要求以及工作量的大小，设备维修工作可分为大修、中修和小修三类。

1. 大修

设备的大修是工作量最大的计划维修。大修时，对设备的全部或大部分部件解体，修复基准件，更换或修复全部不合格的零件，修复和调整设备的电气及液动/气动系统，修复设备的附件及翻新外观等，全面消除修前存在的缺陷，恢复设备的规定功能和精度。

2. 中修

中修也叫项修，是根据设备的实际情况，对状态劣化已难以达到生产工艺要求的部件进行针对性维修。中修时，一般要进行部分拆卸，检查、更换或修复失效的零件，必要时对基准件进行局部维修和调整精度，从而恢复所修部分的精度和性能。中修的工作量视实际情况而定。中修具有安排灵活，针对性强，停机时间短，维修费用低，能及时配合生产需要，避免过剩维修等特点。对于大型设备、组合机床、流水线或单一关键设备，可根据日常检查、监测中发现的问题，利用生产间隙时间(节假日)安排中修，从而保证生产的正常进行。目前我国许多企业已较广泛地开展了中修工作，并取得了良好的效益。

3. 小修

设备小修是工作量最小的计划维修。对于实行状态监测维修的设备，小修的内容是针对日常点检、定期检查和状态监测诊断发现的问题，拆卸有关部件，进行检查、调整，更换或修复失效的零件，以恢复设备的正常功能。对于实行定期维修的设备，小修的主要内容是根据掌握的磨损规律，更换或修复在维修间隔期内即将失效的零件，以保证设备的正常功能。

设备大修、中修、小修工作内容比较见表15-1。

表15-1 设备大修、中修、小修工作内容比较

标准要求 \ 修理类别	大　修	中　修	小　修
拆卸分解程度	全部拆卸分解	针对检查部位，部分拆卸分解	拆卸、检查部分磨损严重的机件和污秽部位
修复范围和程度	维修基准件，更换或修复主要件、大型件及所有不合格的零件	根据维修项目，对维修部件进行修复，更换不合格的零件	清除污秽积垢，调整零件间隙及相对位置，更换或修复不能使用的零件，修复达不到完好程度的部位
刮研程度	加工和刮研全部滑动接合面	根据维修项目决定刮研部位	必要时局部修刮，填补划痕
精度要求	按大维修精度及通用技术标准验收	按预定要求验收	按设备完好标准要求验收
表面修饰要求	全部外表面刮腻子、打光、喷漆，手柄等零件重新电镀	补漆或不进行	不进行

15.2.8 设备修理方式

设备修理方式也称设备维修方式，它具有设备维修策略的含义。设备的维修方式一般来说可概括为事后维修、预防性维护和改进性维护 3 种。企业对设备可以采用不同的维修方式，国内外工业企业对生产用设备，较普遍采用的维修方式有预防性维护和事后维修。

1. 事后维修

事后维修（Corrective Maintenance，CM）也称故障维修，是在设备运行至故障停机，或者在点检或日常定期检查时发现缺陷所进行的非计划性维修。维修的目的是消除故障。在第一次产业革命时期，这一维修方式最为普遍。由于当时的工业生产规模小，还没有出现流水线生产。设备故障的影响范围仅局限于设备自身，故障后果一般并不严重，采用事后维修的方式能够最大限度地提高设备利用率，减少不必要的检修造成的浪费。不过，随着生产系统自动化程度和复杂性的不断提高，事后维修方式下设备故障的不断发生给企业带来了沉重的经济负担。

2. 预防性维护

预防性维护（Preventive Maintenancc，PM）是以预防故障为日的，通过对设备的检查、检测，发现故障征兆或为防止故障发生，使其保持设计功能状态，在故障发生之前所进行的各种维护、维修活动。预防性维护是防止设备故障发生的有效手段，已成为现代制造企业普遍采用的一种维护方式。

3. 改进性维护

改进性维护（Improvement Maintenance）是利用完成其他设备维护、维修任务的时机，对设备进行局部结构或部分系统改造，消除设备的先天缺陷，或者为防止特定故障的重复发生，以及日常维护、检查、修理方便而进行的改良性维护，以提高设备的固有可靠性、维护性和安全性水平。改进性维护结合技术改进和改造，是维护工作的扩展，实质上是设备设计的修改，应属于设计、制造部门的工作范畴。不过，由于维护部门的职责是保持、恢复设备的良好状态，也最了解设备使用和维护中的问题所在，因此在设备固有可靠性、维护性和安全性水平不足时，提出改进性维护是进行有效预防、维护工作而采取的一种补充手段。

在以上 3 种维护方式中，以预防性维护最为常见。目前，预防性维护又可分为周期预防性维护和状态维护两种方式。

（1）周期预防性维护

周期预防性维护即以一定的时间为周期，有计划地安排预防性维护活动，维护的目的是预防故障的发生。它是根据设备磨损的统计规律或经验，事先确定维护类别、维护周期、维护工作内容和维护备件等。它产生于第二次产业革命时期，由于当时的工业生产规模达到了一定程度，出现了流水线生产即设备群作为一个系统而工作，有了大型的高温、高压、高速的复杂设备，有的设备故障后果较为严重，故障不仅影响设备自身，还影响整个系统的正常运转，因此不能再采用事后维修的方式。周期预防性维护针对故障的基本思想是“预防为主”，强调维护设备的安全性，并兼顾维护活动的经济性。在周期预防性维护的实施过程中，设备每次预防性维护的时间间隔可以相等，即等周期预防性维护；也可以不等，即变周期预防性维护。等周期预防性维护理论基于这样一种假设：预防性维护可使设备恢复到全新状态。而变周期预防性维护理论则基于预防性维护不能使设备恢复到全新状态，因此，设备的维护周期会随着预防性维护次数的增加而逐步降低。一般来说，不论是等周期预防性维护还是变周期预防性维护，其维护周期的确定都是在历史维护及故障数据的基础上，利用数理统计等数学方法得到的。

(2) 状态维护

状态维护(Condition Based Maintenance, CBM)也称为视情维护，属于预防性维护的高级发展阶段。状态维护的理论基础基于这样一种事实：大量的故障不是瞬时发生的，故障从开始发生到发展总有一段出现异常现象的时间，而且有征兆可循，如果能在故障发生之前找到故障迹象，就有可能采取措施预防故障发生或者避免故障后果。状态维护是一种以设备技术状态为基础的预防性维护方式。它根据设备的日常点检、定期检查、连续监测和故障诊断提供的信息，经过统计分析和数据处理来判断设备的恶化程度，或者由维护人员根据参数的变化趋势或幅值变化做出判断，并在故障发生之前对设备进行有计划的适当维护。状态维护方式不规定设备的使用时间，能有效避免“维修不足”和“维修过度”，充分利用设备寿命，使维护工作量维持在较低水平，是一种经济合理的优化维护方式。

目前来说，状态维护技术是较为先进的，在很多关键设备的维护过程中，状态维护的应用比较普遍，如发电机、飞机引擎等。

我国一些企业实行的“设备三级保养、大修制”也是一种周期预防性维修方式。

定期维修方式适用于已充分掌握设备磨损规律和在生产过程中平时难以停机维修的流程生产设备、自动化生产线中的主要生产设备及连续运行的动能生产设备。

实践经验表明，实行定期维修方式的同类设备的磨损规律是有差异的。即使是同型号的设备，由于出厂质量、使用条件、负荷率、维护优劣等情况的差别，按照统一的维修周期结构安排计划维修，会出现以下问题：一是设备的技术状况尚好，仍可继续使用，但仍按规定的维修间隔期进行大修，造成维修过剩；二是设备的技术状态劣化已达到难以满足产品要求的程度，但由于未达到规定的维修间隔期而没有安排维修计划，造成失修。

为了克服上述弊端，吸收状态监测维修的优点，对实行周期预防性维护的设备也采用了设备状态监测诊断技术，以求切实掌握设备的技术状态，并适当调整维修间隔期。

由上述可见，企业对设备实行定期维修方式时，除了吸取其他企业的经验外，还应重视探索本企业具体设备的磨损规律。据此制定出适合本企业设备实际情况的维修周期结构，并在实践中修改完善。

对在用设备的维修，必须贯彻预防为主的方针。根据企业的生产方式、设备特点及其在生产过程中的重要性，选择适宜的维修方式。通过日常和定期检查、状态监测和故障诊断等手段切实掌握设备的技术状态。根据产品质量、产量的要求和针对设备技术状态劣化状况，分析确定维修类别，编制设备预防性维修计划。修前应充分做好技术和生产准备工作，尽可能地利用生产间隙时间，适时地进行维修。维修中积极采用新技术、新材料、新工艺和现代管理方法，以保证维修质量，缩短停歇时间和降低维修费用。

15.3 基本维护决策

企业设备维护决策主要涉及以下几个问题：采用集中维修方式还是分散维修方式？采用委托维修还是自行维修？备用设备的数量如何确定？采用预防性维修还是事后抢修？设备的更换年限是多少？

15.3.1 集中维修与分散维修

集中维修指把所有维修力量集中起来组成专门的设备维修部门，负责整个企业的设备维修工作。集中维修方式的优点是有利于提高维修技术水平，有利于集中力量完成复杂、技术难度大的维修任务；但其缺点是容易出现生产与维修脱节，不能及时处理出现故障的机器等。分散维修就是由企业的各个下层部门分别设立维修小组，每一个小组负责本部门的设备维修工作。分散维修的优点是把各部门的生产与维修统一起来了，维修工作的时间安排比较灵活，但其缺点是分散了维修力量，难以处理技术难度大的维修任务，另外也容易造成维修人员冗余。

15.3.2 委托维修与自行维修

有的企业规模较小，设备数量较少，因此没有必要自己建立一套完整的维修队伍。如果设备需要维修，可以委托其他企业或专业维修公司进行维修保养，这样可以节省不必要的开支。而对于规模较大的企业，如果设备数量足够多，则应该建立自己的维修部门，负责本企业的设备维修保养工作。

15.3.3 备用设备问题

在有些情况下，一旦设备出现故障，就有可能造成很大的损失。为缓解这一情况，有时预先准备一些备用设备，一旦生产设备出现故障，马上用备用设备顶替，然后再来修理出了故障的设备，如计算机网络系统的备用服务器等。但是，备用设备会占用大量的资金，造成成本上升。因此，设备管理的任务之一就是找到一个平衡点，如图 15-5 所示。

15.3.4 预防性维修与事后修理

究竟采取预防性维修还是采取事后修理，这也是一个设备维修的决策问题。采取预防性维修，容易造成设备的过度维修，浪费时间和金钱；采取事后修理，容易导致故障机器停歇时间过长，对生产造成的损失太大。管理人员必须做出选择。通常是从成本的角度去平衡，寻求总成本最低的预防维修水平，如图 15-6 所示。

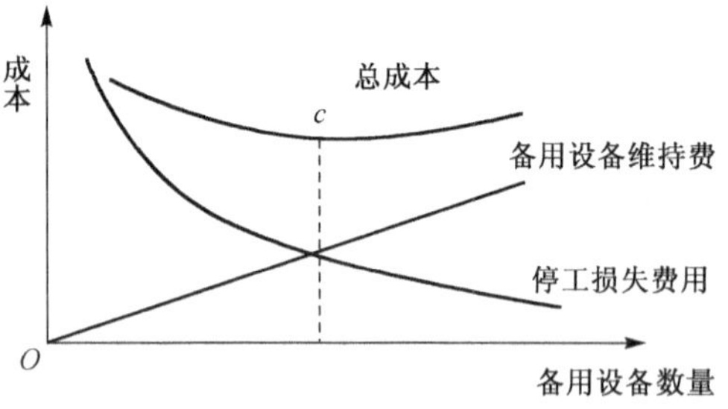

图 15-5　备用设备数量与成本的关系

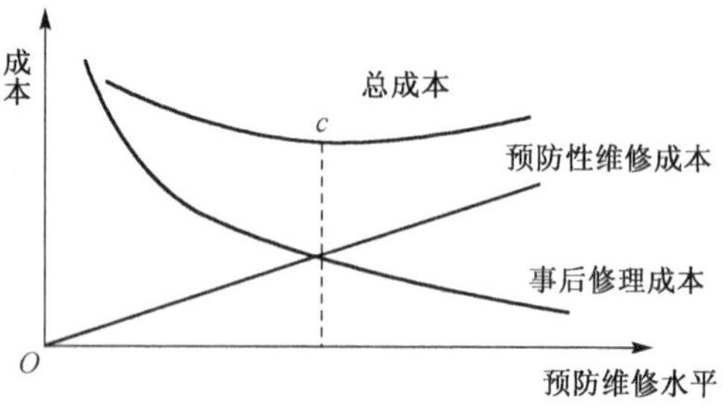

图 15-6　预防性维修与事后修理成本

选择设备维修方式的一般原则如下：

① 通过维修，消除设备修前存在的缺陷，恢复设备规定的功能和精度，提高设备的可靠性，并充分利用零部件的有效寿命；

② 力求维修费用与设备停修对生产的经济损失两者之和最小。

现代工业企业的生产方式分为单件小批量生产、自动化或半自动化流水线大批量生产、流程生产等。对不同生产方式的企业，主要生产设备的停修对企业（车间）整体生产的影响差异较大。例如，生产线上某一主要生产设备停修会使生产线全部停产，这是选择设备维修方式应考虑的主要因素。

15.3.5 设备更新决策

一般说来，在进行设备更新的决策时，应从技术和经济两方面进行分析论证。设备进行更新时，技术性分析主要包括 3 点：

① 更新后新设备的基本规格和主要参数能否满足生产发展的要求；

② 新设备在技术性能上比原有设备有多大改进和提高；

③ 新设备比原有设备在劳动条件和环境保护方面是否有所改善。

经济性评价主要包括计算设备的投资回收期和设备的投资收益率等，有关算法在技术经济学中都有介绍，此处不再赘述。

15.4 设备的可靠性

15.4.1 可靠性的基本概念

根据国家标准的规定，产品的可靠性是指产品在规定条件下，在规定时间内完成规定功能的能力。设备的可靠性是指设备机能在时间上的稳定性程度，或者说在一定时间内，不发生问题的程度（概率）。一台仪器设备，当人们要求它工作时，它就能工作，则说它是可靠的；而当人们要求它工作时，它有时工作，有时不工作，则称它是不可靠的。设备的可靠性越高，设备可以无故障工作的时间就越长。

为保证设备的长时间无故障运行而进行的分析处理过程，就是设备的可靠性分析。设备之所以发生故障，最主要的原因是设备的可靠性差。

设备实际使用的可靠性称为工作可靠性。工作可靠性又可分为固有可靠性和使用可靠性。固有可靠性是指该设备由设计、制造、安装到试运转完毕，整个过程所具有的可靠性，是先天性的可靠性。使用可靠性是指已生产的设备，经过使用、保养及环境等因素影响的可靠性。工作可靠性分类及评价因素如图 15-7 所示。

当固有可靠性低或使用可靠性低，或这两种可靠性都低时，设备就有可能发生故障。对故障采取对策，重要的是对故障原因在固有可靠性和使用可靠性上进行识别。当固有可靠性提高时，提高使用可靠性就比较容易；而当固有可靠性降低时，要提高使用可靠性就十分困难。因此，从根本上讲，要防止故障的发生，最有效的对策就是注意设备固有可靠性的形成，即重视设备的设计、制造、安装和调试全过程。

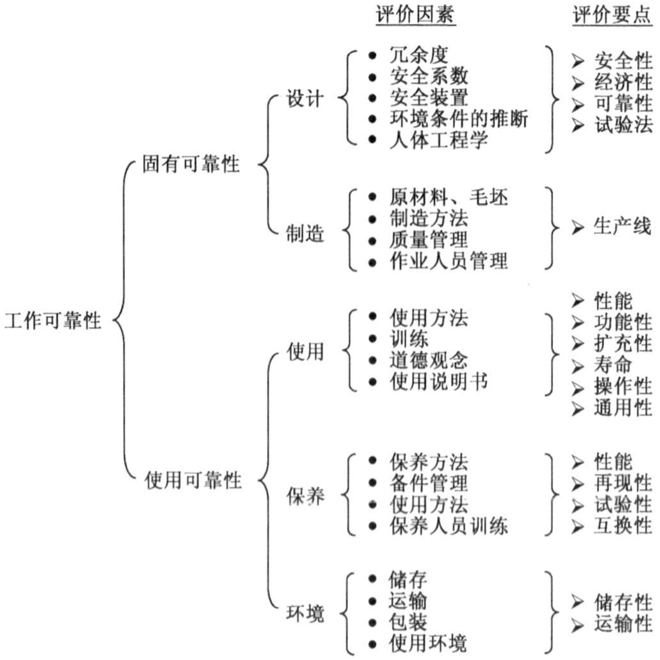

图 15-7　工作可靠性分类及评价因素

15.4.2　可靠性的要素

设备的可靠性包含了耐久性、可维修性、设计可靠性三大要素。

① 耐久性，指设备使用无故障或使用寿命长就是耐久性。

② 可维修性，任何设备都不可能 100% 不发生故障，当设备发生故障后，能够很快、很容易地通过维护或维修排除故障，就是可维修性。设备的可维修性与设备的结构有很大的关系，即与设计可靠性有关。

③ 设计可靠性，这是决定设备质量的关键，由于人机系统的复杂性，以及人在操作中可能存在的差错和操作使用环境的影响，发生错误的可能性依然存在，所以设计的时候必须充分考虑产品的易使用性和易操作性，这就是设计可靠性。一般来说，设备越容易操作，发生人为失误或其他问题造成故障和安全问题的可能性就越小。

15.4.3　可靠性的常用术语和主要特征量

可靠性是一项重要的质量指标，只是定性描述就显得不够，必须使之数量化，这样才能进行精确的描述和比较。可靠性的定量表示有其自己的特点，由于使用场合的不同，很难用一个特征量来完全代表。下面简单介绍一下可靠性的主要特征量。

1. 可靠度（R）或可靠度函数〔$R(t)$〕

设备的可靠度是指设备在规定条件下和规定时间内，完成规定功能的概率。

假设规定的时间为 t，设备的寿命为 T，在一批设备中有的 $T>t$，也有的 $T\leqslant t$，从概率论角度可以将可靠度表示为 $T>t$ 的概率，即

$$R(t) = P(T > t)$$

在数值上，某个事件的概率可用试验中该事件发生的频率来估计。

2. 失效概率或积累失效概率〔$F(t)$〕

失效概率是表征设备在规定条件下和规定时间内，丧失规定功能的概率，也称为不可靠度。它也是时间 t 的函数，记为 $F(t)$，显然

$$F(t) = P(T \leqslant t)$$

它在数值上等于 1 - 可靠度，也就是设备从 0 时刻开始试验(或工作)到时刻 t，失效总数 $r(t)$ 与初始试验(或工作)产品总数 N_0之比，即

$$F(t) = \frac{r(t)}{N_0}$$

积累失效概率 $F(t)$ 与可靠度 $R(t)$ 的关系式为

$$F(t) = 1 - R(t)$$

3. 失效密度或失效密度函数〔$f(t)$〕

失效密度表示失效概率分布的密集程度，或者说失效概率函数的变化率。它在数值上等于在时刻 t，单位时间内的失效数 $\Delta r/\Delta t$ 与初始试验(或工作)产品总数 N_0的比值，即

$$f(t) = \frac{\Delta r}{N_0 \Delta t}$$

同样，当 N_0很大时，也可用微商的形式来表示，即

$$f(t) = \lim_{\Delta t = 0} \frac{\Delta r}{N_0 \Delta t} = \frac{1}{N_0}\frac{\mathrm{d}r}{\mathrm{d}t} = \frac{\mathrm{d}\dfrac{r}{N_0}}{\mathrm{d}t} = \frac{\mathrm{d}F(t)}{\mathrm{d}t} = -\frac{\mathrm{d}R(t)}{\mathrm{d}t}$$

其所描述的曲线称为失效密度曲线，它与横坐标轴之间的面积恰好等于 1。也就是说，失效密度这个随机变量在(0，∞)范围内的概率等于 1。用积分式表示为

$$\int_0^{\infty} f(t)\,\mathrm{d}t = \int_0^{t} f(t)\,\mathrm{d}t + \int_t^{\infty} f(t)\,\mathrm{d}t = F(t) + R(t) = 1$$

4. 平均寿命(μ)

平均寿命对不可修复或不值得修复的设备和可修复的设备有不同的含义。对于不可修复的设备，其寿命是指设备发生失效前的工作时间或工作次数。因此，平均寿命指寿命的平均值，即设备在丧失规定功能前的平均工作时间，通常记为 MTTF(Mean Time to Failure)。对可修复的设备，寿命是指两次相邻故障间的工作时间，而不是指设备的报废时间。因此，这类设备的平均寿命是指平均无故障工作时间，或称平均故障间隔时间，记为 MTBF(Mean Time between Failures)。但是，不管哪类设备，平均寿命在理论上的意义是类似的，其数学表达式也是一致的。

假设被试设备数为 N_0，产品的寿命分别为 t_1，t_2，…，t_n，则它们的平均寿命为各寿命的平均值，即

$$\mu = \frac{1}{N_0}\sum_{i=1}^{N_0} t_i$$

如果失效密度函数 $f(t)$ 已知，且连续分布，那么，总体的平均寿命 μ 可按下式计算：

$$\mu = \int_0^{\infty} tf(t)\,\mathrm{d}t = \int_0^{\infty} R(t)\,\mathrm{d}t$$

一般说来，电子元器件的平均寿命愈长，在短时间内工作的可靠性愈高。但是，可靠性与寿命虽然密切相关，却不是同一概念，不能混为一谈。不能认为可靠性高，寿命就长；也不能认为寿命长，可靠性就必然高，这与使用要求有关。通常所指的高可靠性，是指产品完成要求任务的把握性特别高；而长寿命，是指产品可以工作很长时间而性能良好。例如海底电缆等通信设备所用元器件要求使用20年而性能良好，体现了长寿命；导弹工作时间不一定长，但工作时间内(几秒、几分或半小时)要求高度可靠，万无一失，这就体现为高可靠性。

练习思考题

1. 设备的概念及其特点是什么？
2. 简述设备管理的内容。
3. 简述全员生产维修制度(TPM)的特点、主要内容、目标及推行TPM的三要素。
4. 简述设备的磨损规律及故障规律。
5. 比较设备大修、中修、小修的工作内容。
6. 简述企业设备基本维护决策的类型。
7. 设备的可靠性包含哪些要素？

第 16 章

质量管理概论

【本章导引】

在当今企业环境因素越来越复杂多变，竞争越来越激烈的时代，质量管理越来越凸显出它在企业管理中的重要性。质量管理作为企业管理的基石，保证了企业总体业绩的提升和竞争优势的持续。本章全面介绍了质量管理的基本理念和背景知识，概括了全面质量管理的基础理念与架构，阐述了不同组织中的全面质量管理体系所涉及的若干方面，讨论了如何建立并保持全面质量管理的组织。

【本章重难点】

质量、质量管理的概念；质量管理发展各个阶段的特点；全面质量管理的概念、特点及原则；全面质量管理理论代表人物的理念及特点。

【本章学习目标】

1. 掌握质量管理的基本概念、基本原理以及质量管理的发展历程和新发展；

2. 掌握全面质量管理的含义、特点及原则，熟悉全面质量管理理论代表人物的理念及特点；

3. 了解不同组织中全面质量管理理念实施的影响因素。

在当今企业环境因素越来越复杂多变，竞争越来越激烈的时代，质量管理越来越凸显出它在企业管理中的重要性。质量管理作为企业管理的基石，保证了企业总体业绩的提升和竞争优势的持续。本章通过介绍质量、质量管理的基本概念，描述质量管理思想发展的各个重要时期，目的是使读者能够对质量管理理论有一个全方位的概括性认识，作为日后学习的基础。

16.1 质量和质量管理的概念、内涵

众所周知，质量是企业的生命，是企业参与市场竞争的资本。

在企业管理范畴内，不同的企业理论与管理思想研究者给予了“质量”不同的理解和定义，“质量”的内涵随着质量管理专业的发展和成熟而在不断地演变。

美国著名的质量管理学家约瑟夫·莫西·朱兰曾指出：“21 世纪将是质量的世纪。质量是和平占领市场最有效的武器。”他给出了关于质量的基本定义：“质量是一种适用性，即产品

在使用期间能满足使用者的要求。”这种定义反映了基于顾客需求的质量观，要求生产者把顾客的要求转换为具体的产品和过程规范，以此来夯实企业成为高绩效组织的基础。

朱兰的定义超越了以往关于“质量就是符合性”的概念，从使用者的角度来界定和评价产品的优劣，更能体现出该质量定义的客观性和合理性。

在市场日益国际化的今天，国际化标准组织定义的质量管理名词术语得到了广泛的引用。

16.1.1 质量

在国际标准 ISO9000:2000《质量管理体系基础和术语》中，质量被定义为“一组固有特性满足要求的程度”。

在这里，“固有特性”指产品具有的技术特征，而非后来人为附加的内容。“固有的”(其反义是“赋予的”)就是指某事或某物中本来就有的，尤其是那种永久的特性。“特性”指可区分的特征。

“满足要求的程度”指从顾客需求的角度出发，将产品的固有特性与顾客要求相比较，对产品的优劣做出评价。“要求”包含“明示的、通常隐含的或者必须履行的需求或期望”。“明示的要求”指合同中明确规定或顾客明确提出的要求；“通常隐含”指组织、顾客和其他相关方的惯例或一般做法所考虑的需求，或者期望是不言而喻的；“必须履行”指法律法规的要求，要求可由不同的相关方提出。

国际标准 ISO9000:2000 中对质量这一术语的定义强调了在固有特性与要求之间，要求是主导的、第一位的。以顾客驱动为内涵的质量定义，与传统的以产品导向为内涵的定义截然不同，它促使产品生产的各个环节趋于规范，更有利于提高顾客满意度。

该质量定义体现了质量三方面的内涵：质量动态性、质量的相对性及可比性。同时，也反映了质量的三种属性：自然属性、市场属性与社会属性。

16.1.2 质量管理

质量管理指在质量方面指挥和控制组织的协调的活动。通常包括 6 个方面的内容：质量方针、质量目标、质量策划、质量控制、质量保证及质量改进。

质量管理作为企业组织管理的重要组成部分，它从企业整体的、全局的角度出发，处理涉及企业各个价值链环节的质量问题，是企业实现所有与质量有关活动的总和。质量管理作为一种先进的管理思想和管理方式，呈现出动态的特点。它是以企业既定的质量方针和质量目标为导向，对企业的运行过程和相关资源进行策划，在日常管理中对实施过程进行控制，保证顾客的需求得以满足，并不断进行改进的动态过程。

1. 质量方针

质量方针指由组织的最高管理者正式发布的该组织总的质量宗旨和方向。

质量方针是组织关于质量的统一的、综合的、一体化的活动准则，为质量目标的制定提供了框架和方向。

2. 质量目标

质量目标即组织在质量方面所追求的目的。

通常组织的质量目标依据组织的质量方针而制定，是质量方针的展开，体现了组织在执行其使命时所期望达到的成果。

3. 质量策划

质量策划是质量管理的一部分，致力于制定质量目标并规定必要的运行过程和相关资源以实现质量目标。

质量策划是为了实现组织质量目标而展开的一系列活动，它在质量目标所确立的框架内，进一步细化质量目标，分析及确定为实现目标所需的必要的运行过程和相关资源。其内容之一是编制质量计划，质量计划是质量策划的结果之一，是质量策划活动所产生的一种书面文件。

4. 质量控制

质量控制是质量管理的一部分，致力于满足质量要求。

质量控制贯穿了产品价值和质量形成的各个阶段，涵盖了专业技术和管理技术两个方面。质量控制是对影响到产品和服务质量的各个因素进行控制，是一种动态的、循环的、往复的活动。它在明确质量控制对象的基础上，紧紧围绕满足顾客需求的目标，对企业管理活动的运行过程进行管理、评价，不断发现新的质量问题，并采取纠正行动。

这里所指的质量控制以预防为主，控制的目的并非单纯地为了检验出不合格品，而是为了监控和改善流程。

5. 质量保证

质量保证是质量管理的一部分，致力于提供质量要求会得到满足的信任。

质量保证与质量控制有着相同的要求，即“致力于满足规定的质量要求”。质量保证在满足规定要求的基础上，以提供信任为基本特征。质量控制是基础，涉及具体的操作，质量保证是质量控制的目的，希望通过各种努力，最终获得组织内部和外部的信任。

6. 质量改进

质量改进是质量管理的一部分，致力于增强在满足质量要求方面的能力。

这里的要求是多方面的，如有效性、效率和可追溯性。

质量改进活动是为了显著地改进企业的质量问题而进行的循环活动。其特点是强调过程管理，将持续改进的理念渗透到工作周期的每个环节，同时将领导者的集中管理转化为各个层面的自觉管理，动员全员参与，在过程管理中不断改进，以期达到更高的工作质量。

16.1.3 过程和产品

1. 过程

过程指一组将输入转化为输出的相互关联或相互作用的活动。

企业的任何一项活动都可以作为过程来管理，过程是质量活动的基本单元。过程由三个基本要素组成，即输入、输出和活动组。

2. 产品

产品指过程的结果。

4 种通用的产品类别分别是服务、软件、硬件、流程性材料。许多产品由不同类别的产品构成，服务、软件、硬件或流程性材料的区分取决于其主导成分。

服务通常是无形的，并且是在供方和顾客接触面上至少需要完成一项活动的结果。服务的提供可涉及：

① 在顾客提供的有形产品（如维修发动机）上所完成的活动；

② 在顾客提供的无形产品（如申报纳税所需的个人收入表）上所完成的活动；

③ 无形产品的交付（如知识传授方面的信息提供）；

④ 为顾客创造氛围（如在宾馆和饭店）。

软件由信息组成，通常是无形产品并能以方法、论文或程序的形式存在。硬件通常是有形产品，其量具有计数的特性。流程性材料通常是有形产品，其量具有连续的特性。硬件和流程性材料被称为货物。

16.2 质量管理发展历程

质量管理作为管理科学的重要组成内容，有着丰富的历史概念。

16.2.1 工业化时代以前的质量管理

在工业革命之前的人类历史长河里，虽然很难找到最初的质量管理方法和工具，但是可以确信的是，人们在生产、生活的很多方面面临着质量问题。在手工工业阶段，人们对质量的感知，主要来自于实践活动中有关质量知识的代代相传。对质量的控制主要依靠手工操作者本人依据自己的手艺和经验来把关，制作者竭尽全力来保证最终产品的质量。这个阶段一般称为“操作者的质量管理”阶段。

18 世纪中叶，欧洲工业革命产生了工厂，伴随着批量生产的出现，带来了许多新的技术问题，如测量的精度和检验的准确程度等，这些问题的提出和解决，催促着质量管理科学的诞生。

质量管理满足了经济发展本身对质量的要求，适应了组织机构的发展需求，进一步促进了组织效益系统化和合理化。

16.2.2 工业化时代的质量管理

质量管理理论作为一门科学，能够从 20 世纪发展到今天，是从科学管理及现代管理理论中不断汲取营养，并顺应时代和环境的变化而不断发展丰富的结果。在过去的整整一个世纪中，质量管理理论的发展大致经历了 3 个阶段，如图 16-1 所示。

1. 质量检验阶段（20 世纪初—20 世纪 30 年代）

这一阶段的主要特点是以事后检验为主。

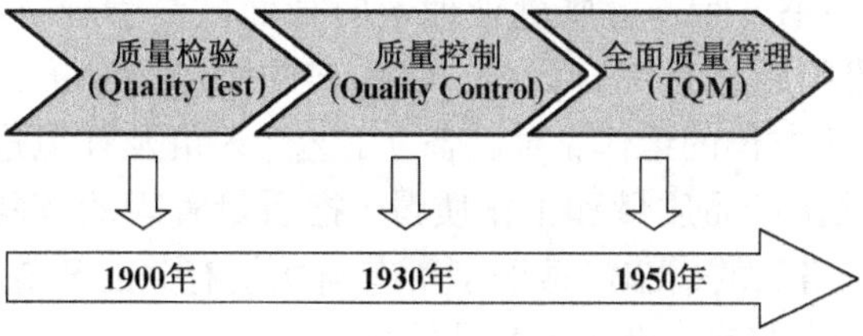

图 16-1　质量管理理论发展的 3 个阶段

20 世纪初，工厂对产品的检验都是通过使用各种检测设备和仪表，进行百分之百的检验。其间，被誉为科学管理之父的泰勒提出了一套全新的管理理念，要求将计划职能、执行职能、检验环节分开，各有专人单独负责。这样，工厂里设立了专职的质量检验机构，质量保证的工作交到了检验人员的手中。质量检验人员根据技术标准，利用专业的测试手段，从成品中挑出不合格产品，保证出厂产品质量。检验成为这一时期质量控制的重要手段。

随着生产的发展，人们逐渐认识到事后检验把关，无法在生产过程中起到预防、控制的作用，不合格产品已成事实，很难补救。一些质量保证的先驱者注意到质量检验中存在的问题，致力于开发出改进质量和解决质量问题的方法。

1924 年，沃尔特・休哈特带领的团队尝试将数理统计学的原理运用到质量检验中来，关注识别和解决引起缺陷的问题，使质量检验既经济又准确，并成功地创造了“控制图”，这一质量控制工具的出现，是质量管理从单纯事后检验转为检验加预防的标志，也是形成一门独立学科的开始。

2. 质量控制阶段(20 世纪 40—50 年代)

这一阶段的特征是数理统计方法与质量管理的结合。

第二次世界大战期间，由于美国军方迫切需要保证军火质量，培养了一批质量管理方面的专家，这些专家在组织中开始应用和推广统计质量管理工具，并收到了显著的效果。这样，统计质量控制开始广为人知，并在制造业中得到了广泛应用。由于在 20 世纪 40—50 年代，质量管理强调“用数据说话”，强调应用统计方法进行科学管理，所以将质量管理的这一发展阶段称为“统计质量控制阶段”。与传统质量管理阶段相比，它的范围从最终检验点拓展到了整个生产过程，而且该阶段的检验无论从科学性还是形式都比传统的检验工作更为丰富，所以它更加适应现代化大规模生产的需要，有力地推动了生产的发展。

统计质量管理一经推广，即在世界范围内取得了成效，不少国家都制定了大量的抽样检验标准，并纷纷采用一系列抽样检验的方案和办法。但是，它对质量的管理和控制只局限于制造和检验部门，忽视了其他部门对质量的影响，不能充分发挥各个部门和广大员工的积极性，制约了它的全面推广和应用。这些问题的解决，又推动着质量管理发展到一个新阶段——全面质量管理阶段。

3. 全面质量管理阶段(20 世纪 60 年代至今)

20 世纪 60 年代，随着市场竞争的加剧和高精尖产品的发展，对质量控制提出了更高要求，质量管理学的先驱者们意识到单纯依靠质量检验和统计方法已难以保证和提高产品质量，促使“全面质量管理”的理论逐步形成。

全面质量管理的概念最早是由美国通用电气公司质量总经理费根堡姆提出的。1961 年他出版了《全面质量管理》一书，标志着质量管理走向全面质量管理阶段。全面质量管理强调，站在系统的角度，对质量问题进行综合分析，以用户的需求为基准，在统计质量管理的基础上，实行全员、全过程、全方位的运作，对设备、工艺、人员及环境进行科学的管理。全面质量管理阶段的管理对象强调产品质量和工作质量，把质量管理的范围扩展到了所有对产品有影响的因素，把预防不合格品的措施渗透到了所有与质量有关的环节，把经营管理、生产技术和统计方法三者有机地结合起来，确保了产品的高质量。

日本从美国引进了全面质量管理理念，在本土实践中结合日本企业的实际情况加以创新和发展，极大地丰富了全面质量管理的内容，首创了 QC 小组方法、质量功能展开、田口方法、5S 管理和精益生产等。全面质量管理理论在日本的广泛应用，使日本企业的整体质量水平跃居到了世界前列。日本企业的崛起使美国企业界意识到质量问题而导致的竞争弱势，逐步提升了质量意识，开启了“质量革命”时代，至此，全面质量管理得以在世界范围内推广应用，质量管理步入“全面质量管理阶段”。这一阶段的主要特征是“数理统计方法与行为科学结合，注重人在管理中的作用，全面、全方位参与管理”。此时期企业质量管理已延伸至企业外部，特别是对消费者需求的重视。质量管理已不仅是企业运作的环节，而是企业战略的重要组成部分。

从工业化时代质量发展的历史轨迹来看，质量管理经历了一个“点、线、面、体”的发展过程。首先，质量管理起源于手工检验，特别是依赖于最终检验等“检验点”；其后，质量管理依赖于各种复杂科学的统计工具，由事后把关向事前把关和事中控制移动，体现于过程轴线；当质量管理朝着全公司范围质量管理发展时，就进入了过程轴和职能轴构成的面的阶段；而当质量概念的内涵和外延进一步延伸到“大质量”概念时，就有了系统化的立体管理，即全面质量管理。需要说明的是，各个质量管理阶段之间是有继承性和发展性的，各个时期诞生的理念和工具至今仍有重大的指导意义。

16.3 全面质量管理概述

全面质量管理作为质量管理学科发展到现阶段的核心内容，既继承了统计质量管理的基本原理，又具有其创新性。

16.3.1 全面质量管理的概念及特点

全面质量管理(Total Quality Management，TQM)是一个组织以质量为中心，以全员参与为基础，目的在于通过让顾客满意和本组织所有成员及社会受益而达到长期成功的管理途径。最早提出全面质量管理概念的是美国通用电气公司质量总经理费根堡姆，他在 1961 年出版的《全面质量管理》一书中对 TQM 是这样定义的：“为了能够在最经济的水平上，并考虑到充分满足顾客要求的条件下进行市场研究、设计和制造以及售后服务，把企业内各部门的研制质量、维持质量和提高质量的活动构成为一体的一种有效的体系。”全面质量管理的理念提出以后，以其科学性和实用性成为质量管理学科的主体内容。

全面质量管理是一项复杂的系统工程，要求企业在充分满足用户要求的条件下，动员全体员工同心协力，综合运用管理技术和科学方法，把专业技术、经营管理和数理统计结合起来，经济地开发、研制、生产和销售用户满意产品。

概括起来，全面质量管理具有以下特点。

1. 强化“质量第一”的管理理念

要让组织中的所有成员都意识到质量是企业生存与发展的基石，质量管理是企业的核心管理活动。

随着时代的发展，质量的内涵与外延不断拓展，已从早期局限于产品、体系和过程的狭义质量，扩展到企业的经营质量、绩效质量、文化质量等大质量体系。质量不仅要满足顾客要求，还要满足其他利益相关方要求，需要综合考虑产品生产的复杂性、成熟程度、技术性、安全性，以及流程的流畅性和稳定性、企业的效益性等各种因素，从而建立一套严格、规范、完整的全面质量管理体系。

2. 突出体现“全员参与、全方位、全过程”的内涵

全面质量管理必须以全员参与为基础，是全方位的、全过程的管理活动。全员质量管理要求企业质量环中的每一位员工都要参与到企业的质量管理活动中来，对质量水平的提高做出贡献，只有全体员工高度重视和充分参与，才能够真正地采用系统化的方法对企业的流程进行质量管理和控制。

全过程质量管理要求从设计过程、制造过程、辅助过程到使用过程都要注重质量管理。只有在产品全生命周期内都重视质量，建立一个能够稳定生产合格品和优质品的系统，才能够实现从事后检验到事前控制的转变。

全方位质量管理要求企业内部各个职能部门，如质量部、工程技术部、生产部、行政部、人力资源部、财务部等都要对企业的质量负责，各个部门密切配合，共同承担起企业的质量责任。

为了进行企业“全员参与、全方位、全过程”的质量管理活动，企业需要掌握和应用专业的、多种多样的质量管理方法或工具。

3. 强调充分发挥人的积极因素

人的因素是企业各项活动中最重要、最积极的因素。全面质量管理理念格外强调调动人的积极因素的重要性。实现全面质量管理必须调动人的积极因素，发挥人的主观能动性。

4. 综合运用各种科学的系统的方法和工具

全面质量管理体系建立在科学的基础上，强调用数据说话，广泛地应用了各种统计方法和工具，如“质量管理 7 种工具”，即因果图、排列图、直方图、相关图、控制图、分层法和调查表；日本还推广了“新 7 种工具”，即关联图法、KJ 法、系统图法、矩阵图法、矩阵数据解析法、过程决策程序法(PDPC 法)和箭条图法。

近年来，随着信息系统的建立与不断完善，质量管理信息系统搭建的信息平台已成为企业制定质量政策，确定质量目标和措施的依据。质量信息的及时处理和传递也是生产过程质量控制的必要条件，信息技术的迅猛发展为企业实施全面质量管理提供了有力的支持。

5. 以预防性的事先控制为主要控制手段

全面质量管理阶段与之前的管理阶段相比，更注重设计和制造阶段的质量控制，强调防患于未然，在设计环节消除隐患，为企业节省更多的资源和成本，充分体现经济性和合理性原则。

6. 致力于在卓越领导下建立高绩效组织，获得长期的成功

全面质量管理强调企业放眼未来，以长期的、不断进取的企业精神，不断地完善质量体系，永无止境地持续改进，而不是着眼于短期的效益或哗众取宠的市场效应。

16.3.2 全面质量管理的原则

1. 以顾客为中心

企业必须依赖于顾客才能得以生存和发展，顾客的需求是企业存在的源头和动力。全面质量管理强调以顾客为关注焦点，以顾客满意为宗旨，根据顾客的需要来确定质量标准,在最经济的水平上最大限度地向顾客提供满意的产品和服务。

在竞争日益残酷的当今社会，要想在竞争中立于不败之地，唯有从顾客的角度来分析需求，以顾客的观点来评价产品，使顾客完全满意，进一步促进顾客忠诚度的培养和巩固。

顾客所购买的不是产品和服务本身，而是其效用和价值，企业所能做的就是达到并且超出顾客的需求。如果在一次交易中，顾客的需求没有得到满足，那么，企业就增加了一个不满意顾客。不满意顾客有可能成为对企业产品或服务不满意的扩散源，影响企业的声誉和效益。

2. 领导的作用

全面质量管理实施的重要前提是企业的决策层必须对质量管理给予足够的重视。企业最高管理层所做的决策关系到企业的生死存亡，决策层所做的努力对于建立和完善质量体系至关重要。他们要为企业树立一个长期的质量目标，确定质量战略和质量保证模式，为员工树立一个核心质量观，制定有助于质量管理能力开发和增强的方针政策，有效地协调各部门的工作，努力推动持续改进。

3. 全员参与

人力资本是企业中资源与能力的共生体，他们拥有的知识和技能是进行企业管理活动的重要财富。全面质量管理强调全员参与，要求充分授权给员工，在组织内部发扬团队精神，共同承担起质量责任。

20 世纪 70 年代，日本的 QC 小组达到了 70 万个，而到目前为止我国已注册的 QC 小组已经超过了 1 500 万个，这些 QC 小组的活动每年给我国带来的收益超过 2 500 亿元人民币。因此，全员参与是全面质量管理思想的核心。

4. 过程方法

全面质量管理将所有相关资源和活动都作为一个过程来进行管理。PDCA 循环实际上就体现了一个完整的质量管理过程。这里，P 指计划(Plan)，D 指执行计划(Do)，C 指检查计划(Check)，A 指采取措施(Action)。

5. 系统管理

全面质量管理认为质量管理是一个系统工程，它贯穿于产品价值创造、管理、支持等过

程，每一个环节对于质量的产生、形成和实现都是不可或缺的。企业应通过建立体系，运用有效的过程方法对全方位、全过程进行管理和监控，并且能够确保具体操作的可行性。

6. 持续改进

为了追求卓越，建立"基业长青"的企业，许多企业把"持续改进"作为自己的信条。只有坚持持续改进，才能满足不断变化的顾客需求，确保企业核心竞争力的领先地位。

企业改进范围可以涉及产品的质量、交易方式方法、成本控制、环境质量等各个领域，改进的目标不仅是行业内外的标杆和竞争对手，还要不断超越自己。因此，持续改进是永无止境的。

要实现持续改进需要有科学系统的方法或机制，企业必须建立全面的适合于本组织的质量改进系统。该系统包括改进的管理架构、改进的程序、改进的激励机制、改进的资源保证等。全员参与是持续改进的基础。

7. 以事实为基础

有效的决策必须建立在对数据和信息进行合乎逻辑和直观的分析的基础上，因此，为了实行全面质量管理，也必须以事实为依据，如果背离了事实依据单纯依靠主观判断，那么管理就失去了意义。

8. 互利的供方关系

全面质量管理向前延伸到供应商，确保其生产过程中能够用到符合企业要求的零部件或原材料。通过企业和供方之间良好的互利关系，增进了两个组织创造价值的能力，从而为双方的进一步合作提供基础，谋取更大的共同利益。

16.4 全面质量管理理念与框架

在全面质量管理阶段，许多质量管理大师为全面质量管理理论与实践的发展和完善做出了不可磨灭的贡献，这些代表人物主要有戴明、约瑟夫·朱兰、菲利普·克罗斯比，以及日本的石川馨。这些先驱者所倡导的质量管理理念和方法始终深刻地影响着世界企业及质量管理领域的发展。

16.4.1 戴明的理念

戴明（W. Edwards. Deming）的名字同全面质量管理紧密相连，他因对世界质量管理发展做出的卓越贡献而享誉全球。以戴明命名的"戴明品质奖"，至今仍是日本品质管理的最高荣誉。作为质量管理的先驱，戴明学说对国际质量管理理论和方法始终产生着异常重要的影响。

戴明从统计学方法在质量管理中的运用入手，经过多年的探索与不断总结，为质量管理提出了系统全面的思想、理论和方法，他的学说构成不仅完善和丰富了质量管理的理论体系，也为后来的质量管理研究奠定了基础，在企业管理思想上有重大的突破和创新。

1. 戴明的“十四要点”

戴明在日本推广传授其理论框架和操作要点时，有一句颇能体现其哲理思想的名言：“质量无须惊人之举。”最能体现这句话内涵的，就是戴明的“管理十四要点”，戴明认为，这十四点是所有企业努力的方向和发展的基石。

（1）创造产品与服务改善的恒久目的

要保证企业持久的竞争力和稳定持续的经营，就必须在最高管理层的引领和带动下，确定企业恒久而一致的目的——改进产品和服务，并形成支持这一长远目的的核心价值观。最高管理层以公司的长远利益为行动指南，建立和完善管理体系，改革和创新管理制度，从根本上保持企业原有的竞争优势，创造新的竞争优势。

（2）采纳新的哲学

以往的质量管理方法建立在泰勒科学管理理念的基础上，随着全球化经济的发展，一些理念已无法适应环境。戴明在工作中意识到了这一问题，并致力于改变人们的态度。例如传统的观念认为，要确保高质量就意味着增加开销，戴明则认为：“同样一笔钱买到的产品与服务越好，生活开销就越低。”

戴明提倡企业中的每个人，都要了解质量和卓越绩效的原理，崇尚品质，绝对不容忍粗制滥造和劣等服务，不能接受任何缺陷。

（3）理解检验

检验是传统的质量保证手段，但是检验其实是等于准备有次品，检验出来已经太迟，且成本高而效益低。戴明主张改良生产过程，运用简单的统计工具来帮助控制过程并停止依靠大批量的检验来达到质量标准的做法。

（4）停止单纯依据成本做决策

企业常以最低价格标准来作为采购依据。然而价格本身并无意义，只是相对于质量才有意义。戴明敦促企业与少数供应商建立长期的供应关系，同心协力地携手合作。只有建立起长期的双赢关系，企业才能获得合适的原材料，才能真正降低成本，提高产品质量。

（5）持续不断地改进

改进是必不可少和永无止境的企业活动，也是现代企业的生存之道。

企业可以改进的内容涉及产品和服务设计、运营方式、工作方法等诸多方面，戴明强调，持续改进必须集合企业所有人的力量，组织必须确保员工能够理解和有效使用改进工具。

（6）开展培训

培训可以提高组织成员的技能，从而提高工作效率和工作质量。

（7）进行领导

戴明认为管理层的任务主要是领导而非监督。按照戴明的分析，企业中存在的问题有85%是由管理不善而造成的系统错误，只有15%是由操作不当而引发的人员错误。因此，解决企业中存在的问题，关键是改善管理，改进领导方式。

(8) 驱走恐惧

由于恐惧，组织成员往往不敢反映质量问题或潜在的质量隐患，从而导致了成本的增加。恐惧导致了短视的思维，只有培养起组织成员对管理层的信心，才能驱走恐惧。

(9) 优化团队的努力

戴明主张将组织作为一个系统来进行管理，通过提供不同部门人员的交流合作机会、组织培训和鼓励雇员参与等方式来打破部门间的壁垒。

(10) 停止说教

空洞的说教和华而不实的口号，不会解决任何实际问题，反而会引起员工的反感和抵触。

(11) 取消数字定额和目标管理

当许多组织采用数字定额和主观的目标管理进行管理时，组织成员往往会为了完成数量目标，而忽视质量要求。

(12) 清除影响人们工作自豪感的障碍

管理层必须做出努力，培养起员工的工作自豪感，充分调动员工的积极性。

(13) 鼓励教育与自我改进

企业负有提升个人价值的责任，应致力于营造员工追求知识、自我改进的气氛。

(14) 采取行动

管理层应该针对前面的13点内容，付诸实施。

2. PDCA 循环

所谓PDCA循环，即计划(Plan)→实施(Do)→检查(Check)→行动(Action)连续循环，也被称为“戴明环”。

(1) PDCA 循环模式

PDCA循环体现了企业质量管理工作的一般规律，其模式被称为“4个阶段”、“8个步骤”和“7种工具”。

“4个阶段”即是指P、D、C、A。

“8个步骤”如下。

① 通过分析现状，找出需要改进的问题。

② 寻找问题产生的原因或影响因素。

③ 找出其中的主要原因。

④ 针对主要原因，制订解决问题的措施计划。改进措施应明确如下内容：达到什么目标，在哪里执行，由谁来执行，什么时间完成，如何实施。

⑤ 切实执行制订的措施计划。

⑥ 检查措施执行的效果。

⑦ 把成功的经验总结出来，制定相应的标准。

⑧ 把遗留问题转到下一个循环解决。

（2）PDCA 循环的特点

① 不断循环，周而复始。PDCA 循环的 4 个阶段紧密连在一起，顺序形成一个大环，不断地转动，而且每转动一次就提高一步，如图 16-2 所示。

② 大环套小环，互相推动，互相促进。企业的各个部门均参与到质量管理中来，好比大环里的小环，大环指导和推动着小环，小环在自身循环的同时又促进着大环，有机地构成一个运转体系，如图 16-3 所示。

③ 循环上升。PDCA 循环不是停留在一个水平面上的循环，而是在旋转中不断上升的环，好比爬楼梯，如图 16-4 所示。

通常，在质量管理中广泛应用的工具是因果图、排列图、直方图、相关图、控制图、分层法和调查表。

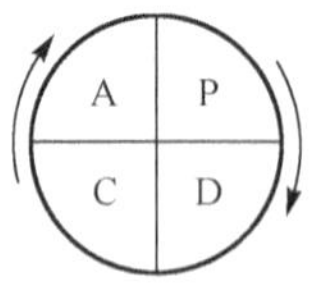

图 16-2　PDCA 循环

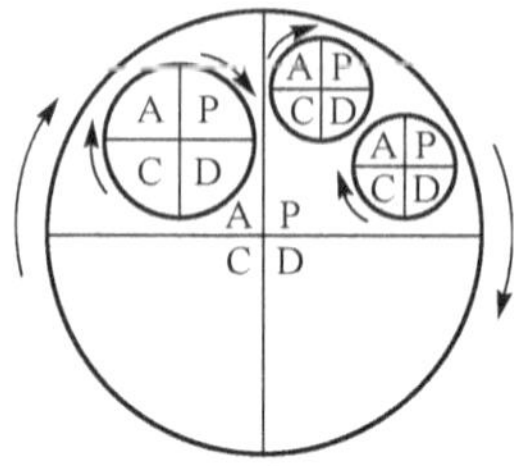

图 16-3　PDCA 循环的结构

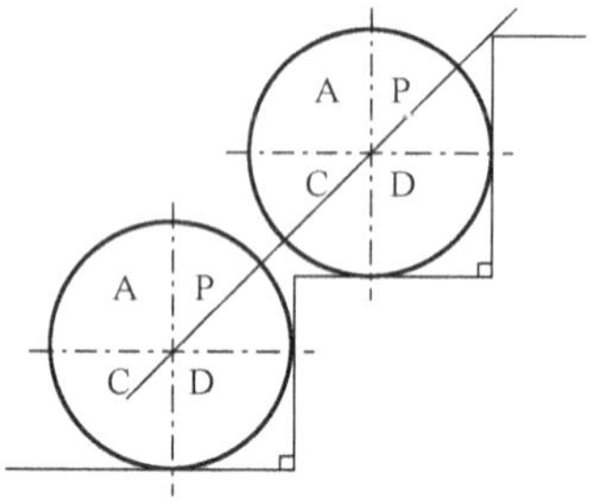

图 16-4　PDCA 循环的上升

16.4.2　朱兰的理念

朱兰（Joseph M. Juran）博士为奠定全面质量管理的理论基础和基本方法做出了卓越的贡献。与戴明一样，他在日本复兴中扮演了重要角色，获得了无数荣誉。由他主编的《质量控制手册》至今仍是一本备受欢迎的质量管理参考书，他的理论使质量管理超越了企业作业层面和统计技术层面的范畴，而成为真正的全面质量管理。

1. 朱兰质量三部曲

朱兰认为，质量是从目标和企业愿景出发，通过管理过程而得到的。由此，他提出了著名的质量管理三部曲：质量计划、质量控制与质量改进。朱兰质量三部曲为全面质量管理理论的框架发展奠定了基础，构成了质量体系中最基本的概念，见表 16-1。

表 16-1　朱兰质量三部曲

阶　段	Ⅰ质量计划	Ⅱ质量控制	Ⅲ质量改进
主要内容	设定目标	评价绩效	建立基础设施
	识别客户及需求	比较目标与行动	识别项目与团队
	开发产品与流程		提供资源与培训
			建立控制

2. 二八法则

朱兰博士依据大量的实际调查和统计分析认为：在所发生的所有质量问题中，仅有 20% 是由基层操作人员的失误造成的，而其中 80% 的质量问题是领导者造成的。

3. 质量螺旋

朱兰认为，为获得产品的最佳使用效果，需要进行一系列相关的质量管理活动。这些活动主要包括市场调查、开发设计、计划采购、生产控制、检验、销售、反馈等各个环节；同时，这些环节又在整个过程周而复始的循环中螺旋式上升。因此，它也可被称为“质量进展螺旋”。

朱兰的“螺旋曲线”反映了产品质量产生、形成和发展的客观规律，也反映出质量管理是一项社会系统工程，如图 16-5 所示。

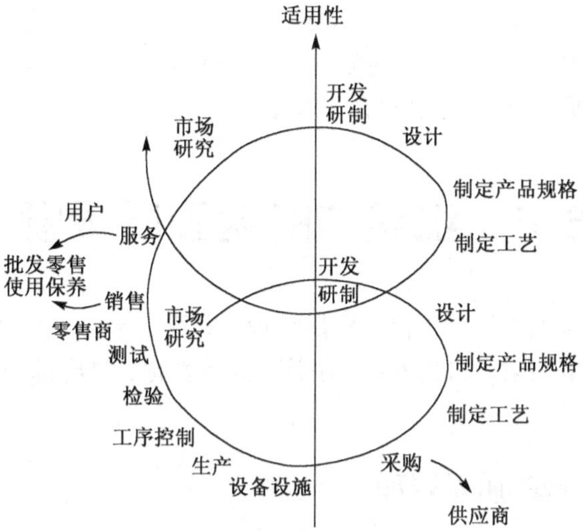

图 16-5　朱兰的“螺旋曲线”

16.4.3　克罗斯比的理念

克罗斯比（Philip B. Crosby）被誉为当代的“零缺陷之父”，他创造了很多质量管理方面的独有词汇，如“零缺陷”、“符合要求”、“预防”以及“不符合要求的代价”等。他是质量管理实践的践行者，他的《质量免费》一书成为企业经营者传阅的经典；他有关质量管理的 14 个步骤也成为企业改善质量管理活动的主要参考规范，见表 16-2。

表 16-2　克罗斯比 14 个质量步骤

1. 管理层承诺	5. 质量意识	9. 零缺陷日	13. 质量委员会
2. 质量改进团队	6. 改进行动	10. 设定目标	14. 重复进行改进工作
3. 质量度量	7. 零缺陷委员会	11. 消除故障原因	
4. 质量评估成本	8. 主管培训	12. 鼓励参与	

16.4.4　石川馨的理念

石川馨是日本最重要的质量管理学家，他强调有效的数据收集和演示。石川馨认为因果图和其他工具一样都是帮助人们或质量管理小组进行质量改进的工具。

他的主要观点如下。

① 质量始于教育，终于教育。

② 质量工作的第一步就是了解顾客的要求。

③ 当检验不再必要时就达到了质量控制的理想状态。

④ 消除问题的根源而非症状。

⑤ 质量控制是所有员工和所有部门的责任。

⑥ 不要混淆手段与目标。

⑦ 质量第一，要着眼于长远的收益。

⑧ 营销是质量的入口，也是出口。

⑨ 当下级如实汇报事实时，上级不得发怒。

⑩ 公司内 95% 的问题可以用简单的分析工具和问题解决工具来解决。

⑪ 没有离散信息(即变异)的数据是假数据。

16.5 组织中的全面质量管理

随着消费者期望和认识水平的提高，质量管理的概念已经远远超出了最初的制造业范围，而延伸到了各个主要经济领域，如服务业、医疗、高等教育、政府部门等。本节将讨论不同组织中的全面质量管理。

16.5.1 制造领域的质量管理

制造领域对质量的关注由来已久，从最初的依赖手工检验到建立起有预防机制的全面质量管理体系，组织的质量管理活动有了很大的改变。

1. 制造系统中的各个环节

一个完整的制造系统是由不同的环节相互作用、相互影响而形成的，系统中的每个环节都对质量管理活动有着深刻的影响。一般来讲，质量管理活动涉及的环节包括基础环节和核心环节两种类型，包含着领导和战略管理、员工关系管理、客户关系管理、供应商关系管理、产品设计、流程和控制等过程管理、售后管理、信息与知识管理等内容。

2. 制造系统每个环节在质量方面的关注点

(1) 领导和战略管理

领导层的战略决策对组织质量的影响是显而易见的，领导层必须致力于建立完善的质量保证体系，规划合理科学的质量流程，不断优化组织的技术流程和管理流程，逐步提升质量管理活动的水平，并最终带来企业绩效的改善。

(2) 产品设计

良好的设计有助于预防缺陷，降低生产风险。产品设计部门应紧紧围绕顾客需求，制定严格的技术规范。随着产品设计技术的逐渐深入和增强，企业总体绩效和质量管理水平会上一个新的台阶。

(3) 采购和验收

采购部门应制定合理的采购策略，建立科学的管理流程，高度重视所采购物品和原材料的质量。验收部门必须确保进入生产环节的货物符合组织的质量要求。

(4) 过程管理和信息管理

组织的生产部门应凭借先进的质量管理信息平台，对关键质量参数和关键工序进行样本采集和统计分析，利用控制图原理识别过程的异常，实现对全过程的分析和监控。

(5) 员工关系管理

不断发展的生产技术和不断提高的管理水平对员工的能力和知识储备提出了更高的要求，只有组织不断提供培训，员工不断提高自己的技能，才能适应新的生产技术，才能将全员参与的质量管理理念贯彻落实。

(6) 供应商关系管理

随着质量管理发展阶段的演变，组织越来越意识到质量是一个外部推动的面向市场的全面活动。在新的物流与采购经济形势下，需要建立新的供应商管理机制。只有建立起良好的双赢关系，才能保证制造商得到准时、合格的采购。

(7) 客户关系管理

组织的所有质量活动都围绕着客户需求来展开，只有深入分析客户资料，提高流程的规范性和稳定程度，才能提供满足客户需求、品质好的产品。

(8) 售后管理

对于顾客忠诚度的培养而言，售后服务是关键因素。售后服务人员要注意聆听顾客表达的意见和建议，及时反馈给相关部门，还要了解和观察顾客的隐形需求。

从上述描述中可看出，质量领域的组织是一个庞大的系统，系统中的每个环节、每个人都要承担起各自的质量责任。唯有如此，组织的质量管理体系才能不断得以完善。

16.5.2 服务领域的质量管理

服务领域涉及的质量管理与制造领域有很多方面的不同，因为服务领域提供的多是无形的产品，这就使服务质量很难被界定和量化；服务领域面对的顾客需求难以识别和测定。服务领域的质量管理主要受以下几个因素的影响。

1. 顾客感知价值

西方学者载瑟摩尔把顾客感知价值全面概括为:顾客所能感知到的利益与其在获取产品或服务时所付出的成本进行权衡后对产品或服务效用的总体评价。顾客感知价值就是服务质量管理水平的反映。

服务业要着力于防止缺陷和差错，提高顾客感知价值。只有防止差错和缺陷，才能防止与顾客的争议和摩擦，取得顾客的好感与信任；只有提供并让顾客感知到优质的服务，才能改善并巩固经营业绩。

2. 员工

员工是服务的直接提供者，顾客对服务质量的感知首先来源于对于这种接触的感知，顾客往往会根据员工的表现来评定服务质量的好坏。研究者已经多次证明，服务人员的工作满意度与顾客的满意度呈正比关系。为了提高员工的服务质量，就必须在组织内部推行人性化的管理，制定有效的激励政策，加强对员工的培训和关注。只有员工的工作满意度和工作自豪感提高了，顾客的满意度才会得到相应的提高。

3. 团队合作

利用团队合作，打破以往等级制度对决策能力的制约，并针对顾客不断变化的需求和期望建立起快速反应机制，提供顾客满意的服务。

4. 信息技术

信息技术被广泛应用于服务领域的质量管理中，通过信息平台的搭建，顾客可以从互联网上得到大量的产品信息，提出需求，并进行评论。信息技术的迅猛发展使服务的速度得到了大幅度的提高。

16.5.3 医疗领域的质量管理

质量问题一直是医疗行业关注的焦点问题。许多国家都设立了诸如质量保证委员会或医疗改进学会之类的医疗管理机构，这些机构都围绕着医疗行业的服务质量和医疗质量的考核与评定而开展工作。

现代医疗领域，影响质量管理的主要因素有以下两个。

1. 信息平台的建立

数字医院的建立，有效地提高了医疗服务速度。先进技术手段的应用，极大地提高了医疗水平。通过不断完善的信息系统，医院实现了资源共享网络化、办公自动化、医学图像数字化，可以更方便地采集信息和传输数据，从而实现更科学的质量管理。

2. 质量考核体系的建立

医疗体系管理的核心和主题是持续不断地改进医疗质量，要实现这一目标，就必须按照全面质量管理的要求，结合医疗机构的实际情况，按照系统论方法构建能够反映医疗机构各个侧面信息的质量管理考核体系，制定质量考核标准，坚持持续推行质量改进。

16.5.4 教育领域的质量管理

从质量定义的角度来界定教育质量，教育质量即可理解为教育满足人与社会两方面需要的程度，具有可控性、可塑性、发展性 3 个特征。提升教育质量一直是质量改进活动最有挑战性和最有价值的活动之一。

影响教育领域质量管理的主要因素如下。

1. 社会对人才的需求

质量的定义就是满足需求，所以要提升教育质量，首先就要研究社会对人才的需求。通过周密细致的市场调研，分析社会对人才能力和知识素养的要求，从而产生人才培养标准，并按照这个标准来培养人才，这是教育领域质量管理的起点。

2. 良好的质量管理机制和完善的制度体系

教育体系通过在教学质量、学术质量、能力培养等方面制定标准，建立内涵丰富、分层级、全方位、多角度的考核体系，将质量管理工作制度化。

3. 持续改进

在领导者的组织下，学校、家庭、受教育者本人等相关人员都团结一致，共同推进教育质量改进。所有参与变革的人都承担起自己的责任，积极参与各项活动。

16.5.5 政府的质量管理

政府服务或产品质量是指政府提供的服务或产品固有的特性满足公众和其他相关方面要求的能力。随着社会的发展，民众和社会组织对政府提出了新的需求，这些需求成为政府实施全面质量管理的原动力。

政府的活动作用于社会的方方面面，影响到所有领域和每一个人，因此，政府的质量管理活动更为艰巨和富有挑战性。和其他各领域的质量管理活动相比，政府因其垄断性、管理目标多元化、管理层级复杂化等特点，需要建立复杂的、庞大的质量管理体系。目前，很多国家的政府都在积极引进全面质量管理，致力于使民众满意。

质量管理的理念几乎通用于社会生活的所有领域，人们对质量管理活动的探索与实践是永无止境的。

16.6 建立并保持全面质量管理的组织

全面质量管理的核心原则是卓越领导、顾客至上、全员参与、持续改进，道理非常浅显易懂，但是研究者发现多达70%的组织有关TQM实施的努力都失败了。

16.6.1 组织全面质量管理实施过程中存在的问题

1. 对全面质量管理的内涵和理念认识存在偏差

有些组织仍然把高质量与高成本简单画等号，未能真正理解质量大师克罗斯比提出的“质量免费”观念的精髓所在；还有些组织对产品质量的评价体系尚未完善，仍停留在基本功能的实现上，使组织产品质量长期在低水平徘徊。这些认识上的偏差，引导了组织错误的努力方向，增加了变革成本。

2. 缺乏完整的体系支撑和基础工作的支持

由于组织缺乏质量持续改进的原动力，没有形成危机意识，对于质量体系的建立和完善缺乏足够的重视，所以导致组织内部质量管理机制不健全，质量管理技术标准和检测手段滞后，员工的质量意识薄弱。

3. 没有投入足够的时间、精力来永恒推进

很多组织都是在生存受到威胁时才真正做出实施 TQM 的决定，而实施 TQM 的过程就是组织进行重大变革的过程，这不仅需要组织的变革者拿出所有的激情、勇气，而且还需要持久的耐力。只有持续不断地推进，才能够见到变革的成果。

16.6.2 建立并保持全面质量管理组织的举措

1. 建立起适应全面质量管理理念实施的组织文化

组织文化是组织的灵魂。质量变革需要与组织文化相适应才能够成功。当质量战略与组织文化相统一时，可以为组织的持续改进提供精神动力，能够得到组织成员的认同，充分调动起成员参与质量管理的积极性。

要建立起适应全面质量管理理念实施的组织文化，就必须审慎地进行组织文化改造：从一开始就确立明确的战略意图，有完善的文化变革支持机制，对文化变革进行测评，并巩固成果。

许多实施全面质量管理的组织，都把六西格玛的管理理念融入并根植到组织文化中。六西格玛管理法是一种统计评估法，既着眼于产品、服务质量，又关注过程的改进，它体现了一种管理的哲学。其特点和作用见表 16-3。

表 16-3　六西格玛管理法的特点与作用

特　点	作　用
1. 对顾客需求的高度关注	1. 能够提升企业管理的能力
2. 高度依赖统计数据	2. 能够节约企业运营成本
3. 重视改善业务流程	3. 能够增加顾客价值
4. 积极开展主动改进型管理	4. 能够提高服务水平
5. 倡导无界限合作、勤于学习的企业文化	5. 能够形成积极向上的企业文化

经过组织文化变革后，六西格玛文化成为组织的核心文化，并具有六西格玛公司所特有的企业文化特征：追求卓越，持续不断地改进，具有强烈的创新精神，对所有现实保持怀疑和不满意的态度，具有强烈的危机感和竞争意识。

2. 建立完整的体系和健全的机制

企业应根据参与市场竞争和战略发展的需要，建立管理标准体系和工作标准体系。支撑技术标准体系的管理标准体系覆盖企业管理的各个层次和各个环节，使企业的管理结构井然有序。

① 深入理解和恰当应用现代质量管理理念，确定质量经营战略，合理规划质量提升目标和过程。

② 强化质量教育培训工作，提高全员的质量意识和综合素质，完善质量责任制，形成有效的激励约束机制，保证质量管理目标的顺利实现。

③ 建立健全质量管理保证体系，强化质量事前控制，抓好质量事中控制，重视质量事后控制，建立完整的评估系统，实行点、线、面结合的质量管理。

④ 建立学习型组织并持之以恒地坚持改进。

组织是在复杂环境里生存的动态实体，影响全面质量组织建立和保持的影响因素众多。要建立并保持全面的组织，就必须在内在驱动力的引导下，以极大的勇气来面对组织变革；通过改革组织的文化，创造适宜变革的环境；在正确理念的引导下，采取科学的方法，建立完善的体系，持之以恒地进行推动。只有这样，组织才能够真正成为变革的受益者。

练习思考题

1. 阐述质量、质量管理的含义。
2. 简述质量管理发展各个阶段的特点。
3. 阐述全面质量管理理论的特点及原则。
4. 举例说明怎样理解戴明环的工作方式。
5. 阐述制造系统中各个环节对质量的关注。
6. 讨论如何建立并保持全面质量管理的组织。

第 17 章

统计质量控制

【本章导引】

本章对统计思考与应用的有关内容做了简要介绍，重点介绍了直方图的运用、过程能力与过程能力指数，系统介绍了统计过程控制的基本原理，两类质量控制图的原理、绘制方法以及判稳判异原则。

【本章重难点】

质量变异的概念及分类；过程能力指数的含义、计算及分析；直方图的绘制及分析；计量值控制图和计数值控制图的绘制；控制图的分析。

【本章学习目标】

1. 了解质量变异产生的原因及分类；
2. 掌握直方图的绘制方法；
3. 掌握过程能力指数的基本概念与计算方法；
4. 掌握统计过程控制的基本原理；
5. 掌握两类质量控制图的绘制与分析方法。

统计质量控制作为质量管理的重要组成内容，在质量管理的实践活动中发挥着重要的作用。正如管理大师费根堡姆所说："无论何时、何处都会用到数理统计方法。"这些统计方法所表达的观点对于全面质量管理的整个领域都有深刻的影响。本章将介绍一些重要的统计概念及统计过程控制。

17.1 统计思考和应用

将统计概念运用到质量管理中可以追溯到 70 多年前，当时的贝尔实验室将统计抽样运用到实验中，有力推动了控制图的发展。

17.1.1 统计思考的原则——了解质量变异

组织的管理层应该学会用统计方法进行思考，而统计思考的重要原则就是了解质量变异。只有明确"变异存在于所有环节中"这个观念，才能采取措施减少变异，提高质量。

1. 质量变异的概念

在质量控制中，产品实际达到的质量特性值与规定的质量特性值之间发生的偏离称为质量变异或质量波动，在统计技术中常用“变异系数”，即标准差与平均值之比来表示变量之间的差异程度。

2. 质量变异的原因

(1) 影响质量的6个基本因素

人(Manpower)：操作者的质量意识、技术水平、熟练程度、正确作业和身体素质的差别等。

机器(Machinery)：机器设备、工夹具的精度和维护保养状况等。

材料(Material)：材料的化学成分、物理性能及外观质量的差别等。

方法(Method)：生产工艺、操作规程及工艺装备选择的差别等。

测量(Measurement)：测量方法的差别。

环境(Mother-natured)：工作地的温度、湿度、照明、噪声及清洁条件的差别等。

(2) 质量变异性质的分类

正常变异又称随机变异，变异的出现是随机的、无规律的，是由偶然因素引起的，这些因素在过程中始终存在，其原因不易识别，测度十分困难，因而是不可消除的变异。

异常变异又称系统变异，变异的出现是有规律的，可以追溯变异的原因，它是由特殊原因引起的，这些因素数目不多，对产品质量不经常起作用，但一旦出现了这类因素，就会使质量特性发生显著变化。这类因素是质量控制的主要对象。异常变异通常可以被解释和纠正。

3. 质量管理中的数据

质量管理强调一切用数据说话，数据是质量管理活动的基础。

① 质量控制测量指标有两大类：计量值和计数值。其中，计数值数据观测的是产品和服务的绩效特性，用于说明具体质量特性是否符合规范。计数值可进一步区分为计件值和计点值。计量值体现的是符合规范的程度。

② 产品质量数据的变异一般表现为分散性和集中性两种基本特性。

③ 质量数据有两类常用的统计特征：一类是表示数据集中性的特征数，如平均值、中位数、众数等；另一类是表示数据分散程度的特征数，如极差、方差、标准差等。

17.1.2 统计原理的应用——直方图与过程能力指数

1. 过程能力指数的含义

过程能力指数是指过程能力满足产品质量标准要求(规格范围等)的程度，也称工序能力指数。对于任何生产过程，产品质量总是分散地存在着。过程能力越高，则产品质量特性值的分散就会越小；过程能力越低，则产品质量特性值的分散就会越大。

过程能力指数一般用 C_P 来表示：

$$C_P = T/6\sigma$$

式中：T 代表公差，T = 允许最大值(T_U) - 允许最小值(T_L)，σ 代表总体标准差。

通常状况下，质量特性值分布的总体标准差 σ 是未知的，所以采用样本标准差 s 来代替。σ 越小，其 C_P 值越大，则过程技术能力越好。

2. 过程能力指数的计算

(1) 有双侧规范要求且过程无偏的情况

若分布中心与公差中心重合，则称此过程是无偏的。此时，过程能力指数按下式计算：

$$C_P=\frac{T}{6\sigma}=\frac{T_U-T_L}{6\sigma}$$

式中：T_U 为公差上限；T_L 为公差下限。

(2) 有双侧规范要求且过程有偏的情况

若分布中心和公差中心不重合，则称此过程是有偏的。此时，需要对 C_P 值进行修正。为了区别，修正的过程能力指数记为 C_{Pk}，C_{Pk}的近似计算公式如下：

$$C_{Pk}=\min(C_{PU},C_{PL})=\min\left(\frac{T_U-\mu}{3\sigma},\frac{\mu-T_L}{3\sigma}\right)=(1-k)C_P$$

式中：k 为修正系数，也称偏移系数，且

$$k=\frac{2\left|M-\mu\right|}{T}=\frac{2\varepsilon}{T}$$

式中：M 为公差中心；μ 为分布中心；ε 为偏移量。

(3) 只有上侧规范要求的情况

过程能力指数的计算公式如下：

$$C_{PU}=\frac{T_U-\mu}{3\sigma}$$

(4) 只有下侧规范要求的情况

过程能力指数的计算公式如下：

$$C_{PL}=\frac{\mu-T_L}{3\sigma}$$

3. 过程能力指数的分析

过程能力指数评定分级表见表 17-1。

表 17-1　过程能力指数评定分级表

C_P 值	等　级	过程能力判断
$C_P\geqslant 1.67$	Ⅰ	能力过高(应视具体情况而定)
$1.67>C_P\geqslant 1.33$	Ⅱ	能力充分，表示技术管理能力已很好，应继续维持
$1.33>C_P\geqslant 1.0$	Ⅲ	能力尚可，表示技术能力较勉强，应设法提高
$1.0>C_P\geqslant 0.67$	Ⅳ	能力不足,表示技术管理能力已很差,应采取措施立即改善
$0.67>C_P$	Ⅴ	能力严重不足,表示应采取紧急措施和全面检查,必要时可停工整顿

4. 直方图的应用

直方图是最常用的质量管理工具之一，运用直方图可以起到如下作用。

① 观察与判断产品质量特性分布状况。产品质量特性值的分布，一般都服从正态分布或近似正态分布。因而由根据产品质量特性值所作的直方图的形状，可以对产品的质量状况做出初步判断。根据产品质量特性值的频数分布，可将直方图分为正常型直方图和异常型直方图。

② 判断工序是否稳定。

③ 计算工序能力，估算并了解工序能力对产品质量保证情况。

5. 直方图的分析

直方图的分析如图 17-1 所示。由图 17-1 可看出：

① 散布范围 B 在规格范围 $T=[T_L, T_U]$ 内，两边略有余量，是理想直方图；

② B 位于 T 内，一边有余量，一边重合，分布中心偏移规格中心，这时应采取措施使两者重合，否则一侧无余量，稍不注意就会超差，出现不合格品；

③ B 与 T 完全一致，由于两侧无余量，很容易出现不合格品，应加强管理，设法提高过程能力；

④ 公差中心与分布中心基本重合，且 T 远远大于 B，属于工序能力过高的情况，不经济；

⑤ 分布中心偏移规格中心，一侧超出规格范围，出现不合格品，这时应减少偏移，使两者重合，消除不合格品；

⑥ 散布范围 B 大于 T，两侧超出规格范围，均出现不合格品，这时应缩小产品质量散布范围。

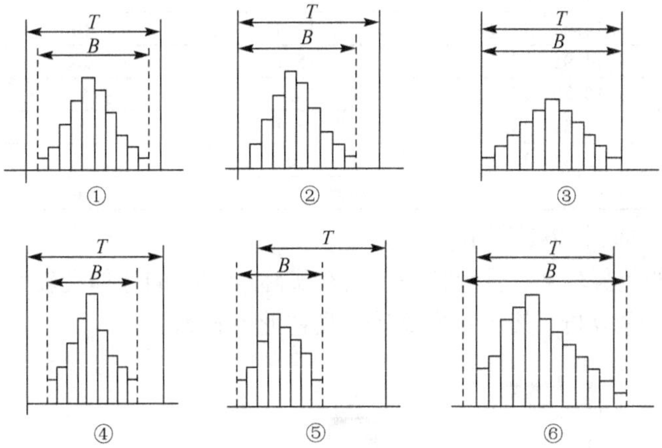

图 17-1　直方图的分析

6. 直方图的绘制步骤

例 17.1　生产某种滚珠，要求其直径 x 为 15.0 ± 1.0 mm，试用直方图法对生产过程进行统计分析。

解　① 收集数据。滚珠生产数据见表 17-2。

② 从数据中找出最小值 S 和最大值 L。

表 17-2　滚珠生产数据(直径 x)　　单位：mm

i \ j	1	2	3	4	5	6	7	8	9	10	L	S
1	15	15.8	15.2	15.1	15.9	14.7	14.8	15.5	15.6	15.3	15.9	14.7
2	15.1	15.3	15	15.6	15.7	14.8	14.5	14.2	14.9	14.9	15.7	14.2
3	15.2	15	15.3	15.6	15.1	14.9	14.2	14.6	15.8	15.2	15.8	14.2
4	15.9	15.2	15	14.9	14.8	14.5	15.1	15.5	15.5	15.1	15.9	14.5
5	15.1	15	15.3	14.7	14.7	15.5	15	14.7	14.6	14.2	15.5	14.2

$$S = 14.2,\quad L = 15.9$$

③ 确定数据的大致分组数 K。

$$K = 1 + 3.3\lg n = 6$$

④ 确定各组组距。

$$H = (L - S)/K = 0.3$$

⑤ 计算各组上、下限。

第一组的下限值为 $S - H/2 = 14.2 - 0.3/2 = 14.05$。

第一组的上限值即为第二组的下限值，而第二组的上限值为第二组的下限值加上组距。依此类推，就可以得到每组数据的上、下限值。

⑥ 计算各组中心值。

$$组中值 = (上限值 + 下限值)/2$$

⑦ 制作频数(频率)分布表，见表 17-3。

表 17-3　频数(频率)分布表

组　序	组 界 限	组 中 值	频　数	频　率
1	14.05 ~ 14.35	14.2	3	0.06
2	14.35 ~ 14.65	14.5	5	0.1
3	14.65 ~ 14.95	14.8	10	0.2
4	14.95 ~ 15.25	15.1	16	0.32
5	15.25 ~ 15.55	15.4	8	0.16
6	15.55 ~ 15.85	15.7	6	0.12
7	15.85 ~ 16.15	16	2	0.04
合计			50	100%

⑧ 制作直方图，如图 17-2 所示。

由于生产过程的差异较大，质量管理工具在实际运用时的选择性较大，在这里只以最常用的直方图为例进行质量分析，其余质量统计工具在此不再赘述。

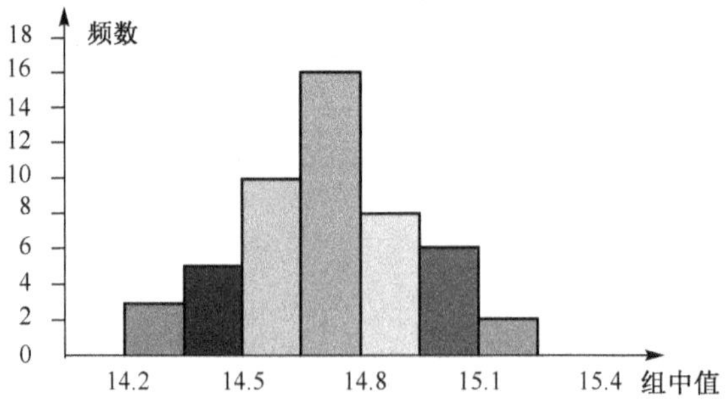

图 17-2　根据频数(频率)分布表制作的直方图

17.2 统计过程控制

现代质量控制的实践表明，质量控制的重点在于过程质量的控制。虽然对质量管理的认识呈现出不断发展的态势，质量管理的技术也不断提高，但是在控制方法上，仍然是用统计方法来分析数据，休哈特博士的SPC控制图仍然是统计过程控制中最重要的方法。

17.2.1 统计过程控制

1.统计过程控制的概念

统计过程控制(SPC)是用于监视过程、识别特殊原因变异并在适当的时候发出需要采取纠正措施信号的方法。它的特点是应用数理统计的方法，分析过程的样本统计数据，从而提高过程的效能。它强调过程在受控和有能力的状态下运行，从而使产品和服务稳定地满足顾客的要求。

2.统计过程控制的特点

① 强调全员参加，人人有责。

② 强调采用科学的方法来达到目的，是一种预防性的方法，贯彻预防原则是现代质量管理的核心。

③ 不仅可用于制造过程，而且还可以用于服务过程，以改进和保证服务质量。

3.统计过程控制的实施步骤

(1) 进行SPC方法的培训

(2) 确定关键质量因素

① 对每一道工序都要进行分析，找出对产品质量影响最大的因素。

② 找出关键因素后，列出工序流程图，即在图中按工艺流程顺序将每道工序的关键因素列出。

(3) 提出控制标准

① 对每个关键因素进行详细分析。

② 对每个关键因素确定控制标准，并填写工序控制标准。

(4)编制操作手册

(5) 工序过程监控

(6) 过程诊断和控制

① 可以运用传统的质量管理方法，如新老7种工具进行分析。

② 应用过程诊断理论，对过程进行分析与诊断。

③ 根据分析和诊断结果，采取措施对过程实施控制。

17.2.2 控制图概述

1. 控制图的概念

控制图是对生产过程中产品质量状况进行适时控制的统计工具，是质量控制中最重要的方法。它通过监视生产过程的质量波动情况，分析和判断过程是否处于稳定状态。1924 年，美国质量管理专家休哈特首次提出用控制图进行生产过程控制，从此，控制图成为 SCP 中一种最有效的工具，是 SCP 的技术基础。其基本形式如图 17-3 所示。

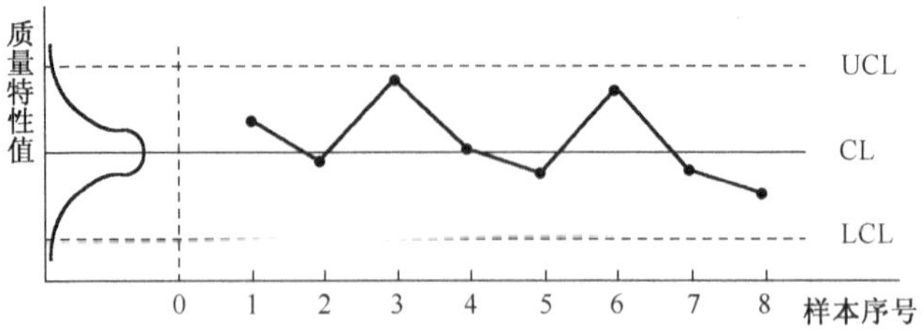

图 17-3 控制图的基本形式

横坐标为按时间先后排列的样本序号，纵坐标为产品质量特性值或样本统计量。中心线一般用实线表示，记为 CL。两条控制界限一般用虚线表示，在中心线上面的控制界限为上控制线，记为 UCL；在中心线下面的控制界限为下控制线，记为 LCL。

2. 控制图的用途

① 过程分析，即分析判断生产过程的稳定性，从而使生产过程处于统计控制状态。

② 通过过程分析，及时发现生产过程中的异常现象和缓慢变异，使过程始终处于受控状态，预防不合格品发生。

③ 查明生产设备的实际精度，以便做出正确的技术决定。

④ 为评定产品和工艺设计质量提供依据。

3. 控制图的预防原则

控制图不同于直方图等质量工具，最大的特点在于由静态控制转变为动态跟踪控制，通过控制图可以直观地了解过去，准确分析和掌握现状，科学合理地预测未来。控制图贯彻了预防原则，发挥了及时告警的作用。

4. 控制图的设计原理

控制图的设计原理可以用 4 点来概述，即正态性假定、3σ 准则、小概率原理和反证法思想。

（1）正态性假定

假定测定结果在受控条件下具有一定的精密度和准确度，并按正态分布。该假定称为正态性假定，在此假定基础上就可以利用正态分布的一些固有特征建立过程控制模型。

（2）3σ 准则

正态分布中，不论 μ 与 σ 取值如何，产品质量特性值落在 $[\mu-3\sigma, \mu+3\sigma]$ 范围内的概率为99.73%，落在该范围外的概率为 0.27%（约千分之三）。

（3）小概率原理

认为小概率事件是不可能发生的，一旦发生就认为过程出现问题，需要及时调整。

（4）反证法思想

一旦控制图上的点越出界限或者其他小概率事件发生，就有理由怀疑原生产过程处于失控状态，即生产工序不稳定。此时要及时查找原因。

5. 控制图的两类错误

控制图的两类错误如图 17-4 所示。

（1）第一类错误

第一类错误是过程实际上没有失控而虚报失控，这类错误发生的概率记为 α。

（2）第二类错误

第二类错误是过程处于异常状态，却没有发出警报，将生产过程误判为处于统计过程控制状态，此类错误发生的概论记为 β。如图 17-4 所示，当分布中心发生变化时，仍有一定比例的质量特性值落在控制界限之内，由此做出生产过程正常的错误判断，这就是控制图的第二类错误。

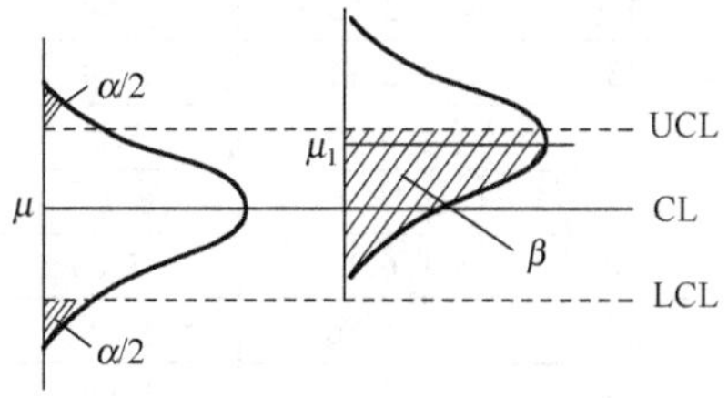

图 17-4　控制图的两类错误

6. 控制图的类型

控制图中常用的数据有计量值和计数值之分。因此，基本上可以将控制图分为两大类，即计量值控制图和计数值控制图。常用的计量值控制图有平均值-极差控制图、平均值-标准差控制图、中位数-极差控制图、单值-移动极差控制图。常用的计数值控制图有不合格品率控制图、不合格品数控制图、单位缺陷数控制图、缺陷数控制图。

下面以平均值-极差控制图（$\bar{x}-R$）为例，说明计量值控制图的绘制过程。$\bar{x}-R$ 图是 $\bar{x}$ 图（均值控制图）与 R 图（极差控制图）联合使用的一种控制图，因此该图可以同时控制质量特性平均值 $\bar{x}$ 的变化趋势与极差 R 的变化，与其他的控制图相比能够得到更多的质量信息。

$\bar{x}$ 控制图反映样本平均值随时间的变化，用于监控生产过程的中心变动趋势。

$\bar{x}$ 控制图的控制上限：$\mathrm{UCL}_{\bar{x}} = \bar{\bar{X}} + A_2\bar{R}$

$\bar{x}$ 控制图的中心线：$\mathrm{CL}_{\bar{x}} = \bar{\bar{X}}$

$\bar{x}$ 控制图的控制下限：$\mathrm{LCL}_{\bar{x}} = \bar{\bar{X}} - A_2\bar{R}$

R 控制图反映样本的极差随时间的变化，用于检查生产过程的离散程度。

R 控制图的控制上限：$\mathrm{UCL}_R = D_4\bar{R}$

R 控制图的中心线：$\mathrm{CL}_R = \bar{R}$

R 控制图的控制下限：$\mathrm{LCL}_R = D_3\bar{R}$

例 17.2　某轧钢厂生产厚度为 6 ±0.4 mm 的钢板，收集近期的生产数据 $N=100$ 个，具体生产数据见表 17-4。试作出 $\bar{x}-R$ 控制图。

表 17-4 某轧钢厂的生产数据　　单位：mm

组　号	x_1	x_2	x_3	x_4	x_5	$\bar{x}$	R
1	5.77	6.27	5.93	6.08	6.03	6.016	0.5
2	6.01	6.04	5.88	5.92	6.15	6	0.27
3	5.71	5.75	5.96	6.19	5.7	5.862	0.49
4	6.19	6.11	5.74	5.96	6.17	6.034	0.45
5	6.42	6.13	5.71	5.96	5.78	6	0.71
6	5.92	5.92	5.75	6.05	5.94	5.916	0.3
7	5.87	5.63	5.8	6.12	6.32	5.948	0.69
8	5.89	5.91	6	6.21	6.08	6.018	0.32
9	5.96	6.05	6.25	6.21	5.83	5.996	0.42
10	5.95	5.94	6.07	5.89	5.75	5.946	0.32
11	6.12	6.18	6.1	6.02	5.95	6.06	0.23
12	5.95	5.94	6.07	5.95	5.75	5.942	0.32
13	5.86	5.84	6.08	6	5.61	5.926	0.63
14	6.13	5.8	5.9	5.95	5.78	5.908	0.35
15	5.8	6.14	5.56	6.17	5.97	5.928	0.61
16	6.13	5.8	5.9	5.93	5.78	5.908	0.35
17	5.86	5.84	6.08	6.24	5.97	5.998	0.4
18	5.95	5.94	6.07	6	5.85	5.962	0.22
19	6.12	6.18	6.1	5.95	5.95	6.06	0.23
20	6.03	5.89	5.97	6.05	6.45	6.078	0.56
合计						119.506	8.37
平均						5.975	0.419

解　第 1 步，确定控制对象，收集数据，数据分成 $k=20$ 组，每组的样本容量为 $n=5$。

第 2 步，计算每组的均值和极差。

$$\bar{x} = \frac{x_1 + x_2 + \cdots + x_n}{n} = \frac{\sum_{i=1}^{n} x_i}{n}$$

$$R = x_{\max} - x_{\min}$$

第 3 步，计算总平均和极差平均。

$$\bar{\bar{X}} = \frac{1}{k}\sum_{i=1}^{k} \bar{x}_i = 5.975 \text{ mm}$$

$$\bar{R} = \frac{1}{k}\sum_{i=1}^{k} R_i = 0.419 \text{ mm}$$

第 4 步，计算控制界限值。

查表可得，当 $n=5$ 时，$A_2=0.577$，$D_4=2.115$，D_3 可不考虑。

对 $\bar{x}$ 图得

$$\text{UCL} = \bar{\bar{X}} + A_2\bar{R} = 5.975 + 0.577 \times 0.419 = 6.217 \text{ mm}$$

$$\text{LCL} = \bar{\bar{X}} - A_2\bar{R} = 5.975 - 0.577 \times 0.419 = 5.733 \text{ mm}$$

$$\text{CL} = \bar{\bar{X}} = 5.975 \text{ mm}$$

对 R 图得

$$UCL = D_4\overline{R} = 2.115 \times 0.419 = 0.866 \text{ mm}$$

$$CL = \overline{R} = 0.419 \text{ mm}$$

第 5 步，制作控制图，画中心线和上、下控制线。

第 6 步，打点。

第 7 步，记录有关事项，如工序名称、质量特性等。

完成后的平均值－极差控制图如图 17-5 所示。

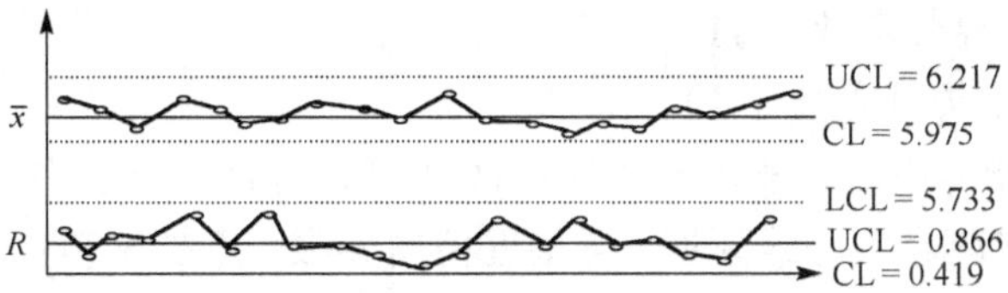

图 17-5　平均值–极差控制图

17.2.3　计数值控制图的绘制

当有些产品无法直接测定其质量特性值，只能以合格与不合格区分时，可用 p 控制图或者 np 控制图进行质量控制。

1. 不合格品率控制图(p 控制图)

p 控制图是用来控制要考察的特征单位比率的图，适用于每组样本含量 n 不固定的情况。

① 中心线 $CL = \overline{P} = \sum P_n \Big/ \sum n$

② 控制上限 $UCL = \overline{P} + 3\sqrt{\dfrac{\overline{P}(1-\overline{P})}{n}}$

③ 控制下限 $LCL = \overline{P} - 3\sqrt{\dfrac{\overline{P}(1-\overline{P})}{n}}$

2. 不合格品数控制图(np 控制图)

当样本容量固定，且在 50～100 之间时，通常采用 np 控制图。np 控制图与 p 控制图有相同的作用，不同的是 np 控制图用来控制拥有相同特征的单位数目而不是比率。

① 中心线 $CL = \overline{P}n$

② 控制上限 $UCL = \overline{P}n + 3\sqrt{\overline{P}n(1-\overline{P})}$

③ 控制下限 $LCL = \overline{P}n - 3\sqrt{\overline{P}n(1-\overline{P})}$

3. 绘制 p 控制图或 np 控制图的步骤

① 预备数据。

② 统计各组的不合格品数。

③ 计算控制界限。

④ 画控制界限并打点描线。

⑤ 判稳/判异。

17.2.4 控制图的观察和分析

1. 判稳原则,即过程处于受控状态的判断

在点随机排列的情况下,符合下列条件之一，则判稳：

① 连续 25 个点，界外点数 $d=0$；

② 连续 35 个点，界外点数 $d\leqslant1$；

③ 连续 100 个点，界外点数 $d\leqslant2$。

所有点都落在控制界限内，排列无明显规律性或趋势性；位于中心线两侧的点数基本相同；有约 2/3 以上的点落在中心线附近；越接近控制界限，点越稀疏；越接近控制中心线，点的密度越大。

2. 判异准则,即过程处于失控状态的判断

判异准则主要分为两类：点出界判异和界内点排列不随机判异。从表现形式来看，主要分为以下几类：

① 样本点出界；

② 多个样本点接近边界；

③ 样本点明显单侧分布；

④ 样本点连续上升或下降；

⑤ 样本点呈现周期性波动。

通过介绍统计过程控制 SPC 技术和控制图的设计原理、判别准则及分类，可以了解到控制图对于组织分析和监控的作用。这几乎是每一个生产类型企业实施质量管理的有效措施。

练习思考题

1. 举例说明偶然性原因与必然性原因的区别，并简述区分这两种原因对质量管理的意义。

2. 简述统计过程控制的基本原理。

3. 简述控制图的设计原理。

4. 简述判稳、判异的思路是什么？

5. 分别说明不合格品率控制图和不合格品数控制图的适用对象。

6. 某批零件轴径键槽的设计尺寸为 10 ±0.03 mm,通过随机检验，经计算得知样本的均值与公差中心重合，$s=0.01$,求该过程的过程能力指数 C_p。

7. 已知某零件内径要求为 80 ±0.5 mm，每隔 1 小时抽取 4 件，共 20 个样本，测得数据列于题表 17-1。试计算控制图、R 控制图的控制界限，并绘制控制图。

题表 17-1 某零件内径观测数据表

样本序号	测定值				平均数 $\bar{x}$	极差 R
	x_1	x_2	x_3	x_4		
1	79.9	80.1	79.2	79.9	79.78	0.9
2	80.4	80.1	79.9	80.6	80.25	0.7
3	80.4	80.2	80.0	80.4	80.25	0.4
4	80.0	80.5	80.1	80.0	80.15	0.5

(续表)

样本序号	测定值				平均数 $\bar{x}$	极差 R
	x_1	x_2	x_3	x_4		
5	79.8	80.1	79.7	79.8	79.85	0.4
6	80.1	79.9	79.5	80.1	79.90	0.6
7	79.6	80.5	79.9	79.6	79.90	0.9
8	79.5	80.2	79.9	79.5	79.78	0.7
9	80.0	79.9	80.1	80.0	80.00	0.2
10	80.2	80.4	80.8	80.2	80.40	0.6
11	80.2	80.0	80.5	80.2	80.23	0.5
12	79.6	80.4	80.3	79.6	79.98	0.8
13	80.0	80.1	80.1	80.0	80.05	0.1
14	80.4	79.9	80.2	80.4	80.23	0.5
15	80.3	80.0	80.0	80.3	80.15	0.3
16	80.0	79.6	80.3	80.0	79.98	0.7
17	80.6	80.4	80.5	80.7	80.55	0.3
18	80.1	80.4	80.0	80.1	80.15	0.4
19	79.9	80.0	80.3	79.9	80.03	0.4
20	79.7	80.1	80.2	79.6	79.90	0.6
总计					1 601.51	10.5

8. 已知加工钢板厚度标准为6.28～6.60 mm，现测定轧制的100张钢板厚度资料见题表17-2。

题表17-2　某工厂100张钢板厚度资料表

6.56	6.46	6.48	6.50	6.42	6.43	6.52	6.49	6.44	6.48
6.52	6.50	6.52	6.47	6.48	6.46	6.50	6.56	6.41	6.37
6.47	6.49	6.45	6.44	6.50	6.49	6.46	6.55	6.52	6.44
6.50	6.45	6.44	6.48	6.46	6.52	6.48	6.48	6.32	6.40
6.52	6.34	6.46	6.43	6.30	6.49	6.63	6.48	6.47	6.38
6.52	6.45	6.48	6.31	6.59	6.54	6.46	6.51	6.48	6.50
6.68	6.60	6.46	6.40	6.50	6.56	6.50	6.52	6.46	6.48
6.46	6.52	6.56	6.48	6.46	6.45	6.46	6.54	6.54	6.48
6.49	6.41	6.45	6.34	6.44	6.47	6.47	6.41	6.51	6.54
6.50	6.38	6.46	6.46	6.46	6.52	6.46	6.56	6.40	6.47

根据以上资料：

(1) 做频数分布表；

(2) 计算平均值和标准差；

(3) 绘制直方图；

(4) 根据直方图的数据分布状况与钢板厚度标准进行比较，对该生产过程的产品质量做出分析判断。

9. 某半导体器件厂2月份某种产品的数据见题表17-3，已知 $\overline{P}$ =0.038 9。作p控制图对其进行控制。

题表 17-3　某半导体器件厂产品资料表

组号	样本量 n	不合格品数 D	组号	样本量 n	不合格品数 D
1	85	2	16	82	7
2	83	5	17	75	3
3	63	1	18	57	1
4	60	3	19	91	6
5	90	2	20	67	2
6	80	1	21	86	3
7	97	3	22	99	8
8	91	1	23	76	1
9	94	2	24	93	8
10	85	1	25	72	5
11	55	0	26	97	9
12	92	1	27	99	10
13	94	0	28	76	2
14	95	3	小计	2 315	90
15	81	0			

第 18 章

先进生产方式

【本章导引】

本章介绍了准时化生产方式、精益生产、最优化生产方式、敏捷制造及计算机集成制造的发展背景、基本概念、基本内容。

【本章重难点】

看板式管理；准时生产方式的基本原理；精益生产的主要内容；最优化生产技术的基本概念；敏捷制造的概念及特点；计算机集成制造系统的定义及构成。

【本章学习目标】

1. 理解准时化生产方式的基本思想、基本原理；
2. 了解拉动式与推动式的原理；
3. 掌握精益生产的基本内容；
4. 掌握最优化生产技术的主要概念，了解基本内容；
5. 掌握敏捷制造的内涵，了解基本原理和支撑要素；
6. 掌握计算机集成制造的定义，了解计算机集成制造系统的基本构成。

在企业经营国际化和信息产业迅猛发展的今天，现代生产管理顺应时代发展的需要，逐渐摸索出了各种新型的生产方式。本章将介绍准时生产方式、精益生产、敏捷制造及计算机集成制造的发展背景、基本概念和基本内容。

18.1 准时生产方式

制造业的生产方式经历了漫长的发展历程，由最初的传统手工生产方式发展为今天的 JIT 生产方式。20 世纪后半期，一种高质量、低成本、富有柔性的新的生产方式在战后崛起的日本应运而生，即准时(Just In Time，JIT)生产方式。这种生产方式的核心是追求零库存，为此而开发了包括“看板”在内的一系列具体方法，并逐渐形成了一套独具特色的生产经营体系。经过 20 多年的发展，JIT 已从最初的单纯减少库存水平的方法，发展成为一种内涵丰富，包括特定知识、原则、技术和方法的管理哲学，被广泛应用于许多行业和众多企业。

18.1.1　准时生产方式的理念

准时生产方式的基本思想：只在需要的时候，按需要的量，生产所需的产品。其目标是降低成本、简化计划和提高控制。

准时生产方式的核心是零库存和快速应对市场变化。

18.1.2　准时生产方式的要素构成

1. 看板技术

准时生产方式将传统生产过程中前道工序向后道工序送货，改为后道工序根据“看板”向前道工序取货，看板技术是 JIT 生产现场控制技术的核心。应用看板技术，同一道工序或者前后工序之间实现了有效的物流或信息流的传递。

2. 自动化

准时生产方式所强调的“自动化”其实是一种能发现异常和发现质量缺陷的技术手段，在发生异常或质量缺陷时，或者当所需数量的零件加工完毕时，都能使生产线或者机器自动停止工作。通过“自动化”地实施和控制，增强了生产系统应对市场变化的能力。

3. 拉动式而非推动式

传统的推动式生产方式完全靠计划推动，而准时生产方式系统中任何一道工序的生产都是依据下游工序的需求而进行的，或者说每道工序的生产都是受下游工序的需求“拉动”而进行的，所以是一种现场控制主导型的“拉动式”生产管理方式。

实施准时生产方式需要公司所有部门的通力配合。这种管理哲学渗透到企业的每一项活动之中——产品的设计、生产计划的编制、机器的改造、设备的重新布置、工序的同期化、设备的预防维修、生产组织和劳动组织的调整、人员的再培训等各方面的工作。如果有一个环节不进行改进，那么 JIT 的推行效果就会大打折扣。

18.1.3　准时生产方式的基本原理

JIT 的基本原理是以需定供，即供方根据需方的要求（或称看板），按照需方需求的品种、规格、质量、数量、时间、地点等要求，将物品配送到指定的地点。不多送，也不少送；不早送，也不晚送；所送品种要个个保证质量，不能有任何废品。JIT 的基本原理如图 18-1 所示。

该原理看似简单，却包含了丰富的内涵：在品种配置上，保证品种有效性，拒绝不需要的品种；在数量配置上，保证数量有效性，拒绝多余的数量；在时间配置上，保证所需时间，拒绝不按时的供应；在质量配置上，保证产品质量，拒绝次品和废品。

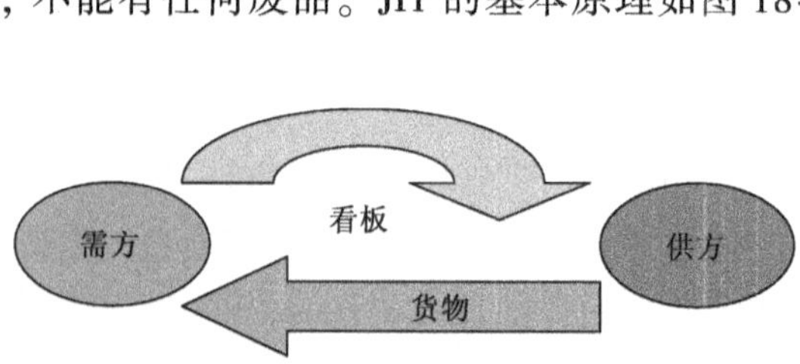

图 18-1　JIT 的基本原理

18.1.4 准时生产方式的基本手段

1. 适时适量生产

适时适量生产是准时生产方式的核心。只有进行适时适量生产，才能真正实现“彻底降低成本”这一基本目标，才能够彻底杜绝过量生产，以及由此而产生的各种直接浪费和间接浪费。适时适量生产的本质就在于创造出能够灵活地适应市场需求变化的生产系统，这种生产系统能够从经济性和适应性两个方面来保证公司整体性利润的不断提高。

2. 弹性配置作业人数

弹性配置作业人数，是指根据生产量的变动，弹性地增减各生产线的作业人数，以及尽量用较少的人力完成较多的生产。

3. 质量保证

在 JIT 生产方式中，通过将质量管理贯穿于每一道工序之中来实现提高质量与降低成本的一致性，具体方法是自动化。

18.1.5 准时生产方式的具体方法

1. 生产流程化

按生产所需的工序从最后一个工序开始往前推，确定前面一个工序的类别，并依次恰当安排生产流程，根据流程与每个环节所需库存数量和时间先后来安排库存和组织物流。尽量减少物资在生产现场的停滞与搬运，让物资在生产流程上毫无阻碍地流动。

2. 生产均衡化

生产均衡化是实现适时适量生产的基础，JIT 注重通过生产均衡化来满足需求。所谓生产均衡化，是指企业采购、制造及配送的整个过程都与市场需求相符合。采用均衡化意味着最终供货与需求相适应，同时从需求开始进行拉动，总装配线在向前车间领取零部件时应均衡地使用各种零部件，生产各种产品。为此在制订生产计划时就必须加以考虑，然后将其体现于产品生产顺序计划之中。在生产制造阶段，生产均衡化主要通过专用设备通用化和制定标准作业来实现。

3. 资源配置合理化

资源配置合理化是实现降低成本目标的最终途径，具体指在生产线内外，所有的设备、人员和零部件都得到最合理的调配和分派，在最需要的时候以最及时的方式到位。

18.1.6 准时生产方式的目标

准时生产方式的目标包含了质量目标、生产目标和时间目标 3 个方面，具体表述如下：

① 只生产顾客所需要的产品；

② 按照顾客需要的速率来生产产品；
③ 产品具有完美的质量；
④ 生产提前期最短；
⑤ 只生产顾客所要求的那些产品特性；
⑥ 生产过程没有劳动、物料和设备浪费，每一项移动都有目的，达到零库存；
⑦ 采用能够开发人力资源的方法生产。

18.2 精益生产

精益生产方式是新时代工业化的标志，作为 JIT 的进一步升华，它对人类生产活动和生活方式产生了巨大影响。

18.2.1 精益生产的起源

精益生产是美国麻省理工学院国际汽车项目组的研究者 John Krafoik 给日本汽车工业的生产方式起的名字，又称为精细化生产。

精益生产起源于日本丰田公司，它的出现有着深刻的社会背景。20 世纪中叶，当美国汽车工业蓬勃发展时，以大野耐一为代表的丰田人在深入学习、仔细研究美国大量生产方式的基础上，结合本国国情和文化背景，创建了一种全新的、多品种、小批量、高效率、低消耗的生产方式。这种生产方式打破了大量生产"提高质量则成本升高"的惯例，大大缩短了公司的交货期和提高了产品品质，成为日本汽车企业竞争的法宝，并由此开始广泛推广。

与传统的大批量生产相比，精益生产只需要一半的人员、一半的生产场地、一半的投资、一半的生产周期时间、一半的产品开发时间和少得多的库存，就能够生产品质更高、品种更多的产品。

18.2.2 精益生产的基本内容

1. 精益生产的含义

精益生产方式是指运用多种现代管理方法和手段，以社会需要为依据，以充分发挥人的积极性为根本，有效配置和合理使用企业资源，以彻底消除无效劳动和浪费为目标，最大限度地为企业谋取经济效益的生产方式。采用精益生产方式既是基于时间的竞争手段，也是适应市场变化的必要策略。

2. 精益生产的主要内容

① 在管理方面，总是把现有的生产方式、管理方式看成改善的对象，不断地追求进一步降低成本、降低费用、质量完美、缺陷为零、产品多样化等目标。

② 在生产系统方面，一反大量生产方式下的作业组织方法，以作业现场具有高度工作热情的"多面手"(具有多种技能的工人)和独特的设备配置为基础，将质量控制融入每一个生产工序；生产起步迅速，能够灵活敏捷地适应产品的设计变更、产品变换以及多品种混合生产的要求。

③ 在产品的研究与开发方面，以团队工作为研究开发队伍的主要组织形式和工作方式，以“主查负责制”为领导方式进行并行工程。这种工作方式强调团队成员一专多能，要求比较熟悉团队内其他工作人员的工作，保证工作协调顺利地进行。

④ 在资源供应系统方面，要与供应链节点各企业建立精益供应关系。以共同合作、互惠互利、资源互补为基础，确保供应商能够在需要的时间、需要的地点，以需要的数量、需要的质量供应需要的物品。

⑤ 在流通方面，与顾客及零售商、批发商建立一种长期的关系，使订货与工厂生产系统直接挂钩，构建一条精益销售链，减少流通环节的库存，以迅速、周到的服务最大限度地满足顾客的需求。

⑥ 在人力资源的利用上，形成一套劳资互惠的管理体制，并通过 QC 小组、提案制度、团队工作方式、目标管理等一系列具体方法，调动职工进行“创造性思考”的积极性，并注重培养和训练工人及管理人员的多方面技能，由此提高职工的工作热情和工作兴趣。可以说，充分发挥人的能力是精益生产的精髓之一。精益生产是一种能够将员工的能力发挥到极致的新型管理模式。

⑦ 生产系统采用拉动式生产系统，库存管理上采用独特的准时制生产。与传统的“推动”式系统不同，“拉动式”管理模式以最终用户的需求为生产起点，强调物流平衡，追求零库存，要求上一道工序加工完的零件可以立即进入下一道工序。从而大大降低了在制品和成品库存，减少流动资金积压，降低成本。

综上所述，精益生产就是以最小的资源投入，创造出尽可能多的价值。它以消除浪费为目的，对业务流程进行持续改进，有效配置和合理使用各种资源，为顾客提供及时、满意的产品与服务。

3. 精益生产的 9 项原则

(1) 建立看板体系

重新改造流程，改变传统的由前端经营者主导生产数量，重视后端顾客需求，后面的工程人员通过看板告诉前一项工程人员需求，如零件需要多少，何时补货，亦即是“逆向”去控制生产数量的供应链模式，这种方式不仅能节省库存成本(达到零库存)，更重要的是将流程效率化。

(2) 强调实时存货

依据顾客需求，生产必要的东西，在必要的时候，生产必要的量。

(3) 标准作业彻底化

大野耐一认为：“没有标准的地方，就没有改善。”通过标准作业，可以实现最有效的人力、机器和材料的结合。标准化作业把复杂的管理和程序化的作业有机地融为一体，使管理有章法，工作有程序，动作有标准，有助于企业管理水平的提高，从而提高企业经济效益。

(4) 排除浪费、不平及模糊等

浪费是指一切不产生附加价值的活动和投资，排除浪费任何资源是精益生产方式最基本的概念。

(5) 重复问 5 次为什么

要求每个员工在每一项作业环节里，都要重复地问为什么(Why)，然后想如何做(How)，以严谨的态度打造完美的制造任务。

(6) 生产平衡化

所谓平衡化是指“取量均值性”，即要求各生产工程取量尽可能达到平均值，为的是将需求与供应达成平衡，降低库存与生产浪费。

(7) 充分运用“活人和活空间”

在生产量不变的前提下，通过改善流程来精简生产空间，进而将空余出来的空间做灵活的运用。人员也是一样，精益生产方式鼓励员工都成为“多能工”以创造最高价值。

(8) 养成自动化习惯

这里的自动化不仅指机器系统的高品质，还包括人的自动化，即养成好的工作习惯，不断学习创新。

(9) 弹性改变生产方式

根据实际情况，灵活组织生产，弹性改变生产方式。

随着精益生产理论研究的不断深入，越来越多的专家和学者参与进来，出现了百家争鸣的现象，各种新理论、新方法层出不穷，如大规模定制与精益生产的结合，单元生产，JIT2、5S的新发展，TPM的新发展等。精益思想作为一种普遍的管理哲理，其运用领域已经由最初的制造业拓展到各个行业。

18.3 最优化生产技术

最优化生产技术(Optimized Production Technology,OPT)是以色列物理学家Eli Goldratt博士于20世纪70年代提出的一种改善生产管理的技术。它最初被称为最佳生产时间表(Optimized Production Timetable)，后来才改称最佳生产技术。后来Goldratt又进一步将它发展成为约束理论(Theory of Constraints,TOC)。

最优化生产技术吸收了MER和JIT的长处，是以相应的管理原理和软件系统为支柱，以增加产销率、减少库存和运行为目标的优化生产管理技术。其特别之处不仅在于提供了一种新的管理思想，而且在于它的软件系统。OPT两大支柱是OPT原理及OPT软件。

18.3.1 OPT的主要概念

1. 瓶颈资源和非瓶颈资源

任何一个制造组织都可以看成一个将原材料转化为产品的复杂系统。在这个系统中，资源是关键的组成部分。理想状态下，企业可以达到生产能力的平衡。但事实上，由于生产的动态性，需求随时都在变化，能力的平衡可以说是达不到的。因此，在生产过程中必然会出现有的资源负荷过多，即变为瓶颈。

所谓瓶颈，指的是实际生产能力小于或等于生产负荷的资源。这一资源限制了整个企业出产产品的数量。其余的资源则为非瓶颈资源。瓶颈约束着整个系统的出产计划，尽管它们在众多的企业资源中只占少数,但一旦潜力被挖掘出来，生产效率便能得到大幅度提高。

2. 关键资源网络和非关键资源网络

关键资源网络是由瓶颈工序开始一直到最终装配工序的路线及其相关边缘节点组成的网络。其他的工序则组成非关键资源网络。

为了尽可能使关键资源网络的利用率达到最高水平，一般会在关键资源网络与非关键资源网络交界的地方设置安全缓冲库存。

18.3.2 OPT 的基本内容

1. 物流平衡是企业制造过程的关键

企业的产品需求是外部因素，时刻都在变化。为了适应市场，企业必须以尽可能的低成本、短周期生产出顾客需要的产品。因此，制造问题主要是物流平衡问题。所谓物流平衡就是使各个工序都与瓶颈机床同步，以求生产周期最短，在制品最少。

2. 瓶颈资源是产品制造的关键制约因素

在制造过程中，影响生产进度的是瓶颈环节。瓶颈资源实现满负荷运转，是保证企业物流平衡的基础。在瓶颈资源上损失一小时，就使整个系统损失一小时。因此，瓶颈资源是制造系统控制的重点。由于瓶颈资源的能力决定制造系统其他环节的利用率和生产效率，所以对瓶颈工序的前导和后续工序采用不同的计划方法，从而提高计划的可执行性十分重要。

18.3.3 OPT 的应用

OPT 的应用有 5 个主要步骤。

① 辨别系统的约束。

② 决定如何开发系统的约束。

③ 使其他的工作服从于开发系统约束的决定。

④ 提升系统的约束。

⑤ 如果约束被打破，再从第①步做起。

总体来讲，最优生产技术具有如下特点：将关注重点放在控制整体产出的瓶颈资源上，优先处理所有瓶颈作业，并以平衡物料流动为原则，达到整个系统产出最大的目的。

18.4 敏捷制造

20 世纪 90 年代，美国在研究日本企业准时制和精益生产方式的基础上，进一步提出了敏捷制造的理念。这种新型的生产方式以突飞猛进的信息技术、具有创新精神的组织和管理结构、有技术有知识的管理人员为依托，旨在通过广泛协作与资源共享来提高企业的竞争优势，促使企业能够对迅速改变的市场需求和市场进度做出快速响应。

18.4.1 敏捷制造的核心和基本原理

1. 敏捷制造的核心

面对瞬息万变的市场环境，企业随着市场变化做出快速的判断和预测，采取各种灵活策略，对市场做出积极响应。敏捷制造指企业具备快速制造的敏捷素质和能力，具备在适当的时间、适当的地点提供适当数量的产品的潜力和能力。

2. 敏捷制造的基本原理

企业采用标准化和专业化的计算机网络和信息集成基础结构，以分布式结构连接各类企业，构成虚拟制造环境，以竞争合作为原则在虚拟制造环境内动态选择成员，组成面向任务的虚拟公司，进行快速生产。

18.4.2 敏捷制造的支撑要素

敏捷制造主要包括 3 个要素，即生产技术、组织方式、管理手段。为了实现企业的敏捷性，企业需要形成高度柔性的生产技术、灵活的组织方式和创新的管理手段。

首先，具有柔性的生产技术是创建敏捷制造企业的必要条件。柔性的生产技术具备以下特征：有高度柔性的生产设备；在产品开发和制造过程中，能通过运用计算机设计复杂产品，可靠地模拟产品的特性和状态，精确地模拟产品制造过程。技术在缩短新产品的开发与生产周期上可充分发挥作用，各项工作得以同时进行。敏捷制造企业作为一个系统，信息在各个环节连续流动，系统的每一个环节都积极发挥自己的作用，保持充分的合作。

其次，灵活的组织方式是创建敏捷制造企业的基础。与以往的组织方式相比，敏捷制造提出了"虚拟公司"的概念。敏捷制造认为，新产品投放市场的速度是当今最重要的竞争优势。为了实现将产品以最快速度投向市场的目的，最好的办法是将分布在不同地区、不同公司的资源充分利用，将所有资源综合成单一的靠电子手段联系的经营实体——虚拟公司，以完成特定的任务。这种虚拟公司依托市场机会而存在。

最后，创新的管理手段是创建敏捷制造企业的保障。有知识的人员是敏捷制造企业中最宝贵的财富。为了适应动态竞争的需要，柔性生产技术和柔性管理要使敏捷制造企业的人员能够实现他们自己提出的发明和合理化建议。

18.4.3 敏捷制造的特点

与传统的生产方式相比，敏捷制造主要具有以下特征。

1. 全新的企业合作关系——虚拟企业或动态联盟

虚拟企业是市场多变的产物，它能把与任务项目有关的各领域的优势力量集中起来，形成单个公司无法比拟的绝对优势。企业的既定任务一旦完成，公司即行解体。当出现新的市场机会时，再重新组建新的虚拟公司。虚拟公司这种动态组织结构，大大缩短了产品的上市时间，加速产品的改进发展，使产品质量不断提高，也能大大降低公司开支，增加收益。

2. 高度柔性的、模块化的、可伸缩的生产制造系统

敏捷化生产通过可重组的、模块化的加工单元，使产品的功能和性能可根据用户的具体需要进行改变，并借助先进技术让用户很方便地参与设计，从而快速生产出适合市场需求的个性化产品。敏捷制造的质量观念是保证在整个产品生产周期内达到用户满意；企业的质量跟踪将持续到产品报废，甚至直到产品的更新换代。

3. 依靠先进的通信基础结构

敏捷制造企业要实现信息在不同地区、各个环节的及时传递，就必须以灵活的通信系统为基础，通过信息高速公路与国际互联网络将全球范围的企业连接在一起。

4. 着眼于长期效益

与传统的大量生产方式相比，敏捷制造采用先进制造技术和具有高度柔性的设备进行生产，在多种产品间进行变换，使生产成本与批量无关，做到完全按订单生产，充分把握市场中的每一个获利时机，在一段较长的时间内获取经济效益。

5. 最大限度地调动、发挥人的作用

在与员工关系方面，敏捷制造企业致力于建立一种能充分调动员工积极性、基于信任的雇佣关系，以巩固和提升企业持续的创新能力。在与用户关系方面，敏捷制造企业强调与用户建立一种崭新的"战略依存关系"，强调用户参与制造的全过程。

与其他制造方式相比，敏捷制造具有更灵敏、更快捷的反应能力，它可以使生产更快，成本更低，劳动生产率更高。

18.5 计算机集成制造系统

20 世纪六七十年代开始，计算机技术迅速发展，逐渐运用到工业设计、企业管理等环节中。激烈的市场竞争要求及时将市场信息、管理信息引入企业的经营管理部门，要求企业综合发挥自动化的优势，充分挖掘企业的潜力。在这样的背景下，计算机集成制造系统应运而生。

1974 年，美国的约瑟夫·哈林顿博士在《计算集成制造》(*Computer Integrated Manufacturing*)一书中首次提出计算机集成制造的概念，其中有两个基本观点：

① 制造企业中的各个环节(即从市场分析、产品设计、加工制造、经营管理到售后服务)是一个不可分割、紧密联系的整体；

② 整个生产过程实质上是一个数据的采集、传递和加工处理的过程。最终形成的产品可以看成数据的物质表现。

18.5.1 计算机集成制造系统的定义

计算机集成制造系统(Computer Integrated Making System，CIMS)又称计算机综合制造系统，是一种基于 CIM 理念构成的计算机化、信息化、智能化、集成优化的制造系统。CIM 技术

是基于制造技术、信息技术、管理技术、自动化技术、系统工程技术为基础的一门综合性技术。

计算机集成制造系统通过将技术上的各个单项信息处理和制造企业管理信息系统集成在一起，使产品生命周期中所有的有关功能全部集成，保证了正确的信息在正确的时刻以正确的方式传到所需的地方。

18.5.2 计算机集成制造系统的构成

CIMS 包含了一个制造企业的设计、制造、经营管理的 3 种主要功能，一般可划分为 4 个功能分系统和两个支撑分系统。

1.4 个功能分系统

① 管理信息分系统。以 MRP Ⅱ 为核心，包含了战略管理、生产管理、财务管理、人力资源管理、质量管理等内容。

② 产品设计与制造工程设计自动化分系统。包含了产品设计、工艺设计、包装设计、工程分析等内容，一般指 CAD/CAPP/CAM 系统。

③ 制造自动化或柔性自动化分系统。包含了车间管理、设备管理等内容。

④ 质量保证分系统。包含了质量检测、质量评价、质量控制、质量跟踪等内容。

2. 两个支撑分系统

计算机技术是计算机集成制造系统的基础。计算机集成制造系统的支撑系统包括以下两个分系统。

① 计算机网络分系统。实现异种机互连、异构局部网络及多种网络的互联。

② 数据库分系统。支撑 CIMS 各分系统，覆盖企业全部信息的数据库系统。

CIMS 综合运用了生产过程中各种计算机辅助工具，如计算机辅助设计(CAD)、计算机辅助制造(CAM)、计算机辅助工艺规划(CAPP)、计算机辅助测试(CAT)、计算机辅助质量控制(CAQ)等，建立了统一的全局产品数据模型和数据管理及共享的机制，实现了全局优化。

18.5.3 计算机集成制造系统给企业带来的效益

由于 CIMS 是多学科、多专业知识的高度结合与运用，体现了管理科学与技术科学的高度综合，因此，实施 CIMS 的企业需要具有相当好的技术基础与管理基础，需要用长远的眼光来看待。CIMS 给企业带来的效益集中体现在以下三个方面。

① 在工程设计自动化方面，便于开发技术含量高和结构复杂的产品或个性化产品，缩短产品设计与工艺设计周期，提高了顾客满意度。

② 在加工制造方面，提高了制造过程的柔性与质量、设备利用率，缩短了产品制造周期。

③ 在经营管理方面，提高了企业对市场的应变能力和竞争能力，对企业实现经营战略做出了贡献。

计算机集成制造系统作为 CIM 哲理在企业中的具体实现,将信息技术、现代管理技术和制造技术相结合,达到了人、经营和技术三要素的集成，保障了整个企业的工作流程、物流和信息流的有机联系，是信息时代生产方式的巨大创新，因此，CIMS 技术在各国都受到了重视，并正在努力推广中。

练习思考题

1. 简述准时生产方式的基本理念。
2. 比较推动式与拉动式的区别。
3. 简述什么是看板管理以及如何应用。
4. 阐述精益生产的主要内容。
5. 简述瓶颈资源和非瓶颈资源的定义。
6. 简述敏捷制造的特点。
7. 计算机集成制造系统的构成要素有哪些?

参 考 文 献

[1] 陈荣秋，马士华.生产与运作管理[M].2版.北京：高等教育出版社，2005.

[2] 冯根尧，崔明花，杨晞.运营管理[M].北京：北京大学出版社，中国林业出版社，2007.

[3] 齐二石，朱秀文，何桢.生产与运作管理教程[M].北京：清华大学出版社，2006.

[4] 林光.企业生产运作管理[M].北京：清华大学出版社，2008.

[5] 陈福军.生产与运作管理[M].2版.北京：中国人民大学出版社，2008.

[6] 孔庆善.运作管理[M].北京：科学出版社，2006.

[7] 陈荣秋，马士华，崔南方，等.生产运作管理 [M].北京：科学出版社，2005.

[8] 刘广第.质量管理学[M].2版.北京：清华大学出版社，2003.

[9] 马义飞，张嫒嫒.生产与运作管理[M].北京：清华大学出版社，北京交通大学出版社，2009.

[10] 马凤才.质量管理[M].北京：机械工业出版社，2009.

[11] 詹姆斯·R·埃文斯，威廉·M·林赛.质量管理与质量控制[M].7版.焦叔斌，译.北京：中国人民大学出版社,2010.

[12] 张公绪，孙静.新编质量管理学[M].2版.北京：高等教育出版社,2003.

[13] 蒋贵善.生产与运作管理[M].大连：大连理工大学出版社，1998.

[14] 杨锡怀,冷克平,王江.企业战略管理理论与案例[M].2版.北京:高等教育出版社,2006.

[15] 周根然,黄镇焕,张凤林.生产与运作管理[M].北京:科学出版社,2005.

[16] 洪元义,吴亚非,王基建.生产与运作管理(修订本)[M].武汉:武汉理工大学出版社,2005.

[17] 潘家轺,曹德弼.现代生产管理学[M].北京:清华大学出版社,2007.

[18] 蔡世馨.现代生产管理[M].大连:东北财经大学出版社,2000.

[19] 周三多,蒋俊,邹一峰.生产管理 [M].南京:南京大学出版社,1998.

[20] 靳志宏,关志民.运营管理[M].北京:机械工业出版社,2007.

[21] 陈心德，吴忠. 生产与运营管理[M].北京:清华大学出版社，2005.

[22] 潘家侣，曹德弼.现代生产管理[M].2版.北京:清华大学出版社，2009.

[23] 李怀祖.生产计划与控制[M].北京:中国科学技术出版社，2001.

[24] 孙林岩.人因工程[M].北京:中国科学技术出版社，2001.

[25] 陈荣秋，马士华.生产与运作管理[M].北京：机械工业出版社.2004.

[26] 王子孟.加强全面质量管理,促进企业经济发展[J].山东煤炭科技,2005(4):80.

[27] 常广庶,王海宇,杨剑锋，等.企业质量管理中存在的若干误区[J].质量·管理·营销,2005(11):44-45.

[28] 包彩梅.浅析全面质量管理在企业发展中的应用[J].质监论坛,2008(3):44-45.

[29] 蔡春晓,马卫东.酒店服务的全面质量管理[J].科技创业月刊,2007(9):119-120.

[30] 程凤春，洪成文.90年代西方教育管理中的全面质量管理思想[J].比较教育研究年,2000增刊:164-168.

[31] 张宗茂，叶飞帆. MRP, JIT和MRP/JIT混合式生产管理方法及其实用性研究[J].工业工程与管理，1999(2):46-49.

[32] 郝彦辉，郝永敬，王茉，张学民. MRP Ⅱ与JIT的比较与集成[J].工业工程，2000(3):21-24.

[33] 王成恩.敏捷制造策略原理及关键技术[J].计算集成制造系统.1995(4)：14-22.

反侵权盗版声明